사회를 보는 새로운 눈(제3판)

과학적 사고와 비판적 인식을 위하여

A NEW VIEW OF THE KOREAN SOCIETY 제 3 판

사회를 보는 새로운 눈

과학적 사고와 비판적 인식을 위하여

김귀옥 기획 | 강명숙·공제욱·김귀옥·김선일·김창남·손미아·송주명·신정완·
이영환·장시복·지주형·천정환·최 윤·최은영·홍성태 공저

한울

제3판을 펴내며

성찰과 비판은 미래를 만드는 힘

이 책도 벌써 16살이 되었다. 2005년 초판이 나왔을 때 제법 호응이 있어서 2008년에는 개정판까지 냈다. 그러나 이 책이 10년을 넘기면서 제3판을 요청받게 되리라는 것은 다소 의외였다. 대학교육 생태계가 과거와 너무도 달라졌고, 대학교 신입생을 위한 교재들이 적잖이 쏟아져 나오고 있기 때문이다. 그럼에도 불구하고 이 책이 독자들 사이에서 스테디셀러로서 자리 잡게 된 것은 대학교육에서 나름대로의 '선한 영향력'을 미치고 있기 때문이 아닐까 싶다. 그런 점에서 기획자로서 기쁘기도 하지만, 두렵기도 하다. 영향력에는 책임이 따라야 하기 때문이다.

2000년대 초반, 처음 이 책을 기획할 때의 교육 생태계와 지금의 교육 생태계에는 큰 차이가 있다. 16년 전만 해도 IMF 차관경제가 미봉책이나마 수습 국면에 들어갔고, 신자유주의 정치경제 국면에 비정규직 문제가 수면 위로 오르고 있었으나 전체적으로는 위기감 적었다. 2010년경까지 대학 진학률이 70%를 넘어 80% 중반까지 치달으면서 대학도 늘고, 그 규모도 확대되었으며, 입학정원마저 과거의 3배 이상이 되었다. 과학기술과 ICT(information and communication technology)산업의 확장에 힘입어 대학은 얼핏 보면 매력적으로 보이는 정체 불명의 학부, 학과, 전공을 만들며 공룡화의 길을 갔다. 머지않아 저출산, 고령화에 따라 학령인구가 급감하면서 대학의 위기가 올 것이라는 일군의 진보적 연구자들의 비판의 목소리가 있었으나, 로또를 만난 양 확장일로로 가던 대학 분위기에 묻혀버리고 말았다. 사교육도 늘어날 대로 늘어났고 대학생들이나 대학 졸업생들도 사교육시장으로 포섭되어 갔다. 사교육이 공교육을 망치고 있다는 지적들이 있었으나, 학생들의 화려한 '스펙'을 뒷받침해 주고 있는 사교육 시장은 수요의 급증으로 비대해져 갔다.

대학의 비대화를 가져오는 데 결정적인 역할을 했던 것은 1995년 5월 31일 김영삼 정부에 의해 발표된 '대학 설립 준칙주의' 조치였다. 그것은 대학 설립목적과 특성에 대해 대학의 자율성을 부여한 최초의 법적 장치였다는 나름대로 의의는 있었다. 그러나 그 조치는 대학들의 입학 정원을 늘리고, 졸업장을 남발하는 듯한 양상을 띠면서, 사회적으로는 과거 대학생을 지칭했던 '최고 학부를 나온 훌륭한 인재'라는 말이 사라지게 만드는 결과를 낳았다. 대학생들이 급증하자 기업들은 더 많은 스펙을 갖춘 졸업생들을 요구했고, 대학생들은 스펙 경쟁과 사교육 바람에 시달리게 되었다. 숫제 일부 학부모들은 자녀에게 더 좋은 학벌과 스펙을 주기 위하여 조기영어교육, 조기과학교육, 조기인재교육, 조기유학에 자녀를 몰아갔다. 이러한 문제는 교육을 넘어서 사회적으로도 여러 가지 문제와도 연관이 되었다.

그 결과 대학의 우수성이 '취업률'로 평가되면서 학벌주의는 출신 학교 차별을 낳는 사회적 문제로까지 되었다. 그야말로 대학이 취업사관학교로 변질되면서 대학교육은 취업을 목표로 한 강제적인 전환을 요구받게 되었다. 양질의 대학교육을 대학 자율적으로 만들어나가는 노력을 무력화시키면서 도입된 제도가 대학 구조조정 목적의 대학평가제도였다. 정부에 의한 강제적 대학 구조조정을 위한 평가제도가 2015년부터 2021년까지 세 차례(1차 2015년, 2차 2018년, 3차 2021년) 추진되었다.

한편 이러한 교육 문제가 사회적으로 영향을 미친 문제 중의 하나는 조기유학 등에 의한 '기러기아빠', '기러기가족'으로 대표되는 가족 관계의 변화였다. 가족 관계의 변화는 심각한 경우 가족 해체 문제를 낳기도 했으나, 늘어난 자녀 부양비, 가계 부채 등의 문제는 가계 어려움을 가중시키는 결과를 낳았다. 또한 간접적으로 청년들의 결혼에 대한 기피 현상과 그에 따른 저출산 문제뿐만 아니라, 1인가구가 급증하는 데에도 영향을 미친 것으로 보인다.

또한 교육 문제는 사회양극화, 사회불평등 문제의 결과이자 교육양극화와 신(新)신분제 사회를 강화시키는 데에도 기여한 것으로 보인다. 근대 사회에서는 교육의 확대와 대중화는 민주주의를 확산시키고, 계층이동을 활발하게 만들며 전통적 신분제를 해체하는 데 중요한 역할을 했다. 그러나 신자유주의 사회에 들어오면서 교육문제는 사회양극화와 연관되면서 정규직과 비정규직 문제도 심화시켜 왔다. 정규직과 비정규직 문제는 경제민주화 문제와 함께 한국 경제가 풀어야 할 커다란 과제가 되었다.

비정규직 문제는 여성의 비정규직화 문제와도 연결되면서 성불평등 문제를 악화시켜왔다. 성불평등이 있는 곳에 미투운동이 있었고, 성불평등과 각종의 차별문제, 사회폭력 문제 해결 없이는 진정한 민주주의는 없다는 인식도 자리잡혔다. 나아가 국가 폭력은 한반도의 분단 구조를 떼놓고 말하기 힘들다. 외생적 분단은 70년이 넘는 시간을 거치면서 내재화되면서 각종의 폭력문화 확산에 일조했고, 한국의 민주주의, 경제, 사회문화에도 부정적 영향을 미쳤다. 또한 분단 구조는 남북관계나 북미관계를 포함한 주변 국가들과의 관계에서도 21세기에 걸맞은 평화롭게 협력적인 관계를 조성하는 데 심대한 방해물이 되고 있다. 21세기 사람들이 복지와 평화, 행복의 길을 찾는 데에는 20세기적 개발 및 경제발전 일변도나 패권적 정치의식은 지양해야 할 대상이다. 사람들, 나라들 간의 상생과 연대, 사람과 자연 간의 생태계적 공생 의식이 절실하다.

사회학적 상상력(sociological imagination)으로 보면 인간을 둘러싼 대부분의 사회문제는 서로 연관되어 있다. 세상에서 일어나는 거의 모든 일들은 나에게 직·간접적으로 영향을 미친다. 글로벌 시대 세계시민으로도 살게 되면서, 지구 반대편에서 일어난 일이 어느덧 내 삶에 영향을 미치는 문제가 되어 있음을 종종 깨닫게 된다. 이러한 문제를 실감나게 한 사건이 2020년 세계적 코로나19(COVID-19) 사태가 아니겠는가? 2019년 12월 31일 중국 우한에서 확진자가 보고되고 한 달도 안 된 2020년 1월 20일 한국에서 확진자가 보고되었고, 1월 21일에는 미국에서 첫 확진자가 확인되었다. 그리고 1년 1개월 만에 전 세계 누적 확진자가 1억 1만여 명이다. 또한 영국발, 남아공발 변이 바이러스에 관한 뉴스가 나오자 비행기 착륙 금지 조치를 했음에도 한국에서도 이들이 발견되는 현실에서 국경이 제 역할을 할 수 있는 시대가 끝나고 있음을 느끼게 된다. 도널드 트럼프 전 미국 대통령이 봉쇄 장벽을 높이 쌓고 국가중심주의를 소리 높여 주장할수록 국가 단위의 인식과 상상력은 시대착오적임을 알게 된다. 또한 과학기술은 백신과 치료제를 만들어 세상을 구하고 자본을 발전시키며 세계적 슈퍼 리치(super rich)를 더욱 부자로 만드는 데 기여하지만, 과학기술의 발전 속도보다 더 빠른 속도로 진화하는 자연의 힘을 깨닫게 된다.

변화하고 있는 21세기 흐름을 따라잡기 위해 우리는 얼마나 많은 지식과 정보, 스펙을 갖춰야 하는 것일까? 지식과 정보 등은 인터넷에 접속하면 십중팔구는 얻을 수 있다. 또한 새로운 지식이라는 것도 한 달만 지나면 낡은 것이 될 수 있다. 이 책을 보는 대부분의 청년 대학생들에게 진짜 필요한 것은 세상과 사회를 보는 통찰력과 성찰적 비판 능력이다. 우리는 변화와 발전을 추구함에도 불구하고 변화하지 않는 세상을 발견하게 된다. 무엇 때문인가? 또한 기득 권력과 자본이 아무리 막강해도 영원한 것은 없다. 왜 그런가? 현 체제에 내재되어 있는 문제와 모순을 찾아내어 청년들이 살아갈 미래 대안을 찾아야 한다. 어떻게 할 것인가?

이 책은 바로 이러한 물음으로부터 기획된 것으로, 이를 통해 문제 제기를 펼쳐나가고자 한다. 장차 지식인으로 살아가게 될 청년 대학생들에게 현 세계와 권력과 자본을 '당연한 것'으로 말하지 않는다. 청년 대학생 스스로 세상에 대해 의문을 갖고 자신의 길과 방법을 찾아나가도록 이 책은 도와주고 협력해 나가고자 한다. 국가위기, 사회위기, 기후위기, 대학위기 상황에 청년 대학생들이 지속 가능한 세상을 만들어가기 위해서 필요한 새로운 눈, 전망, 방법론을 찾아보도록 제안하고자 한다.

2005년 『사회를 보는 새로운 눈』은 진보적 연구자들의 연대체인 '학술단체협의회' 구성원들에 의해 만들어졌다. 이번 제3판은 '민주평등사회를 위한 전국교수연구자협의회'(줄여서 민교협) 회원들이 주축이 되어 만들었다. 그러나 민교협 회원들만 집필하지 않았으므로 이번 판에서는 저자 개인 명의로 발간하도록 결정했다.

이번 책이 출간되는 데 한울엠플러스(주)는 인내심을 갖고 게으른 기획자를 기다려줬다. 김종수 대표와 윤순현 차장, 편집실무자 임혜정 선생님에게도 감사의 인사를 드리고 싶다. 또한 민교협 일만으로도 버거운 상황에서도 이 책을 만드는 데 중요한 간사 역을 해준 박정직 민교협 사무차장에게도 고마움을 전한다. 어려운 교육 환경에서도 연구와 교육, 봉사에 주력하고 있는 이 책의 지은이들에게 감사드린다. 나아가 모두가 행복하고 평화로운 사회를 향해 민주·평등·정의를 실현하고 있는 모든 학술 연구자들과 연대하여 사회를 보는 새로운 관점과 문제 제기, 대안을 청년 대학생들과 찾아나가고자 다짐해 본다. 다시금 모두에게 감사드린다.

2021년 2월, 지은이들을 대표하여

기획자 김귀옥 드림

차례

제1장 역사 속의 대학, 21세기 대학의 현주소와 과제

강명숙(배재대학교 교직부 교수)

이 글은 「고등교육 위상의 역사적 변화」(≪역사비평≫ 67호, 2004), 「한국 고등교육체제의 특징」(≪대학과 정책≫ 2권 1호, 2018), 『대학과 대학생의 시대』(서해문집, 2018) 등 필자가 그동안 고등교육과 관련하여 발표한 글들을 수정·보완해 작성한 것이다.

1. 대학이란

2020년 코로나19로 많은 분야에서 변화와 위기를 겪고 있다. 대학도 마찬가지이다. 비대면 온라인 수업이 확대되고, 캠퍼스라는 물리적 공간을 거점으로 이루어지던 활동들이 축소되거나 제한되자 대학가 풍경은 새로운 풍속도를 만들어내고 있다. 게다가 학생의 등록금을 기반으로 확장 위주의 정책을 취해왔던 대학은 대학 정원 미충원이라는 새로운 국면을 맞이하고 있다. 이른바 대학의 위기라고 한다. 21세기 대학위기 시대를 맞아 우선 대학의 역사적 변천 과정을 되돌아보면서 우리가 어떻게 대학의 위기를 극복하며 새롭게 변화해 갈 것인가를 모색해야 한다. 오늘날 위기적 증상의 원인과 실체가 무엇인지는 우리가 그동안 걸어오면서 누적해 온 대학 내부와 사회구조적 모순들이 결합되어 나타난 것이기 때문이다. 대학은 11세기 유럽에서 스콜라철학의 발달, 자치 도시의 성장, 시민사회의 발달 등을 배경으로 한다. 특정 직업 분야에 요구되는 전문지식을 가르치고 배우는 곳이 등장했는데, 주로 신학을 배우려는 사람들이 파리로, 법학을 배우려는 사람들이 볼로냐로, 의학을 배우려는 사람들이 살레르노로 모여들면서 그들이 거주하는 숙소를 중심으로 오늘날의 칼리지(college)에 해당하는 스투디움 제네랄리스(studium generalis)가 하나둘 생겨났다. 스투디움 제네랄리스가 연합해 수업편의를 도모하고, 시 혹은 교회로부터 여러 가지 생활 편의와 특권을 얻기 위해 조합을 만들면서 오늘날 유니버시티(univdrsty)의 기원이 되는 우니베르시타스(universitas)가 탄생했다. 이어 교수자들도 조합을 만들고 길드 조직을 본 따 석사, 박사 등의 교수 자격과 관련된 학위제도를 체계화했다. 대학은 학생과 교수들의 연합, 조합, 조직으로서 자치적으로 운영되는 제도로 정착되었다.

18세기 이후 대학은 오늘날과 같은 교육, 연구, 봉사(협력)의 세 기능을 수행하는 근대 고등교육기관으로 거듭나게 되었다. 근대 대학은 국민국가의 형성, 과학과 산업의 발달과 궤를 같이 하면서 국가의 강력한 후원에 기반한, 학문 연구를 수행하는 고등교육기관으로 전 세계적으로 확산되었다. 이제 대학은 중추적인 국가기관으로서 공적 지식을 생산·보급하는 곳으로 강조되었고, 학문 연구 기관으로서의 자율성을 추구하면서 교양 있는 전문 엘리트를 양성하고자 했다.

20세기 들어 자본주의 발달, 군산복합, 고등교육 기회의 확대 등으로 인해 대학은 대형화·기업화되었고, 대학의 운영이나 역할도 나누어지고 다양화되었다. 대학은 전반적으로 공학적인 효율성이 강조되고, 중견 직업인을 양성하는 고등 직업교육기관으로서의 성격이 강화되었다. 사회적으로도 능력주의 이데올로기에 근거한 계층 이동 사다리가 되었다.

이제 대학의 형태, 성격과 기능이 다양화되었다. 대학이란 무엇인가에 대해 보편적인 입장에서 접근해 근대 대학의 이념을 주장하며 대학의 지향이나 혁신을 논의하기 어려운 형편이 되었다. 거대 조직체로서의 기관 운영 원리를 논의하는 사람도 있고, 여전히 학문 공동체로서 학문 연구 전통을 잇는 기관으로 대학의 지향을 논의하는 경향도 있다. 지성인으로서의, 대학인으로서의 사회적 역할을 재정립하고자 하는 노력도 있다.

하지만 이 글에서는 우리나라에서 대학이 제도적로 발전해 온 과정을 살펴보면서 현실의 문제를 해결하기 위해 고민해야 할 지점 몇 가지를 이야기하고자 한다. 또, 길지 않은 우리나라 대학의 역사에서 대학과 대학생이 우리 사회에서 어떤 위상을 차지하며 사회적 역할을 했는지 살펴보고자 한다. 근대 학교제도의 정점인 대학이라는 기관과 대학생의 부침을 통해 대학생의 역할과 대학의 미래를 고민해 보고자 한다. 나아가 지속 가능한 교육과 연구의 생태계를 만들기 위한 대학 혁신의 방향도 논의해 보려고 한다.

2. 4년제 종합대학 중심의 대학 성장과 대학 서열화

대학이 우리나라에 도입된 지는 100년 남짓이다. 1924년 경성제국대학 예과 설립으로 식민지 조선에도 이른바 제국대학이 세워졌다. 학문의 전당이라는 대학은 비록 조선인에게는 진입과 차별의 벽이 높았지만, 대학 입학과 졸업은 입신출세의 보증과 같았다. 해방 이후 대학의 학생이 된다는 것은 한동안 사회적 선망의 대상이 되었으나 동시에 놀고먹는다는 질시와 풍기를 문란하게 한다는 비판을 받았다. 다른 한편으로는 새로운 문화의 창조자여야 한다는 기대도 받았다.

요즈음 대학생은 높은 등록금에 허덕이고, 스펙 쌓기에 급급한 예비 실업자의 이미지가 있다. 대학 졸업장이 아무것도 보장해 주지 않는 시대가 됐지만 여전히 '대학은 가고 싶다'라는 라는 선망이 존재한다. 아직은 사회에서 대학생이라는 이름은 도전하고 비판하는 힘을 존중하고, 미숙하고 실패해도 패기를 인정하는 명사로 여겨지고 있다.

일제 강점기 고등교육기관은 수업연한 3년의 제국대학과 전문학교가 있었다. 1924년 경성제국대학 예과가 설립되고 1926년 본과가 개설되면서 근대적 개념의 대학이 출발했다. 일제 강점기 내내 관립의 제국대학 1개만 있었을 뿐 공립이나 사립의 일반 대학은 전혀 없었다. 그리고 전문학교는 엄밀히 말하면 대학으로의 진학이 연결되지 않는, 후기 중등교육 단계에서 종결되는 직업교육기관의 성격이 강했다. 따라서 대학과 전문학교라는 이원적 구조는 동일한 고등교육 단계의 서로 다른 계통이라기보다 학문의 전당이라고 자처하는 대학과 전문직업교육기관으로서의 전문학교라는 위계적 서열 구조로 자리 잡았다.

해방 이후 미군정은 대학과 전문학교의 서열 구조를 극복하고자 대학제도를 단일화하는 조치를 취했다. 고등교육기관은 수업연한 4년(의과대학 6년)의 대학으로 한다고 규정해 대학 예과와 전문학교 제도를 폐지하고, 고등 수준의 각종 학교에 대해서는 대학으로 승격해 인가를 받든지 아니면 폐교하도록 했다. 그리고 대학의 종류는 단과대학의 수에 따라 종합대학교와 대학으로 구분했다. 그러나 당시 교육 여건의 미비로 인해 단번에 4년제 대학으로 인가·운영되기 어려운 고등교육기관들이 속출하자, 수업연한이 2년이면 대학관, 수업연한이 1년 내외이면 학관으로 운영하도록 허가했다.

또 4년제 대학으로의 단일화 정책에 따라, 다수의 사립 고등교육기관이 문교 당국의 인가를 받아 4년제 사립대학으로 승격되거나 신설되어, 미군정기 고등교육 기회의 확대 현상을 주도했다. 사립 중심의 고등교육 기회 확대는 결과적으로 미군정이 국가의 재정적 부담 없이 해방 후 증폭된 고등교육 진학 열기를 흡수하는 형국이 되었다.

이어 1950년 '교육법' 개정에서 초급대학 제도를 도입해 4년제 대학으로 운영되지 못하는 고등교육 수준의 학교들을 수업연한 2년의 초급대학으로 인가해 주었다. 단과대학이 3개 이상이면 대학교가 되는 구분과 수업연한에 따라 학교 급을 구분하는 이 조치는 이후 학교 설립자들에게 학생 수와 수업연한을 늘려 대학, 대학교로 확장하려는 무조건적 지향을 낳았다. 또 제도적 유형으로는 대학과 초급대학으로 나뉘었지만 그 구분은 기능의 차이보다 교육 여건의 차이에 따른 수준 차이를 의미해, 자연스럽게 일반인들에게는 대학 서열이 매겨졌다.

1960년대 들어 경제개발계획을 수립하면서, 경제 개발에 필요한 고등 직업 인력 양성을 위해 고등교육기관의 유형을 다양화하려는 시도가 있었다. 그 결과 초급대학 및 교육대학이 2년제 고등교육기관으로 정비되고, 5년제 실업고등전문학교가 신설되었다. 그러나 실업고등전문학교 제도는 후기 중등교육과 고등교육을 연계해 운영됨으로써 고등교육기관으로 인식되지 못했고, 전문학교로 명칭이 변경된 종전의 초급대학과 성격이나 기능이 유사해 독자적인 교육제도로서 정착되지 못했다. 실업고등전문학교는 1977년 '교육법' 개정에서 초급대학과 함께 수업연한 2년의 전문대학으로 정리되었고, 중견 직업기술인 양성을 목적으로 하는 직업전문교육기관은 보조적인 고등교육기관으로 인식되었다. 1972년 방송통신대학의 발족 역시 고등교육 기회 보급의 새로운 장을 열고 고등교육에 대한 개념의 변화를 시도했으나, 고등교육기관 유형을 4년제 대학 중심으로 생각하는 인식을 극복하지는 못했다.

그리고 대학과 구별되는 전문기술교육기관 혹은 고등연구기관을 창설해 국가의 발전에 필요한 고등연구 기능을 수행하도록, 박정희 정부는 1970년대 한국과학기술원, 정신문화연구원 등을 설립했다. 그러나 이들 전문과학기술(학술)연구기관을 표방한 기관들도 점차 교육 기능을 부가함으로서 대학 모델로 회귀했다. 급기야 이공계 고등연구기관의 경우 인문계 학과를 설치하는 곳도 나타났고, 4년제 종합대학 모델을 지향함으로써 독자적 고등연구기관으로서의 고등교육 모델 정립 시도는 실패를 스스로 인정한 셈이 되었다.

1995년 5·31 교육 개혁 조치에서 다시 고등교육기관 유형의 다양화가 시도되었다. 이른바 연구중심대학, 교육중심대학, 산학중심대학, 전문대학원대학 등으로 대학 모형을 다양화하고자 한 것이다. 또, 전문대학도 '전문'을 대학명에 표기하지 않아도 되었다. 이는 대학 기능의 수평적 분화에 의한 다양화 노력으로, 기존의 노력과는 접근법이 다르다는 점에서 의미 있는 시도라 할 만하다. 그러나 현실은 신자유주의로 인해 '다양화', '특성화'라는 미명하에 선택과 집중의 논리에 의한 다양화로 변질되고, 기존의 서열 구조와 결부되어 수직적으로 세분화됨으로써 서열화가 강화되는 형태로 귀결되었다. 따라서 4년제 대학은 기능이 분화되지 않은 채 거의 유일한 고등교육기관 유형으로 배타적이고 독점적인 지위를 변함없이 유지하고 있다. 그리고 2년제 전문대학은 고등직업기술 교육기관으로서의 온당한 지위와 역할보다는 부차적이고 하위의 고등교육기관인 것처럼 인식되었다.

우리나라 고등교육의 발전 과정에서 4년제 대학으로, 또 단일 전문 분야

중심의 독립 단과대학이 아니라 종합대학교로 수렴되는 고등교육 체제는 고등교육 기회 확장에는 기여했으나 기능적 미분화, 독특성 없는 획일적 대학교육을 낳았다. 기능적 미분화, 획일적인 대학교육은 국가의 통제에 취약하며, 전문 인력의 양성이란 고등교육의 목적에 비추어 보더라도, 또 산업사회의 다양한 요구에 적절하게 대응한다는 측면에서도 구조적 장애 요인이 될 수 있다. 나아가 대학교육의 질보다는 신입생들의 입학 성적에 따라 대학이 서열화되는 제도적 기반이 되었다.

3. 사립대학 중심의 고등교육 기회 확대

일제시대 사립대학은 설립이 허용되지 않았다. 전문학교는 9개의 관공립 직업전문학교와 11개의 사립 종합전문학교 등이 설립·운영되었다. 1943년 당시 조선인 재학생 수는 약 4500여 명 정도였다. 조선인 학생의 80%는 사립전문학교를 다니고 있었다.

해방 이후 일제 강점기의 전문학교들은 개교와 동시에 대학으로의 승격을 열망하고 대학으로의 승격을 추진했다. 이화여자전문학교, 연희전문학교, 보성전문학교, 명륜전문학교, 혜화전문학교 등에서 재개교를 추진했고, 동시에 대학 승격과 종합대학으로의 전환을 추진했다. 최초로 사립 종합대학으로 승격 인가를 받은 것은 1946년 8월 15일의 일로, 이화여자대학교, 연희대학교, 고려대학교가 같은 날짜에 각각 종합대학교로 승격했다.

이후 사립대학은 우후죽순처럼 생겨났다. 문교 당국은 대학 설립 및 인가 기준으로 교수 자격 기준이나 기본자금 및 운영자금에 대한 기준을 설정했다. 그러나 당시의 실정은 고등교육기관으로 운영하겠다며 설립을 신청을 하면 그대로 대학으로 인가해 주는 형편이었다. 그 결과 사립대학 설립 붐이 일어났는데, 당시 문교 당국에서는 대학설립 열기에 대해 국가가 하지 못하는 일을 대신하는 것이라며 사립대학 설립을 제어할 의도가 없었다. 그 결과 인가받을 수 있는 제 조건을 구비하지 않은 채로 운영되는 사립 고등교육기관이 많았다. 이들은 '유령학원'을 만들어 횡포를 일삼는 '학원 모리배'들이라는 사회적 비난을 받았다.

1950년대 이후 고등교육기관은 서울·경기 지역의 사립대학 중심으로 늘어났고, 오늘날에는 고등교육에서 사립대학 학생 수가 차지하는 비율은 약 80%에 육박하게 되었다. 그리고 고등교육 규모는 해방 이후 초기 20년간은 인문계열 중심으로 확대되었다.

해방 후의 첫 신입생 선발 시험은 대학별로 1946년 7월에 1기와 2기로 나누어 시행되었다. 수험생은 같은 계통에 한해 두 학교에 지원할 수 있었으며, 시험 과목은 문과와 이과 공통으로 국어, 수학, 외국어, 상식을 필수 과목으로 했다. 관공·사립을 막론하고 입학 정원을 훨씬 초과하는 입학생을 받아들였고, 이는 무자격자의 대량 선발로 이루어졌다. 특이한 점은 당시 언론에서 정원 초과 모집에 대해 교육의 부실을 초래하는 원인으로 비판하기보다는 교육 기회 확대의 측면에서 오히려 환영하고 있었다는 것이다.

등록금 수입에 의존해 운영하는 사립대학 중심의 고등교육 기회 양적 확대와 교육의 질 저하에 대한 사회적 우려는 1960년대 군사정부의 대학 정원 조정 정책으로 나타났다. 1961년 9월 '국공립대학 정비안'을 발표해 동일 지역 내의 독립된 단과대학은 종합대학교의 단과대학으로 흡수하고, 전남·전북, 경남·경북 등을 단위 지역으로 해 동일계 단과대학을 하나로 통합했다. 또, 동일 대학 내에 설치된 단과대학의 학과 중 교육 내용이 유사한 것을 통합하고 공립대학은 가능한 한 국립대학으로 흡수했다. 오늘날 지방 거점 국립대학의 탄생 역사이다.

사립대학에 대해서도 정원을 5만 5000여 명에서 3만 5000명 선으로 감축하되, 감축 대상은 야간대학, 2년제 대학으로 전환하는 것으로 조정한다는 '사립대학 정비안'을 만들어 추진했다. 1961년 대학 정비 결과 4년제 대학

71개가 50개로 줄였고, 679개 학과의 9만 1920명의 정원을 532개 학과 6만 6410명으로 감축했다.

1962년에는 산업기술 인력의 양성을 목적으로 5년제 실업고등전문학교를 만들고, 학교 교원에게 지급하는 봉급의 반액을 국고에서 부담하도록 했다. 또, 초등학교 교사 양성을 위해 기존 10개의 사범학교를 초급대학으로 승격·개편해 교육대학으로 발족시켰다. 초급대학은 27개로, 학생 수는 1만 509명으로 증원되었다. 그 결과 1964년도부터 학교 수와 학생 정원 모두가 대학 정비 이전보다 늘어나, 군사정부의 호언에도 불구하고 대학 정원 조정은 군사 정부 교육 정책 중 최대의 실책이 되었다.

이후 학교 수와 학생 수를 통제하려는 국가의 시도는 1965년 '대학 학생 정원령' 제정으로 나타났고, 강력한 행정력을 발휘하며 통제하려고 했으나 편법적인 정원 초과 모집은 만연해, 1969년 국회가 사립대학 특별 감사에 나서기도 했다. 서울의 주요 사립대학 총장들은 국회에 증인으로 나와 정원 외 입학과 졸업, 기부금 입학 등이 불가피했다고 시인하며, 문교 당국자들의 부정 입학 청탁 사례 등을 실토했다.

1960년대 이후부터 2000년대 초반까지 대학교육 기회는 양적으로 지속적으로 팽창되었다. 1980년대 후반의 정치적·사회적 맥락에서 자율화 담론이 퍼지면서 정부의 정원 통제는 느슨해졌고, 고등교육 기회는 급속도로 팽창되었다. 1994년 대학정원 자율화 추진 계획에 의해 '대학 학생 정원령'이 폐지되고 또 1995년 대학 설립 준칙주의가 도입되면서, 대학의 총정원은 제한하지만 총정원 안에서 학과의 설치와 폐지 등의 학과 조정은 대학의 자율에 맡겨졌다. 이때 취업률과 신입생 충원률을 운운하며 학과 통폐합이 일어나, 인문학 계통이 축소되고 새로운 전공의 학과가 생겨났다. 고등교육을 제공하는 공급자인 고등교육기관을 늘리거나 신설을 유연화하면 제한된 고등교육 수요를 선점하려고 서로 경쟁하게 되고, 그 과정에서 학생의 선택을 받은, 결과적으로 질이 좋은 고등교육기관만 남게 되어 고등교육 전체의 질이

표 1-1 고등학교 졸업생들의 대학 진학률

연도	졸업자 수	진학자 수	진학률
1970	145,062	31,805	21.9%
1975	263,369	64,837	24.6%
1980	467,388	117,599	25.2%
1985	642,354	226,342	35.2%
1990	761,922	246,645	32.4%
1995	649,653	326,642	50.3%
2000	764,712	513,016	67.1%
2005	569,272	459,474	80.7%
2010	633,539	500,282	79.0%
2015	615,462	435,650	70.8%
2016	607,598	423,997	69.8%

개선되리라고 기대한 것이다. 그렇게 사립대학이 다시 늘어나고, 특정 영역의 학과 중심으로 학문 생태계가 재편되었다. 『교육통계연보』 자료를 활용한 한국교육개발원의 연구 자료에 의하면, 〈표 1-1〉과 같이 2005년 고등학교 졸업자의 대학 진학률이 80%를 오르내릴 정도로 고등교육 기회는 확대되었다. 그 결과 2000년대 이후 고등교육 정책의 목표는 구조조정, 즉 대학 정원 규모의 축소(downsizing)가 정책 어젠다의 핵심으로 제기되었다.

4. 수익자 부담 원칙, 등록금으로 운영되는 대학

고등교육의 팽창을 초래한 요인 가운데 하나는 등록금에 의존해 운영하는 대학 운영 방식 때문이다. 대학 설립자 및 경영자는 청강생 모집, 정원 외 학생 모집 등의 여러 가지 방법으로 등록금 수입을 늘리고자 했다. 그리고 각종 명목을 붙여 대학 운영에 필요한 경비를 학생과 학부모에게 전가했다. 대학 등록금의 과다 징수, 대학 등록금에 의존한 사립대학의 교육 시설 확충, 대학 등록의 의심스러운 사용 등에 대한 문제 제기가 1950년대 이후부터 끊임없이 제기되었다.

1960년 지방의 한 국립대학교에서는 신설 학교라는 점을 주장하면서 시설비, 추가시설비, 시설확충비라는 항목을 포함시켜 학생들에게 등록금으로 부과했다. 이에 학생들이 반발하자 국무회의를 열어 국립대학교 학생 각 개인의 등록금에 포함시킨 시설비 및 시설확충비 등은 앞으로 국고에서 부담한다는 결정을 내리는 일도 있었다. 등록금 인상률이 한 학기 만에 거의 100%에 육박하는 경우도 비일비재하게 일어났다. 등록금 인상률이 매학기 높게 책정되자 1950년대 말부터 정부 당국은 국공립별, 사립별, 대학 종류별로 납입금 한도액을 발표해 가이드라인을 제시하고, 어떠한 명목으로도 한도액을 초과하거나 또는 자치회비, 도서비, 용지대 등의 명목으로 첨가 징수할 수 없다고 밝혔다. 그러나 미등록률이 30%를 넘는다는 신문 보도가 이어져도 등록금이 인하되거나 초과 징수 또는 각종 명목으로 거두어들인 등록금은 환불되지 않았다.

더욱이 정부는 1965년부터 고등교육의 수혜자는 고등교육 기회를 획득한 학생과 학부모로, 그 비용을 개인이 사적으로 부담해야 한다는 수익자 부담의 원칙을 천명하며 사립대학 등록금 한도액을 철폐했다. 1969년에는 기성회비의 한도액까지 철폐해 등록금을 자율화하는 조치를 취했다. 한 국회의원은 국감장에서 대학은 상아탑이 아니라 우골탑이라며 "저 삐죽삐죽한 대학 정문이나 건물은 농우(農牛)의 뿔로 세워진 우골탑(牛骨塔)이 아니냐"라고 울부짖기도 했다. 당시 한 학기 등록금은 국공립대의 경우 3개월, 사립대의 경우 6개월 이상의 공무원 월급에 해당하는 금액이었다. 높은 등록금으로 인해 등록률이 낮아지자 대부분의 대학에서 학기 초에는 등록률에 촉각을 곤두세웠고, 등록을 하지 못한 학생들에게 추징금을 물리거나 제적시킴으로서 사태를 해결했다.

등록금 부담을 완화하기 위해 추가 등록이나 등록금 분할 납부 같은 방안이 제안되었으나 행정 편의를 명분으로 또는 학생운동에 남용될 우려가 있다며 추가 등록 회수를 제한하고, 또 미등록 제적을 엄격히 시행했다. 높은 등록금 인상율과 납부 방식에서의 전횡이 지속될 수 있었던 것은 대학 진학 열기와 그로 인한 높은 입학 경쟁률 때문이라고 볼 수 있다. 그러나 이면에서 관행적으로 이루어지고 있던 정원 초과 학생 모집, 편법적인 편입학 실시 등으로 인해 높은 미등록률은 대학의 입장에서는 문제가 되기보다는 오히려 치부의 기회로 이용될 수 있는 상황이 있었다.

정원 초과 모집, 부정 입학이 만연하자 고육지책으로 정부는 1966년도부터 신입생 합격자 명단을 관보에 싣도록 했는데, 문교부 장관 명의로 신입생 합격자 명단을 공고해 정원 외 초과 모집을 단속하고자 했다. 관보에 입학자 명단이 없다면 청강생 혹은 정원 외 입학으로, 대학 과정을 이수하더라도 졸업장을 받을 수 없도록 조치한 것이다. 그러나 허위 학력을 기재하거나 그것으로 사회적 지위를 누릴 수 있었던 제도적 허점이 버젓이 있었다.

사립대학의 정원 확대 혹은 등록금 인상은 1980년대 이후에도 정권이 대학을 길들이고 달래는 당근책으로 구사되었고, 반면 정원과 등록금 동결은 통제와 채찍으로 활용되었다. 1995년 이후에는 대학 특히 사립대학에 대한 재정 지원책이 당근과 채찍의 역할을 했다. 주로 사적 부담에 의존한 대학교육은 고등교육 기회 보급 및 확대 시기와 맞물려 정원 확보라는 양적 팽창은 가져왔으나 이면에 부실과 비리대학을 양산했다.

고등교육 기회를 무상으로 국공립대학 중심으로 보급해 온, 나아가 생활비 지원까지 하는 프랑스, 독일 등 유럽의 사례나 대학사의 세계적인 추세에 비추어 보면 우리나라는 기형적일 정도로 등록금 의존적, 사립대학 의존적이다. 사립대학 중심의 고등교육 기회 제공으로 사립대학은 등록금 수입에 의존해 운영되어 왔고, 수익자 부담의 원칙에 의해 등록금 부담은 전적으로 개인 부담으로 이루어져 왔다. 2000년대에도 2008년 기준 연간 사립대학 등록금이 도시가구 평균 가계소득에서 차지하는 비중이 약 18%에 달했고, 2020년 기준으로 대학 재정에서 대학 등록금이 차지하는 비율은 53%로 여전히 높다. 사적 부담의 한계치에 도달해 사회적 저항도 만만하지 않다. 수익자 부담의 원칙에 근거해 사립대학 중심으로 보편화된 고등교육 기회를 보장하는 고등교육 시스템이 한계에 도달한 것이다.

최근 보편화된 고등교육 기회에 걸맞게 고등교육 재정을 확대하고, 나아가 고등교육 비용의 사적인 부담을 줄이고 공적인 부담을 확대해야 한다는 주장이 강해지고 있다. 고등교육 기회의 확대, 고등교육 비용의 급격한 증가, 사적 부담의 한계 도달, 고등교육의 질 확보라는 다층의 문제를 해결하기 위해서는 고등교육에 대한 공적 재원의 투입 확대를 통해 고등교육 질을 제고해야 한다. 보편적 교육기관으로서의 고등 교육기관이 학습자에게 적합한 교육 경험을 제공하도록 효율성의 관점에서보다는 보편적 권리와 교육복지의 관점에서 국가의 공적 재정 지원을 확대해야 한다. 국가 고등교육 재정의 규모를 최소한 OECD 기준으로 늘려야 하고, 학생 1인당 교육비도 확대되어야 한다. 고등교육 재정교부금법등의 법적 기반을 마련하는 것도 필요하다. 이를 실현하기 위해서는 무엇보다 수익자 부담의 원칙을 폐기하고 교육 복지 실현과 고등교육 권리 보장을 위한 고등교육 국가 책임의 원칙이 정립되어야 한다.

5. 대학생, 사회 변화의 주체로 나서다

대학생에 대한 사회적 인식이 달라지기 시작한 것은 4·19 이후이다. 4·19 초기 고등학생들의 시위에서 "기성세대 물러가라"라는 플래카드에 괄호치고 "대학생부터"라는 문구가 부기될 정도로, 대학생에게는 희망을 걸 수 없다는 인식이 널리 퍼져 있었다. 4월 25일 대학교수단의 시국선언문에도 "곡학아세하는 사이비 학자와 정치 도구화된 소위 문화예술인을 배격한다"라는 내용이 들어 있었듯이, 1950년대까지만 해도 대학, 대학생, 대학 교수에 대한 시선은 곱지 않았다.

그런데 4·19를 계기로 대학생에 대한 인식이 달라지기 시작했다. 4·19혁명에서 대학생과 대학교수단의 시위가 마지막 국면을 압도함으로서 대학생과 대학 교수는 우리 사회에서 사회문화적 주도권을 획득하게 되었다. 이후 대학생은 '4·19 세대'라는 사회문화적 주체로 등장했다. 이후 한국 사회에서 대학은 국가 근대화 프로젝트의 수요 기관으로 인식되었고, 대학, 대학생, 대학 교수의 가능성이 주목되기 시작했다.

4·19 이후 대학 내부에서도 등록금 인하 및 반환 투쟁을 시작으로 자율적인 대학 민주화 운동이 전개되어 대학의 분위기가 달라지기 시작했다. 우선 학도호국단이 폐지되고 학생회가 부활했다. 또, 거의 모든 대학에서 무능, 어용, 부패, 독재 교수를 축출하려는 시위가 연달아 일어났다. 3·15 부정선거에 적극 가담하거나, 정권을 배경으로 학교 경영에서 독재와 부정 불법을 자행해 개인의 이익을 도모하거나, 경리 부정을 저지른 자를 처벌해야 한다고 해 1960년 4월부터 9월 말까지 각급 학교에서 180여 명의 교원이 배척되었고, 1명의 법인 임원의 불신임이 일어났다. 각 대학에서는 교수회, 교수평의회를 구성해 교수의 신분 보장 및 대학 자치를 실현하려는 움직임이 가시화되었다. 학원민주화 운동에 이어 대학생들은 농촌과 도시에서 국민계몽운동, 신생활운동 나아가 통일운동 등을 전개했다.

4·19를 지나면서 대학생들은 점차 하나의 집단, 부류를 넘어서 세대로서 정체성을 형성해 가기 시작했다. 하나의 세대로 성장한 대학생들은 이전의 무기력·무비판의 이미지를 벗어나 현실보다는 이상을 추구하며, 스스로 사회변화 촉진자로서의 임무를 자임하고 나섰다. 이는 1970~1980년대의 산업화 시기를 거치면서 더욱 강화되어, 군부 독재 세력에 저항하고 노동자 농민

등의 기층 세력과 연대해 사회를 변혁하는 민주화 세력의 표상으로 자리잡았다.

1970년 들어서는 대학생들의 문화가 하나의 하위문화로 자리 잡으면서 통기타, 청바지, 생맥주로 표현되는 청년문화를 대변하기 시작했다. 시내 중심가에 삼삼오오 모여 거리를 활보하거나 밤거리에서 생맥주를 마시고 노래를 함께 부르며 왁자지껄한 모습은 새로운 거리 풍경이 되어 신선함과 도시의 활력을 불어넣어 주었다. 다른 한편으로 농악과 탈춤으로 대변되는 민속문화가 민중 문화로 이해되면서 축제를 장식했다. 대학생들의 문화는 저항적·실험적 성격을 지니고 선도적인 영향력을 끼치고 있었다.

1980년대 학생운동의 전성기를 지나면서 대학생의 사회적 의미도 변화하기 시작했다. 〈표 1-1〉에서 볼 수 있듯이 대학 진학률이 1985년 35%를 넘고, 1995년 50%를 넘었다. 대학 진학률이 30%를 넘으면 대학교육은 엘리트 교육의 성격에서 벗어나 대중화 단계에 접어들고, 50%를 넘으면 고등교육은 보편교육으로, 시민의 권리로 인식되기 때문에 대학문화에서도 질적 변환이 일어나게 된다. 대학생의 사회적 정체성과 사회적 기대 역시 이전 시대와는 다른 양상을 보인다. 2000년대 이후 다분히 엘리트 의식과 남성 중심에 기반했던 대학문화는 비판의 대상이 되었고 사회운동 주체로서의 대학생의 의미도 약화되었다. 1995년 이후 신자유주의 물결 속에서 대학문화는 다양화되었고, 대중으로서의 대학생들은 개별화·고립화되었으며, 교육현장의 여러 가지 문제를 각자도생으로 해결해야 하는 처지에 내몰렸다.

6. 대학은 민주주의 실험실이고, 대학교육은 교육공동체 구성원으로서의 권리다

대학도 하나의 사회적 기구이다. 특정한 사회적 기구의 본질적 이념이 무엇인지 묻는 것은 이상형을 설정하고 그 이상이 실제를 이끌어줄 것이라고 보는 것이다. 대학을 학문의 전당이라고 이해하는 방식이 그 예다. 하지만 대학은 하나의 역사적 실체로서 역사적 성취물로 오늘날에 이르렀다고 할 수 있다. 이 측면에서 보면 대학의 역사는 자치의 역사라고 볼 수 있다. 우리나라에서 대학 자치의 전통은 그 부단한 노력에도 불구하고 미약하기 그지없다. 특히 사립대학의 비리와 부정의 문제는 대학 자치의 전통에 맞추어 거버넌스 구조를 개선하지 않으면 해결 불가능할 정도다.

우리나라 대학의 이사회 제도는 학외 인사로 구성된 이사회에 총장 선출 임명권을 비롯한 대학 운영의 전권을 부여하는 제도로서 미국의 주립대학에 널리 도입되어 있던 제도이다. 우리나라에서는 미군정기 학외 인사를 대학 운영에 참여시킨다는 취지로 도입되었는데, 사립대학에서 이사회 중심의 거버넌스 체제를 민주적인 제도라고 수용함으로써 대학 구성원의 자치 능력을 제한하는 왜곡된 지배 구조로 자리 잡았다.

오늘날 이사회에 의한 대학 지배 구조는 대학의 자율성이라는 이름으로 이사진 구성의 전권을 가진 사학재단 설립자 및 경영자에게 대학 운영의 전권을 행사할 수 있는 제도적 장치로 작용하고 있다. 대학에 대한 공적 개입의 여지가 보장되어 있지 않으며, 대학 구성원의 참여가 보장되어 있지 않다. 나아가 이사회 운영의 관행은 대학 지배의 기득권을 강화해 주는 기능을 하고 있다.

외부자 통제를 핵심으로 하는 이사회에 비해, 내부자 대표로 구성되어 대학 운영의 참여를 보장하는 제도는 평의원회이다. 따라서 평의원회는 이사회가 구성되어 있는 사립대학의 경우 이사회를 견제하는 기능을 할 수 있다. 우리나라의 경우 1990년 '사립학교법'에서 대학평의회 제도를 도입하고, 2005년 12월 '사립학교법' 개정을 통해 학내 구성원과 외부 인사 참여를 보장하고 필수 심의기구화함으로써, 내부자의 참여와 견제를 통해 사립대학 법인 운영의 투명성을 담보하고자 했다. 그러나 각 대학에서의 평의원회 설치는 지체되었고, 설치되었다 하더라도 모범적으로 운영되는 곳도 있지만 그 기능과 권한이 한정적이어서 무력화되어 있는 형편이다. 2017년 11월 9일 '고등교육법' 개정에 의해 이사회가 설치되어 있지 않은 국립대학에도 대학평의원회를 설치하게 하고, 평의원회 구성에서 특정 집단이 과반수를 초과하지 못하도록 했다. 총장의 독임적 대학 운영을 제어할 장치로, 다양한 내부 세력의 대표로 구성되는 평의원회를 두어 견제하도록 한 것은 의미 있는 제도적 장치 마련이다. 하지만 국립대학의 대학평의원회 설치는 '교수 중심의 폐쇄적 대학 운영 체제'에서 벗어나 민주적 의사결정기구를 도입하기 위한 것이라는 교육부의 주장에도 불구하고, 현실적으로는 기존의 강력한 견제 기능을 수행하던 교수평의회를 무력화시키고, 또 직능 민주주의에 기반한 대학의 자치를 약화시킬 우려가 있다.

우리나라에서 교수회 혹은 교수평의회는 교수회의 자율적 구성과 총장·학장 선출을 비롯한 인사권 행사 절차 마련으로 교수 자치를 보장하는 장치로 역사적으로 발달해 왔다. 사립대학의 경우 제도상 명맥은 유지했으나 대학 운영에서 그 영향력과 의미는 미미했다. 하지만 국립대학의 경우 교수회 중심의 대학평의원회는 대학 구성원의 신분 및 학술 활동의 안정성을 보장하고, 학문 사상의 자유를 보장하는 대학 자치, 교수 자치 기구로 역할을 했다.

이외 대학에는 내부 구성원으로 구성되는 총장 관할의 교무위원회, 대학(학사)운영위원회, 학장협의회 등의 각종 위원회, 협의회가 다양하게 운영되고 있으나 대학의 관리·운영기구로서 제도적 허약성이 있다.

대학의 다양한 구성원이 주체로서 결사를 통해 학문의 자유와 대학의 자치를 실현하도록 대학 운영 관리 기구의 조정과 제도화가 필요하다. 교원, 직원, 학생, 지역사회, 동문 등이 대학 운영에 참여하도록 해 대학 내부의 민주적 통제 전통을 만들어야 한다. 사안에 따라 다양한 위원회를 구성해 구성원의 참여 아래 총장의 책임 운영을 지원하면서도 이사장이나 총장의 독단적 운영이나 교수 중심의 운영을 견제해야 한다. 교수회(교수노조), 직원노조, 학생회 등을 학칙으로 합법화하고, 동문회, 지역사회, 후원회, 학부모회 등이 교육과정위원회, 재정위원회(등록금위원회), 학생생활위원회 등에 참여하도록 의무화하되, 실질적인 기여가 가능하도록 참여 정원을 확대할 필요가 있다. 그리고 학생의 학습권 실현과 적합한 연구 환경 조성을 위한 거버넌스 기구를 도입하고, 여기에 학생, 대학원생, 조교, 연구원 등의 참여를 의무화해야 한다.

대학생을 비롯한 교육공동체 내외의 구성원의 다양한 참여를 보장하고, 권리가 실현되는 대학 거버넌스 구조를 대학 자치의 정신에 입각해 만들어 대학을 민주주의 실험실로서 거듭나게 해야 한다.

7. 2020년 코로나19바이러스, 새로운 도전, 교육적 상상력을 펼치자

미국의 어떤 청년이 MIT 4년의 컴퓨터과학 교육과정을 1년 만에 온라인 수업으로 독파했다며 그의 초단축·초집중·초고효율의 초강도 학습법을 울트라러닝(Ultralearning)이라고 알리는 것을 본 적이 있다. 원격교육이 대학의 미래일 수 있을까, 울트라러닝은 학습자에게 공부의 즐거움을 무엇으로 어떻게 느끼게 할까, 울트라 러너는 무엇보다 행복한 학습자일까, 그는 대학을 지식과 정보를 체계적으로 보관 전달하는 창고 혹은 자격 인증과 분배소로만 본 것은 아닐까, 그렇다면 왜 굳이 대학 수업을 선택했을까 등의 의문이 들었다. 대학교육을 그렇게 이수하는 것이 필요하고 가능한 사람도 있을 것이다.

하지만 자격증 취득과 취업사관학교로서 대학의 위상을 기대한다면, 대학이라는 제도가 만들어지고 발달하면서 축적한 역사적 성과나 인류의 지혜로부터 아무것도 배우지 못한 것이다. 대학은 죽었다고 스스럼없이 말해도 좋을 것이다. 우리가 대학을 다니며 유예하고 관계하며 성찰하는 배움의 시간을 넉넉하게 갖는 것이 인권이고 복지이고 행복이지 않을까라며 고등교육 보편화, 원격교육의 시대의 대학의 의미에 대해 다시 한번 생각하게 된다.

코로나19를 계기로 비대면 온라인 원격교육의 일상을 경험하고 있다. 대면 수업에 비해 수업의 질이 저하되지 않도록 학생들의 참여와 관심을 유도하는 질 높은 온라인 수업 콘텐츠 개발에 주력해야 한다는 목소리도 높다. 교육부에서는 2020년 9월 「디지털 기반 고등교육 혁신 지원 방안」을 발표해 디지털 교육 체제로의 전환을 선도하겠다고 한다. 원격수업을 확대하고, 학생의 디지털 역량이나 환경의 차이를 해소할 지원센터를 만들고, 규제를 완화해 전공이나 학과에 구애되지 않고 누구나 원하는 새로운 기술 분야의 관련 역량을 갖출 수 있도록 지원한다고 한다. 하지만 4차 산업혁명, 인구감소, 디지털교육 시대에 정작 대학인들이 목말라하는 것은 무엇일까? 학교라는 시공간과 관계의 중요성을 다시 찾는 것 아닐까? 에듀테크(edutech) 산업을 대학교육에 도입하는 것보다 교육과 연구의 전통을 체화한 연구자의 질문과 고뇌를 나누고 배우고 가르치는 역할 관계가 새롭게 모색되는, 사람 냄새 나는 활달한 소통의 장을 더 원하는 것은 아닐까? 대학이 거듭날 방법을 고민하는 교육적 상상력의 날개를 펼칠 시점이다.

토론거리

1. 대학이 많아 나라가 망한다(대학망국론)와 대학이 지역을 먹여 살린다(지역상생론)에서 대학을 바라보는 관점의 차이는?
2. 대학 서열화는 경쟁에 유리한 지위를 선점하려는 욕망 때문인가? 이는 고등교육 정책으로 해결 가능한가?
3. 무상 고등교육은 왜 필요하며, 어떻게 가능한가?
4. 고등교육 공동체 구성원으로서 보장되어야 할 대학생의 권리는?

읽을거리

대학과 대학생의 시대 | 강명숙. 2018. 서해문집.

대학과 권력 | 김정인. 2018. 휴머니스트.

유신과 대학 | 이경숙. 2018. 역락.

대학이란 무엇인가 | 요시미 순야(吉見俊哉). 2014. 서재길 옮김. 글항아리.

북한의 대학 | 정근식 엮음. 2017. 진인진.

유럽대학의 역사 | 볼프강 E. J. 베버(Wolfgang E. J. Weber). 2020. 김유경 옮김. 경북대학교 출판부.

유럽을 만든 대학들 | 통합유럽연구회. 2015. 책과함께.

제2장
21세기의
지식인과 대중

천정환(성균관대학교 국어국문학과 교수)

1. 지식인의 개념과 문제점

1) 원래 개념

식자(識者)같은 말이 보여주듯 '지식인'은 오래된 개념이다. '아는 것' 또는 '아는 이'라는 식자(識字)는 삼국지나 소동파의 시에도 나온다고 한다(合川康三, 2004 참조). 이때 '안다'는 것은 문자를 읽을 수 있는 능력[문식(文識)]이란 뜻도 가지지만 동아시아의 '사대부'나 '선비'는 지식인 개념의 원형이라 생각해도 무방할 것이다. 사대부나 선비는 한문과 성리학을 배우고 익혀 국가의 통치에 참여하거나 사회 이념을 이끈 계층이었다.

그러나 본격적으로 '지식인'이라는 존재가 문제가 되고 오늘날과 같은 의미를 갖기 시작한 것은 근대 이후라 보아야 한다. 신문과 잡지 등에 의해 근대적 공론장이 형성되고, 먼 태곳적부터 인간 사회에 일반적으로 존재했던 구성원들 사이의 지적 격차가 본격적으로 의식되면서 '지식인'은 하나의 계층 또는 일군의 사회 집단으로 호명되고 인식되었다. 18세기 프랑스에서는 원래 읽고 쓸 수 있는 귀족 계층의 사람이라는 옴므 드 레트르(homme de lettres)라는 말이 있었는데, 18세기 이후에는 문필업에 종사하는 사람을 일컫는 벨레트리스트(belletrist)와 함께 쓰이기 시작했다 한다. 19세기 영국에서도 프랑스에서와 유사했던 맨 오브 레터스(man of letters)의 어의가 확장되어 기자, 비평가, 문인 등에 적용되는 말이 되었다 한다.

오늘날 우리말의 '지식인'에 해당하는 영어 단어 중 가장 널리 쓰이는 것은 인텔렉추얼(intellectual)과 러시아어 인텔리겐치아(интеллигенции)에서 온 인텔리젠시아(intelligentsia)다. 특히 19세기 후반 영국과 프랑스에서 드레퓌스 사건을 거치면서 'intellectual'의 의미가 변했다는 것은 흥미롭다. 단지 읽고 쓸 수 있는 계층이 아니라, 부당한 권력이나 대중의 편견에 저항하며 비판적이고 실천적인 자세를 견지한 공공적 지식인의 이미지와 위상이 생겨났다는 것이다(Gross, 1969). 또한 극심한 사회적 불평등이 만연하던 19세기 러시아에서 인텔리겐치아라 불리는 청년 지식인 집단이 등장했다는 것도 흥미롭다. 이 청년 지식인 집단은 농노해방과 전제군주(차르) 타도를 위해 싸웠다.

수많은 대중이 여전히 문맹이나 중세적 무지 그리고 전근대적 권력과 종교의 '암흑적' 지배하에 있을 때, 읽고 쓰는 능력뿐 아니라 비판적 의식과 실천 의지를 가지고 등장해 사회와 나라를 바꾸려 했던 존재가 근대 지식인인 것이다. 따라서 '지식인'은 단지 학문과 지식을 생산하거나 언론이나 문필업에 종사하는 존재만을 일컫는 것은 아니다.

2) '오지랖' 떠는 사람

이런 면모 때문에 프랑스의 철학자 장 폴 사르트르는 "지식인은 자신과 상관없는 일에 개입하는 사람"이라 칭했다. 이에 따르면 자신의 개인적인 이익이나 계층적·직업적 이해관계와 무관한 다른 사람의 일과 사회 전체의 문제, 또는 국가적 문제 때로는 심지어 다른 나라에서 일어나는 여러 일에 대해 말을 하거나 개입하며 '오지랖'을 떠는 존재가 지식인이다. 예를 들어 서울에 거주하는 중산층인 교수 A가 고 김용균씨 같은 지역에 사는 가난한 노동자의 삶에 대해 이야기한다든가, 일본의 어느 남자 대학생 B가 한국 '위안부' 할머니들의 고통에 대해 공감하거나 노해 '평화의 소녀상' 설립 운동 같은 데에 동참하는 상황을 생각해 보자. A는 노동자가 아니고 B는 한국인이 아닌데도 그들이 그렇게 할 수 있고 또 하는 이유는 뭘까? 그들이 가진 지식과 지성, 그리고 보편적인 규범에 대한 믿음 때문일 것이다. 특히 이 보편적 규범은 인권, 자유, 평등, 민주주의 같은 가치와 인류 공통의 '올바른 것'이 있다는 믿음을 의미한다.

'지식인'이기 위해서는 많은 공부를 해 보편적이고 또 전문적인 지식을 가져야 할 것이다. 즉 인문학이나 사회과학에 대한 식견은 물론, 특히 오늘날에는 자연과학이나 공학, 의학에 대해서도 알아야 사회 현실에 대해 이야기할 수 있을 것이다. 그렇게 해서 '많이 배운 사람'이 되려면 아마도 보통의 사회에서라면 중간 이상의 계층에 속해야 할지 모른다. 배움에는 돈과 시간이 들기 때문이다. 지식인은 오랜 시간 돈을 들여 대학이나 대학원에 다녀 '가방 끈'이 길다. 그러나 그것만은 아닌 '윤리적 태도'가 필요하고 그것을 자신의 말과 행동으로 옮길 때 '지식인'의 본연에 근접할 것이다.

앞서 말한 대로 A나 B들의 이해관계는 지역의 노동 청년이나 한국의 피해자처럼 정치적·사회적 불평등과 억압을 당하는 사람들의 것과는 크게 다르다. A같은 존재는 한국 사회에서 비교적 안온한 삶을 누리는 중간층 사회집단에, B는 한국 '위안부' 여성에 대한 가해자의 자리에 있는 일본인 남성 사회에 속해 있기 때문이다. A나 B가 차라리 김용균 씨나 위안부의 존재를 모르거나 무시하면서 살아가는 것이 더 편안하고 자연스럽지 않을까? A, B가 자신의 양심과 배운바 대로 '실천'하려면 자신의 한계를 뛰어넘어야 하고 자신의 가족이나 국가와는 충돌하는 어려운 일을 해야 할지 모른다.

그래서 지식인은 모순적인 존재가 된다. 말과 행동이 일치하지 않는다든가, 의식과 존재가 충돌한다. 이런 상황에 대해 사르트르는 "지식인의 임무는 모든 사람을 위해 지식인 자신의 모순 속에서 사는 일이며, 모든 사람을 위해 급진주의를 통해 지식인 자신의 모순을 넘어서는 일"이라고 했다. 지식인은 "그 자신이 지닌 모순 자체를 통해 민주주의의 수호자가 되는 것"(사르트르, 2007)이라고 한다.

부연하자면, 자기 자신의 처지로부터 벗어나는 생각과 행동을 하지 않으면 '지식인'이라 할 수 없다. 단지 일회적인 생각이나 언동이 아니라 다른 '모든'(즉, 보편적인) 사람과 가치를 위해 지속적으로 말하고 행동해야 한다. 이런 일은 무엇인가 근본적이며 급진적인 가치를 추구하기 때문에 가능한 일이다. 또는 결과적으로 그렇다.

이제까지 이야기한 지식인의 개념이나 모순은 매우 근본적이고 기본적인 것이다. 그런데 현대 사회로 들어오면서 지식과 지식인의 문제는 달라지고, 보다 더 복잡해졌다. 이를 통해 우리 자신의 앎과 사회적 위치에 대해서 생각해 보자. 다음과 같은 문제를 다루려 한다.

3) 다룰 문제

첫째, 대중과 지식인의 관계 문제다. 앞에서 말한 대로 지식인은 대다수 보통 사람들, 즉 대중이 무지의 상태에 있는 상황에서 그 존재가 부각될 수밖에 없었다. 또 교육·언론과 지식정보의 공급이 불평등하고 미발달 상태에 있을 때, 지식인들은 보통의 사람들을 '계몽'하고 또 사회 개혁에 앞장섰다. 오늘날의 사회에서 앎의 배분은 얼마나 평등한가? 어떤 계층의 사람들은 다른 계층에 속하는 사람들에 비해 더 가치 있고 권력과 부에 접근하기 쉬운 지식을 갖고 있는가? 오늘날의 한국 사회에서 '영어를 얼마나 잘 하느냐? 어떤 대학을 나왔는가?' 같은 요소는 한 사회 구성원의 삶에 얼마나 어떤 영향을 미치고 있는가? 현대 사회에서도 지식정보에는 서열과 높낮이가 있다. 어떤 지식정보를 소유한 사람은 권력과 부를 누리고 그렇지 않은 사람은 가난하고 힘이 없지 않은가?

둘째, 반지성주의의 문제다. 2010년대 중반 이후 반지성주의라는 말이 우리나라뿐 아니라 세계의 언론에 자주 등장하기 시작했다. 영어로 반지성주의는 'Anti-intellectualism'이다. 앞에서 보았던 대로 영어 intellectual은 지식인을 뜻한다. 리처드 호프스태터의 저서 『미국의 반지성주의』에서도 반지성주의란 반지식인주의를 뜻한다. 저자는 매카시즘(맹목적 반공주의)이 휩쓸던 1950~1960년대의 미국에서 매카시즘이 지식인에 대한 대중의 원한 감정을 동력으로 했다는 점을 논했다(호프스태터, 2017). 공산주의에 대한 대중의 조장된 공포가 비판적·자유주의적 지식인들에게 대한 분노로까지 비화된 경우다.

어떤 경우에 대중은 '지식인'이라는 존재에 대해 분노하거나 경멸의 감정을 갖게 되는가? 대중과 지식인의 관계를 어떻게 봐야 할까? 한때 일간베스트 같은 사이트에서 '선비질', '씹선비', '진지충' 같은 말이 유행하기도 했다. 이런 말들은 어떤 감정과 생각을 표현하고 있는가?

셋째, 대중지성의 개념과 역할이다. 오늘날에는 집합지성·대중지성 같은 개념도 자주 쓰인다. 대중과 지식인 그리고 대중과 전문가 엘리트 사이의 관계를 새롭게 파악하기 위한 시도의 일환이다. 대중은 계급투쟁과 대중민주주의의 정치적 주체로서 수동적인 존재가 아니다. 대중은 민주주의 사회에서 보통선거의 투표권자이며 나아가 주권자라는 자기의식을 갖고 있다. 대중은 저항과 불복종, 또는 참여와 여론의 주인으로서 적극적인 정치활동을 한다. 우리는 촛불항쟁이나 청와대 청원 게시판, 그리고 일상의 인터넷 공간에서 매일매일 이런 모습을 본다. 그러나 대중은 언제나 옳고 똑똑한가? 대중은 권력과 부에 휘둘린다. 매스미디어와 선동가들, 음모론 등의 영향으로부터 자유롭지 못하며 언제나 충분한 지식과 정보를 갖고 있는 것도 아니다.

대학생 독자 여러분은 스스로를 어떻게 생각하는가? 당신은 대중인가, 아니면 지식인이나 엘리트 집단의 일원인가? 근대사회에서와 같은 계몽주의는 불가능하고, 그렇다고 해서 대중을 언제나 신뢰할 수도 없다면 우리는 어떤 위치에서 어떤 자세로 문제를 대하고 해결할 것인가? 이 문제는 결국 민주주의의 문제 자체와 연관된다.

2. 오늘날의 지적 격차와 대중과 지식인의 관계

1) 디지털 시대, 그리고 고등교육 대중화의 시대에도 지식인의 존재는 가능하고 또 의미 있는가?

현대 자본주의는 지식을 더 깊고 강하게 도구화하고 있고, 지식의 유용성과 위계(높낮이, 하이어라키)를 새롭게 분배하고 있다고 할 수 있다. 1990년대 이후 지식은 기본적으로는 제조업 아닌 산업, 즉 IT산업을 위시한 인터넷 기반 경제의 무형 인프라라는 함의를 갖기 시작했다. 그리고 이후 지식이라는 말은 이전과 다른 방식으로 그 용례가 무한히 확대되었다. '지식경영', '지식경제'뿐 아니라, '지식노동자' 같은 말도 생겨났다. 지식노동자는 실물 도구를 사용하지 않고 각종 소프트웨어를 다루는 기획·편집자, 컴퓨터 프로그래머, 소프트웨어 개발자, 오퍼레이터 같은 사람을 뜻한다. 원래 육체노동자를 의미하는 블루칼라와 사무직 노동자를 뜻하는 화이트칼라에 빗대어 이들에게 '골든칼라(golden collar)'라는 별칭도 생겼다. 이들은 이른바 '비물질노동'에 종사하는 사람들이라 할 수 있다. 여러분들도 대학을 졸업하고 난 뒤 '지식노동자'가 될 가능성이 높다. 이 같은 소위 '지식경제 시대'에 '지식-돈' '지식-권력'은 새로운 국면에 처해 있다. 서로 완전히 모순되어 보이는 두 힘이 동시에 작용하고 있다.

우선, 세계의 모든 지식은 대중화된 대학교육, 그리고 인터넷과 뉴미디어 때문에 세계의 모든 사람에게 공유되고 있다고 말할 수 있다. 대중은 실로 세상의 지식을 분점하고 있고, 나아가 지식 생산의 주체로 나서고 있다. 1980년 한국 사람들 중에서 고등학교에 입학한 사람은 전체 학령인구 중 48.8%였고, 그중에서 대학에 진학한 사람은 27.3%였다. 그로부터 10년이 지난 1990년에는 79.4%의 사람들이 고등학교에 입학했고 그중에서 33.2%의 사람들이 대학을 갔다. 그렇다면 이 10년 동안 무슨 일이 있었을까? 이때

그림 2-1 취학률 현황

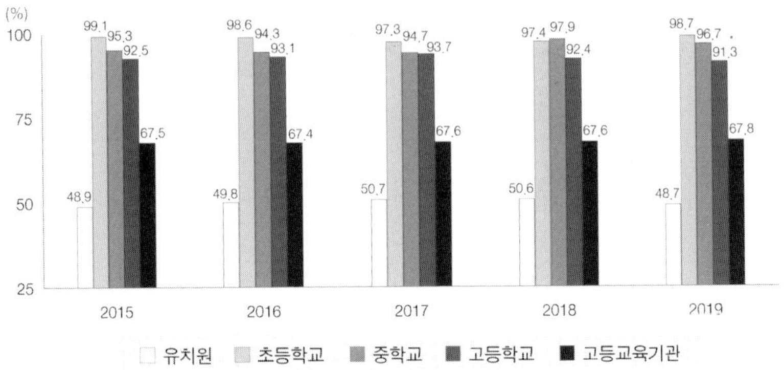

자료: 한국교육개발원·통계청(2017).

'고졸 학력'의 의미는 무엇이었을까?

그런데 다시 10년이 지난 2000년에 고등학교에 입학한 사람은 전체 학령인구 중 89.4%였고, 그중에서 대학에 진학한 사람은 68.0%였다. 이 10년 동안에는 또 무슨 일이 있었을까? 2010년 한국에서 고등학교에 진학한 사람은 학령인구의 91.7%였다. 그리고 졸업자의 무려 79.0%가 대학에 진학했다(한국교육개발원·통계청, 2017). 1980년대의 대학생과 2010년대의 대학생은 서로 다른 사회적 지위를 가질까, 어떻게 다를까?

인터넷과 뉴미디어에 의한 지식정보의 생산과 공유 문화에서 블로그, 무크, 유튜브 같은 미디어는 그 절정처럼 보인다. 이미 2006년에 미국의 시사주간지 ≪타임(TIME)≫은 정보화시대의 새로운 주역인 '네티즌 당신(YOU)'을 그해의 인물로 정했다 한다. '당신'은 단지 지식정보의 소비자나 대상이 아니라, 지식정보를 생산하고 퍼 나르는 주체다.

어떤 사람들은 이러한 현상의 긍정적인 면에 초점을 맞추어, '네티즌'이라 불리는 인터넷의 다중과 그들의 '집단지성'이 세계를 좋은 방향으로(!) 바꿀

거라 생각해 왔다. 이와 관련된 수없이 많은 낙관론이 인터넷 초창기부터 있었다. 실제로 세상은 앎의 공유와 그 매개체 때문에 많이 바뀌었다고 할 수 있다. 실로 우리는 수십만 년의 인류사에 유례가 없는 앎의 민주주의 시대를 살고 있다 해도 된다.

그러나 다른 한편, 지식의 소유와 분배에 관한 불평등은 더욱 악화되고 있다고 말해야 하지 않을까? 위와 같은 주장은 한쪽 면만을 본 것이다. 지식의 공유가 더욱 확대되어서 진정으로 민주화되고 평등한 사회가 되고 있다는 치명적인 오해 말이다. 과연 세상은 좋아지고 있는가? 한번 비관적으로 말해본다. 대학을 나온 사람이 이렇게 많고, 네티즌의 집단지성은 훌륭하지만 전혀 세계를 좋은 방향으로 바꾸지 못할 것이다. 아무도 지식이 독점되고 가진 자와 권력자들을 위해 소용되는 일을 막지 못한다. 왜 변리사는 가장 돈 많이 버는 직업이겠으며 '국가정보원' 같은 국가기구가 왜 존재하며 그들은 여전히 산업기밀보호를 자신의 주요 업무로 하겠는가. 지적재산권 체제는 끄떡도 없다. 카피레프트나 지식공유 운동 같은 것이 있지만 여전히 새 발의 피 아닌가.

문제는 지식 자체의 가치인지도 모른다. 진정으로 가치 있는 것은 절대 공유되지 않는다. 약간이라도 가치 있는 것에는 철저하게 값이 매겨져 있다. 아니, 진짜 가치 있는 것은 억만금이 매겨져 있다. 세상에는 여전히 공짜가 없다. 여전히 싼 게 비지떡이다. 예컨대 네이버나 구글에서 다뤄지고 공유되는 지식은 위대하고 때로 감동적이다. 그러나 허기만 겨우 면하게 해주는 비지떡 같은 것일 가능성이 훨씬 더 높다.

더 나아가 지식 그 자체가 내포한 가치의 문제가 아닌 지식의 소유와 그 문화정치적 효과를 둘러싸고 있는 사회 환경은 어떤가? 학력이나 학벌의 격차가 존재하고 또 대물림되는 현상은 어떻게 보아야 할까?

2) 지적 격차의 재생산

한국에서 지적 격차가 어떻게 재생산되고 오히려 커지는지를 조금 더 살펴보자. 2015년 김영철 상명대 교수는 「행복은 성적순이 아니잖아요?: '학력(학벌)'의 비경제적 효과 추정」이라는 논문에서 9997명의 패널을 학력과 대졸의 경우 출신 대학에 따라 상위권대(10개), 중상위권대(30개), 중위권대(40개), 기타 4년제대, 전문대, 고졸, 중졸 이하 등 7개 부류로 나누어 '행복'에 대해 조사했다. 그 결과 "학력 수준이 높을수록 전반적인 생활 및 현재의 일자리에 대해 만족할 확률이 현저히 높아지는 것으로 나타났다"(김영철, 2015: 107).[1] 이유는 현실의 차별 때문일 것이다. 응답자 중 자신의 생활에 만족한다고 응답한 비율은 평균 30.2%(3095명)였으나 상위권대 출신 중에서 만족한다고 답한 비율은 54.0%로 훨씬 높았다. 학력 수준이 낮을수록 '자기의 삶에 만족한다'는 응답자 비율은 줄었다. 중상위권대 출신은 46.4%, 중위권대는 42.4%, 기타 4년제대는 46.2%를 기록해 상위권대 외 대졸자들은 대체로 비슷했으나, 전문대졸, 고졸, 중졸 이하는 각각 35.1%, 28.8%, 23.1%로 떨어졌다. 월평균 소득과 종사하는 직업의 지위가 같다고 가정하고 분석했을 때도 마찬가지였다. 학력이 낮은 사람들은 삶의 국면마다, 즉 취업, 승진 등과 결부된 사회생활에서의 차별을 '인지'하고 있었다(김영철, 2015: 146). 차별은 자존감·자신감을 잃게 해 사람을 불행하게 한다.

그런데 문제는 학력만이 아니다. 2014년에 ≪한국일보≫가 성인 1000명을 대상으로 한 설문 조사한 결과를 보자. '교육 정도에 따라 인생이 결정된다'고 응답한 사람은 전체의 76.2%였다. 여기서 교육 정도란 단지 중졸이냐 대졸이냐는 학력이 아니라 '출신 학교'를 의미하는 '학벌'이었다. 그래서 '미

1 김영철의 논문은 한국노동패널조사(KLIPS) 7차년도 자료 중 9997명을 상대로 '전반적인 삶에 대한 만족도' 등을 설문한 결과를 활용한 것이다.

래를 위해서라면 편입·재수를 해서라도 좋은 대학에 가는 것이 낫다'는 데에도 71.1%의 응답자가 동의했다(≪한국일보≫, 2014.12.9).

이를 통해 한국 사회에서는 학력과 학벌 차별이 동시에 이중적으로 작동한다는 것을 알 수 있다. 거의 모든 사람들이 기를 쓰고 대학을 가고, 그중에서도 소위 '좋은 대학'이나 '인서울'하려 경쟁하는 객관적 이유가 있는 것이다. 그런데 그 경쟁은 어떻게 결정되나?

2017년 한국교육개발원이 발표한 『교육격차 실태 종합분석』의 실증 연구 결과는 흥미롭고도 무섭다. 초중등 때부터 대학 졸업 후까지 모든 면에서, 즉 초중등학교에서의 학업성취도나 대학 진학, 그리고 대졸자의 노동시장 진입에 이르기까지 교육 불평등은 체계적으로 구조화되어 있다. 중고교에서의 격차는 생략하고, 이 보고서의 제5장, 제6장이 보여주는 대입의 현실만 잠시 보면, 결국 "대학 진학에 부모의 사회적·경제적 지위가 영향을" 미친다. 너무 당연한 것일까? 그런데 "변수들을 통제할 경우" 소위 '인서울' 정도 대학을 가느냐 마느냐는 문제에 관해서는 부모의 사회적·경제적 지위가 결정적인데 그 이하 레벨의 대학이나 비진학의 경우에는 큰 상관이 없는 것으로 나왔다. 부모의 사회적·경제적 자원이 얼마나 많이 투여되느냐는 결국 더 높은 곳에 오르는 사다리 타기 경쟁에 주로 해당된다는 뜻이겠다. 그런데 이는 단지 대학 선택에서만이 아니라 대학을 나온 후의 직업 시장에서의 지위로 이어진다. '부모의 사회적·경제적 지위가 대학 경험과 노동시장 지위에 미치는 영향'도 교육을 매개로 계층이 대물림된다는 것이다(박경호 외, 2017: ii~iii). 어떤 사람이 어떤 대학을 나와서 어느 정도의 임금을 받느냐 하는 데 누적적으로 작용할 제반의 변수 중 결국 부모의 사회경제적 지위가 가장 중요하다는 결론이다. 그래서 "우리 사회는 이미 학력·학벌 사회화되어 학력주의와 학벌주의가 편만하고 있"으며 학벌주의는 "특정 조직이나 집단에서 '파워게임(power game)'의 양상으로 보편화되고 있"다고 할 수 있다(박경호 외, 2017, ii). 그러니까 대학 중에서도 소위 '좋은 대학'이나 또는 같은 정규직이라도 더 큰 보상과 위신을 가져다준다고 생각되는 직업은 따로 있고, 이를 위한 경쟁은 이미 아무나 참여할 수 없는 일이 되었다는 것이다. 이를테면 '좋은' 학벌을 취득하기 위한 경쟁은 유치원에서부터 시작되고, 이미 학력 격차는 초등학교에서부터 구조화되고 있다. 서울 대치동의 아이들은 "초등학교 때 영어 끝내고, 중학교 때 수학을 마스터"한다는데, 도시 하층이나 농촌의 학생은 초등 때부터 기초 학력에서 뒤지기 시작한다(≪한겨레≫, 2019.2.6, 2019.2.9). 그래서 그들은 스스로 계층 상승이나 역전이 불가능하다는 사실을 알고 있다(조귀동, 2020: 5장). 최상층에서는 드라마 〈스카이캐슬〉에 나온 것처럼 '입시 코디'에게 수억 원을 지불한다고 할 만큼 세습 자본주의의 상황은 돌이킬 수 없는 것처럼 되고 '문턱'은 무한대로 높아져 있다.

이런 상황이 빚는 파생적인 문제는 한두 가지가 아니다. 어떤 상위계층 사람들은 금융권 및 공기업 인사 청탁, 시험지 유출 사건, 학생부 조작, 그리고 미성년 자녀를 논문 저자 명단에 끼워 넣기 등의 일을 벌인다. 반면 중간 이하의 계층에서 학벌과 좋은 직업 양자를 다 얻을 수 있게끔 유치원·초등학교 때부터 대규모 투자를 할 수 있는 가족은 많지 않다. 평범한 많은 사람들은 유치원에서부터 시작되는 끔찍한 학벌 경쟁에서 승리자가 되기 어렵다. 그래서 사람들은 중소기업이나 비정규직이나 자영업에 종사하게 되고 또 그래서 많은 사람들은 (하위직) 공무원이라는 국가가 개입된 평준화 기능을 사용하거나, 투자자를 꿈꾼다.

하위계층에 속하는 사람들의 삶에서 학벌은 어떤 의미일까? 대졸자가 고졸자에 비해 월평균 임금이 약 23% 높고, 그래서 가난할수록 대학에 보내야 한다는 연구 결과도 있다(이진영, 2017). 그런데 2010년대 이후 대학 졸업장 값은 많이 내려가서 이제 약 30~40%의 사람들은 대학을 가지 않거나 전문대를 간다. 2011년 72.5%였던 대학 진학률은 2012년(71.3%), 2013년(70.7%), 2014년(70.9%), 2015년(70.8%)으로 꾸준히 떨어지고 있다(≪매일경제≫, 2016.8.30). 등록금이나 다른 기회비용 때문에 하위계층에 속하는 사람들에게 대학을 나오는 일은 결코 쉬운 일만은 아니다. 그들은 젊을 때부터 자영업자나 노동자계급으로 살고, 사회 전체에 퍼진 '비정규직화' 때문에 직업을 자주 바꿔야 한다. 이런 경우에는 사실 출신과 전공이 중요하지 않고, 부모가 교육에 무관심해지거나 오늘날의 대입 방법 같은 복잡한 정보에서 멀어져 버리는 경우도 늘어난다고 보인다.

토마 피케티 같은 학자들의 지적대로 세습자본주의는 세계적인 현상이지만, 앞에서 대략 살펴본 것처럼 한국 사회의 세습자본주의는 학벌과 실로 긴히 결부돼 있다. 학벌은 자아와 삶에 영향을 미치고, 이에 뛰어든 부모들의 경쟁이 자식 세대의 의식과 행동에 부정적인 영향을 미치고 있다.

따라서 오늘날에는 대다수의 사람들이 무지와 절대빈곤에서 탈출했다지만 지적 격차와 지식 정보에 대한 접근성의 차이는 이전과 또 다른 방식으로 재생산되고 있는 것이다. 보통의 사람들은 팍팍한 생계와 생활시간, 입시 위주의 교육과 숨 막히는 성과주의와 등수 경쟁 때문에 외려, 독서나 더 좋은 고등교육을 통해 얻을 수 있는 질 높은 지식 정보로부터 소외되는 경향이 있다. 가장 대학 진학률이 높은 나라 중의 하나인 대한민국은 어느샌가 OECD 국가 중 '실질 문맹률'이 가장 높은 나라의 하나가 되었다.

이러할 때 보다 다양하고 많은 지식정보를 가진 사람들과 낮은 학력을 가진 채 생계에 쫓기고 값싼 지식과 연예오락만을 강요받는 사람들 사이의 관계는 어떠한가? 전자의 사람들을 뭐라고 불러야 할까? '엘리트', '지식인', '전문가', '지성인' 등의 명칭이 있다. 각각의 단어들은 그들이 지닌 위치와 지식정보의 서로 다른 성격을 표시하는데, 그런 이들 중에서 공공적인 활동을 중요하게 생각하고 자기의 이익보다는 더 많은 가난한 평범한 사람들을 우선시하는 사람이 있는가? 그런 사람들을 과거에는 '지식인'이라 불렀던 것이다. 이제는 어떻게 불러야 할까?

3. 공론장과 대중지성의 재구성

다음의 신문 기사에 나타난 사례를 통해 무엇이 문제이며, 어떤 상황이 죽어간 코로나 환자의 인식에 영향을 미쳤는지를 생각해 보자.

> CNN방송은 사우스다코타주의 한 병원 응급실 간호사인 조디 도링의 입을 빌려 여전히 많은 미국인이 코로나19 위협이 실제로 존재한다는 사실을 부정하고 있다고 전했다. ① 도링은 "가장 힘든 것 중 하나가 사람들이 (코로나19가 아닌) 다른 것에서 원인을 찾으려 하는 것"이라며 "이들은 코로나19가 실재하지 않는다고 믿으면서 마법 같은 정답을 원한다"라고 했다.
> 도링은 "숨을 가쁘게 몰아쉬면서도 환자들이 코로나19 바이러스가 진짜라는 것을 믿지 않는다. 일부 별난 환자가 아니라 매우 많은 사람이 그렇다"고 현재의 냉혹한 현실을 전했다. ② 그는 또 "코로나19 양성 결과를 받고도 믿지 않는다. 죽어가면서 하는 마지막 말이 '이런 일이 내게 일어날 수가 없어. 이건 진짜가 아니야'다"라고 덧붙였다. 도링은 이러한 환자들의 맹신과 무지를 마주하는 답답함도 호소했다. ③ 그는 "의료진을 비난하면서 왜 그런 것들(보호장구)을 뒤집어쓰고 있느냐고 묻는 환자도 있다"며 "일부 환자들은 마스크 착용을 당부하고 보다 강력한 방역 대책을 구상 중인 조 바이든 대통령 당선인이 미국을 망칠 것이라고 주장한다"고 전했다(김용래, 2020.11.17. 번호는 인용자).

①에서는 어떤 맹목적 믿음이 음모론과 상호작용하는지 보여준다. 특히 "마법 같은 정답"이라는 한 구절이 흥미롭고 중요하다. 코로나19 바이러스 감염증에 대한 지식은 이 시대의 초국가적인 과학이 종합해 내고 언론을 통해 전해지는 지배적이고 표상적인 것이다. 이는 물론 아직 유동적이고 완전한 것은 아니다. 다시 말해 2021년 1월 현재 아직도 인류는 이 바이러스의 자체에 대해서나, 백신의 효과와 위험성에 대해서 모르는 것이 많다. 그러니

까 대부분의 평범한 사람들은 물론 언론도 코로나에 대해 충분히 온전한 지식을 갖고 있지 못하다. 어쩌면 세상의 많은 일이 이렇다. 완벽하지는 않지만 대체로 과학에 의해 인정되는 것이 지식이 되고 또 공유된다. 그럼에도 전 세계의 과학자들은 객관적인 방법으로 계속 탐구하고 그것을 교류하면서 지식을 발전시키는 중이다.

그런데 완벽하지 않은 그런 틈을 음모론이 파고든다. 하지만 사실 언론과 과학자 집단 그리고 많은 이들이 함께 밝히고 정부가 말하는 것 외의 '다른 정답'을 밝혀내기란 무척 어렵다. 웬만한 지력이나 연구를 통하지는 않고 곤란하고 그런 것은 거의 존재하지 않는다.

그러나 음모론과 그것을 믿는 이들은 대면하기 어려운 적이나 세상을 지배하는 구조가 아닌 '보이지 않는 힘' 같은 데로 도피하면서, 자신들이 오히려 진실을 대면하고 있다고 주장한다. 남의 눈에는 잘 보이지 않는 진실은 신의 힘이나 자신의 인식 영역 너머의 강력한 힘과 같은 것으로서, 특히 도덕적인 것과 연관된다. 이는 "보지 않고도 믿는 자는 복이 있다"는 식의 종교 논리가 뒤집어진 것이다. 과학적 실증이나 통계, 조사보고 등과 같은 (잠정적) 증거는 믿지 않으려 하는 것이다. 이런 불신은 일종의 반과학적 반지성주의이며, 물론 '신앙' 때문에 더 조장된다.

②는 이런 식의 믿음이 '나'의 좁은 물리적 세계와 어떤 관계를 구성하는지를 보여준다. '나'의 주관적 세계를 벗어난 물질적 객관과 거대한 세계가 있다는 사실은 물론 모든 사람이 자주 잊어버리지만, 그럼에도 '나'를 벗어나 생각해야 하고 그것을 위한 객관적 장치가 언제나 있다는 것도 우리는 의식한다. 세상에는 무수한 타인들의 견해와 전혀 내가 관여해 생산하지 않은, 그러나 나보다 더 똑똑하고 과학적인 사고를 가진 이들이 연구해 생산하는 더 나은 정보와 지식이 늘 있다. 또 우리는 매일매일 그런 것에 의해 설득된다. 그런데 어떤 이들은 그것을 무시하고 애써서 알려고 하지도 않는다. '반지성주의'이다. 또는 대신 특정한 주체가 생산한 특정한 정보만을 접해 점점

더 거기 빠져든다. 그런 것을 '확증 편향'이라 한다.

③은 이런 인식 구조와 정치가 맺는 관련을 보여준다. 미국도 우리나라와 비슷하게 대통령중심제와 왜곡된 양당 중심 정치 체제를 갖고 있으며, '보수'와 '진보'로 나뉘어 극단적으로 싸우는 정치인과 대중들이 있다. 이런 진영정치는 일종의 감정정치며 왜곡된 도덕정치다. 그것은 다른 진영에 속한 자들과 그들의 당파도 일정한 합리성과 공동체에 대한 나름의 진정성을 갖고 있다는 것을 인식 자체에서 배제하려 한다. 다른 진영은 거짓말쟁이며 악의 화신이기에 그들은 타협과 대화의 대상이 아닌 절멸의 대상으로 간주된다. 그래서 미국 사회에서는 일각의 사람들이 마스크 착용조차 거부했다. 미국에서는 2021년 2월 기준 약 50만 명의 사람들이 코로나 때문에 죽었다. 미국 사회에는 역사적으로 "'지식인은 허세에 차 있고 대중을 기만하며 속물적이고, 나아가 비도덕적이고 위험하다는 고정관념'이 존재한다" 라는 지적이 있다. 그것이 미국식 "'반지성주의' 전통의 토대"일 수 있다(윤태진, 2017.6.4: A31).

한국에서도 이와 비슷한 정황이 있는가? 2017년 이후 한국에서도 반지성주의 문제가 크게 이슈로 떠오르고 이 단어가 유행어처럼 되다시피 했다. 먼저 반지성주의의 실체에 대해 정확하고도 구체적으로 물어야 하겠다. 한국의 반지성주의는 누구에 의해 어떤 방식으로 존재하는가? 근래 치러진 대통령선거와 총선의 부정을 주장하는 사람들, '황우석 사태' 때의 맹목적인 지지자들, 자연치유 육아법을 믿는 '안아키' 회원들, '태극기 부대'원들은 어떤가? 한국의 반지성주의도 항상 어디서나 "많은 기자들이, 학자가, 정치인과 법률가가, 그리고 의사가 전문성이 모자란 허세를 부려왔기 때문"에 그리고 "계몽하려 들기까지" 하는 "구멍 숭숭 뚫린 부실한 엘리트주의"가 키운다(윤태진, 2017.6.4: A31)고 볼 수 있다. 황우석 사태, 4대강 개발, 가습기 살균제 사건 같은 재앙에 가까운 엄청난 사건에서 '전문가'들은 자기도 모르게 큰 오류를 범하거나 고의로 잘못된 지식을 권력과 자본에 제공했다. 또한 한국의 일부 언론인은 거의 일상적으로 언론인으로서의 정도에 어긋나는 일을 한다. 한편에서는 악의적으로 정부를 비판하며 진영의 논리에 따라 말하고 움직이고, 또 다른 한편에서는 '어용 지식인'을 자처하며 무조건 정부를 옹호하는 사람들이 있다. 과연 이런 '지식인'들을 믿을 수 있을까? 차라리 그들보다는 겸손한 보통 사람들이 낫지 않은가?

앞에서 말했듯 반지성주의는 특정한 이념적 지향이나 경로의존적 사고방식과 관련을 맺으며 또한 진영정치의 영향을 받는다. 오래된 극우와 맹목적 반공주의가 한국에서 대표적 반지성주의의 발현이라면, '빠'라 불리는 일부 팬덤정치의 신봉자들의 행태도 결국 '정치'에 영향을 받아 극단에 이른 것이다. '대가리가 깨져도……'라는 근래의 비속어 유행어에서 '대가리'란 대뇌, 즉 합리적 이성을 의미하는 것 아닐까?

이런 사정들 때문에 한국에서도 반지성주의는 일종의 반지식인주의이다. '선비질', '씹선비', '진지충' 같은 말들은 이 사회의 '오른쪽 아래'에서 제기된 반지식인담론이다. 그런데 한국에서의 반지성주의 개념의 사용도 좀 느슨하고 크다. '반지성'은 지성과 그 주체(지식인) 모두를 향한다. 구체적으로는 비판적·계몽적 지성, 그리고 그 주체인 비판적 인문·사회과학자와 언론인 등에 상시적인 반감을 갖고 대하는 것이 반지성주의의 태도라 할 수 있다. '반지성주의=반엘리트주의·반전문가주의'의 경향도 없지 않다. 하지만 반여성주의, 진영 논리, 팬덤정치 같은 한국 '정치의 한계'를 뭉뚱그려 반지성주의라 단정하기는 어렵다. 대중정치에 대한 손쉬운 일반화도 피해야 한다. 반지성주의에 대한 경계가 지식인이라 불리는 부류의 자기합리화나 오히려 '반지성'으로 귀착되지 않게 주의해야 한다(전성욱, 2017).

마지막으로 반지성주의의 흐름에는 2000년대 이후의 '민주화의 역설'이나 인문·사회과학적 숙고를 허락하지 않는 신자유주의적 성과주의가 배경으로 있다. 즉, 대중의 반지성주의보다 더 위험하고 지배적인 것은 정치가와 자본가, 대학 경영자와 관료, 일부 경영학·경제학 종사자, 일부 공학자·생물학자 등의 정보 독점과 반지식인주의 및 반인문·사회과학이 아닐까? 이는 실재하는 큰 위험이다. 대학에서나 사회에서나 소위 '인문학의 위기'의 상당 부분은 이로부터 온다. 그 주요 근거는 실용주의, 우파적 실증주의, 경제주의 즉 신자유주의적 효용·효율의 논리다(천정환, 2020).

'이명박근혜' 정권하에서 반계몽·반지성주의적 행동과 언어 양식이 확산되어 왔던 것은 사실이겠지만, 더 큰 문제는 전통적인 의미의 참여적 지식인의 종말과 함께 믿을 만한 새로운 공공적·참여적 지식과 그 주체들에 대한 상이 없다는 사실이 아닐까? 지식인은 파편화되고 자본과 권력, 그리고 대학 기업에 종속돼 '저항'이나 '비판'의 의무를 잃었다. '지식인의 죽음', '대학의 죽음'이 선언된 지도 이미 10년이 지났다. 공공적이고 참여적인 지식인 집단은 이제 거의 존재하지 않거나, 진영정치 때문에 와해 지경이다. 지식인이라는 존재의 재생산·존속 방식 자체가 변했다. 이는 주로 자본의 지식·지성에 대한 복속의 의도에 의해 실현되어 온 것이지만 지식층 스스로에게 가장 큰 책임이 있다. 전통적인 의미의 지식인이 사라져가는 와중에 대중지성은 강화되었다(천정환, 2008).

4. 대안과 맺음말: '엘리트 대 대중'의 이분법을 넘어

전통 농경사회와 봉건적 관계를 대체한 새로운 생산관계와 생활양식이 출현하고, 이에 근거해 기존에 존재하지 않았던 정치적·문화적 의식의 주체가 새롭게 형성됨으로써 근대적 대중지성은 탄생했다. 근대의 생활세계에서 살아남기 위해, 그리고 민주주의와 근대의 정치에 '참여'하기 위한 '주체의 형성'으로서 대중지성이 형성되었다. 대중지성은 기본적으로 공장과 도시의 삶이 만들어낸 앎이다.[2]

따라서 대중지성은 근대적 공론의 장에 새로 등장해 주체성을 부여받는 존재인 대중이, 전문적인 지식과 학적인 지식의 영역과는 구별되는 영역에 있는 앎을 일정한 교육과 매스미디어를 통해 얻게 되는 현상과 그에 의해 성립되는 집단적인 앎을 가리킨다. 상식·교양·정보·이데올로기 등의 앎은 대중지성의 양상들이다. 하지만 이때의 대중은 획일적인 덩어리(mass)라기보다 다기하고 복합적인 주체성과 그 합력을 의미한다. 대중이 보유한 앎도 일반적인 의미의 상식·교양·정보·이데올로기에 걸치면서 그것을 넘어선다. 대중지성은 그 본연상 집단적 지성(collective intelligence)과 그 합력이다. 집단지성이란 다수의 개인들이 협력 혹은 경쟁을 통해 만들게 되는 집단적인 지적 능력을 의미한다. 이 개념은 소수의 우수한 개인이나 전문가의 능력보다는 다양성과 독립성을 가진 집단의 토론과 합의의 과정을 통해 발견되는 어떤 결론이 더 올바르고 좋다는 아이디어에 기초한 것이다.

근대의 대중지성이 이전의 민속적 지와 결정적으로 다른 이유는 우선 민중과 하위주체가 앎의 생산도구와 매체를 스스로 보유한 데 있으며, 그것이 지배계급이 소유한 것과 결정적으로 다르지 않다는 데 있다. 그 가장 1차적인 도구는 글을 읽고 쓸 수 있는 문해력과, 민중 자신이 정치의 주인이며 주권자라는 자기의식이다. 대중지성의 출현은 근대적 공론장의 확산과 대중문화의 형성과 동전의 양면과 같은 것이라 할 수 있다. 오늘날 대중지성의 모습은 어디에 있나?

근래 특히 대중지성(혹은 다중지성)의 의의가 자주 말해지는 이유는, 대중화된 고등교육과 인터넷을 위시한 오늘날 민중이 갖게 된 앎과 소통도구의 위력 때문일 것이다. 또 한편으로는 근대적인 의미의 '지식인 대 대중'의 관계가 극적으로 변화했다. 이제 문맹자나 무학자는 드물고 언론 매체에 대한 접근도 언제나 열려 있는 편이다. 그러나 대중지성은 포스트포드주의의 역

2 이 절의 일부 내용은 천정환의 『대중지성의 시대』(푸른역사, 2008)와 『촛불 이후, K민주주의와 문화정치』(역사비평사, 2020)을 수정·보완해 가져온 것이다.

사 단계에서 새로 생겨난 것이 아니다. 다만 그 존재 조건의 변화가 눈이 띌 정도로 새로운 면이 있기 때문에 문제시되는 것이다. 오늘날에도 지식의 전문화와 세분화는 계속된다. 지식 자체가 스스로 진화·세포 분할해 가기 때문이며, 각 분야의 지식이 가진 자율적 체계 자체를 허물기도 어렵다. 따라서 한 사람의 개인이나 작은 집단은 복잡다단한 세계의 지식을 제대로 알기 매우 어렵다. 한 분야의 전문가나 '지식인'도 자기가 모르는 분야로 가면 일개 '대중'의 일원일 뿐이다(천정환, 2008).

그런데, 완전히 갈가리 쪼개져 자율성을 가진 것처럼 존재하는 앎은 세계를 지배하는 '배후의 힘'이 된다. 그리고 끝없이 '지식과 권력'과 '지식과 자본'의 결탁이 시도된다. 지식정보는 사회적이며 공통적인 것이지만 그 소유와 운용은 여전히 사유화되어 있다. 지식이 모두를 위해서 공평하고 올바르게 쓰이게 하기 위해서는 앎의 공통 주체를 세워나가야 한다. 개별 분야의 지식생산자·지식노동자의 자생적인 노력과 더불어 집단적 지성의 능력과 연대가 필요하다.

대중들의 지식과 지성도 여전히 불완전하다. 이제 분명 미디어 수용자는 누구나 책보다는 유튜브 같은 즉물적·시각적 뉴미디어에 더 의존하는 듯하고, 글 읽는 힘도 확실히 약화되고 있다. 그 같은 '약화'는 계층을 초월해서 나타나는 현상이다. 물론 한국 사회에는 여전히 뜨거운 교육열·지식열이 있기는 하다.

이 모든 상황을 어떻게 종합해야 할까? 현대 민주주의 사회에서 '지식인 대 대중', '엘리트 대 우중', '대중 대 전문가'의 이분법은 성립되지 않는다. 그 경계는 늘 모호하고 사실과 지식정보에 대한 판단 자체도 늘 어렵다. 한국 사회의 구성원들은 양자 모두, 즉 전문가주의와 엘리트주의, 그리고 포퓰리즘과 대중민주주의의 위험을 다 알고 있다. 처절히 겪어왔기 때문이다. 둘 중 어느 쪽이 본질적인가, 또 어느 쪽이 더 위험한가?

어느 한쪽만이라 판단하는 순간에 바로 오류 가능성은 커진다. '전문가'들은 가습기 살균제 사건이나 4대강 문제 같은 엄청난 잘못을 저지른 적이 있었다. 이는 자본이나 권력에 대한 전문가들의 결탁이나 종속 탓인가, 아니면 근본적으로 현대과학이라는 전문지식이 존재하고 기능하는 방식 탓일까? 현대 과학기술은 국가 간 경쟁과 국가에 의한 지배의 가장 중요한 도구다. 또한 과학기술은 국가와 자본에 복속되며 그것과의 부정한 결탁하에서만 '발전'하고 존재해 왔다(천정환, 2020).

황우석 사태 또한 전문가주의와 '대중', 그리고 국가주의가 합작해서 만든 거대한 복합 스캔들이었다. 그 사태를 극복하게 한 것은 당시의 양심적 언론(MBC 〈PD수첩〉)과 집합적 지성(브릭의 젊은 과학자들)이었는데, 그들은 물론 '대중' 수준 이상의 집요함과 사명감, 그리고 과학적 지식으로써 이를 해냈다.

20세기 초 유럽 남성 엘리트들에 의해 고안되고 파시즘에 의해 악용된 '엘리트 대 우중', '대중 대 전문가'의 이분법이 아니라 적어도 3차원 이상의 다차 방정식이 현대 민주주의 사회에서 필요할 것이다. 그나마 이런 다차원을 사유하기 위한 개념이 대중지성·집합지성이다. 이 개념에서도 그저 '대중'과 '집합'에 방점이 놓이는 것이 아니라 '지성'과 양자의 연결에 함께 강조점이 놓인다. 오늘날 대중문화 영역에서부터 나타난 '마니아', '덕후' 같은 존재들도 자신들의 취향과 관심에 따라 그 격차의 사회경제적 생산 방식을 넘어 구성원 사이의 지식의 격차를 줄이는 효과를 낸다. 그들은 누가 시키지 않아도 집요한 탐구와 공유를 통해 지적 활동을 한다. 그러나 '마니아', '덕후'들이 추구하는 지식이 본질적이고 핵심적이지 않은 경우가 흔하고, 세상의 질서 자체를 바꿀 만큼의 실제적 권위를 갖지 못하는 경우도 많다.

요컨대 사회경제적 불평등이 해결되지 않는 한, 대중과 지식인의 분립이나 엘리트주의의 폐해 같은 정반대 방향의 문제가 영원히 지속될 것이다. 중요한 것은 맹신과 감정적인 진영 논리에 빠지지 않고 사안 사안마다의 구체적인 내용을 통해 민주주의를 향한 쟁투와 연대 가능성으로써 열심히 생각하고 토론하는 것이다.

토론거리

1. 오늘날과 같은 디지털 사회에서의 지적 격차의 문제에 대해 이야기해 보자. 인터넷은 사회적 지적 격차를 더 크게 하는가? 아니면 완화하는가?
2. 교육 대중화의 시대, 대중지성의 시대에도 '지식인'이란 존재는 필요한가? 또는 존재하는가? 지식인이라 불릴 만한 어떤 사람들을 지목해 보자.
3. 오늘날 한국에서 대학을 다니는 것은 어떤 사회적·개인적 가치가 있는 일인가? '학벌'을 얻기 위해서가 아니라면 대학에 다닐 필요가 있을까?
4. 당신이 아는 최악의 음모론은 무엇인가? 우리는 그것에 어떻게 대처하며, 그것을 믿는 사람을 어떻게 설득할 수 있을까?
5. 전문가가 위험한가, 내중이 위험한가? 그 각각의 위험도를 수치로 표현해 보자.

읽을거리

지식인을 위한 변명 | 장 폴 사르트르(Jean Paul Sartre). 2007. 박정태 옮김. 이학사.

대중지성의 시대: 새로운 지식문화사를 위하여 | 천정환. 2008. 푸른역사.

지식인 | 이성재. 2017. 책세상.

진격의 대학교: 기업의 노예가 된 한국 대학의 자화상 | 오찬호. 2015. 문학동네.

반지성주의 시대: 거짓 문화에 빠진 미국, 건국기에서 트럼프까지 | 수전 제이코비(Susan Jacoby). 2020. 박광호 옮김. 오월의봄.

민주화 20년, 지식인의 죽음: 지식인, 그들은 어디에 서 있나 | 경향신문 특별취재팀. 2008. 후마니타스.

미국의 반지성주의 | 리처드 호프스태터(Richard Hofstadter). 2017. 유강은 옮김. 교유서가.

공정하다는 착각: 능력주의는 모두에게 같은 기회를 제공하는가 | 마이클 샌델(Michael J. Sandel). 2020. 함규진 옮김. 와이즈베리.

제3장
정치와 국가, 그리고 민주주의

송주명(한신대학교 일본학과 교수)

1. 머리말

정치, 국가, 민주주의라는 말은 우리의 일상생활에서 너무나도 흔히 쓰이는 말이다. 그러나 이 말들처럼 우리에게 추상적인 말은 없다. 흔히 대학의 정치학 교과서에서 정치는 '희소한 자원의 권위적 배분'으로 정의된다. 그러나 이 정의는 이른바 국가나 정부가 그 국민들을 대상으로 하는 일종의 정책 행위를 지칭하는 것으로, 지극히 협소한 것이다. 정치는 그뿐만 아니라, 그러한 정책이 만들어지는 더 커다란 맥락이나 환경 등 보다 거시적인 과정을 포함한다. 이러한 정치가 이루어지는 구조와 제도를 총괄해서 국가라 부른다. 그리고 국가를 운영하기 위한 제도를 정부라고 한다. 정부는 다양한 모습을 띠는데, 그 한 가지 형태가 민주주의다.

우리 '헌법' 제1조는 "대한민국은 민주공화국이다"라고 규정하고 있다. 그래서 우리는 민주주의나 공화국이라는 정부 형태가 언제나 당연한 것처럼 생각한다. 그러나 한국 사회에서 국가와 민주주의의 의미는 역사적으로 변화해 왔다. 사실 1987년 이전까지 국가는 독재적인 억압 장치였고, 민주주의라는 말도 독재정치의 치장물에 불과했다. 1987년 민주화 이후에야 비로소 정치, 국가, 민주주의라는 말이 시민들이 총의를 모아 공동체의 공공선을 형성하고, 이 공공선에 따라 권력과 자원을 배분하는 것으로 인식되기 시작했다. 1980년의 광주 민주화운동, 1987년의 민주항쟁과 직선제 개헌, 2000년대 반신자유주의 운동, 그리고 2016년 겨울의 촛불항쟁 등을 계기로 시민이 주인인 국가와 민주주의, 그리고 공화제를 인식하게 된 것이다.

그만큼 정치와 국가, 민주주의는 역사적 상황 속에서 파악되어야 한다. 마르크스주의 이론은 국가와 민주주의, 정치를 계급사회의 소산이고 계급사회의 변화에 따라 그 모습도 변화한다고 주장한다. 이러한 주장에 구태여 따르지 않더라도 정치와 국가, 민주주의의 모습은 시대와 상황에 따라 변화할 수밖에 없다. 이 장에서는 정치와 국가, 그리고 민주주의의 기본 개념을 역사적 변화와 발전이라는 각도에서 설명한다. 그리고 민주주의가 직면한 핵심적인 미래 과제와 해결 방향에 대해 설명하고, 시민이 명실 공히 주권자인 민주정치를 구현하기 위해 시민 형성의 방향은 어떠해야 하는지 살펴보고자 한다.

2. 국가와 민주주의의 탄생

1) 국가의 역사적 탄생

국가는 인간의 사회적인 삶의 필요성에 부응하기 위해 특정한 역사적 시점에 만들어진 사회적 발명품이다. 국가가 발생한 이유에 대해서는 긍정적 인식과 부정적 인식으로 나뉜다. 부정적 인식의 대표적인 사례는 마르크스주의다. 마르크스주의는 사회에서 계급이 발생하고, 지배계급이 스스로의 지위를 지키기 위한 폭력적 장치로 국가가 만들어졌다고 본다. 국가는 피지배계급에 대해 지배계급이 지배, 즉 독재를 수행하는 도구이며, 지배계급에게는 일종의 민주주의 질서를 의미한다. 따라서 계급이 없어지고 나면 그 결과로 자연스럽게 국가는 소멸한다.

반면 정치학의 시조들은 국가는 공동체 운영과 그 구성원(시민)들의 안정적 삶을 위해 필요해서 생긴 것이라고 본다. 즉 국가는 그 구성원들의 생존과 행복을 보장하기 위해 생겼다고 보는 것이다. 플라톤(Plato)이나 아리스토텔레스(Aristotle)에게 국가는 대체로 고대 그리스의 도시국가(poils)를 의미한다. 국가란 대가족들의 연합으로 만들어진 도시(부족)공동체를 의미한다. 당시는 농업사회였고, 생산은 노예들이 담당하고 있었으며, 공동체는 가부장 아래 조직된 가족을 기초 단위로 했다. 국가라는 정치공동체는 이 가족(부족)의 대표자인 가부장들, 즉 시민들로 이루어진 최상위의 공동체적 연합이었다. 국가의 발생 시점에 대해서 마르크스주의도 원시공산제 이후 노예제 사회에서 국가의 발생을 논한다는 점에서 큰 이견은 없다. 정치학의 시조인 아리스토텔레스는 『정치학』에서 국가는 척박한 자연환경 및 외적으로부터 생명과 재산을 보호하고, 궁극적으로 시민 모두의 행복을 보장하기 위해 만들어진 장치라고 설명한다. 국가는 '정치적 동물(political animal)'로서 그 공동체의 주체인 시민들의 안정적 삶을 보장하는 일종의 정치적 공공재인 셈이다. 정치학에서 국가는 시민 공동체가 존재하는 한 필수적인 것이라고 본다.

2) 다양한 정체제도와 민주주의

역사적 필요에 따라 발생한 국가는 사회적 상황에 따라 그 구체적 운영 형태, 즉 정부 형태가 변화한다. 국가의 권력이 작동하는 제도, 즉 국가를 운영하는 구체적인 제도를 정부라고 하는데, 그 정부의 형태는 사회적·역사적 상황에 따라 달리 나타난다. 그러한 정부 형태 중 하나가 민주주의다.

민주주의는 '다수가 지배하는 정치제도'인데, 이것은 고대 그리스의 도시국가의 진화 과정에서 발생했다. 이미 플라톤과 아리스토텔레스가 활동하던 시점에 고대 그리스에서는 민주주의가 발생해 그 정점을 지나고 있었다.

아리스토텔레스는 정치제도를 통치자의 수에 따라 군주정(왕제), 귀족정, 헌정체제(민주정의 변형으로 일종의 혼합체제)로 구별했다. 요컨대 통치자가 한 명인 경우를 군주정(왕제)이라고 하며, 소수의 상층 계급에 의한 통치를 귀족제, 다수의 시민들의 참여하는 정부 형태를 민주제 혹은 헌정 체제라고 한다. 사회 전체적으로 생산은 노예들이 담당하고 있었고, 생계 활동으로부터 비교적 자유로운 가부장(노예주) 혹은 자유인(소규모 농장주)들, 즉 '시민'들의 공동체 위에서 국가가 형성되었고 정부 형태가 진화했다. 따라서 탄생 초기의 민주주의가 '다수'에 의한 통치라고 해도, 그것은 지배계급인 시민들 사이에서 '다수'라는 의미였다.

플라톤은 세계의 원리 및 사회정의, 즉 이데아를 가장 잘 이해하는 현명한 철인의 통치를 가장 훌륭한 정치로 인식했다. 세계를 철학적으로 인지하고 정의를 확실히 아는 현자들이 '통치자(지혜의 덕목)', '군인(용기의 덕목)', '평민(절제의 덕목)'으로 이루어진 수직적인 분업 체계의 국가를 다스리는 것이 가장 이상적이라고 본 것이다. 그는 대단히 보수적인 역사 및 사회관을 갖고 있었는데, 국가 발생 초기의 전통적인 가부장들의 연합체인 왕정(monarchy)이나 귀족제(aristocracy)를 가장 바람직한 정치제도로 간주하고 철저한 공유주의를 지지한 것은 이 때문이다.

플라톤은 바로 이러한 이상적인 귀족제가 해체되면서, 육체적 지배계급인 군인들의 소수 지배 체제(timocracy), 부자들의 과두 지배 체제(oligarchy), 다수 평민계급이 지배하는 민주주의(democracy), 그리고 최악인 참주정치(tranny)가 단계적으로 나타난다고 보았다. 이러한 점에서 플라톤에게 민주주의란 현자들이 주도하는 수직적 분업 질서, 즉 이상적인 공동체 질서를 혼란에 빠트리고 궁극적으로 폭압적인 참주들에게 권력을 넘겨주는 최악의 정치제도에 근접하는 것으로 파악되었다.

한편 플라톤의 철학적 이상주의, 보수적 엘리트주의와 달리, 아리스토텔레스는 현실적 경험과 관찰에 기초해 정치제도를 분석했다. 역사적으로 민주주의는 고대 그리스에서 기원전 8세기경부터 시민권의 확대와 더불어, 전통적인 귀족정 혹은 과두정을 약화시키고 주도적인 정치제도로 정착하기 시작했다. 아테네 지역에서는 토지 집중으로 인해 소농경제가 위축되고 과두제적 참주정치가 대두하기도 했지만, 기원전 6세기 솔론(Solon)과 클레이스테네스(Cleisthenes), 그리고 페르시아 전쟁 이후 기원전 5세기에는 페리클레스(Pericles) 등의 개혁가들이 등장해 상대적으로 빈곤한 자유민들에게도 시민권을 부여해 민주주의가 정부 형태의 대세가 된다. 이것이 기원전 5세기 아테네제국을 번영하게 만든 정치적 배경이 되었다.

이러한 상황을 반영해서 아리스토텔레스는 플라톤적 철인정치는 현실적으로 가능하지도 않고 바람직하지도 않다고 생각했다. 그는 통치자의 수와 정부의 성격을 기준으로 여섯 개의 정부 형태를 구별했다. 통치자의 수란 1인일 경우, 소수일 경우, 다수일 경우를 의미하며, 정부의 성격이란 정부가 공적 이익을 추구하는지, 사적 이익을 추구하는지 하는 것이다. 먼저 정부가 공적 이익을 추구할 경우에, 1인 지배 형태를 군주정(monarchy), 소수의 지배 형태를 귀족정(aristocracy), 다수의 지배 형태를 헌정 체제(polity, 혼합정체)라 한다. 그리고 정부가 사적 이익을 추구할 경우, 1인 지배 체제를 참주정(tranny), 소수의 지배 체세를 과두정(oligarchy), 다수의 지배 체제를 민주정(democracy)이라고 분류했다. 이러한 분류법을 따르면, 아리스토텔레스는 가난한 사람들의 사적 이익을 추구하기는 하지만, 다수의 이익을 추구한다는 점에서 민주정치를 상대적으로 양호한 정부 형태로 간주했다.

그러나 민주주의는 가난한 빈민 대중들이 정치에 참여해 무책임한 정치적 선동가들에게 편승해 사적인 이익을 추구함으로써 대대적인 정치적 혼란을 초래할 수 있다. 페르시아 전쟁에서 승리한 아테네는 기원전 5세기 이후 가난한 민중들을 시민으로 받아들여 민주주의의 꽃을 피웠지만, 전통과 도덕을 부정하는 소피스트의 등장에서 알 수 있듯이 선동정치의 시대가 열린다. 그 결과 펠로폰네소스 전쟁 이후에는 소수 상층계급이 정치권력을 독점한 과두제와 참주정이 부쩍 늘어난다. 이러한 혼란을 단적으로 보여준 것이 기원전 399년 아테네 시민들이 소크라테스를 심판해 처형해 버린 사건이었다. 이처럼 민주정치가 중우정치로 흐르면 결국은 최악의 전제정치를 초래할 수 있다.

이러한 점을 방지하기 위해 아리스토텔레스는 이상적 방책보다는 바람직한 현실적 대안을 모색한다. 그것은 곧 '혼합' 정치제도로 일컬어지는 '헌정 체제'다. 그것은 다수의 지배라는 민주정치의 기본 틀을 유지하면서도, 부자와 빈자 사이에 있는 상대적으로 부유한 중간층을 정부의 핵심으로 끌어들여 민주정치의 균형과 안정을 유지하려는 것이었다. 아리스토텔레스는 민주주의가 빈자들만의 사적 이익을 위한 '쏠림정치(오늘날 포퓰리즘)'로 나아가지 않고 공동체 전체의 이익을 추구하려면, 중간층의 이익에 따르는 정치적 균형을 갖추어야 한다고 생각했다. 이러한 점에서 그는 민주주의에 공동체 전체의 이익이라는 공공선 개념을 도입한 '새로운 민주주의'를 주창했다. 아리스토텔레스의 민주주의 혁신의 문제의식은 고대 로마에서 '공화제(res publica, 인민들의 일)'라는 형태로 계승된다.

3) 공화제의 발생

로마의 공화주의자 철학자이자 정치가인 키케로(Marcus Tullius Cicero)는 그의 저서 『국가론(De Re Publica)』에서 '공화제'라는 말이 "로마 정부가 전체 공동체에 의해 구성되고 공동체 전체를 위해 존재한다는 이상을 표명하며, 인민의 동의와 그들의 이해관계를 전제로 한다는 이상을 표명한다"라고 설명했다. 로마 공화제에서는 최고 공직자인 집정관[콘설(consul)] 2명이 선출되었는데, 그 뜻은 '공동체를 관리하는 사람'을 의미했다. 즉, 집정관은 국가의 최고공직자로서 엄청난 권한을 갖고 있었지만, 그들은 그 권한을 자신들이나 지지자들의 사적인 이익을 위해서가 아니라 모든 로마인의 공공의 이익을 위해 사용해야 했다.

고대 로마는 기원전 8세기부터 군주정에 기반한 도시국가로서 출발했지만 기원전 5세기 초 귀족계급이 주축이 되어 군주정을 폐지하고 공화정을 수립했다. 그 후 평민계급이 성장하면서 귀족계급과 평민 사이에 정치적 긴장이 고조되었다. 이러한 갈등을 공화제의 틀 안에서 해결한 것이 로마 최초의 성문헌법인 '십이표법'이었다. 그 이후에 평민들은 자신들에게도 정치적 공직을 개방하도록 요구했고, 기원전 287년에 귀족들이 여기에 동의함으로써 계급 갈등이 종식되고 로마 공화정이 본격적으로 시작되었다.

로마 공화제에는 집정관 이외에도 또 다른 권위를 갖는 기관으로 원로원(senatus)과 민회가 있었다. 원로원은 왕에 대한 귀족들의 자문기관이었는데, 공화정이 성립된 이후에는 고액의 재산을 소유한 귀족과 상층 평민을 대변했다. 민회는 로마의 국가 정책을 수립하고 법률을 통과시키며 공직을 선출하기 위해 투표를 행하는 기관이었다. 민회에서의 투표권은 계급(그룹)별로 불평등했는데, 로마 사회의 재산 분포를 반영해 부자들이 빈자들보다 많은 표를 행사했다. 민회에서는 평민 출신의 호민관(tribune)도 선출했는데, 이들은 평민들의 이익을 옹호하면서, 원로원, 관리, 그리고 민회의 조치를 거부할 수 있는 권한까지 갖고 있었다.

한편 이러한 공동체적 민주주의, 혹은 공동체적 혼합 정체인 로마의 공화제는 기원전 5세기부터 2세기에 걸쳐 이루어진 대대적인 외부 원정과 더불어 위기에 봉착한다. 요컨대 외부 원정에서 로마의 혁혁한 승리는 장군들에게는 전리품을, 그리고 부자들에게는 대토지를 소유할 수 있도록 해주었다. 반면 장기간의 원정으로 소농민 병사들은 전사하거나 생업에서 이탈해, 공화제를 지탱하던 농촌 중소 시민들의 몰락을 초래했다. 대토지 소유자들은 공적인 농토까지 불법으로 점유해 '라티푼디아(latifundia)'라는 거대한 장원경제를 만들어낸다. 이렇듯 농촌지역에서 시민들의 경제적 기반이 파괴되자 수도 지역으로 다수의 빈곤층이 유입되어 로마의 정치적 불안정이 심화된다. 기원전 2세기 포에니 전쟁이 끝난 후 이러한 정치적 불안을 해결하고자 그라쿠스(Gracchus) 형제에 의한 토지 개혁이 시도되었다. 중소 자영농, 즉 중소 시민을 육성하기 위해 개인이 소유할 수 있는 토지를 제한하고 국가 소유의 토지를 빈민에게 분배해 주는 개혁안을 제시한 것이다. 그러나 그들의 개혁은 귀족들의 공격으로 성공하지 못했고 공화제의 붕괴 또한 막지 못했다.

이러한 상황에서 정치가들도 하층민의 이익을 대변하는 '민중파(populares)'와 부를 축재한 상층계급을 옹호하는 '귀족파(optimates)'로 분열해 대립이 격화되었다. 나아가 기원전 1세기 무렵에는 특권계급 출신은 아니지만, 군인들이 뛰어난 군사적 능력과 정치기술로 집정관에 선출된 후, 원로원이나 민회에 복종하지 않고 강력한 과점적 독재 체제를 구축했다. 그들은 권력을 이용해 자신의 추종자들(병사 혹은 민중들)의 사적 이익을 충족시키고 이를 통해 다시 스스로의 권력 기반을 강화했다. 이렇듯 권력을 사유화한 강력한 군사적 리더십으로 공화국은 그 공공적 기반을 잃고 급속히 몰락해 간다.

3. 민주주의와 현대국가의 유형

고대 그리스와 로마에서 발명된 공동체적 민주주의, 즉 공화제는 중세 시기 유럽의 도시국가들의 정치 체제로 명맥이 이어지다가, 근대 시민혁명을 계기로 사회계약론(theory of social contract)이라는 형태로 이론화되면서 부활한다. 그러나 시민혁명의 전개 과정에서 개인들의 천부적 권리로 이해된 자연권(자유, 생명, 재산권)과 국가(공화국)의 공공선, 공공성 간의 관계를 어떻게 설정하는지에 따라 공화제의 유형은 대단히 다른 모습으로 나타난다. 이것이 현대국가들의 민주주의 유형에 큰 차이를 만들고 있다.

1) 홉스와 리바이어던 절대국가: 후발형 자본주의와 국가주의

16세기 말과 17세기 초 중세 봉건시대 후기에 자본주의를 대표하는 새로운 세력이 등장했지만 아직 봉건적 질서를 압도하지 못한 상황에서, 사회와 정치는 극단적인 투쟁과 혼란에 빠지게 된다. 영국에서 이 내전 시기(1642~1651)를 살았던 정치철학자가 토머스 홉스(Thomas Hobbes)였다. 그는 국가가 시민들의 계약으로 성립된다는 사회계약론을 최초로 제시했는데, 극단적 내전을 피하기 위한 새로운 국가, 즉 강력한 공화국을 만들어야 한다고 역설했다.

홉스는 자연 상태에서 큰 능력의 차이가 없는 인간은 경쟁, 불신, 자존심 등의 정념을 갖고 있고, 자기보존이라는 가장 중요한 자연권을 지키기 위한 자유를 갖고 있고 보았다. 따라서 개인들은 자기보존을 위한 "만인의 만인에 대한 투쟁(bellum omnium contra omnes; the war of all against all)"을 벌이게 된다고 주장했다. 이러한 극단적 투쟁을 피하고 공생, 정의, 평화를 위한 자연법을 실현하려면, "인간이 천부적 권리로 보유하고 있는 자연권을 국가(commonwealth)에 전적으로 양도해야 한다". 즉, 개인의 자연권을 국가에 모두 양도하고 막강한 힘을 가진 공화국을 형성해, 내전을 종식시키고 개인의 자유와 생명, 재산권을 지켜야 한다는 것이다. 홉스는 이 공화국을 '리바이어던(Leviathan)'이라고 불렀다. 리바이어던은 구성원 간의 극단적 경쟁을 감시·억제하고 사회계약을 이행하도록 강제하는 절대적 권력이다. 이 국가는 시민(신민)들에 의해 만들어지지만 하나의 인격체처럼 단일한 통일성을 갖고, 시민(신민)들의 자기보존을 위해 다시 그들을 강력하게 규제한다.

이러한 리바이어던은 얼핏 전근대적 절대왕정과 유사하게 보일지 모른다. 그러나 다음과 같은 이유로 그것은 절대왕정과는 근본적으로 다른, 근대적 공화국 국가 유형의 하나다. 첫째, 국가의 성립 근거가 왕권신수설과 같은 비합리적이고 전근대적인 논리가 아니라 시민(신민)들의 자발적 사회계약에 있다고 보기 때문이다. 둘째, 통치자에게 절대적인 권력이 주어진다고 해도, 통치자는 그것을 사리사욕을 위해 자의적으로 행사하지 않고 시민들의 총의로 만들어진 법적 근거에 따라 자기보존이라는 시민적·공공적 목적을 위해 사용되어야 한다고 보기 때문이다. 셋째, 내전 상황을 종식하기 위해 1인 혹은 소수의 통치자에게 권력을 이양하더라도, 전체 구성원이 통치자가 되는 민주정으로의 전환 가능성을 열어두고 있기 때문이다.

이러한 홉스의 근대국가 구상은 그의 조국인 영국에서 실현되지는 않았다. 근대화를 위한 '절대국가' 구상은 유럽에서 독일, 그리고 동아시아에서 일본과 같은 후발형 자본주의 나라에서 실현되었다. 19세기에 독일과 일본에서는 자본주의 경제와 근대적 시민계급이 발전하지 않은 상태에서, 서유럽과 미국 등 제국주의 열강의 위협으로부터 독립을 지키고 빠른 속도로 근대 자본주의적 정치경제를 구축하기 위해 '위로부터의 근대화'를 추진했다. 그리고 위로부터의 근대화를 위한 강력한 국가 장치가 이 리바이어던형 공화국이었다. 이러한 국가 체계의 주체(주권자)는 왕 혹은 소수의 귀족 등 근대에 눈을 뜬 전통적 엘리트계급이었지만, 그 국가는 근대적인 입헌 질서 위에서 부국강병 – 자본주의 경제의 달성 및 독립적 근대적 제국의 형성 – 이라는 국가적 자기보존을 추구했다. 그리고 의회를 도입해서 신민의 국정 참여를 점진적으로 허용하고, 그들의 동의를 국가통치의 정당성 기반으로 삼고자 했다. 그러나 근대적 '절대국가' 구상은 국가 주도의 자본주의를 야기했고, 그 반민중적·반민주적 모순으로 파시즘과 군사경제화, 그리고 세계 전쟁의 도발이라는 비극적 결과를 초래했다.

2) 로크와 자유방임적 현대국가: 영국과 미국의 자유주의

홉스가 17세기 중반 영국의 내전을 배경으로 사회계약론을 전개했다면, 17세기 후반 영국에서 보다 성장한 자본주의 질서와 근대적 정치세력의 영향을 받아 사회계약론을 전개한 사람은 존 로크(John Locke)였다. 그는『통치론(Two Treatises of Government, 統治二論)』에서 로버트 필머(Robert Filmer)의 가부장제적 정치 이론과 왕권신수설을 비판하고, 개인의 자유권을 가장 우선하는 사회계약과 근대 민주주의를 주장했다. 그는 홉스와 달리 사회계약에 의한 국가 형성 이전 상태, 즉 인간의 자연 상태를 아주 자연스런 "목가적·평화적 상태"라고 주장했다. 자연 상태에서 사람들은 누구나 자유롭고 평등하게 생명, 건강, 자유, 재산권 등의 권리를 갖는다. 그리고 그 누구도 다른 이들의 권리를 침해할 수 없다. 그런데 자연 상태의 취약점은 존재하는데, 범죄를 막을 수 없고 개인 간의 갈등을 조정할 객관적 판단 기준이 없어서 혼란이 발생할 수 있기 때문이다.

따라서 로크는 인간이 재산권, 즉 생명, 건강, 자유, 토지 등을 지키기 위한 최소한도의 사회계약을 해야 하고, 이에 기초해 최소한도의 국가가 형성되어야 한다고 주장한다. 국가가 구성원의 의지에 반해 인간의 자연권인 재산권, 즉 생명, 자유, 토지를 빼앗을 때 시민은 저항할 수 있고 정부를 변화시킬 수 있다. 로크의 사회계약론은 자본주의와 시장자유주의를 잘 뒷받침하기 위한 국가 구상으로서, 이후에 국가는 치안, 국방, 시장경쟁의 유지 임무만을 담당해야 한다는 자유방임국가 혹은 야경국가론으로 발전한다.

로크의 국가 개념은 주로 영국과 미국 등 앵글로색슨 국가의 '자유주의적 공화제' 국가 유형을 뒷받침해 준다. 영국에서는 유럽 대륙과 달리 전형적인 시민혁명을 통해 근대화가 추진된 것이 아니라, 성장하는 자본주의 세력의 뒷받침을 받아 종래의 의회 내에서 왕권을 제약하고 귀족과 시민의 자유를 보장받는 점진적 방식의 개혁이 이루어졌다. 그리고 미국에서도 봉건제에 대한 시민혁명(사회혁명) 방식이 아니라, 영국의 왕권을 배제하고 개인들의 자유권을 보장받는 방식의 독립혁명이 이루어졌다. 영국과 미국에서는 시민혁명과 사회혁명을 통해 새로운 국가공동체를 건설했다기보다는, 왕권을 제약 혹은 배제하면서 개인의 자유권과 재산권을 최대로 보장하기 위한 소극적인 자유방임국가를 만들어냈는데, 그것이 현대 자유주의 국가의 기원이 되었다.

3) 루소와 공화주의적 현대국가: 프랑스와 현대의 민주공화국의 원형

17세기 후반 영국에서 새로이 성장한 시민계급이 귀족계급과 연합해 의회 무대에서 왕권을 제약하고 그들의 정치적 자유와 재산권을 보호하기 위한 정치적 개혁을 추진했다고 한다면, 18세기 이후 프랑스에서는 자본주의적 시민계급이 민중과 연합해 시민적 사회혁명을 통해 봉건적 경제제도와 정치사회적 구제도(ancien régime)를 일소하고 시민이 주체가 되는 새로운 국가를 건설했다. 이 혁명 시기의 정치사상을 대표하는 사람이 장자크 루소(Jean-Jacques Rousseau)다. 그는 혁명 전이 단계인 1762년에 출판된 『사회계약론(Le Contrat Social)』에서 시민들의 총의와 합의(사회계약)에 기초한 공화국이라는 개념을 제공해 주었다.

영국의 선배 사상가들인 홉스와 로크로부터 '사회계약'이라는 개념을 가져왔지만 그는 다른 해석을 내놓았다. 그는 다양한 사람들이 자신의 신체와 재산을 공동체의 힘으로 지키고 스스로가 갖는 자유를 보호하기 위해 사회계약에 참가하고 국가(공동체)를 구성한다고 보았다. 사회 구성원 각자가 사적인 이익만을 추구하면 그 사회는 결국 작동하지 못하는 딜레마에 봉착하게 된다. 이 딜레마를 피하기 위해 사회 구성원들은 공통의 '일반의지'를 모으고, 이를 표현해 주는 공동체의 법에 복종해야 한다. 이 일반의지는 개개 시민들의 개별적 혹은 특수한 이익을 단순히 모은 것이 아니며, 개별적·사적 이익을 털어내고 시민들 모두에게 공통적인 사회적 이익을 가리킨다. 이것을 다른 말로 '공공선' 혹은 '공공복리' – 시민들이 더불어 행복해질 수 있는 공통의 조건 – 라고 한다. 이는 공동체를 형성하고 발전시켜 나가야 하는 시민들의 공통적 합의다.

국가, 즉 공화국은 시민들의 총의인 '일반의지' 혹은 '공공선'에 입각해 구성되며, 이것에 기초해 법과 정부가 만들어진다. 여기서 시민은 일반의지를 형성하는 주권자(통치자)이자 피치자이며, 국가를 통치하는 정부나 최고공직자는 시민을 대리해 이 일반의지, 즉 공공선을 실천하는 존재일 뿐이다. 이런 점에서 고대 로마의 공화제의 정신이 루소의 사회계약론을 통해서 부활하고 있음을 알 수 있다. 한편 루소는 고대 그리스와 로마의 경우처럼, 공화제의 정부 형태로서 다수가 통치하는 민주정 이외에도 1인 통치인 군주정, 그리고 소수의 통치인 귀족정 등이 존립할 수 있다고 했다. 즉, 어떤 국가가 시민의 총의(일반의지, 공공선)에 기초해 있다면, 구체적인 정부 형태는 구체적인 지역의 사정에 따라 결정된다고 보았다. 루소의 공화제 민주주의 설계는 나폴레옹 이후의 프랑스, 그리고 현대의 대다수 민주공화국들에 의해 전승되고 있다.

4. 민주공화국과 시민, 그리고 권력, 정치

앞서도 보았듯이, 우리 '헌법' 제1조 제1항에는 "대한민국은 민주공화국이다"라고 규정되어 있다. 이렇듯 민주공화제는 현대 사회에서 가장 광범위하게 채용되는 국가의 모습이다. 여기서 '민주'란 주권의 소재를 의미하고, 그리고 '공화'는 정체, 즉 주권의 작동 방식을 가리킨다. 민주공화국이라는 말에는 '민주'와 '공화'의 변증법이 작동하고 있다. '공화', 즉 공동체의 공공적 통치 기반을 만드는 것은 민주적이어야 하며, '민주', 즉 주권의 소재가 시민에게 있다는 것은 공화, 즉 시민 모두를 위한 공공적 이익을 추구함으로써 구현된다.

1) 민주공화국의 핵심 가치와 시민적 덕성, 그리고 공공선

현대 민주공화제의 첫 번째 핵심적 가치는 자유인데, 그것은 종속적 지배가 부재하는 법치하의 자유를 의미한다. 두 번째 핵심적 가치는 평등인데, 그것은 경제나 부의 평등보다는 정치적 평등, 즉 법 앞에서의 평등이고 기회의 균등을 가리킨다. 이 평등의 가치는 실질적이기보다는 형식적이고 절차적인 민주주의의 요건이다.

민주공화제가 올바로 작동되려면 시민과 시민적 덕성(civic virtue)이 필요하다. 민주공화제에서 시민이란 개별적 사적 이익을 갖고 있는 자연적 개인의 군집이 아니라, 공동체 형성을 결의하고 공공선, 즉 공공의 이익을 추구하는 정치적 집합체를 의미한다. 시민은 공동체의 구성원 모두가 행복하고 자연스러운 권리를 보호하도록 공동의 합의 사항을 만들고 그 위에서 국가를 형성한다. 한편 그 시민들은 개개인들의 자유를 보장하는 헌정 질서를 갖고 있는 국가공동체를 사랑하는데, 여기에는 그 공동체에 대한 애국심과 공화주의적 포용성이 포함된다. 그리고 사적인 이익보다 공적인 이익을 우선하는 시민들의 행동 양식이 필요하다. 이러한 시민은 세계와 사회의 이치를 비판적으로 인식할 수 있는 지성, 시민들 모두가 함께 행복할 수 있게 하는 공공선을 형성할 수 있는 정의(正義), 정의와 공공선을 과단성 있고 용기 있게 추구할 수 있는 실천, 그리고 사회적 동의를 통해 시민들이 함께 실천에 나서게 하는 연대 등의 덕목을 추구해야 한다.

시민에 의해 만들어진 공동체의 공통 합의를 우리는 공공선 혹은 공공성이라고 부른다. 공공선은 사익에 반대되는 개념이지만, 개인의 자유권을 공익에 절대적으로 종속시키는 전체주의나 국가주의와는 근본적으로 다르다. 공화제의 공공선, 공공성은 그 구성원인 시민들의 자유와 행복을 극대화하기 위한 일종의 공통분모다. 이를 위해 개개의 시민들이 공공선, 공공성을 합의해 가는 숙의 과정 또한 대단히 중요하다. 따라서 공공선, 공공성을 담보하고 유지하는 공공적 제도도 중요하지만, 그 공공성을 형성하는 시민의식들의 덕목과 역량이 아주 중요하다.

한편 이 공공선은 인류 역사의 진보를 통해 발전되어 온 정치적·사회적 합의와 가치들을 반영하고 있다. 그것은 시민적 자유와 권리, 복지를 확대해 온 공동체의 보편적 정신이라고도 할 수 있다. 이것은 인류가 과거의 역사적 삶으로부터 배워온 가치기도 하지만, 때로는 미래적인 가치일 수도 있다. 이것은 주로 헌법과 법률의 기본적인 정신과 내용을 통해서 구현된다. 바로 이 공공선과 법적 기초 위에서 정부가 조직되고 권력 행사가 이루어진다.

2) 정부와 권력 그리고 정치

민주공화제 국가에서 이 공공선 혹은 공공성의 수호자가 곧 정부요 공직자다. 정부나 공직자는 아무리 강력한 권한이 부여된다고 할지라도 그것은 공적 이익을 위해 행사되어야지 사적 이익을 위해서 자의적으로 행사되어서는 안 된다. 즉, 공화국의 정부와 공직자는 시민적 일반의지의 표현인 법률에 근거해 공공선을 지키고 증진하기 위해 자신에게 부여된 권한을 사용하는 존재다. 이런 점에서 민주공화제의 최고공직자는 자신의 권한을 사적 이익을 위해 사의적으로 행사해 온 전근대적 절대군주와는 근본적으로 다르다. 설혹 군주제라고 할지라도 현대 정부는 공화제의 원리에 따라 국가 운영의 기준을 밝히고 있는 헌법과 법률에 의해 통치해야 한다.

정부나 공직자에게 공공선을 수호하고 확장하도록 법적으로 보장해 준 권위적이고 물리적인 힘을 권력(political power)이라고 한다. 정부나 공직자는 이 권력을 사용해서 시민들의 참여와 공공적 합의를 유도하고, 이 국가적 공공선을 위해 구체적인 정책들을 수행하며, 이를 통해 유한한 자원을 시민들에게 배분하는 역할을 한다.

민주공화국에서의 정치는 몇 가지 차원으로 구성된다. 첫째, 정치는 가장 기본적으로 공화국의 공공선을 형성하는 주체인 시민을 형성하고 그들을 교육하고 참여하도록 하는 과정을 포함한다. 둘째, 정치는 시민 참여를 통해 공공선을 형성하고 민주공화제의 변화와 발전을 위해 노력하는 과정을 포함한다. 셋째, 정치는 국가를 운영하고 통치를 수행하기 위해 공직자를 선출·임명하고 정부를 구성하는 과정을 포함한다. 넷째, 정치는 구체적인 공공선의 실현 수단으로서 거시적이고 미시적인 다양한 정책을 결정 및 집행하고, 이를 통해 정치적·사회경제적 가치와 자원을 권위적으로 분배하거나 재분배하는 정책 과정을 포함한다.

5. 정부제도: 권력 형태와 정치

민주공화제의 정부제도는 어떠한 것이 있을까? 정부제도는 공공선의 형성과 집행을 위한 권력의 배분 방식의 차이에 따라 구별된다. 민주공화제의 가장 대표적인 두 개의 정부제도는 대통령제와 의원내각제다. 이원집정부제라는 제도도 존재하지만, 이것은 대통령제와 의원내각제의 중간적 절충 형태이기에 여기서는 두 가지 기본적 정부제도를 중심으로 그 특징을 살펴보자.

1) 대통령제

대통령제는 공공선 혹은 공공성 집행의 강력한 권력을 대통령이라는 최고공직자에게 집중시키는 제도다. 국민이 대통령을 직접 선출하고 대권을 부여해 공동체의 통합 및 발전을 기하는 것은 물론, 공공선을 실천하도록 한 제도인 것이다. 그만큼 대통령은 정해진 임기 동안 가장 정통성이 있는 최고 공직자로서 권력을 행사할 수 있다. 따라서 대통령은 통치 조직인 정부의 최고 수반이자 공화국 전체를 대표하는 국가원수로서의 지위를 갖는다. 그리고 행정권을 행사할 내각을 스스로 조직한다. 행정부는 국민적 정통성을 갖고 있는 대통령에 속한 실행 조직이자 참모 조직의 성격을 갖는다. 내각은 대통령에게 책임지며, 행정 행위에 대한 궁극적 책임은 대통령이 국민에게 직접 진다.

따라서 대통령제 아래서는 대통령으로의 지나친 권력 집중을 견제하기 위한 권력 분립이 대단히 중요하다. 입법, 행정, 사법 등 삼권분립이 그것이다. 먼저 국민이 직접 선출한 의회, 즉 입법 권력을 분립시켜 정통성 면에서 대통령을 견제할 수 있도록 한다. 입법기관은 시민의 대표들로 구성된 공공선의 취합기관으로 집행기관인 대통령을 강하게 견제할 수 있다. 그러나 대통령제하에서 의회 권력은 대통령과 행정부를 선출하는 모태(母胎)가 아니므로, 그들을 불신임하고 사퇴를 압박할 수 없다. 나아가 사법권을 분리·독립시켜 법적 해석의 권리를 부여해 대통령의 행정권을 견제할 수 있도록 한다.

그러나 대통령에 대한 효과적인 견제와 균형이 작동하지 못하거나 대통령이 권력을 사유화한다면, 대통령제는 독재 혹은 권위주의로 변질할 수도 있다. 한국에서는 1987년 이전에 기나긴 대통령 독재 체제를 경험했다. 1950년 의원내각제 시기를 제외하고 말이다. 그리고 민주적 절차에 따라 선출되었더라도 대통령이 공화제의 궤도에서 벗어나 권력을 사유화하고 자의적으로 행사한다면, '제왕적 대통령제'로 나아갈 수 있다. 가령 한국에서 2016년 겨울의 촛불항쟁은 박근혜 정권의 권력 사유화와 부패, 자의적 통치에 대한 비판이 중심이 되었다. 이 촛불항쟁을 통해 시민들은 민주공화국이라는 정치제도 속에서 주권자로서 시민의 위상을 확인하고, 최고공직자의 공적 의무와 권력 사용에 대해 깊게 고찰할 수 있었다.

2) 의원내각제

의원내각제는 대통령제와 달리 공공선의 형성(입법)과 집행(행정) 모두를 의회에 집중시키는 정부제도다. 의원내각제에서 의회는 국민의 유일한 대표기관이며, 가장 정통성을 크게 갖고 있는 국정의 최고기관이다. 의원내각제는 의회의 다수(과반수) 정당 혹은 정당 연립에 행정부(내각)를 구성할 권한을 주는 정부제도다. 우선 국회의원을 뽑는 총선거의 결과 과반수 의석을 차지하는 정당 혹은 정당 연립의 대표자를 총리(수상)로 선출한다. 그리고 그에게 내각구성권[조각권(造閣權)]을 부여해 행정부가 탄생한다.

의원내각제에서 행정부는 내각이다. 행정부의 각 부처는 내각, 특히 각료회의(閣議)에 의해 통제된다. 내각은 국회의원이 다수가 되도록 조직되는데, 총리를 포함한 내각은 그 정치적 정통성을 의회로부터 위임받은 일종의 공동운명체로 간주된다. 따라서 나라마다 약간의 차이를 보이지만 총리는 내각의 총의, 즉 합의에 기초해 국정을 운영하는 경우가 많다. 각료들은 총리가 임면권(任免權)을 행사하므로 개별적으로 총리가 각료들을 지휘하고 통제할 수 있지만, 의회가 내각을 불신임할 경우 내각은 연대 책임의 원리하에서 총사직을 해야 한다.[1]

의원내각제도 입법, 행정, 사법의 3권 분립을 추구하는데, 특히 의회에는 내각 불신임권, 그리고 내각(행정부)에는 의회 해산권을 부여해 상호 견제할 수 있도록 하고 있다. 그러나 의원내각제에서 입법과 행정은 분립되기보다는 상호 의존하고 융합하는 경향이 더욱 강하다. 내각은 의회 다수 세력과 이해관계가 일치하기 때문에, 의회와 행정은 일체로 움직이는 경우가 많다. 내각은 의회를 모태로 구성되지만, 역으로 의회의 다수 세력을 대표하고 주도하는 세력이기도 하다.

한편 의회는 선출 방식에 따라 공동체 전체의 이익보다는 지역적이거나 개별적인 이익을 우선하는 경우가 많기 때문에 내각도 의회의 사적 이해관계의 영향을 받아 근시안적인 이익 정치에 포섭될 수 있다. 게다가 행정부의 수장이자 실질적인 국가원수인 총리를 의회가 선출하므로, 총리는 국민에게 책임지는 자세보다는 의회 다수 세력의 이해관계를 우선할 수도 있다. 전후 일본처럼, 의원내각제가 이권 정치와 무책임 정치로 흘러 시민들의 정치 무관심을 초래하고 결국은 민주주의 그 자체의 침체를 야기한 것은 그 대표적 사례다. 다른 한편 북유럽이나 독일처럼 비례대표제와 '합의제 민주주의(consociational democracy)'의 전통이 강한 나라들은 정당들 간의 협력적 연립 정치를 통해 공동체의 보편적 이익을 추구하는 경우도 적지 않다.

1 이에 불복할 경우, 역으로 총리는 의회를 해산할 수도 있다.

6. 정당과 선거

정부를 구성하고 공직자를 선출하는 일은 현실적인 정치 과정에서 대단히 중요한 일이다. 정부의 구성 및 공직자 선출을 위한 핵심적인 제도가 정당제도와 투표제도다. 정당과 투표제도의 차이에 따라 정치의 모습도 대단히 다르게 나타난다.

1) 정당

정당은 사적인 이익 실현을 목적으로 하는 이익집단이나 사회적 공공 가치의 구현을 목적으로 하는 시민단체와 달리, 동일한 정치적 이념하에서 권력 장악을 목적으로 하는 정치집단이다. 정당은 선명성과 포괄성의 차이는 있겠지만, 보수주의, 진보주의, 자유주의, 녹색주의 등 대중들에게 어필할 이념 및 가치를 공유한다. 때로 이념적 지향은 다르지만 정치적 이익을 위해 하나의 정당을 구성하는 경우도 있지만, 그러한 정당은 오래가지 못한다. 다음으로 정당이 갖추어야 할 요건은 권력에의 의지와 접근 가능성이다. 정당은 스스로의 이념적 가치에 입각한 정책으로 유의미하게 권력에 접근하고, 궁극적으로 권력을 장악할 능력을 갖추어야 한다. 유의미한 정당이란 전국적·지역적 차원에서 단독으로 권력을 장악하거나, 최소한 연립정권에 참여함으로써 정치 지형과 정책 환경에 직접적인 영향을 미칠 수 있는 정당이다.

정당은 주어진 법제도 속에서 활동하는 합법적 정당과 그 외부에서 활동하는 비합법적 정당으로 구별된다. 다수의 정당은 체제 순응적인 합법 정당의 모습을 갖고 있지만, 20세기 초 러시아의 볼셰비키정당처럼 체제를 부정하고 혁명적 사회 변화를 추구하는 비합법적 정당도 존재한다. 그러나 민주주의 질서가 정착한 현대 사회의 정당은 대부분 합법 정당의 모습을 갖고 있다. 나아가 정당은 조직 구성상 목적의식적이고 훈련된 지도자들로 구성되는 간부정당(전위정당)과, 정당 조직을 대중들에게 개방하고 당원의 민주주의에 의해 운영되는 대중정당으로 구별되기도 한다.

2) 정당제도

정부 형태를 통치자의 수에 따라 구별하듯이, 정당제도도 보통 유의미한 정당의 수에 따라 구별한다. 정당은 민주주의의 형식적 요건으로서 법적으로 그 자유를 보장받고 공적 지원을 제공받지만, 정당제도는 해당 사회의 정치적 상황과 선거제도에 따라 달라진다. 정당제도는 유의미한 정당이 하나인 일당제(one-party system), 상호 경쟁적인 두 개의 정당으로 구성되는 양당제(two-party system), 그리고 유의미한 경쟁적 정당이 3개 이상인 다당제(multi-party system)로 구별된다. 그리고 제도상으로는 경쟁적 민주주의지만 결과적으로 하나의 정당만이 계속 집권하는 일당우위제(predominant party)도 존재한다.

먼저 일당제는 정치적 경쟁의 원리가 배제된 사회주의 혹은 파시즘 상황에서 전개되는 단일한 지배 정당의 배타적 지배 체계를 가리킨다. 따라서 일당제는 대체로 비민주적이고 전체주의적인 상황에서 발생한다. 파시즘의 경우 전체주의적 상명하복의 단일한 파시스트 정당의 위계질서를 강요하고, 사회주의의 경우 프롤레타리아 독재의 도구로서 공산당 일당독재를 강요한다. 사회주의도 제2차 세계대전 이후에는 인민민주주의처럼 협력적 계급들의 정당 활동을 과도적으로 허용하기도 했지만, 공산당과 의 경쟁은 부정되어서 사실상 일당제에 해당한다.

민주주의에서 일반적인 정당제도는 양당제와 다당제다. 양당제는 권력투쟁을 겨룰 수 있는 역량을 갖추고 있는 두 정당의 경쟁적 정당제도다. 가령 미국의 민주당과 공화당, 영국의 노동당과 보수당, 한국의 더불어민주당과 국민의힘 등과 같은 양대 정당의 경쟁 체제가 여기에 해당한다.

다당제는 다양한 이해관계 및 이념적 가치를 대변하는 3개 이상의 경쟁적 정당으로 구성된다. 정당은 주로 이념, 사회경제적 지향성, 종교, 생태 가치 등의 차이를 반영해 다양하게 조직된다. 가령 보수, 진보, 우익, 좌익 등 이념 체계, 노동, 농민, 자본 등의 계급 관계, 개신교와 가톨릭 등 종교 기반, 개발과 환경 등 생태 가치에 따라 다양한 정당이 등장할 수 있다. 예컨대 독일은 사회민주당, 기독민주연합, 자유민주당, 좌파당, 녹색당 등의 정당 구성을 갖고 있고, 프랑스는 앙마르슈, 공화당, 민주운동, 사회당, 공산당 등의 정당 구성을, 스웨덴은 사회민주노동당, 녹색당, 좌익당, 온건당, 자유당, 중앙당, 기독교민주당 등의 정당 구성을, 그리고 스페인은 국민당, 사회노동당, 포데모스, 사우다나노스 등의 정당 구성을 갖고 있다. 다당제는 다수결보다는 합의제 민주주의를 통해 여러 정당 간의 협력과 연대를 추구하는 '온건한 다당제'와, 정당 간의 이념적 대립이 크고 서로 원심적인 경쟁을 하는 '극단적 다당제'로 구별된다.

한편 형식적으로 정당제도는 양당제 혹은 다당제지만, 실질적으로는 유의미한 정당이 하나밖에 없는 경우가 있다. 예컨대 1955년부터 1993년까지의 일본이 여기에 해당한다. 1955년 일본에서는 자유민주당(자민당)과 사회당이라는 보수, 진보 양대 정당의 정당제도가 출범했다. 정당 수로만 보았을 때 일본은 1955년부터 1960년까지 양당제였고, 1960년부터 1993년까지 다당제였지만, 약 38년 이상 자민당만이 계속 집권당의 지위를 유지했다. 자민당의 이러한 장기 집권 현상을 가리켜 '1955년 체제'라고 한다. 이렇듯 형식적으로는 경쟁적 정당제도일지언정 한 정당만이 줄곧 집권하는 경우를 '일당우위제'라고 한다.

정당제도는 정부 형태와 직접적으로 연계되지는 않는다. 가령 다당제는 의원내각제와, 그리고 양당제는 대통령제와 연관성이 높아 보이지만 필연적인 관계는 아니다. 정당제도는 해당 사회에서 정치적 이해관계의 분화와, 정치 이념, 사회경제적 계급, 종교, 생태 요인 등의 분화 정도에 따라 달라진다.

한편 정당제도에 커다란 영향을 미치는 또 다른 중요 변수는 선거제도다. 어떠한 선거제도로 의원을 선출하는가에 따라 상이한 정당제도가 나타날 수 있다. 가령 거대정당에 유리한 선거제도를 택하게 되면 양당제가 될 가능성이 크고, 사표(死票)를 최소화해 군소정당에 유리한 선거제도를 택하게 되면 다당제가 될 가능성이 크다.

3) 선거제도

투표란 시민이 국민투표나 주민투표 등 특정한 정책 결정에 참여하거나, 정부의 공직자(국회의원이나 대통령 등)를 선출하기 위해 행하는 합법적 의사 표현(articulation) 행위다. 이런 점에서 투표는 시민이 정치 과정 전반에 영향을 미치는 가장 중요한 행동이다. 특히 국회의원을 선출하는 선거제도는 정당제도에 직접적으로 영향을 미친다. 선거제도가 정당제도와 민주주의에 어떠한 영향을 미치는지 살펴보자.

(1) 지역구 선거제도

먼저 인구 비례에 따른 지역구 의원의 선출 방식에 대해서 살펴보자. 지역구의 의원의 선출은 시민이 직접 입후보한 인물에게 투표한다. 시민은 투표용지에 인쇄된 인물에 기표하거나, 투표용지에 직접 인명을 기재함으로써 의사를 표현한다. 지역구의원의 선거제도는 소선거구제, 중선거구제, 대선거구제로 나뉜다.

① **소선거구제** 소선거구제는 선거구를 작게 만들어 거기에서 한 명만을 당선자로 선출하는 제도다. 당선은 한 표라도 더 득표한 최다득표자에게 돌아간다(winner takes all). 소선거구제에서 유권자는 자신의 표가 사표가 되는 것을 피하기 위해 큰 정당의 후보자에게 투표하는 경향이 있다. 따라서 결과

적으로 투표는 두 개의 유력한 대정당의 후보자에게 집중되는 경향이 있다. 현재 우리나라와 일본의 지역구 국회의원 선거제도가 여기에 해당한다.

② **중선거구제** 중선거구제는 선거구를 중간 규모로 만들어서 한 선거구에서 2~4명 정도의 당선자를 선출하는 제도다. 정당별로 복수의 입후보가 가능하기에 대정당의 후보들이 당선될 확률도 높지만, 당선자 정수(定數)가 상대적으로 많아서 중소 규모의 정당에 투표해도 당선될 가능성이 있다. 따라서 소선거구보다는 유권자의 투표가 사표가 될 확률은 줄어들고 중규모 정당의 의회 진출 가능성이 커지게 된다. 이 경우 상대적으로 소수의 정당으로 이루어지는 실질적 양당제 혹은 온건한 다당제가 나타날 가능성이 크다.

③ **대선거구제** 대선거구제는 선거구의 크기를 광역 단위나 전국 단위 등으로 확대해 한 선거구에서 5명 이상 다수의 국회의원을 선출하는 선거제도다. 각 정당별로 복수의 후보자를 내세워 복수의 당선자를 내는 것이 일반적이다. 득표순으로 다수의 당선자를 뽑기에, 대정당에서도 다수의 후보가 당선되겠지만, 중소 규모의 정당 또한 당선자를 배출할 가능성이 더욱 커진다. 대선거구제가 되면, 군소정당을 지지하는 유권자의 투표라 할지라도 사표가 될 확률은 줄어들기에 대정당, 중규모정당, 군소정당을 포괄하는 명실상부한 다당제가 도래할 가능성이 크다.

(2) 비례대표제

다음으로 소선거구 등 지역구 선거제도가 갖고 있는 대표 체계의 한계를 보완하기 위해 만들어진 선거제도가 비례대표제다. 전국 단위, 광역 단위, 혹은 몇 개의 광역자치체를 묶은 블록 단위를 하나의 선거단위로 해 정당명부에 투표하는 제도가 바로 비례대표제다.

비례대표의 선출 방식에는 구속식 정당명부제와 비구속식 정당명부제가 있다. 구속식 정당명부제는 정당이 당선 순위를 명시한 후보자의 명부를 제시하고, 유권자는 선호하는 정당에 투표하는 제도다. 구속식 정당명부제에서 당선자는 정당의 득표율에 따라 배분된 의석수만큼 후보자 명부의 순번대로 정해진다. 즉, 정당의 의석수는 유권자들이 결정하지만, 당선 순서는 정당이 정한 명부의 순번에 의해 결정된다.

한편 당선 순서를 미리 정하지 않고 유권자로부터 획득한 득표 순서대로 정하는 선거 방식이 비구속식 정당명부제다. 즉, 정당이 순위를 정하지 않은 후보자 명부를 제시하면, 유권자는 후보 혹은 정당에 투표한다. 이때 정당의 총득표(소속 후보자에 대한 투표도 포함)에 따라 정당의 의석수가 배분되는데, 구체적인 당선자는 개인별 득표 순위에 의해 결정된다. 즉, 당선자의 순위도 정당이 정하지 않고 유권자가 정하는 것이다.

(3) 지역구와 비례대표 선거의 결합 방식

① **병립제(竝立制)** 지역구선거와 비례선거구의 선출을 독립적으로 행해 이를 최종적으로 합산해 국회의원 수를 정하는 제도다. 특히 소선거구와 비례대표제를 병립하는 경우가 많은데, 이를 '소선거구·비례대표 병립제'라고 한다. 이 경우 비례대표 의석수가 상대적으로 많으면 중소정당의 의회 진출 가능성 또한 커진다. 그러나 대체적으로 소선거구 의원정수(議員定數)가 비례대표 의원정수보다 많으며 비례대표에서도 큰 정당들의 당선 몫이 상대적으로 클 수밖에 없으므로, 병립제는 대체로 큰 정당들의 지배적 지위를 흔들 수는 없다. 병립제를 취하는 대표적인 나라가 일본이다. 일본의 중의원(하원) 국회의원은 소선거구 300명과 비례대표 180명을 병립제로 선출한다.

② **연동제(連動制)** 유권자는 하나의 선거구에서 후보자에게 투표하는 인물 투표와 동시에 정당별 총의석 배분을 정하는 정당별 비례명부에 투표한

다. 소선거구와 비례대표 연동형 제도는 먼저 전체 국회의원 정수 중 정당이 획득한 전국적 득표율만큼 의석수를 할당한다. 그리고 할당된 의석수에서 그 정당의 소선거구 당선자 수를 제한 나머지 인원을 비례대표 후보로 배분받는다. 이 경우 전국적 정당 득표율로 최종적인 정당의 의석수를 배정해 주므로, 소선거구에서 당선자가 없더라도 중소정당까지 응분의 비례대표 의석을 얻을 수 있다. 이렇게 되면 사표가 효과적으로 방지되고 유권자의 한 표 가치가 평등해지는 투표 결과를 얻을 수 있다. 다만 소선거구의 당선자 수에 따라 최종적인 국회의원 총수가 약간씩 늘어날 수도 있다. 연동제를 취하고 있는 가장 대표적인 나라가 독일이다.

독일 연방의회(하원)의 의원정수는 명목상 598명인데, 그중 절반인 299명이 소선거구제에서 선출된다. 독일에서는 국회의원 정수인 598석을 정당의 비례득표율로 나누어 정당별 의석수를 먼저 정한 후에, 이 의석수에서 지역구 당선자 수를 뺀 만큼 비례대표 의석을 배분받는다. 정당이 의석을 부여받으려면 비례선거에서 5% 이상을 득표하거나, 지역구에서 3인 이상의 당선자를 배출해야 한다. 한국에서도 이러한 연동형 선거제의 취지를 고려해, 한 표 가치의 등가성(等價性)을 높이기 위한 목적으로 2019년 12월에 '준연동형(準連動型)' 비례대표제를 도입했지만, 양대 정당이 비례선거용 위성정당을 창당해 선거에 나섬으로써 원래의 취지를 부정해 버렸다.

7. 미래 사회와 민주주의의 위기

한편 이러한 민주주의, 공화제의 정치제도도 사회적 변화에 따라 여러 과제에 직면할 수 있다. 최근 혁신적 기술적 변화에 기초한 유토피아적 미래 사회상이 많이 이야기된다. 인공지능 등 제4차 산업혁명의 고도한 기술 발전은 인간이 구태여 노동하지 않더라도 행복한 삶을 누릴 수 있는 잠재적 가능성을 주고 있는 것이 사실이다. 그러나 미래는 그 말이 갖고 있는 희망적 뉘앙스처럼 언제나 희망적인 것만은 아니다.

인류의 역사는 '오래된 미래', 즉 과거부터 현재에 이르기까지 해결하지 못한 중요한 구조적 모순을 그대로 안고 있는 경우가 많다. 그 대표적인 경우가 불평등의 문제다. 21세기 초 우리는 40년 동안 계속된 신자유주의의 여파로 세계적·일국적 차원에서 거대한 사회경제적 양극화에 직면하고 있다. 나아가 현대 자본주의의 독점적인 사회경제 구조는 제4차 산업혁명에도 그대로 투영되어, 세계적 정보산업이 기술 혁명의 성과를 독점하고 정치사회에도 그 영향력을 증대시켜 민주주의를 위축시키고 왜곡할 수 있다. 이러한 점에서 불평등과 제4차 산업혁명은 미래 민주주의에 심각한 도전이 될 수도 있다.

1) 불평등과 민주주의

이미 약 1900년 전에 고대 그리스의 역사가 플루타르코스는 "부자와 가난한 자의 불균형은 모든 공화국의 가장 오래되고 치명적 우환이다"라고 한탄했다. 이 말은 단지 과거의 이야기가 아니라, 오늘날 그리고 미래에 대해서도 통용되는 대단히 통찰적인 명언이다. 공화국이라는 민주적 정치 체제를 가장 크게 위협하는 적은 내재적인 불평등이다. 불평등은 두 가지 측면에서 공화국을 위협한다. 첫째, 불평등은 부의 편중을 부르고 부를 독점한 계급이 정치권력 또한 독점할 것이기에 민주공화제의 근간을 흔들고 과두제로 흐를 것이기 때문이다. 불평등은 민주주의를 부정하고 부자들의, 그리고 이들을 배타적으로 옹호하는 소수 지배 체제를 야기한다. 공화국의 바탕인 시민적 공공선과 공공가치는 가진 자들의 사적인 이익 추구로 내부로부터 심각하게 침식당하게 된다. 둘째, 불평등은 대다수 시민들의 경제적 궁핍화를 초래하고, 시민들의 생활과 사고가 핍박을 받는다. 이 상황에서 시민은 독립적 주권자로서 가져야 할 지성이 위축되며, 원자화되고 연대의 고리를 상실한 대중으로 전락한다. 결국 불평등은 공동체의 수호자이자 주권자인 시민을 해체시켜 버린다. 이 대중들은 민주적 질서와 공공선, 공공가치를 수호하기보다는 개별적 사적인 경제적 유인에 따라 움직이기 쉽다. 고립되고 대중화된 빈자들이 중우정치, 선동정치의 유혹에 빠져, 민주주의를 파괴하고 선동가의 전제정치를 용인하는 이유가 여기에 있다.

플루타르코스의 경고는 현대에도 그대로다. 자본주의의 불평등과 대공황, 그리고 이를 배경으로 등장한 파시즘은 불평등이 얼마나 민주주의를 황폐화시키는지 잘 보여준다. 20세기 초기까지만 해도 자본주의 지배적 이념은 로크의 자유주의의 논리, 즉 시장에 국가가 개입해서는 안 된다는 자유방임 논리였다. 자유방임 논리는 기업들의 극단적 이윤 추구 경쟁을 뒷받침해 주었고, 수많은 노동자를 해고하면서 그 자리에 기계를 도입했다. 그 결과 노동자는 비참하게 빈곤해졌고, 거대한 생산을 소비가 뒷받침하지 못한 데서 대공황이 발생했다. 공장은 가동이 중단되고 대중들은 직장을 잃고 거리로 내몰리게 되었다. 특히 공황을 극복할 힘이 부족했던 독일과 같은 후발형 자본주의 나라에서 궁핍에 휩싸인 대중들은 미래에 대한 희망을 잃고 극단적으로 불안정한 상태에 놓이게 되었다. 이 상황에서 대중들은 강력한 공동체를 재건하겠다는 파시즘 지도자의 환상적 선동에 이끌리게 십상이다. 공황을 극복하고 대중을 행복으로 이끌겠다는 파시즘, 그러나 현실의 파시즘은 민주주의의 근본적 부정이자 독점자본의 입장에서 민중을 가장 처참하게 공격했던 테러였다. 불평등과 시민의 빈궁화가 만들어낸 역사상 가장 모순적이고 처참한 결과가 파시즘이었던 것이다.

이러한 시민 궁핍화의 모순을 피하기 위해 대공황 이후 나타나 전후에 정착한 것이 뉴딜과 혼합자본주의, 복지자본주의다. 시장에 모든 것을 맡기는 자유방임 자본주의는 더 이상 지속 가능성이 없으며, 시민들이 최소한도의 인간적 삶을 유지할 수 있도록 자본주의는 관리되어야 한다는 것이다. 그러나 1980년대 이후 관리된 자본주의, 복지자본주의는 다시 자유방임적 시장주의, 즉 신자유주의적 자본주의로 대체된다. 이 신자유주의는 화폐적 일확천금(一攫千金)을 노리는 금융자본주의와 결합되면서 부의 극단적 편중을 야기했고, 현재에는 세계적인 정보산업들과 결합하면서 이들이 기술과 자본을 독점하는 시대를 열고 있다. 이 결과 세계가 정치, 경제, 사회면에서 심각하게 양극화되고 있다. 신자유주의는 시민을 궁핍하게 만들어 불안정하고 고립된 대중들로 전락시키고 있다. 연대와 공동체적 통합이라는 시민적 가치를 상실한 불안정한 대중사회는 우익 세력들의 공격적 선동정치의 토양이 된다. 이 결과 2000년대 이래 세계 주요 나라들에서 민주주의를 희화화하는 우익 정치의 광풍을 경험하고 있다. 미국의 트럼프 정권, 일본의 아베 정권, 그리고 프랑스에서 르팽 우익정당의 약진 등이 그것이다. 자본주의가 야기한 불평등, 그리고 오늘날 민주주의의 위기는 신자유주의를 넘어서 새로운 보편적 복지 체제를 강화하고 강력한 부의 재분배 체계를 시급히 도입할 필요성을 역설해 준다.

2) 제4차 산업혁명과 민주주의

인류에게 새로운 희망으로 이야기되고 있는 제4차 산업혁명도 민주주의에 커다란 위기 요인이 될 수 있다. 제4차 산업혁명, 특히 인공지능은 인간의 본질인 지성과 노동에 도전하는 혁명적 기술 진보다. 인공지능은 인간이 노동에 속박되지 않고 창의적인 활동에 집중할 수 있도록 해주는 잠재적인 가능성을 갖고 있다.

그러나 현재 신자유주의 자본주의에서 인공지능 혁명은 구글, 애플, 페이스북, 아마존(이를 줄여서 GAFA라고 함) 등 세계적 정보기업이 그 기술을 독점하고 있다. 그래서 인공지능은 자본의 이윤 추구를 극대화하기 위해 노동 대체용으로 생산 현장에 투입될 것이 거의 확실해지고 있다. 따라서 인공지능은 인간에게 안정적이고 창의적인 삶을 제공해 주기보다는, 인간에게 불안정한 고용과 실업을 강요할 가능성이 더욱 크다. 물론 인공지능은 지극히 일부 계층에게 창의적인 활동과 새로운 노동 기회를 줄 수도 있다. 그러나 대다수 인구에게 인공지능은 대량 실업을 가져다줄 가능성이 크고 그들을 '쓸모없는 계급(不用階級)'으로 만들 가능성이 크다. 그래서 인공지능으로 무장한 독점자본주의는 생산과 소비 간의 모순을 더욱 극단적으로 폭발시킬 것이며, 대다수 시민들의 일상적인 삶을 불안정하게 만들 것이다.

한편 인공지능 자본주의는 빅데이터에 기반한 거대한 데이터 감시 자본주의기도 하다. 인공지능 자본주의는 인터넷이나 다양한 단말장치를 통해서 만들어진 인간 활동의 거대한 데이터(big data)를 기반으로 발전한다. 그러나 거기서 만들어진 정보와 지식은 소수의 정보산업들이나 국가가 독점한다. 이러한 정보 및 지식의 독점은 소수 세력에 의한 정치권력의 독점을 불러온다. 그리고 국가와 자본은 인공지능기술을 활용해 개인들의 사적인 생활을 포함해 대단히 고차적인 감시사회를 만들 수도 있다. 국가 주도로 인공지능 기술을 가장 빠르게 발전시키고 있는 중국의 경우, 화상인식 기능을 활용해 CCTV 등 단말장치로 수집된 수많은 사람들의 행동 데이터를 인공지능으로 분석해, 체계적으로 개인들의 신용 정보에 반영하고 있다.

인공지능은 사회의 불평등과 양극화를 극단적으로 심화시키고, 정치권력의 독점을 낳고, 나아가 전체주의적인 감시사회의 길을 열 수 있다는 점에서 반민주적 디스토피아(distophia)의 가능성을 갖고 있다. 제4차 산업혁명이 내포하고 있는 부작용을 최소화하기 위해서는 사회 내에서 기술에 대한 윤리적 기준을 강화하고, 독점적 정보기업들을 민주적으로 통제하고 견제할 수 있어야 한다. 궁극적으로 인공지능 자본주의를 홍익인간(弘益人間)의 관점에서 재구성할 수 있는 시민들의 비판적 지성과 기획 역량, 그리고 민주적 연대 능력이 아주 중요해진다.

3) 지구적 문제와 인류 생존의 위기

한편 미래 사회는 자본주의의 세계화에 따라 지구적으로 자본 및 인간 이동이 더욱 확대되고 보편화될 것이다. 그런데 자본과 인간의 이동은 대단히 불균등하게 진행될 것이며, 국제적 패권 질서도 불가피하게 재편성되어 갈 것이다. 그러한 과정에서 국가, 민족, 문화, 종교 간 갈등이 빈번히 발생할 것이며 국제 평화를 위협하는 일도 많아질 것이다. 이렇듯 자본주의의 세계화는 국제 평화와 국제 협력의 기반을 불안정하게 만들고, 세계적인 부의 불평등을 심화시킬 수도 있다.

나아가 기후위기는 빠른 속도로 전개되고 있고, 빙하의 소멸, 빈번하게 발생하는 대규모 산불, 혹한과 혹서, 그리고 홍수와 폭설 등 인류의 삶을 위협하고 있다. 기후위기는 지금껏 경험해 보지 못한 자연적 재앙을 야기하고 있다. 특단의 세계적 결의를 통해 탄소배출이 억제되지 못하면, 2050년에는 세계의 주요 지역들이 수몰될 것으로 예측되고 있다.

기후위기와 더불어 최근에는 세계적으로 감염병이 만연하고 있다. 2000년대에 들어 사스(SARS), 메르스(MERS) 등 새로운 감염병이 출현한 이래, 2020년부터 코로나19(COVID-19)가 100여 년 만에 세계적인 팬데믹으로 인류를 공격하기 시작했다. 이러한 바이러스 감염병은 이제 인류의 생존을 직접적으로 위협하는 큰 위기 요인으로 작용하기 시작했다. 기후위기로 인해 바이러스의 활동 패턴이 변화해 감염병 위협은 더욱 상시화될 가능성이 크다. 한편 세계적 감염병은 방역상의 이유로, 즉 팬데믹의 확산을 막고 공동체의 안전을 지키기 위해 불가피하게 개인들의 자유와 권리, 그리고 민주주의를 축소시킨다. 게다가 권위주의 정부들은 방역을 빌미로 민주주의를 의도적으로 퇴행시키고 독재 체제를 견고히 하는 경우도 있다.

8. 결론에 대신하여: 민주주의와 시민

지금까지 우리는 민주정치의 발생, 현대 공화제의 발전 경로, 민주공화제와 시민의 상관성 등에 대해서 살펴보았다. 그리고 현대 민주정치가 운영되는 정부제도와, 이를 뒷받침하는 정당제도와 선거제도에 대해서 살펴보았다. 그리고 미래 민주주의가 봉착할 과제를 불평등, 제4차 산업혁명, 그리고 전 지구적 과제와 연관해서 살펴보았다.

그런데 국가와 정치 그리고 민주주의를 이해할 때, 그리고 그것들이 안고 있는 과제의 해결 방향을 모색할 때 그 주체로서 시민을 빼놓을 수 없다. 지적으로 자각되고 민주적 삶의 역량을 갖고 있는 시민이 주권자로서 올바로 역할을 할 수 있을 때, 민주주의와 민주공화제는 제대로 작동될 것이다. 이 장에서는 결론을 대신해 현대 민주주의 사회에서 시민의 위상과 시민 덕목, 그리고 이를 위한 시민 형성의 방향에 대해서 논하고자 한다.

제도로서 민주주의, 공화제가 실질적으로 작동하기 위해서는 민주적 시민이 존재해야 한다. 독일 바이마르공화국의 초대 대통령 프리드리히 에버트(Friedrich Ebert)는 "민주주의는 민주주의자 없이 성립될 수 없다"라고 갈파한 적이 있다. 민주주의 제도를 시민이 올바로 채워내지 못하면, 민주주의는 비합리적인 중우정치나 선동적 독재정치로 전락할 수 있다. 이러한 점에서 민주주의의 주체로서 시민은 시민으로서의 적절한 자질을 갖추어야 한다.

고대 그리스와 로마 시대부터 정치철학자들은 공화국 시민의 자질에 대해 논의해 왔다. 지혜, 정의, 용기, 절제 등의 덕목이 그것이다. 키케로는 『의무론』에서 공화정의 시민 덕목을 체계적으로 재정의했다. 키케로의 논의를 참고해 오늘날 현대 시민에게도 요구되는 덕목을 정리해 보면 다음과 같다.

① 지성. 시민의 덕목으로 가장 중요한 것은 지성이다. 이는 전통적으로 '지혜'의 덕목에 대응하는 것으로서, 시민이 독립적 주체가 되도록 하는 철학적이고 비판적인 사고 능력을 의미한다. 지성을 키우기 위해 시민은 인문학

과 철학, 사회과학, 자연과학적 교양에 대한 폭넓은 학습을 지속적으로 해야 한다.

② 정의. 이는 전통적으로 '정의'의 덕목에 대응하는 것으로, 시민들은 자신이 형성하고 수호해야 할 '공공선' – 자신들의 자유를 극대화하고 모두가 행복을 보장받을 수 있는 조건 – 이 무엇인지를 알아야 한다.

③ 실천. 시민이 세계의 이치와 질서를 알고 공동체의 공공선(정의)을 추구한다면, 그들은 응당 그것을 지키기 위해서 실천에 나서야 할 것이다. 이 실천은 전통적으로 '용기'의 덕목에 대응한다.

④ 연대(동의). 공공선(정의)을 형성하고 수호하기 위해 실천에 나서는 것은 각자 고립된 개인들이 하는 일이 아니다. 이것은 사회의 구성원 다수가 동의(consent)해서 함께해야 할 일이다. 즉, 실천의 현실적 조건으로서 연대의 역량이 관건이 된다. 이것은 전통적으로 '절제'의 덕목에 대응하며, 고대 로마에서 이것은 사회적 공감의 최적 형태인 '데코룸(decorum)'의 문제의식과도 연결된다.

이렇듯 지성적으로 통찰력이 있고 정의에 대한 분별력 있으며, 연대적 실천력을 갖춘 시민의 존재 여부가 바로 민주주의와 공화제의 성공 여부를 결정한다. 그러나 이러한 시민의 힘은 자연적으로 주어지지도 성장하지도 않는다. 시민역량은 의식적이고 의도적으로 '형성(bilden, bildung)'되는데, 이는 체계적인 교육을 통해서 뒷받침되어야 한다. 이는 진보와 보수라는 이념적 지향 및 가치를 뛰어넘는 것으로, 시민이라면 갖추어야 할 민주적 삶의 역량이다. 이러한 시민 형성은 학교교육과 평생교육 모두에 걸친 생애교육으로 이루어져야 한다.

학교에서 가장 초보적인 시민교육은 '시민교육(civic education)'이라는 교과서를 개발해 민주주의 가치, 시민의 덕목과 역량, 그리고 시민 권리와 그들의 정치적·사회적 책무성 등을 체득하도록 하고, 나아가 정치제도, 정치 참여 등에 대해서도 학습하도록 하는 것이다. 그런데 학교 시민교육에서 더 중요한 것은 학교의 교육과정 전체가 올바른 '시민 형성'의 과제를 추구하도록 하는 것이다. 특히 미래 민주주의의 과제를 반영해, 학교 교육과정은 사회경제적 불평등을 극복하고 디지털 시민역량 및 세계 시민역량을 두루 갖춘 미래지향적 세계 시민의 형성을 목표로 해야 할 것이다. 그런데 시민교육은 '학습'으로만 완성되지 않는다. 무엇보다 학교를 민주적 공동체로 재구성하고, 학생들에게 실질적인 자치를 보장하고 교육과정 및 학교 운영에 적극적으로 참여하도록 보장해야 한다. 이를 통해서 학생들은 학습과 더불어 민주적인 삶(living in democracy)을 살 수 있고, 훌륭한 시민으로 성장할 수 있다.

시민교육은 학교교육으로 끝나는 것이 아니라 평생교육으로 확대되어야 한다. 이를 통해서 시민적 덕목과 역량을 체화하고 시민적·인문적 교양을 지속적으로 충실화해야 한다. 평생 시민교육을 위해서 독일의 연방정치교육원(Bundes-zentrale für Politische Bildung)과 같은 상시적 교육기관을 제도화해, 사회적으로 합의된 시민교육 콘텐츠를 제공하고 직장과 마을에서 일상적 시민교육이 활성화될 수 있도록 해야 한다. 한국에서도 광역 및 기초자치체를 중심으로 민주시민교육 조례가 제정되고 민주시민교육센터들이 설립되어 보다 체계적인 시민교육에 나선 것은 대단히 다행스런 일이다. 평생 시민교육은 앞서 학교 시민교육과 마찬가지로, '학습'만으로 완결되지 않는다. 시민교육은 일상의 공간에서 '학습'과 '실천'을 통합하는 '시민포럼'을 자발적으로 형성하도록 해서, 마을과 직장에서 공론장을 형성·확대·심화하고 풀뿌리 민주주의의 튼튼한 근거지를 형성해야 한다.

토론거리

1. 주류 정치학의 입장과 마르크스주의의 입장에서 국가란 무엇인지 정의해 보고, 그 탄생과 미래에 대해서 비교 관점에서 논의해 보자.

2. 플라톤과 아리스토텔레스의 이상적 정치는 무엇인가? 두 사람이 바라본 정치의 본질에 대해서 의견을 제시해 보고, 그 관점들이 갖고 있는 장단점에 대해서 평가해 보자.

3. 공화국과 시민, 그리고 공공선(공공성)과 권력, 공직자의 관계에 대해서 논해보자.

4. 현대 국가를 정초했던 홉스, 로크, 루소의 사회계약론을 비교하고, 각각을 국가주의, 자유주의, 공화주의라고 할 때 그 장단점이 무엇인지 논해보자.

5. 현대 정부제도로서 대통령제와 의원내각제의 특징을 비교하고, 민주공화제의 기본 속성을 구현하는 데 두 제도가 갖는 장단점을 논의해 보자. 그리고 두 개의 정부제도의 절충으로 일컬어지는 '이원집정부제'의 특징과 장단점을 조사해 보자.

6. 한 표 가치의 등가성이란 면에서 지역구 선거구제의 특징을 비교하고, 비례대표 병립제와 연동제의 차이를 논해보자. 연동형 비례대표제의 특징에 비추어 2020년 한국의 총선거에서 도입된 '준연동형 비례대표제'의 내용을 조사하고, 그 정치적 의미를 평가해 보자.

7. 미래사회의 민주주의의 위기 요인을 불평등, 제4차 산업혁명, 전 지구적 생태위기 등이라고 본다면, 민주주의 발전이라는 관점에서 이러한 요인들은 어떻게 통제되어야 할까?

8. 현대 민주주의, 민주공화제에서 시민은 누구인가? 그들이 가져야 할 덕목과 역량은 무엇이고, 그들을 어떻게 형성할 것인가? 독일과 북유럽에서 민주적 시민 형성을 위한 원칙과 제도는 무엇인지 조사해 보자.

읽을거리

정치학의 이해 | 서울대학교 정치외교학부 정치학 전공 교수진. 2019. 박영사.

국가론 | 플라톤(Plato). 2014. 이환 옮김. 돋을새김.

정치학 | 아리스토텔레스(Aristotele). 2009. 천병희 옮김. 도서출판 숲.

국가와 혁명 | 블라디미르 일리치 레닌(Vladimir Ilich Lenin). 2015. 문성원·안규남 옮김. 돌베개.

사회계약론 | 장 자크 루소(Jean-Jacques Rousseau). 2018. 김영욱 옮김. 후마니타스.

통치론 | 존 로크(John Locke). 1996. 강정인·문지영 옮김. 까치.

공화주의 | 모리치오 비롤리(Maurizio Viroli). 2006. 김경희·김동규 옮김. 인간사랑.

어떻게 민주주의는 무너지는가: 우리가 놓치는 민주주의 위기 신호 | 스티븐 레비츠키(Steven Levitsky)·대니얼 지블랫(Daniel Ziblatt). 2018. 박세연 옮김. 어크로스.

초인공지능: 생명과 기계 사이에 있는 것 | 이노우에 도모히로(井上智洋). 2019. 송주명 옮김. 진인진.

국민국가를 넘어서: 근대정치의 시공간적 전환을 위하여 | 홍태영. 2019. 진인진.

제4장
'아시아 패러독스': 무엇을, 누구를 위한 통합인가?

김선일(경희대학교 국제학과 교수)

1. 들어가며

2019년 11월 28일, 문재인 대통령은 말레이시아 총리 일행을 맞이하는 자리에서 "양국이 '아시아의 정신'으로 함께 협력할 때, '경제는 성장하지만 정치·외교는 어려움을 겪을 것'이라는 '아시아 패러독스(Asia paradox)'도 뛰어넘을 수 있다"라고 말했다. 이 '아시아 패러독스'는 국정농단으로 탄핵된 뒤 수감 중인 박근혜 전 대통령도 2013년 5월 미국 의회 연설에서도 "경제적 상호의존의 진전과 정치·안보 협력의 퇴보"를 극복해야 한다고 언급한 바 있는 것으로, 국가 사이의 교류 증가가 협력의 증가를 가져온다는 국제정치학의 고전적 이론에서 벗어난 아시아의 상황을 지칭하는 것이다. 발화자의 정치적 입장을 떠나, '아시아 패러독스'라는 말은 우리 주변 한·중·일 동북아시아 세 나라의 현실에 비추어 볼 때 꽤 적합한 표현으로 보인다. 아시아 전체로 확대해 봐도, 2019년 기준으로 여행지의 74%와 무역의 60%가 역내에서 이루어지는 상황 이면에 정치적 협력보다는 국가들 사이 갈등과 반목이 더 두드러진다는 사실을 간단한 뉴스 검색만으로도 확인해 볼 수 있다. 실제로 한·일, 중·일 관계는 일본의 과거사 재해석과 영토 문제로, 북한과 주변국들은 핵 개발 문제로, 중국과 대만은 '하나의 중국' 문제를 둘러싼 갈등으로 점철되어 있으며, 동남아시아 국가들은 중국의 '일대일로(一帶一路, Belt and Road Initiative)' 정책과 남중국해 영토분쟁, 그리고 미국의 '중국포위(encircle China)' 전략과 이것이 현실화한 '인도·태평양 전략(Indo-Pacific strategy)'으로 혼돈 속에 놓여 있다. 그 한가운데에 놓인 인도는 계속되어 온 인접국 파키스탄과의 갈등에 더해, 최근 중국과 국경 문제로 충돌하기도 했다. 2019년 기준으로 중국은 미국에 이어 두 번째로 큰 인도의 무역 교역국이며, 인도 또한 중국의 12번째 교역 상대국임을 고려할 때, 두 나라의 정치적 갈등은 가히 패러독스라 불릴 만하다.

아시아가 처해 있는 이와 같은 상황에서 우리의 전직·현직 국가수반이 강조한 '아시아 패러독스'의 극복이야말로 온 아시아가 다 같이 추구해야만 할 방향으로 보인다. 우리 정부는 지난 수십 년 동안 아시아 협력 체제 구축을 제안해 왔으며 여기에는 진보와 보수가 따로 없었다. 고(故) 노무현 대통령은 '동북아시아 다자 안보 협력 체제' 구축을 제안했으며 이명박 정부도 '신아시아 외교'란 이름으로 동북아 전략 협력 체제 구축을 강조했다. 그러나 경제적 협력의 꾸준한 증가에도 불구하고 아시아 국가들 사이의 정치적·안보적 협력은 여전히 요원하다. 도대체 무엇이 문제인가?

논자들은 지역 통합의 성공적 사례로 언급되는 유럽 통합 과정과의 비교를 통해 아시아 통합의 어려움을 찾는 노력을 계속해 왔다. 대표적으로 제2차 세계대전 이후 공산권 팽창에 대항하기 위해 '공공의 적(common enemy)'에 대한 집단방위(collective security) 체제를 갖추게 된 유럽과 달리, 아시아는 중국과 북한, 베트남 등을 제외한 자본주의 진영 국가들은 냉전하 미국의 공산권 '봉쇄정책(containment policy)'의 하나로 각 국가가 미국과 상호방위(mutual security) 동맹 체제를 갖추게 되는, 이른바 미국을 중심으로 한 '바퀴살 체제(hub-and-spoke)'를 형성하게 됨으로써 아시아 국가들 사이에 정치적·안보적 공동체 형성이 지체됐다는 설명을 제시한다(Blair and Hanley Jr., 2001). 예컨대, 미국은 군정(軍政)하에 놓여 있던 일본과 1951년 미·일안전보장조약을 체결하고 한국과는 한국전쟁 직후 한·미상호방위조약을 체결, 미국을 계속 주둔시킴으로써 미국의 직접적인 영향력 아래에서 지역 안보 문제를 해결하고자 했기 때문에 한국과 일본 상호 간의 안보 협력은 진전되지 못했다는 시각이다. 또한 수천 년에 걸친 전쟁과 경쟁 속에서 만들어진 민족국가의 평등한 주권의 상호 인정의 원칙에 기반해 인종적·언어적·역사적 유사성을 바탕으로 오랜 기간 교류를 통한 공동체 문화와 인식을 발전시켜 온 유럽과 달리, 중국 중심의 위계적 국제 질서 속에서 국가별 문화적 이질성이 강화됐으며, 19세기 이래 유럽 및 일본에 의한 식민지 경험, 그리고 20세기 한국전쟁과 베트남전, 인도-중국 국경 분쟁 등 지역 내 군사적 갈등으로 아시아를 아우를 수 있는 공동의 문화와 의식이 발전되지 못했다는 점에서 '아시아 패러독스'를 설명하기도 한다(Stubbs, 2002). 실제로 아시아 지역에서 국가 간 협의체는 수도 없이 많이 만들어졌지만, 외환위기에 대한 공동 대응, 자유무역을 통한 경제 이익의 추구, 테러리즘에 대한 대응 등 개별 국가들이 모두 다른 수준의 기여도와 우선순위를 가진 채로 참여함에 따라 국가 간 사회화를 통한 공동의 정체성 형성에 실패했다는 시각도 있다(Pempel, 2010).

기존 시각들은 제국주의와 냉전으로 아시아 국가 간의 협력이 제한되어 온 구조적 요인들을 대체로 잘 설명하고 있다. 그러나 한편, 미국이라는 패권국가의 세계 전략의 결과로 아시아 지역에서 갈등과 반목이 조장되어 온 측면이 세계 질서의 유지라는 명분 뒤에서 희석되고 있는 문제점도 보여주고 있다. 특히 냉전이 끝난 이후에도 아시아 지역의 정치적·안보적 협력이 오히려 더 악화하고 있으며, 새로운 패권을 모색하고 있는 중국이 자국 중심의 새로운 지역 질서 수립을 목표로 아시아의 통합을 가로막고 있는 점 또한 잘 드러나지 않는다. 나아가 협력과 통합의 원형으로 제시되고 있는 유럽 또한 계속된 경제 위기와 난민 사태 등을 겪으면서 영국의 유럽연합 탈퇴, 소위 '브렉시트(Brexit)'를 필두로 이탈과 균열이 가속화되고 있는 점 또한 간과되고 있다.

본 글에서는 이러한 문제점을 염두에 두고 아시아 국가 간의 협력과 지역 통합의 걸림돌이 되어온 미국과 중국 등 패권국의 문제를 분석함과 아울러, 과연 협력과 통합이 필요한 것인지, 그렇다면 어떠한 협력과 누구를 위한 통합이 되어야 하는지를 유럽과 우리 아시아 지역의 사례를 되돌아보며 서술하도록 한다.

2. 유럽 통합의 패러독스

아시아 통합의 모델로 이야기되고 있는 유럽 통합은 제2차 세계대전 이후 영향력을 지속적으로 확대해 오고 있던 소련에 대한 미국의 대응 차원에서 시작됐다. 종전 직후부터 패전국 독일을 포함한 유럽 지역을 소련과 분할해 전후 처리를 진행 중이던 미국은 공산주의의 영향력이 계속 커지자 이를 차단하는 전략으로 급격히 선회하게 된다. 이의 기폭제가 된 것은 1946년 당시 전후 복구로 어려움을 겪고 있던 영국이, 소련이 지원하는 공산주의 세력과 내전 상태에 놓여 있던 그리스에 대한 군사적·경제적 지원을 중단한다고 발표한 일이다. 소련이 이탈리아에 대한 개입도 본격화하고 있는 상황에서 미국 내에서는 공산주의 확산을 적극적으로 봉쇄해야 한다는 목소리가 높아지고 있었으며, 이에 당시 미국 대통령 해리 트루먼(Harry S. Truman, 1945~1953 재임)은 그리스와 그 인접국 터키에 직접 개입하기로 결정하고, "미국은 전 세계 민주주의 국가들을 내·외의 압력으로부터 지키기 위해 정치적·군사적·경제적 지원을 다할 것"이라는 소위 '트루먼 독트린(Truman Doctrine)'(1947)을 발표하게 된다. 같은 해, 제2차 세계대전 시기 미국의 합참의장을 역임하고 1947년 국무장관으로 임명된 조지 마셜(George Marshall, 1947~1949 재임)은 '트루먼 독트린'의 연장선상에서 서유럽의 경제 재건을 통해 공산주의의 확산을 억제하기 위한 유럽부흥계획(European Recovery Program), 소위 '마셜 플랜(Marshall Plan)'을 1948년 입안하게 된다. '마셜 플랜'에 따라 미국은 비(非) 공산권 유럽 동맹국들에 4년간 총 130억 달러에 달하는 경제 원조를 제공하는데, 이 과정에서 지원 대상 국가들 사이의 교역을 강화하기 위해 관세 장벽을 철폐토록 했고, 이것이 유럽 경제 통합의 시발점 역할을 했다. 미국의 지원으로 서유럽 국가들은 유럽경제협력기구(Organization for European Economic Co-operation)란 정부 간 기구를 1948년 설립하고, 이것이 경제협력개발기구, 즉 OECD(Organization for Economic Cooperation and Development)

로 추후 발전하게 된다.

군사적 협력 또한 영국과 프랑스 등 서유럽 주요국들의 상호방위협정이 미국의 주도하에 확대·통합되어 북대서양조약기구(North Atlantic Treaty Organization), 즉 나토(NATO)의 출범으로 가속화된다. 지구 반대편에서 한국전쟁이 벌어지고 있는 사이 나토는 서유럽과 북미를 통합하는 본격적인 집단 방위 체제로 정비되었고, 소련을 위시한 동유럽 공산권 국가들은 이에 대항하는 바르샤바조약기구(Warsaw Treaty Organization: WTO)를 결성함으로써 냉전 시기 유럽 내 군사적 협력과 대립의 기본적 틀로 자리 잡게 된다.

냉전 초기 미국의 유럽 전략이 유럽의 경제적·정치적 통합의 기초를 반든 것은 부인할 수 없는 사실이다. 그러나 이와 함께 고려되어야 할 것은 통합의 가장 큰 목적이 소련과 공산권에 대한 봉쇄였기 때문에 전후 유럽 내에서 불고 있던 자발적인 유럽 통합의 움직임과 충돌하면서 다른 방향으로 흘러가게 된다는 점이다. 전쟁이 끝난 후, 당시 유럽 정치인과 지식인들 사이에서는 두 차례에 걸친 유럽 국가들 사이의 궤멸적 전쟁에 대한 반성에서 출발해 평화 정착과 자유로운 교류를 목표로 한 통합 논의가 활발하게 진행되고 있었다. 특히 독일에 치욕적인 점령을 당한 프랑스는, 전쟁이 끝날 무렵 가지고 있던 독일의 산업 기반을 해체하고 철저하게 무력화시켜야 한다는 태도에서 점차 벗어나 국제기구의 감독 아래에 정상화하고 평화적인 경제 성장을 도모하는 방향을 제안하게 된다. 이는 봉쇄정책 시행에서 필수적인 서독의 재(再)무장화와 경제 재건을 추진하던 미국의 이해와도 부합하는 것으로, 이를 통해 프랑스는 이후 유럽 통합의 주도권을 확보할 수 있게 됐다. 그 결과가 프랑스 외무장관을 역임했던 로베르 쉬망(Robert Schuman, 1947~1948 재임)이 발표한 '쉬망 선언(Schuman Declaration)'(1950)으로 이어지는데, 이는 민주주의와 연대의 가치하에 패전국 독일을 포함한 유럽 국가들 사이에 전쟁을 영구 불가능하게 만들고, 자유로운 교역과 공동의 경제 발전을 도모하며, 나아가 통합과 평화의 정신을 전 세계로 확산시킬 것을 주창했다.

쉬망의 제안은 전쟁 동원의 핵심 산업인 석탄과 철강을 유럽 공동의 규제와 감독하에 두는 것을 골자로 한 유럽석탄철강공동체(European Coal and Steel Community, 1951)의 결성으로 이어졌다. 유럽석탄철강공동체는 단순한 경제 협력 기구가 아니라 유럽을 세계대전의 전화로 몰아넣는 데 기여했던 독일의 대형 독점재벌(Konzern) 등을 규제함과 동시에, 열악한 노동 환경에 놓여 있던 해당 산업 노동자들의 권익 보호와 복지를 확산시키는 구실을 했다. 이후 프랑스를 위시해 서독, 벨기에, 이탈리아, 룩셈부르크, 네덜란드의 6개 국가가 관세동맹(customs union)의 출범과 함께 시민, 노동력, 자본, 재화의 자유로운 역내 이동에 합의한 로마조약(Treaty of Rome)에 서명함으로써 1957년 유럽경제공동체(European Economic Community: EEC)가 출범하게 된다.[1] 유럽경제공동체는, 유럽 통합의 대표적 사상가 중 한 명인 장 모네(Jean Monnet, 1988~1979)의 "우리는 유럽 국가 간 통합이 아니라 유럽인들을 통합해야 한다(We are not forming coalitions between states, but union among people)"라는 말처럼, 국가 간 경제 협력을 넘어서 유럽인들의 자유로운 교류와 유럽인으로서의 시민권 보장, 그리고 고용 및 복지 확대를 통해 유럽 전체를 아우르는 민주주의 공동체를 건설하는 것을 목표로 한 것이었다(Goodman, 1996: xix).

그러나 앞서 언급한 바와 같이, 미국의 전후 서유럽 전략은 냉전하 공산주의의 유럽 확산 저지에 최우선을 두고 있었고, 이에 따라 미국이라는 패권국의 압도적 영향력 아래에 있던 서유럽이 미국의 전략 목적에서 벗어난 통합 정책을 독자적으로 추진하는 것은 불가능했다. 모네와 쉬망 등이 제안했던 미국을 제외한 유럽방위공동체(European Defense Community) 구상은 당연히 미국의 반대와 프랑스의 국내 정치적 상황으로 좌절되었으며, 이를 기반으

1 유럽경제공동체는 유럽석탄철강공동체, 그리고 같은 해 설립된 유럽원자력공동체(European Atomic Energy Community: Euratom)와 함께 유럽공동체(European Communities), 즉 EC의 세 축을 이루게 된다.

로 추진하려던 유럽만의 정치 공동체 구상 또한 좌초하기에 이르렀다.

1950년대 후반, 유럽 통합의 질적인 도약은 냉전 초기 두 진영의 극한 대립을 이끌었던 소련의 지도자 이오시프 스탈린(Joseph Stalin, 1922~1952 재임) 사후 유럽 지역에서의 대치 상태는 다소 완화되어 가고 있었기 때문에 가능한 일이었다고 볼 수 있다. 그러나 이와 함께 제3세계 국가들 사이에서 탈식민 민족주의 운동이 불타오르기 시작했으며, 이에 따라 이들 지역에서 식민지, 또는 식민지 시기의 이권을 여전히 보유하고 있던 영국과 프랑스를 포함한 서유럽 국가들과의 충돌이 격화되었다. 그 결정적인 사건이 1956년 '수에즈 위기(Suez crisis)'라고 불리는 제2차 중동전쟁(second Arab Israeli war)으로, '범(凡)아랍주의'를 주창하는 이집트의 가말 나세르(Gamal Abdel Nasser, 1954~1970 재임)가 자국 영토 안의 수에즈 운하를 국유화하자 이에 이스라엘을 필두로 영국과 프랑스가 운하 운영권을 확보하고 나세르를 축출하기 위해 이집트를 침공한 일이다. 이에 국제사회는 영국과 프랑스의 즉각적인 철수를 요구했고 소련은 핵무기 사용까지 거론하기에 이른다. 미국 또한 평화적 해결을 요구하며 두 나라 군대의 철수를 요구했고 이에 영국과 프랑스는 병력을 철수하게 된다. 유럽경제공동체의 출범은 따라서 프랑스 국내에서 고조되어 가고 있던 민족주의와 시기를 같이했으며, 이후 1959년, 이러한 국민적 지지를 바탕으로 정권을 잡은 샤를 드골(Charles de Gaulle, 1959~1969 재임)은 미국의 영향력을 견제하기 위해 미국과 한패로 간주한 영국의 유럽경제공동체 참가를 재임 기간 내내 반대하게 된다(김준석, 2011). 프랑스는 이후 핵무기 개발을 추진, 1960년 실험에 성공한 뒤 1966년 나토에서 탈퇴한다.

냉전 초기 미국의 지원과 영향력 아래에서 추동된 통합이었기에 미국의 영향력이 약화하고 경제 위기가 닥치자 1970년대 유럽공동체는 위기를 맞이하게 된다. 전후 호황기가 끝나고 불황으로 접어들면서 개별 국가들은 국내 경제 보호를 유럽 통합보다 우선하게 되었고, 미국도 전후 자본주의 국가들의 경제 체제의 근간이었던 금본위제(금태환제)의 포기를 선언[닉슨 쇼크

(Nixon shock), 1971]하기에 이른다. 그리고 이어진 두 차례의 석유파동(oil crisis, 1973과 1978)에 따른 경제위기로 각 국가는 경제공동체가 극복하고자 노력해 온 보호주의 장벽을 다시 높이게 된다. 금본위제 붕괴에 따른 환율 문제를 해결하기 위한 유럽경제공동체의 노력 또한 큰 성과를 보이지 못하고 유럽 통합에 대한 회의감만 높아지던 시기, 다시 말해 유럽경제공동체의 역할이 축소되고 통합에 대한 지지가 약화한 시점에 영국이 유럽경제공동체에 가입한 것은 그런 점에서 시사하는 바가 크다.

통합의 전기는 1980년대 초 다시 미국으로부터 건너온다. 로널드 레이건(Ronald Reagan, 1981~1989 재임) 행정부는 소위 '레이거노믹스(Reaganomics)'라 불리는 강력한 신자유주의 경제 정책을 추진함과 동시에 누적된 무역 적자 문제를 해소하기 위해 보호무역 장벽을 한껏 높이게 된다. 세계 제2위의 경제 대국으로 부상한 일본을 비롯해 중상주의적 무역 정책을 적극적으로 활용한 아시아 국가들의 약진이 두드러지자 유럽경제공동체 회원국들 사이에서는 경제 통합을 통해 이에 함께 대응해야 한다는 목소리가 점차 힘을 얻게 되고, 이에 유럽의회는 완전한 시장 통합과 이에 수반된 제도 개혁을 주창하는 단일유럽의정서(Single European Act, 1986)를 채택, 오늘날의 유럽연합(European Union: EU)의 기초를 마련하게 된다. 즉, 근대 민족국가의 한계를 뛰어넘는 초국가적 정치체 건설의 움직임은 역설적으로 패권국과 신흥 공업국들의 자국 중심의 보호무역주의에 대항하기 위한 것으로, 근본적인 역외 배타성을 내재하고 있었던 것이다.

공산권 붕괴가 가속화되고 냉전이 구시대의 유물로 저물어가면서 유럽경제공동체의 구성에도 변화가 생겼다. 우선 민주화를 이룬 스페인과 포르투갈이 1986년 유럽경제공동체에 가입했고, 1989년 통일 독일도 가장 큰 회원국으로 자리를 잡게 됐다. 경제적 격차가 심한 남유럽까지 회원국이 확대되고 탈(脫) 공산화 이후 동유럽 국가들의 정치적·경제적 불안이 증대되자 '하나의 시장' 정책이 국가 간 불균형을 심화시켜 유럽 전체의 안정을 해칠 것

표 4-1 **유럽공동체 및 유럽연합 가입국/탈퇴국과 연도**

연도	회원국	회원국 누계
출범	독일, 프랑스, 이탈리아, 네덜란드, 벨기에, 룩셈부르크	6
1973	영국, 아일랜드, 덴마크	9
1981	그리스	10
1986	스페인, 포르투갈	12
1995	오스트리아, 스웨덴, 핀란드	15
2004	폴란드, 헝가리, 체코, 슬로바키아, 리투아니아, 라트비아, 에스토니아, 슬로베니아, 몰타, 키프로스	25
2007	루마니아, 불가리아	28
2020	영국(탈퇴)	27

이라는 우려 또한 깊어졌다. 이에 유럽경제공동체는 사회적 통합까지를 고려할 수 있는 정치제도적 통합을 고민했고, 그 결과가 1992년 체결된 마스트리히트조약(Maastricht Treaty)이다. 마스트리히트조약으로 유럽 단일통화의 도입을 비롯해, 경제 정책 전반과 외교·안보, 노동, 사법, 이민 정책 등의 공동 협력을 통해 정치적·사회적 통합을 달성하기 위한 유럽연합이 출범하게 된다.

유럽연합은 탈냉전 시기 급증한 분리·독립 운동과 민족·인종 갈등의 혼란 속에서 초국적 협력과 통합의 가치를 내세우며 제도적 정비를 꾸준히 추진해 1999년부터 유럽 단일 통화권, 즉 '유로존(Euro Zone)'을 구축했고, 회원국도 지속해서 확대되어 오늘날 탈퇴한 영국을 제외하면 총 27개국이 참여하는 연합체로 성장한다. 질적인 통합 측면에서도, 마스트리히트조약의 사회의정서(social protocol)와 같이 사회 정책의 확대와 낙후 지역 지원을 통해 유럽인으로서의 공통의 시민권 의식을 확산시키기 위한 노력 또한 경주하게 된다.

이러한 확대의 이면에, 그러나, 회원국 간의 갈등 또한 여전했다. 여러 차례 반복된 경제 위기를 거치면서 회원국들 사이의 격차가 확대됐고, 특히 새롭게 가입한 동유럽 국가들과 서유럽 국가들의 경제적·문화적 격차는 동·서 간의 갈등으로 증폭되기에 이른다. 2004년, 통합의 이정표가 될 것으로 예상되었던 유럽헌법(European Constitution)이 오랜 논란 끝에 부결됐으며, 유럽연합은 결국 낮아진 수준의 통합에 합의한 리스본조약(Treaty of Lisbon)에 만족해야만 했다. 물론 리스본조약 체제가 기존의 유럽연합 제도보다는 통합의 측면에서 진일보한 것은 분명하나, 개별 국가의 고유 권한을 명확히 규정하고 있으며, 자발적 탈퇴 조항도 아울러 포함하고 있다. 이어 2000년대 말, 미국발(發) 전 세계적 금융위기로 인해 그리스, 헝가리, 아일랜드, 키프로스 등이 유럽연합에 구제 자금을 요청하게 되었으며, 2010년 초부터 포르투갈, 이탈리아, 그리스, 스페인 등 경제 불안을 겪고 있던 소위 'PIGS' 국가들과 함께 영국과 아일랜드도 국가 채무의 급격한 증가로 인한 재정 위기에 봉착하게 되자, 이에 대한 유럽연합 차원의 지원에 부담을 느끼는 회원국들 또한 늘어가게 된다. 게다가 마스트리히트조약에서 명시되었던 이민, 국경, 망명 등에 관한 내용은 리스본조약에서는 회원국 간의 이해관계와 의견 충돌로 인해 정리되지 않고 봉합됨으로써 추후 오늘날 유럽연합 위기의 가장 큰 원인 중 하나로 부상하게 된다.

회원국 주민들의 자유로운 이동과 고용, 동일한 노동 처우는 유럽인으로서의 공동체 의식 형성에 가장 기본적인 일임이 틀림없다. 그러나 경제적 불황에 겹쳐 루마니아와 불가리아가 2007년 유럽연합에 가입했을 때 기존 회원국들은 해당 국가의 노동자들이 몰려와 실업률이 증가할 것이라며 이주의 자유에 7년간의 제한을 두기로 결정했다. 2010년대 초반 시리아에서 내전이 발발하고 난민 문제가 심각해지자 극우 정치 세력을 중심으로 유럽연합의 국가별 난민 분담 할당제(refugee relocation system) 등의 정책에 반대하는 목소리를 높이기 시작했다. 시리아 난민 문제가 심화하고 있는 상황에서 당시 런던 시장이었던 보리스 존슨(Boris Johnson, 현 영국 총리)이 2016년 '브렉시트'를 본격적으로 들고 나왔으며 집권 보수당에서도 이에 찬성하는 움직임이 가시화되었다. 즉, 분담금 부담과 난민 수용 비용과 비교해 영국이 통합으로 얻는 경제적 이익이 적다는 것이 주된 명분이었다. 게다가 이슬람 국가인 터키가 유럽연합 가입을 추진하자 이민자가 급증할 것에 반대하는 영국 시민들의 수도 늘어나게 되었으며, 결국 오늘날 우리가 아는 바와 같이 영국은 국민투표를 통해 2020년 유럽연합을 탈퇴하게 된다.

논의의 처음에서 우리는 유럽 통합이 냉전 시기 공산권 확장을 막기 위한 교두보 구축이라는 미국의 전략적 목표와, 전쟁 방지와 평화 정착을 통해 하나의 유럽으로 거듭나고자 하는 유럽 자체의 목표 사이에서 시작되었음을 살펴본 바 있다. 그렇다면 전쟁 방지와 평화 정착이라는 지역 통합의 군사적·안보적 측면은 탈냉전 이후 얼마나 진전되었는가? 안타깝게도 회원국들은 유럽 독자 방위군 설립을 위한 국방비 부담에 소극적이었으며, 나아가 동유럽 국가들의 대거 유럽연합 가입은 기존 미국 중심의 집단안보 체제, 즉 나토와 그 역할과 위상에서 부딪히게 된다. 미국은 중립을 표명한 유럽연합 회원국들을 제외한 동·서유럽 국가 대부분을 나토의 가입국 또는 그 유대 기구인 평화동반자프로그램(Partnership for Peace) 가입국으로 해 탈냉전 이후에도 유럽에서의 패권 유지 전략을 추진하고 있는 등, 여전히 유럽 안보의 주도권을 행사하고 있다고 할 수 있다. 나아가 미국의 전 세계적 수준에서의 패권 질서 유지를 위한 무력 지원 요청에 대해 적극적인 영국·프랑스와 같은 유럽연합 회원국과 그렇지 않은 회원국들 사이의 갈등도 상존하고 있다. 특히 미국은 테러리즘, 인종 분쟁 등 새로운 안보 위협에 나토 회원국들의 더 많은 개입과 참여를 요구하고 있어 이러한 갈등은 앞으로도 증폭될 가능성이 크다.

결론적으로, 냉전 시기 미국의 전략적 목표에 따라 추진된 통합은 냉전 상황의 변화에 따라 부침을 겪다가, 결국 냉전 종식으로 미국의 전략적 목표가 달성된 이후에 본격적으로 궤도에 올라 오늘날의 유럽연합에 이르게 된 것이 유럽연합이 말해주는 통합의 역설이라고 할 수 있다. 이러한 유럽 통합의 역설은 두 가지 시사점을 준다. 첫째, 외부, 특히 패권국의 정치적 목표에 의한 추진되는 지역 통합은 그 정치적 목표의 변화에 따라 통합의 목적과 방법이 바뀌게 되고 이에 따라 통합의 성과 또한 좌우된다는 점이다. 특히 패권국이 최우선 전략 목표로 두고 있는 군사·안보의 측면은 여전히 패권국의 영향 아래서 통합의 진전을 가져오는 데 어려움을 겪게 된다. 둘째, 통합의 시작부터 외부의 '공공의 적'을 상정하고 있었기에, 그 배타성이 가져오는 근본적인 한계를 극복하기가 쉽지 않다. 냉전 초기 유럽 통합은 반공 전선의 성격을 강하게 띠고 있었으며, 1980년대 급진전한 통합 논의도 미국의 보호주의와 신흥공업국들의 '도전'에 공동으로 대응하기 위한 것이었다. 탈냉전 후 유럽연합이 확대되면서 이전의 적성국과 주변부의 국가들이 회원국으로 들어오게 되자 이들을 적극적으로 지원·포용함으로써 하나의 유럽을 상상해 내고자 했던 유럽 통합의 원대한 목표는 개별 회원국들의 경제적 부담과 반이민 정서 등에 부딪혀 오늘날 표류하고 있다. 그 '공공의 적'으로부터 가장 지리적으로 멀었던 영국이 가장 먼저 유럽연합을 탈퇴한 것은 어쩌면 자연스러운 결과일 수도 있다.

3. 아시아 지역 통합의 굴곡

이전 절에서 살펴본 유럽 통합의 사례에서, 우리는 유사한 역사적 배경과 상당한 수준의 이해관계를 공유한 지역에서조차 초국가적 통합, 특히 정치적·군사적 차원의 통합은 결코 쉽지 않은 과정이며, 더구나 근대 국민국가의 모델을 넘어선 성공적 정치 단위라고 – 영국의 이탈과 난민 문제, 그리고 유럽연합 가입 희망국들에 대한 배타적인 태도를 볼 때 – 평가하기엔 아직 이른 감이 있다. 유럽연합이 그나마 성과를 거둘 수 있었던 기본적인 조건을 고려한다면, 아시아 지역에서의 통합은 그 출발부터 애당초 불가능한 미션이었다고도 할 수 있을 것이다.

식민지 제국주의와 전쟁으로 피폐해진 아시아 지역에 냉전으로 인한 긴장이 고조되자 미국을 중심으로 동남아시아 지역의 공산주의 확대에 대항하기 위한 초국적 기구가 1954년 동남아시아조약기구(Southeast Asia Treaty Organization: SEATO)라는 이름으로 만들어진다. 그러나 동남아시아조약기구는 아시아 지역의 통합을 위한 것이라기보다는 그 참여국들인 미국, 영국, 프랑스, 오스트레일리아, 뉴질랜드, 파키스탄, 필리핀, 태국의 8개 국가의 성격에서 볼 수 있듯이, 강한 반공 군사 동맹의 성격을 띠고 있었다. 이후, 서유럽에서 나토와 함께 유럽 통합의 움직임이 시작되었듯이, 아시아 지역에서도 마찬가지로 공동 안보와 경제 성장 등을 목표로 1961년 태국, 필리핀, 말라야 연방이 동남아시아연합(Association of Southeast Asia)을 결성하게 된다. 동남아시아연합의 창립선언문은 '평화', '자유', '정의', 그리고 '경제 발전'을 목표로 명시하고 있으며 '외부 세력(outside power bloc)'과의 연계를 부정하는, 일종의 비동맹(non-alignment) 연합의 성격을 지니고 있었다(Pollard, 1970: 247). 동남아시아연합은 이러한 비정치적, 평화 추구의 성격을 바탕으로 회원국을 확대하려 했으나, 이미 필리핀과 태국은 동남아시아조약기구의 회원국이었으며, 말라야 연방은 말레이시아 설립에 반대하는 인도네시아와의 무력 충돌[콘프론타시(Konfrontasi), 1963~1966]로, 그리고 다수의 국가가 미국의 직접적인 베트남 전쟁 개입(1964)에 대한 첨예한 갈등을 표출하고 있었기에, 인도네시아와 싱가포르가 추가된 다섯 국가만이 1967년 동남아시아국가연합(Association of Southesat Asian Nations), 즉 아세안(ASEAN)으로의 확대·개편에 합의하게 된다. 이들 국가를 하나로 모이게 한 동인 역시 당시 확산하고 있던 공산주의의 영향에 대한 대항이 가장 핵심적인 것으로, 동남아시아조약기구와 마찬가지로 근본적으로는 반공 동맹의 성격을 띠지 않을 수 없었다. 따라서 역내 경제 성장과 별개로 정치적 협력은 공산화된 베트남의 캄보

디아 침략에 반대하는 공동 성명을 발표하는 것에 머물렀으며, 유럽연합과 같은 수준의 통합에 대한 진전은 없었다고 보는 편이 타당하다.

냉전에 따른 긴장 고조와 함께 서구 국가들의 동남아시아 국가들에 대한 재(再)식민지화 시도 또한 계속되었기에 아시아 국가들은 아프리카 국가들과 함께 미국과 소련 그 어느 쪽에도 속하지 않는 제3세계 비동맹운동(non-aligned movement)을 '반제국주의', '반식민주의', 그리고 '민족자결의 원칙'을 주창하며 전개하기도 했다. 이처럼 아시아 지역의 국가 간 협력은 지역 내 무력 갈등과 냉전적 긴장이 지속되고 있는 가운데 진행된 것이었기 때문에, 초국가적 정치체와 근대 민족국가의 주권 범위에 대한 논의로 나아가고 있던 유럽 통합과는 그 수준과 궤를 상당히 달리한 것이어서, 1976년 아세안 국가들 사이에 체결된 동남아시아우호협력조약(Treaty of Amity and Cooperation in Southeast Asia)의 사례에서처럼 평등한 주권의 상호 인정과 영토 보존에 중심을 두고 있었다. 아울러 대부분의 회원국이 경제적으로 낙후된 상황에서 초국가적 공동체를 상상하는 것은 사실상 환상에 불과했으며, 미국 등 서구 국가들의 경제적 지원으로 유지되어 온 동남아시아조약기구 또한 베트남전 종전 이후 국가들의 탈퇴가 이어져 1977년 결국 해산에 이르게 된다. 비동맹운동 또한 제3세계 국가들의 독재화와 국가들 사이의 경제 격차 확대 등으로 인해 내리막길을 걷게 된다.

정치적 갈등이 가라앉지 않은 상황에서 아시아의 지역 통합에 대한 논의는 1980년대 이후 세계 제2의 경제 대국으로 성장하며 아시아 국가들에 대한 공적개발원조(Official Development Assistance: ODA)를 급격하게 늘려온 일본과, 경제 발전과 민주화를 통해 국제적 영향력을 높이고 있던 한국, 그리고 1990년대 이후 개혁 개방 정책으로 빠르게 성장을 거듭하고 있는 중국 등 동아시아 국가들을 중심으로 재개된다. 아울러 탈냉전 이후 아시아 시장의 폭발적 잠재력에 주목한 서구 국가들도 아시아 국가들 사이의 지역 통합에 적극적으로 참여하면서 우리가 알파벳 약자로 한 번쯤은 들어봤을 수많은 협의체가 우후죽순으로 만들어지게 된다. 먼저 1989년 아시아·태평양경제협력체(Asia-Pacific Economic Cooperation: APEC)가 호주의 주도로 미국과 동아시아 국가들만을 포함하고 아세안 국가들을 제외한 상태에서 출범하게 된다. 비슷한 시기 아세안도 1984년 브루나이를 시작으로 회원국 확대 – 베트남 1995년, 라오스와 미얀마 1997년, 캄보디아 1999년 가입 – 를 도모하면서 한국, 중국, 일본을 포함하는 지역협의체를 도모하기 시작했다. 그러나 이는 자국 중심의 통합을 모색하는 미국과 일본의 반대 등에 부딪혀 큰 성과를 보지 못하다 1997년 외환위기와 함께 아세안+3(ASEAN Plus Three: APT)의 이름으로 출범하게 된다. 한편 아세안의 아시아·태평양경제협력체 가입에 반대해 온 말레이시아의 마하티르 빈 모하메드 총리(Mahathir bin Mohamad, 1981~2003, 2018~2020 재임) 등 반(反)서구주의 주창자들은 미국과 호주 등 서구 국가들을 제외하고 일본을 중심으로 한 아시아만의 경제공동체, 소위 동아시아경제단체(East Asia Economic Caucus) 설립을 제안하나, 미국과의 동맹 관계를 우려한 일본과 일본의 주도적 위치를 우려한 한국의 반대에 부딪히게 된다(Higgott and Stubbs, 1995).

지역을 넘어선 초국가 협의체로 1996년에는 아시아와 유럽 국가 정상들의 모임인 아시아·유럽정상회의(Asia-Europe Meeting: ASEM)가 출범하고 동아시아·라틴아메리카포럼(East Asia-Latin America Forum)도 1999년 설립되는데, 그 광범위하고 다양한 회원국 분포는 오히려 긴밀한 정책 공조나 실질적 협력을 가져오는 데 부적합했다. 실질적인 성과로는 외환위기를 계기로 설립된 아세안+3가 환율 문제에 대응하기 위해 국가 간 통화스와프(currency swap)와 공동 환율 안정 기금 제도를 마련한 치앙마이협정(Chiang Mai Initiative) 정도를 언급할 수 있겠다. 인도, 파키스탄, 방글라데시 등 남아시아 국가들이 주도한 남아시아지역협력연합(South Asian Association for Regional Cooperation)도 1985년 출범 이래 미국, 중국, 일본, 유럽연합, 한국 등 역외 국가들에 옵저버 자격을 부여했으며, 중국은 정식 회원국 가입을 시도하고 있는 등, 지역 협력 및 통합의 기구라기보다는 자유무역 증진을 위한 기구로 보는 것이 타당하다. 특히 회원국 내의 정치적 분쟁은 지난 2017년 파키스탄에서 열릴 예정이던 정상회담이 갈등 관계에 있던 회원국들의 반대로 무산된 바에서처럼 사그라지지 않고 있다.

냉전 이후 세계 유일의 패권국이 된 미국과 새롭게 떠오르는 패권국인 중국의 영향력, 그리고 그로 인해 발생하는 갈등도 여전하다. 2005년 싱가포르, 브루나이, 뉴질랜드, 칠레 등 네 나라가 환태평양경제동반자협정(Trans-Pacific Partnership: TPP)에 서명한 이후 미국, 호주, 일본, 캐나다, 멕시코 등이 여기에 연이어 가입했으며, 현재는 미국이 주도적으로 한국과 대만 및 동남아시아 국가들 가입시켜 중국 주도의 통합에 대항하는 협력기구로 만들고자 하고 있다. 비슷한 시기 아세안+3에 기반해 출범한 동아시아정상회의(East Asia Summit)는 회원국 확대 문제로 큰 갈등을 빚었으며, 더구나 미국과 러시아가 중국, 일본, 인도 등의 주도권 경쟁 속에 함께 뛰어들게 되어 그 이름과 달리 동아시아적 성격은 매우 옅어지게 되었다. 군사적·안보적 대화체인 아세안지역안보포럼(ASEAN Regional Forum)은 1994년 외무장관급 회담으로 시작해 지속해서 그 참여국을 늘려왔으며 북한도 회원국으로 가입하게 된다. 그러나 중국의 반대로 대만의 참여는 배제되었으며 이 지역 안보의 가장 큰 이슈 중 하나인 양안(兩岸) 갈등은 단 한 번도 의제로 올라오지 않았다. 북핵 문제 등도 미국과 중국의 갈등 속에 원론적 수준에서의 논의에 그치고 있으며, 실질적으로는 아시아 지역 통합보다는 미국과 중국은 물론, 일본과 대한민국 등 동북아시아 국가들의 각축장으로서의 성격이 강해지고 있다.

특히 중국의 부상 이후 아시아 지역 통합은 그야말로 두 나라의 신(新)냉전적 패권 경쟁의 장이 되고 있다. 중국은 최근 아시아인프라투자은행(Asian Infrastructure Investment Bank: AIIB)을 일본 주도의 아시아개발은행(Asian Development Bank: ADB)에 대항해 설립했으며, 아시아개발은행에 가입하지 않은 러시아를 비롯해 아시아 지역 외의 터키와 중동 8개국, 아프리카 17개국,

그리고 남미 7개국 등을 회원국으로 가입시키며 그 확장세를 가속화하고 있다. 이와 같은 역외로의 급격한 확장은 아시아인프라투자은행이 아시아 지역의 협력보다는 중국의 소위 '일대일로' 경제권 구상을 위한 것이며, 중국의 정치적 목적은 아세안지역안보포럼의 의제에서 대만 문제를 철저하게 배제한 것에서처럼 압도적이라 할 수 있다. 이에 미국은 기존 아시아개발은행과 환태평양경제동반자협정을 통해 중국의 부상을 견제함과 동시에 지역 내 패권을 유지하고자 하고 있으며, 미국의 가장 큰 지역 내 동맹국 일본도 이에 편승하고 있는 분열 상황이 지속되고 있다.

최근 체결된 세계 최대의 자유무역협정이자 한·중·일 간 최초의 자유무역협정인 역내포괄적경제동반자협정(Regional Comprehensive Economic Partnership: RCEP)은 미국 주도의 환태평양경제동반자협정을 대신할 것으로 예상되나, 인도가 참여하지 않고 있으며 참여국들 사이의 경제 격차가 크고 정치적 갈등도 여전한 상태라 그 미래를 점치기 쉽지 않은 상황이다.

특히 아베 신조(安倍晋三, 2006~2007, 2012~2020 재임) 총리의 집권 이후 급격하게 우경화한 일본이 여전히 주변국들과 갈등을 고조시키고 있으며, 북한의 핵 개발로 인한 지역 내 안보 위기도 계속되고 있는 상태에서, 경제적 통합의 진전이 정치적 협력으로 진행될 것이라 낙관하기는 매우 어렵다. 게다가 미국이 일본과 한국을 중국의 지역 패권과 북한의 안보 위협에 대응하는 안보 동맹으로 간주하고 상당한 규모의 미군을 주둔시키고 있는 상황에서 아시아 국가 간의 협력을 통한 동북아시아의 평화 달성은 넘어야 할 산이 많다. 실제 우리는 박근혜 정부 시기 미국의 안보 이익을 위해 한·일위안부협정이 강제되었고 한일군사정보보호협정(General Security of Military Information Agreement: GSOMIA)이 체결되었으며, 중국을 겨냥한 종말고고도지역방어(Terminal High Altitude Area Defense: THAAD) 체계가 한반도에 전개되어 극심한 사회 분열과 혼란을 초래했던 것을 기억하고 있다.

4. 패권 경쟁 속의 동북아 지역 통합

미국의 버락 오바마(Barack Obama, 2009~2017 재임) 행정부는 중국을 견제하기 위한 소위 아시아 재균형 정책(rebalancing)을 펼쳤으며, 도널드 트럼프(Donald Trump, 2017~2021 재임) 행정부는 한 발 더 나아가 환태평양경제동반자협정과 같은 기존의 다자주의적·지역적 기제들을 무시하고 미국 중심의 양자주의적 인도·태평양 전략(Indo-Pacific Strategy)을 추진하면서 중국에 대한 봉쇄를 강화해 왔다. 새로 출범한 조 바이든(Joseph Biden, 2021~현재) 행정부의 정책은 트럼프 식의 양자주의보다는 민주당의 전통적 정책인 다자주의로 돌아갈 가능성이 다소 크기는 하지만, 코로나바이러스 확산 사태로 인한 미국의 경제 상황과 미국인들의 높은 반중국·반자유주의 여론을 고려할 때, 아시아 국가들을 중국에 대한 견제 수단이자 미국의 경제 시장으로 간주하는 패권적 사고는 크게 변화하지 않으리라고 예상된다.

서두에서 이야기한 바와 같이 지역의 협력, 나아가 통합은 시대의 화두가 되어 있다. 지역 내 모든 정치 지도자들은 예외 없이 협력과 통합을 이야기하고 있다. 그러나 우리가 살펴본 바와 같이 아시아 지역의 협력과 통합은 요원한 상태이다. 중국을 중심으로 한 통합 움직임은 미국을 중심으로 한 통합 움직임과 충돌하며 갈등을 예고하고 있다. 우리는 중국의 부상과 소위 '잃어버린 30년'이라는 경제 불황에 들어서기 전까지 아시아 지역의 맹주를 자처했던 일본의 사례를 통해 협력과 통합을 가로막는 요인들을 생각해 볼 수 있다.

첫째, 전 세계적 수준의 패권국가 제국이 여전히 존재한다. 미국은 전후 유럽의 경우에서도, 미국을 중심으로 한 바퀴살로 묶인 아시아에서도, 가장 강한 영향력을 행사해 왔다. 위에서 살펴보았듯이 냉전 시기 미국의 이해관계에 따라 협력과 통합의 움직임은 가속화되기도 하고 또 지연되기도 했다. 탈냉전 이후, 중국이라는 새로운 패권의 등장을 견제하기 위한 미국의 아시아 정책은 동맹국 일본을 미국의 영향력 아래에 더 강하게 묶어 두고자 했으며, 그 결과 냉전 시기에도 다소 우호적으로 유지됐던 일본의 중국 및 북한과의 관계는 급격하게 악화했고, 한국 등 냉전 시기 전통적 우방과의 관계 또한 크게 손상되기에 이른다. 논자들은 미국이 통합된 아시아가 중국 또는 일본이라는 지역 패권 아래에 놓일 것으로 보기 때문에 지역 통합을 한 번도 지지하지 않았으며 오히려 국가 간의 갈등을 이용해 자신의 패권적 지위를 유지하려 해왔다고 주장하기도 한다(김남국, 2015.5.18).

둘째, 미국의 의도와는 별개로, 미국의 패권하에서 지역 패권국 자리를 노려온 일본의 역할을 생각해 볼 수 있다. '샌프란시스코 체제'라고 불리는 일본의 미국 안보 체계로의 편입과 함께, 제2차 세계대전의 전범이었던 요시다 시게루(吉田茂, 1948~1954 재임) 총리는 경제적 이익을 모든 외교 정책의 최우선 순위에 두는 소위 '요시다 독트린'을 수립했고, 이후 일본은 이에 기반해 아시아 여러 나라들과 관계를 맺어왔다. 이를 통해 막대한 무역 흑자를 유지하는 한편으로 역시 공적 개발 원조를 통해 교류를 확대하고, 영향력 또한 점차 증가시킬 수 있었다. 1980년대에 들어서면서 일본은 경제력을 바탕으로 미국에도 대항할 수 있는, 즉 "'아니'라고 말할 수 있는 일본(Japan that can say 'no')"을 지향하면서 점령국으로 '샌프란시스코 체제'를 강요해 온 패권국 미국의 영향력에서 벗어난 '정상국가(normal nation)'를 추구하게 된다. 그러나 1990년대 거품 경제의 붕괴와 함께 긴 경제 침체가 시작되고 이를 극복하기 위한 정치적 수단으로서의 민족주의가 강화됨에 따라 정치 체제는 급격히 우경화되면서 과거 일본 제국주의 침략을 경험한 주변국들의 강한 반발을 사게 되었다. 이러한 일본에 아시아 지역 협력과 통합의 중심 역할을 기대하는 것은 근본적인 한계가 있다.

셋째, 북한 핵 문제와 같이 협력을 어렵게 하는 명백한 안보 위기의 존재다. 냉전의 종식으로 인해 국가의 안보와 생존을 스스로 추구할 수밖에 없어진 북한은 핵무기 개발에 뛰어들고 미국은 이를 저지하기 위해 지역 동맹국

그림 4-1 아시아 지역 통합 협의체 가입 현황

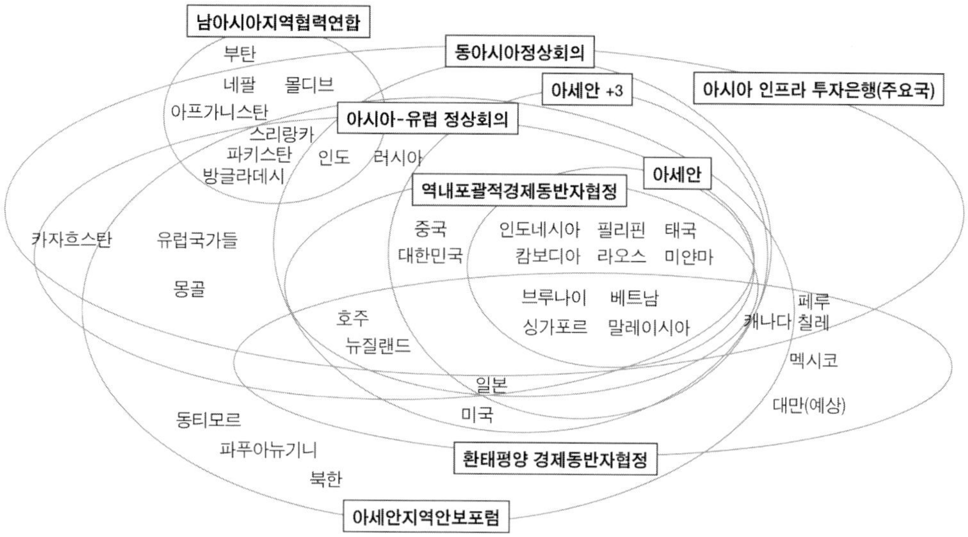

들에 대한 압박을 강화해 온 것은 주지의 사실이다. '6자회담'과 같은 다자주의적 협력으로 이 문제를 해결하려고 했던 시기가 있었으나, 비핵화 비용 부담을 둘러싼 참여국 간의 갈등과 9·11 테러 이후 미국의 반북 정책이 강화됨에 따라 흐지부지되고 말았다. 중국은 북한의 유일한 지원자 역할을 암묵적으로 수행하면서, 이를 수단으로 국제적 영향력을 향상해 오고 있다.

이처럼 아시아 협력과 통합의 가장 큰 장애 요인은 패권국, 또는 패권을 노리는 국가들의 존재라고 할 수 있다. 그리고 그 패권국과 패권을 노리는 국가들의 힘의 격차는, 아시아 국가들이 패권을 벗어나고자 경쟁할수록 더 강한 패권의 영향력 아래에 놓이게 했다. 그 결과 패권국과 패권을 노리는 국가들을 중심으로 한 수많은 동심원으로 중첩된, 그러면서 특정 국가들을 정치적인 목적에서 배제하는 〈그림 4-1〉의 모습, 이것이야말로 진정한 아시아의 패러독스일 것이다.

5. 무엇을, 누구를 위한 통합인가?

통합이론의 고전 중의 하나로 꼽히는 벨라 발라사(Bela Balassa)의 경제통합론은 '자유무역지대(free-trade area)', '관세동맹(customs union)', '단일시장(common market)', '경제동맹(economic union)', 그리고 '완전한 경제통합(complete economic integration)'의 5단계의 발전론을 제시하고 있으며, 이 최종 단계는 경제·사회 정책을 통합 집행하는 '초국적 정치체(supranational authority)'의 형성이라고 설명한 바 있고, 실로 유럽의 통합 과정은 이를 따라왔다고 할 수 있다(Balassa, 1961: 2). 그러나 우리가 살펴본 바와 같이, 통합은 패권국이 설정한 전략적 목표에 따라 개별 국가들이 경제적, 그리고 정치적 이익을 추구하는 과정에서 이루어졌으며, 그 국가 이익이 실현되는 동안 성공을 거둘 수 있었다. 그 이익은 식민지와 개발도상국들을 포함한 역외 시장의 지속적인 확대에서 가능했으며, 이것이 어려움에 부닥칠 때 통합의 움직임은 한계에 부딪히곤 했다. 그래서 동유럽이 '시장'으로 여겨질 때는 통합이 가속화되다, 값싼 노동력의 원천이 되어 대량 이민의 문제가 발생하고 경제 위기로 비용을 분담해야 하는 상황이 오자 통합의 바퀴는 멈춰서고 말았다. 실제 국가 간 격차가 존재하는 상태에서 단순히 협력으로부터 통합을 도출하는 과정은 오히려 격차를 심화하는 결과를 가져왔다(주장환·윤성옥, 2013).

그렇다면 지역 통합은 해서는 안 되는 일인가? 당연히 협력이 갈등보다 낫고 분열보다는 통합이 좋다는 것은 굳이 국제정치의 이론들을 들먹이지 않더라도 상식적으로 이해할 수 있을 것이다. 그렇다면 통합의 부정적 측면은 어디에서 기인한 것인가? 다양한 경제 수준과 정치력을 가진 나라들 사이에서 평화와 공동 번영을 위한 협력을 끌어내기 위해선, 통합의 목적과 주체, 즉 무엇을, 누구를 위한 통합인지를 생각해 보아야만 할 것이다.

아시아 국가들 사이에서 논의된 통합은, 우리가 살펴보았듯이 패권국 또는 패권을 추구하는 국가들의 정치적인 목적을 위한 것이거나, 아니면 자유무역지대 확대를 통한 시장 개척이라는 '실용주의'적 성격이 강한 것이었다. 특히 우리나라가 아시아의 협력 체제를 구축하기 위해 제시했던 비전들, 즉 이명박 정부의 '신아시아 외교', 박근혜 정부의 '동북아 평화협력 구상' 및 '유라시아 이니셔티브', 그리고 문재인 정부의 '신남방 정책'과 '신북방 정책'은 '평화공동체'와 '호혜적 경제 협력'을 내세우고 있지만, 그 실제 목적이 기업들의 수출 증진과 시장 확대가 핵심임은 이와 관련된 뉴스를 검색해 보면 쉽게 확인해 볼 수 있다. 지역 협력이 가져올 경제적 효과, 즉 예상되는 수출액 증대와 함께 '국제사회의 위상 제고' 운운하는 글들로 도배된 상황에서 우리는 아시아 국가들을 우리의 '시장'으로 보는, 협력 정책의 이면에 깊게 자리를 잡고 있는 경제적 이윤 추구라는 '실용주의'적 목표를 발견함과 동시에, 아시아 국가들의 시민들을 우리와 동등한 아시아의 시민으로 보는 자세가 결여되어 있음도 확인해 볼 수 있다. 통합의 결과 우리 곁에서, 우리와 같은 노동 조건하에서, 우리와 같은 보상을 받으며, 우리와 함께 일하게 될 아시아 노동자들을 받아들일 준비가 과연 되어 있는가? 동유럽 이민자들에 대한 서유럽 시민들의 태도를 우리는 위선적이라 비난할 수 있는가? 창설 100년이 넘은 국제기구인 국제노동기구(International Labor Organization: ILO)의 핵심 4대 조약조차 비준하지 않은 나라가 국가 간 협력과 지역 공동체를 논하는 것은 아무래도 낯이 뜨거운 일이 아닐 수 없다.

글 처음에 언급한 행사에서 문재인 대통령이 이어, "'아시아의 가치'가 지속 가능한 세계를 만들 수 있을 것이라 믿"는다고 한 것은, 그러한 점에서 많은 생각거리를 던져준다. 과연 '아시아의 가치'는 존재하는가? 아니 그러한 공통 '가치'를 바탕으로 협력을 추구하는 것은 과연 가능하며, 나아가 바람직한가? 우리는 '가치'와 '이해'의 충돌의 결과 1973년 유럽경제공동체 가입 이래 수십 년간 함께해 온 유럽연합을 탈퇴한 영국의 사례를 알고 있다. 갈등이 아닌 협력을 추구하는 것이 당연하다고 한다면, 우리는 무엇을 위한 어떠한 가치를 추구해야 하는가? 진정한 통합을 위한다면, 우리가 추구해야 할 가치는 경제 성장과 같은 우리만의 배타적 가치여서는 안 될 것이며, 아시아인, 나아가 전 세계인 모두가 공유할 수 있는 보편적 가치여야 할 것이다. 온갖 현란한 말잔치의 안개를 걷어내고 우리의 난민과 이민자, 외국인, 그리고 소수자에 대한 정책과 태도, 혐오와 차별을 조장하는 사회구조를 되돌아보는 것이 아시아 지역의 협력과 통합을 이야기하기 전에 우리가 떼야 할 첫발이다.

토론거리

1. 최근, 영국의 유럽연합 탈퇴(브렉시트) 등 유럽 통합을 근본적으로 흔들어 놓은 일련의 사태들은 어디에서 기인하고 있는가?

2. 경제 협력 및 정치적 지역 통합과 제국주의적·중상주의적 시장 개척과 패권적 국가 연합은 어떻게 다르고, 또 어떻게 달라야 하는가?

3. 한·중·일 동북아 3개국을 포함한 아시아 국가들 사이의 정치적 협력을 방해하고 있는 것은 무엇인가?

4. 한국의 정치가들이 지향하고 있는 아시아 지역 협력과 통합은 누구의 무엇을 위한 것인가?

5. 우리는 아시아의 많은 나라의 사람들을 동등한 시민으로 대하고 공동체의 일원으로 함께 살 준비가 되어 있는가? 그렇지 않다면 우리가 진정한 통합을 위해 해야 할 일은 무엇인가?

읽을거리

청소년들이 쉽게 읽는 유럽 역사 이야기 | 자크 르고프(Jacques Le Goff). 2006. 새물결.

탈냉전기 일본의 국가전략 | 송주명, 2009. 창비.

왜 지금 지리학인가(제9장) | 하름 데 블레이(Harm de Blij). 2012. 유나영 옮김, 사회평론.

동북아 공동의 미래를 생각한다 | 이수훈. 2013. 선인.

한반도와 동아시아의 안보와 평화 | 임혁백. 2014. 한울.

미국, 새로운 동아시아 질서를 꿈꾸는가 | 리처드 맥그레거(Rechard Mcgrego). 2019. 송예슬 옮김. 메디치미디어.

브렉시트와 유럽연합 | 알렉스 캘리니코스(Alex Callinicos). 2020. 김준효 옮김. 책갈피.

제5장 21세기 사회불평등과 계급·계층

공제욱(상지대학교 문화콘텐츠학과 교수),

김귀옥(한성대학교 교양학부 교수)

1. 수저에도 사회불평등이 있다

사회불평등(social inequality)과 관련해 많은 논쟁이 있다. 평등이 사회적으로 실현가능한가, 불가능한가로부터 사회적 불평등은 사회 발전에 필요악이라거나 사회 발전에 걸림돌이라는 주장이 있다. 또한 교육은 사회불평등을 감소시키거나, 반대로 확대한다는 주장도 있고, 최근에는 인공지능이 사회불평등을 감소시키거나 정반대로 확대한다는 주장도 팽팽하다. 또한 민주주의 사회에서는 사회불평등이 감소될 수도 있고, 반대로 오히려 심화될 수도 있으며, 사회불평등은 그 자체로 정상이라는 주장도 만만치 않게 있다.

미국은 제2차 세계대전이 끝나고 호황기가 되자 1950년대, 1960년대에는 모든 노동자가 자기 집을 갖고, TV를 소유하고, 자동차를 타고 여름에는 바캉스를 가는 생활을 즐기게 되는 시대가 열리게 되리라 생각했다. 그런 분위기에서 노동자의 중산층화라는 주장이 나왔다. 한국은 1980년대 후반 '3저 호황'[1]을 맞이하여 부동산 붐과 주식 붐이 생기면서 마이카(my car) 시대를 맞게 되자, 머지않아 사회불평등이 약화하면서 중산층사회가 도래할 것이라는 희망으로 가득 찼다. '계급의 종언(the end of a class)'의 기대감과 함께 노력하면 자신이 원하는 경제적 부를 얻을 수 있으리라는 코리안드림(Korean dream)이 확산되면서 외국인들도 몰려들기 시작했다.

그러나 1997년 외환위기로 한국의 거품경제가 급속하게 무너지면서 오히려 사회양극화와 그에 따른 사회불평등 문제가 심각해지기 시작했다. 특히 외환위기를 극복하기 위해 IMF 차관을 받아들이고 IMF가 제시하는 신자유주의적 조치를 수용하게 되면서 정리해고제도와 명예퇴직제도 등이 시행되었다. 그 결과 실업자를 양산하게 되었고, 정규직 일자리가 줄어드는 대신

1 3저 호황은 저달러·저유가·저금리를 기반으로 해 1980년대 후반 한국 경제가 유례없이 호황을 누렸던 것을 가리키는 말이다.

각종 편법의 비정규직 일자리가 확대되면서 사회양극화 문제는 사회불평등 상황을 심화시켰다.

2015년 이래 최근까지 한국 사회에서 유행한 말 중에 '금수저', '흙수저'가 있다. 유행어가 그렇듯이 누가 처음 사용했는지, 그 유래는 어떠한지 확실하지 않다. 많은 사람들은 그 말이 서양 속담인 "Born with a silver spoon in one's mouth", 즉 부자는 은수저를 물고 태어난다는 말에서 왔다고 한다. 이 말에 따르면 금수저를 물고 나온 사람은 본인의 노력과 무관하게 물질적으로 부유한 부모에게서 태어나 유복하게 성장하고, 부모의 조력과 배경으로 쉽고 빠르게 성공한 사람을 의미한다. 한 마디로 '수저 계급론'의 등장이다. 금수저의 대표적인 예가 재벌 3세라고 할 수 있다. 반면 흙수저는 그 반대의 사람들이고, 많은 일반인들이 그렇다고 할 수 있다.

그런데 이 말에는 또 다른 뜻이 숨어 있다. 즉 할아버지·할머니가 금수저이면, 아버지·어머니가 금수저이고, 나도 금수저이며, 앞으로 태어날 내 자식도 금수저라는 뜻도 포함되어 있다. 흙수저는 반대의 경우다. 그렇다면 금수저론은 단순히 잘 산다는 사실을 넘어서서 대를 이어 잘 산다는 사실을 의미하며, 부의 세습이 보장된 사회를 가리킬 수 있다. 1970년대 말 미국에서 신자유주의 정책으로 전환한 이래로 급속히 계급의 변동이 없거나 변동이 어려운 신신분제 사회가 고착되었듯이, 한국 사회에서도 2000년대 많은 징후 속에서 나타난 수저 계급론은 한국 사회가 신신분제 사회로 향하고 있다는 주장을 뒷받침하고 있다는 것이다.

이처럼 사회불평등에는 단순히 개인의 능력이나 노력만으로 설명할 수 없는 사회구조적 원인이 있다. 만약 이러한 사회적 원인을 이해하지 못하면 개인들은 모든 것을 자신의 책임으로 돌리려 할 것이다. 하지만 오늘날 많은 이들은 불평등에 사회적 원인이 있다는 점을 느끼고 있고 또 불만을 표출하기도 한다. 이러한 불평등의 사회적 원인을 이해하게 된다면 사회불평등 문제를 해결할 방안을 찾아나갈 수 있을 것이다.

2. 사회불평등의 의미와 종류

1) 불평등이란 무엇인가?

'평등(equality)'은 권리, 의무, 자격, 조건 등 다양한 사회적 자원들의 분배가 공평하고 동등한 상태를 의미한다. 평등은 '균일(uniformity)'이나 '균등(evenness)'과 의미가 유사하지만, '무엇이 평등한 것인가'에 대한 판단에는 관점과 가치가 개입되어 있다.

우선, '불평등(inequality)'은 '평등'의 반대말로 차이를 전제한다. '차이'는 수평적·수직적 측면을 모두 포괄하는 반면, '불평등'은 수직적인 차이와 연관된다. 예를 들어 남성과 여성, 한국인과 미국인, 도시 사람과 농촌 사람은 서로 차이가 있지만, 이것이 곧 불평등을 의미하지는 않는다. 그런데 차이에 근거해 이들에게 사회적으로 서로 다른 기회나 조건이 주어지고 이로 인해 수직적·서열적 차이를 발생시킬 수 있는데, 이러한 수직적·서열적 차이를 불평등이라고 한다.

다음으로 '불평등'은 차별과 유사하면서도 서로 다르다. 차별(discrimination)은 다양한 불평등을 낳을 수도 있지만, 법적 차원만이 아니라 인격적·심리적 차원에서 무시나 멸시에 따른 정신적 모멸감을 낳을 수도 있다. 그러므로 차별은 불평등을 포함하는 더 폭넓은 개념이라고 할 수 있다. 또한, 불평등과 연관 지어볼 수 있는 개념으로는 '지배(domination)'가 있다. 이는 '다른 사람의 의지에 반해 자신의 의지를 실현하는 것'을 말하며, 억압, 폭력, 강제, 금지, 유인, 설득, 동의 형성, 기만 등 다양한 방식으로 이루어질 수 있다. 차별은 일종의 권력 행사로서 사회관계 속에서 이루어진다는 점에서 지배와 유사하다.

한편, 불평등이 사용되는 맥락은 반드시 불공정하고 부당한 상황에서만 사용되는 것은 아니다. 공정하고 정당한 조건에서도 개인이나 집단들 간의 현실적인 능력이나 노력의 차이로 불평등이 생겨날 수 있기 때문이다. 그러나 대부분 불평등은 개인들이나 집단들 각각에 대해 사회적 기회나 조건이 차별적으로 부여됨으로써 생겨나며, 그 결과로 부, 권력, 명예 등 사회적 자원들의 소유나 사용에서 수직적 차이, 즉 '사회불평등'이 형성된다.

2) 불평등의 유형과 특성

고대 사회로부터 현대에 이르기까지 사회불평등에 대한 많은 언급과 연구가 있었다. 흔히 자유주의자들은 기회의 평등을 중시하면서, 결과의 평등을 개인의 능력이나 조건을 무시한 평균주의적인 것이고, 사회주의적 획일주의라고 주장해 왔다. 반면 사회주의자들은 조건(소유)의 평등을 중시하면서, 기회의 평등은 형식적 평등으로서 실제로는 불평등한 조건을 방임하고 있다고 주장해 왔다. 여기서 불평등·평등 개념을 둘러싼 오해와 부정확한 사용이 적지 않다. 이제 불평등의 기준과 관점에 따라 유형화시켜 내용을 살펴보도록 한다.

첫째, **자연적 불평등과 사회적 불평등**을 살펴보자. 플라톤, 아리스토텔레스 등 고대 그리스 철학자들은 선천적 소질의 차이에 따라 불평등이 발생한다고 보면서, 타고난 성질과 재능에 따라 각각 다른 지위를 맡아 일하는 것이 마땅하다고 했다. 신라의 골품제도에서도 사람의 혈통의 높고 낮음에 따라 정치적 사회적 지위를 구분했고, 그 제도는 생활 전반에 대해서도 규제를 했던 것으로 전한다. 자연적 차이로 흔히 드는 예는 지능, 외모, 성별, 출신지역, 피부색, 신체 특성이나 능력 등이다.

한편, 루소는 불평등을 '자연적 불평등'과 '사회적(또는 정치적) 불평등'으로 나누었다. '자연적 불평등'이란 사람이 선천적으로 가지고 태어나는 불평등의 속성을, '사회적 불평등'이란 태어난 이후 후천적으로 만들어지는 불평등의 속성을 가리킨다. 루소는 두 불평등 사이에 필연적 연관성이 없다고 했다. 루소뿐만 아니라 마르크스, 엥겔스 등 많은 학자들은 사회적 불평등의 원인으로 사유재산제도를 꼽았다.

그런데 자연적 불평등은 자연적 차이에 일정한 서열이 존재하는 것을 인식하거나 수용하기 때문에 발생한다. 예컨대 키의 크고 작음은 식별되는 개인의 특징일 뿐이지만, 서열적 차이로 인식하는 데에는 자연적 요소보다는 사회적 요소가 작용한다고 볼 수 있다. 사람의 능력은 다양한데도 불구하고, 지능으로서 IQ 수치의 높고 낮음에 따라 인간 능력의 우수함과 열등함으로 서열화시키는 것은 인위적일 뿐 자연적이라고 말하기 어렵다. 어떤 시대에는 인간의 물리적 힘이 능력의 우열을 가르는 기준이었고, 어떤 시대, 어떤 사회에서는 다산(多産)이 능력의 우열을 가르는 기준이기도 했다.

최근 '한류 문화'의 한가운데는 한국이 '성형공화국'이라는 말이 있다. 한국에는 성형수술과 관련된 첨단 의료진과 의료 기술이 집적되어 최고 수준의 성형 의료 기술과 문화가 발전하고 있다는 것이다. 이렇게 성형 의술이 발달한 것은 사회적·문화적으로 서구화된 외모지상주의가 작동한 데 기인한다. 외모지상주의란 선천적으로 주어진 것이 아니라, 인간에 의해 외모가 중시되고 외모가 권력화 및 차별화하면서 인위적으로 형성된 경향일 뿐이다. 특히 요즘처럼 의료 기술의 발전으로 만들어질 수 있는 외모는 일종의 상품이 되고 만다. 외모가 차별이나 불평등의 기준이 되는 데에는, 외모를 인식하는 데에 작용하는 사회구성주의적 인식이 선행해 작동하고 있다. 따라서 근본적으로 보면 자연적 불평등과 사회적 불평등을 나누는 기준 자체가 사람들의 의식의 산물인데, 사회적 불평등은 말할 것도 없고 자연적 불평등이라고 하는 개념 자체도 사람들의 의식의 결과일 뿐이다. 이처럼 우리는 규범적으로는 '자연적 차이'로 생각되는 것들이 사회적 권력관계와 이를 통해 형성되는 여러 가지 사회적 판단 기준에 따라 차별과 불평등이 형성된다는 점을 이해할 수 있다.

둘째, **기회 불평등과 조건**(소유) **불평등**을 들 수 있다. 불평등·평등과 관련해 가장 많이 쓰는 말 중 하나가 기회의 불평등·평등이다. 기회 불평등은 어떤 활동이나 일을 할 기회나 권리, 자격 등이 차별적으로 주어지는 것을 말한다. 대체로 자유주의자들은 기회 평등을 중시하는데, 그것은 기회, 권리, 자격 등이 동일하거나 유사하게 주어지는 것을 말한다. 조건(소유) 불평등은 어떤 활동이나 일을 할 기회나 권리, 자격 등을 실현하기 위한 조건을 확보 또는 소유하는 데 차별이 있는 상태를 말한다. 조건(소유) 평등은 기회나 권리, 자격을 실현할 조건이 동일한 상태이다. 제6공화국 대한민국 '헌법'에서 보장하고 있는 평등은 대체로 기회의 평등을 의미한다.

과거 신분제 사회 등에서는 여성이나 천민, 노동자에게는 공부할 기회 자체가 보장되지 않았다. 노예제 사회에서 노예에게는 최소한의 인간적 삶의 기회 자체도 부여되지 않았다. 또한 한국 사회에서도 민주주의가 제 역할을 하기 전에는 취직하는 데에 여성이나 장애인, 군미필자(軍未畢者) 등에게는 기회 평등 자체가 제대로 보장되지 않았다.

한편 민주주의 사회에서는 대체로 모든 국민에게 교육을 받을 권리를 부여하고 있다. 즉, 교육에서의 기회 평등이 보장되어 있다. 그러나 교육을 받을 조건이 되는 사람과 그렇지 못한 사람 간에는 조건의 평등에서 차이를 보인다. 실제로 교육받을 기회를 실현할 수 있는 조건이 불평등한 사회에서는 기회 평등이 제대로 보장되지 않는다. 따라서 교육에서의 조건 평등을 실현하기 위해서 무상교육제나 교육비 지원제를 통해 조건 불평등을 완화할 수 있는 복지제도를 도입해야 한다.

이처럼 자유주의자들이 중요시하는 기회의 평등은 형식적으로는 평등하지만, 실질적으로 불평등한 경우가 많다. 그래서 '기회의 평등·불평등'과 '조건(소유)의 평등·불평등'을 구분해, 각각 '형식적(절차적) 평등·불평등'과 '실질적(내용적) 평등·불평등'이라고 부르기도 한다.

셋째, **과정의 불평등과 결과의 불평등**도 자주 쓰는 말이다. 과거 봉건 사회나 신분제 사회와 비교한다면, 현대의 자본주의적 민주주의 사회에서는 상대적으로 기회 불평등이 많이 줄어들었다고 할 수 있다. 그러나 많은 나라에서 법제도적으로는 차별이 줄어들면서 기회 평등이 보장되었지만, 기회를 실현하는 과정에서 불평등이 남아 있다. 이것은 '기회 불평등'과 구분해 '과정의 불평등'이라고 할 수 있는데, 자본주의적 착취가 대표적인 예다. 자본주의 사회에서 자본가와 노동자는 이미 '조건(소유) 불평등'을 안고 출발하고 있을 뿐만 아니라 노동 과정의 착취를 통해 불공정한 분배를 반복적으로 겪게 된다. 노동자들이 일하는 과정에서 벌 수 있는 돈은 착취나 조건의 불평등으로 인해 일에 상응하는 대가에 미치지 못하기 때문에, 불공정한 분배가 반복적으로 축적되는 결국 자본가와 노동자 간의 소유 불평등은 더욱 심화된다. 그러므로 과정의 불평등으로 인해 불공정한 분배가 일상적으로 반복되면 기회 평등은 사실상 무의미해지게 된다.

자유주의자들은 대체로 기회 평등이 보장되었을 때 결과에서 차이가 나타나게 되는 것은 개인의 조건이나 능력 등의 차이로 인한 것이므로 당연한 것이라고 주장한다. 현상적으로는 동일한 일을 하는 데 개인들의 능력이나 학력이나 학벌에 따라 차이가 있을 수 있다. 그러나 이러한 관점에 따르면 개인의 능력이나 학력, 학벌을 만드는 데 기여한 사회구조적 불평등에 대한 인식이 배제되어 있다. 이러한 문제가 바로 능력주의의 함정이자, 수저 계급론에서 말하고자 하는 바와 일맥상통한다.

이에 반해 사회주의자들은 아무리 기회의 평등을 주장해도 기회를 실현할 조건이나 소유에 대해 동일하거나 최소한 비슷한 출발선을 마련해 줘야 공평하다고 주장한다. 예컨대 6살 어린이와 20살 청년이 같은 100미터를 달린다고 하면 기회의 평등은 보장될지 모르지만 조건 자체가 불평등해 불평등한 결과가 예측 가능하다고 할 수 있다. 따라서 과정의 평등을 보장해야만 결과의 불평등을 감소시키거나 그 결과에 정당성을 부여할 수 있다.

마지막으로 **사회구조적 불평등**을 들 수 있다. 불평등의 원인은 일반적으로 사회에 있지만, 그 원인은 사회관계의 수준에 따라 개인적 원인과 사회구조적 원인으로 나눠볼 수 있다. 동일한 사회에서 동일한 기회와 조건이 주어진 상황에 개인들 간의 차이가 생긴다면, 이것은 대체로 개인적인 능력이나 노력의 차이에 따른 불평등이라고 말할 수 있다. 예를 들면, 비슷한 환경을 가진 부모와 비슷한 학력과 경력을 가진 2세대 자녀들에게 차이가 발생한다면 그 원인은 사회적인 것이라고 하기 어렵다. 반면 동일하거나 비슷한 일을 하고 동일하거나 비슷한 성과를 내고 있음에도 불구하고 성별, 학력별, 인종별, 정규직·비정규직별, 기업 규모별에 따라 임금이나 보상이 다르다면 개인의 노력과 상관없이 그 원인은 사회구조에 달려 있다고 할 수 있다. 예를 들면 최근 주목을 받은 조남주 작가의 소설 『82년생 김지영』(2016; 김도영 감독의 동명의 영화, 2019)은 사회구조적·문화적 불평등이 개인의 비극적 삶에 어떻게 영향을 미치는가를 섬세하게 잘 보여주었다.

민주주의 사회의 기본 이념이 자유와 평등임은 대개 동의하고 있다. 대체로 자유주의자들은 자유를 강조하는 반면 사회주의자들은 평등을 강조하는 경향이 있다. 미국과 같은 자유민주주의 사회에서는 시장이나 기업 활동에 대한 국가의 규제가 없거나 약한 편이다. 또한 자유민주주의 국가에서는 자유로운 경제 활동을 중시하는 반면 상대적으로 평등을 강조하는 복지제도가 취약한 편이다. 경제 호황 국면에는 고임금 소득자들이 늘어나게 됨에 따라 시장이 활성화되고 사회불평등 문제가 감소되는 경향이 있다. 그러나 경제 불황 국면에는 실업자들이 급증하게 되고 빈익빈 부익부가 심화되며 사회불평등이 심화되기 쉽다.

3. 사회불평등과 계급이론

민주주의 사회의 헌법이나 기본 규칙은 만민평등사상을 전제로 하고 있음에도 불구하고, 대체로 어떤 법제도에도 존재하지 않은 불평등한 사회관계가 만연해 있다. 자유민주주의 사회일수록 불평등한 사회관계가 존재해, 사회 곳곳에서 이에 기초한 권력 관계가 작동되고 있다. 법제도 상에는 보이지 않는 것 중에 사회불평등을 전제로 한 사람들의 관계로서 오늘날 가장 힘을 발휘하고 있는 것은 경제적으로 가진 자(haves)와 못 가진 자(have-nots) 사이에서 발생하는 경제적·정치적·문화적 불평등 관계이다. 특히 가진 자와 못 가진 자는 자본주의 사회에서 고용과 피고용 관계로 구성되어 있다. 고용과 피고용 관계는 노동력과 임금을 매개로 한 계약 관계로 이루어지지만, 대개 임금을 지급하는 고용주는 노동력을 제공하는 피고용인에 대해 생존권과 관련된 막강한 권력을 가지고 있다. 그들의 관계는 표면적으로는 평등한 계약 관계를 띠고 있으나 실제로 과거에는 말할 것도 없고, 오늘날에도 경제 외적 강제까지 포함된 계약 관계를 포함하고 있다. 현대판 경제 외적 강제가 바로 고용주의 '갑질 행위'라고 할 수 있다. 예를 들면 2017년 불거진 어느 웹하드 기업 대표가 직원들에게 사냥을 강요하고 폭언이나 폭행을 가할 뿐만 아니라 직원들을 기업 대표의 놀잇감으로 만들려 한 사건이 내부 고발에 의해서 공개되었다. 그 기업 대표의 행위는 극단적이기는 했지만, 예외적이라고 볼 수는 없다.

이러한 갑질 행위의 저변에는 가진 자와 못 가진 자 사이의 불평등한 사회관계가 깔려 있다. 갑질 행위로 인해 적지 않은 피해자들이 속출하면서 '직장 내 괴롭힘 금지' 조항이 '근로기준법'에 도입되었다(〈표 5-1 참조〉). 그러나 직장 내 괴롭힘 금지 조항은 갑질 행위 예방 또는 방지에 취지가 있다 보니, 가해자를 처벌할 규정이 없어서 실효성이 부족할 수밖에 없을 뿐만 아니라, 갑질과 같은 차별 행위를 엄격하게 근절할 법제는 여전히 없는 게 현실이다.

자본주의 사회에서 경제적 불평등 관계는 법제도 문제와 관련지어진 정치적 불평등과 짝을 지어 존재하고 있다. 또한 정치적·경제적 불평등은 사회적·문화적 불평등 관계로 연결되어 있다. 사회불평등은 표면적으로는 법제도에서 비가시화되어 있으나 간접적으로 불평등을 허용하게 됨으로써 사

표 5-1 근로기준법 내 직장 내 괴롭힘의 금지 조항

제6장의 2 직장 내 괴롭힘의 금지(신설 2019.1.15)

제76조의 2(직장 내 괴롭힘의 금지)
사용자 또는 근로자는 직장에서의 지위 또는 관계 등의 우위를 이용하여 업무상 적정 범위를 넘어 다른 근로자에게 신체적·정신적 고통을 주거나 근무환경을 악화시키는 행위(이하 '직장 내 괴롭힘'이라 한다)를 하여서는 아니 된다.

제76조의 3(직장 내 괴롭힘 발생 시 조치)
① 누구든지 직장 내 괴롭힘 발생 사실을 알게 된 경우 그 사실을 사용자에게 신고할 수 있다.
② 사용자는 제1항에 따른 신고를 접수하거나 직장 내 괴롭힘 발생 사실을 인지한 경우에는 지체 없이 그 사실 확인을 위한 조사를 실시하여야 한다.
③ 사용자는 제2항에 따른 조사 기간 동안 직장 내 괴롭힘과 관련하여 피해를 입은 근로자 또는 피해를 입었다고 주장하는 근로자(이하 '피해근로자 등'이라 한다)를 보호하기 위하여 필요한 경우 해당 피해근로자 등에 대하여 근무 장소의 변경, 유급휴가 명령 등 적절한 조치를 하여야 한다. 이 경우 사용자는 피해근로자 등의 의사에 반하는 조치를 하여서는 아니 된다.
④ 사용자는 제2항에 따른 조사 결과 직장 내 괴롭힘 발생 사실이 확인된 때에는 피해근로자가 요청하면 근무 장소의 변경, 배치 전환, 유급휴가 명령 등 적절한 조치를 하여야 한다.
⑤ 사용자는 제2항에 따른 조사 결과 직장 내 괴롭힘 발생 사실이 확인된 때에는 지체 없이 행위자에 대하여 징계, 근무 장소의 변경 등 필요한 조치를 하여야 한다. 이 경우 사용자는 징계 등의 조치를 하기 전에 그 조치에 대하여 피해근로자의 의견을 들어야 한다.
⑥ 사용자는 직장 내 괴롭힘 발생 사실을 신고한 근로자 및 피해근로자 등에게 해고나 그 밖의 불리한 처우를 하여서는 아니 된다.

회구조적 불평등의 수준에서부터 개인 행위 차원의 불평등까지 다양한 영역에 걸쳐 있다.

1) 마르크스 계급이론

사회불평등은 계급(계층)이나 성별, 학력별, 지역별, 민족별·인종별 등 여러 영역에서 나타난다. 또한 사회불평등은 희소 자원, 즉 부(재산), 권력, 명예 등에 따라 구분할 수 있다.

사회불평등과 관련해 계급이론을 최초로 체계적으로 제시한 사람은 카를 마르크스(Karl Marx)다. 마르크스주의(Marxism)적 입장에서는 각각의 불평등이 서로 차이가 없는 것은 아니지만 대체로 경제적 불평등이 다른 불평등의 기초가 된다고 본다. 반면에 막스 베버(Max Weber)의 영향을 받고 있는 다원론적 입장에서는 각각의 불평등이 서로 영향을 주고받기는 하지만 그 기원은 각기 따로 있다고 본다.

우선 마르크스의 사회불평등이론과 계급이론에 대해 살펴보고자 한다. 마르크스에 따르면, 인간들은 생존을 위해 물질적·경제적 재화들을 생산 및 재생산해야 하는데, 이러한 생산·재생산이 이루어지는 사회관계를 생산관계라고 한다. 인류 역사가 발전하면서 사유재산제도가 도입되고 분업과 기술이 발달하며 '생산관계(경제적 관계)'는 다양한 형태의 지배와 갈등 관계, 적대적·비적대적 관계를 형성했는데, 마르크스는 그러한 관계를 '계급(class)' 관계로 불렀다. 계급관계는 언제나 계급 갈등을 일으키는데, 따라서 마르크스는 "인류의 역사는 계급투쟁의 역사"라고 보았다.

마르크스는 또한 생산관계(경제적 관계)를 기초로 해 정치, 이데올로기, 문화 등 정신적인 삶의 영역들이 조건 지어지며, 궁극적으로 경제적 관계(토대)가 정치적·이데올로기적·문화적 관계들(상부 구조)의 성격을 규정한다고 보았다. 이것은 결국 경제적 불평등이 정치적·이데올로기적·문화적 불평등의 성격을 규정하는 근원적인 조건임을 의미한다.

그는 자본주의 사회에는 자본가계급과 노동자계급이 양대 계급을 이루고 있다고 보았다. '자본가계급'은 공장, 기계, 원료, 화폐, 정보 등의 형태로 이루어진 생산수단을 소유하면서 타인(노동자)을 고용하고 노동력(잉여가치)을 착취해 이윤을 극대화시킨다. 이에 반해 '노동자계급'은 생산수단을 소유하지 못해 생계를 위해 자본가에게 고용되어 자본가 소유의 기계 등을 다루며 생산 노동을 하고 임금을 받아 살아야 하는 사람이다. 20세기 후반 정보통신기술(information and communications technology: ICT) 산업이 급성장하면서 전 세계를 대상으로 하는 정보통신 산업이나 금융업계의 신흥 부르주아층이 급성장하게 되었다. 반면 1970년대까지 전통 제조업에 기반을 두었던 산업이 퇴장하고 대대적인 산업 구조조정이 일어나면서 전통적 노동자계급이 몰락하거나 급격하게 감소되었고, 동시에 비정규직 문제가 대두되기 시작했다. 자본주의 사회에는 양대 계급 외에도 두 계급의 성격이 혼재된 프티부르주아지(petite bourgeoisie; 소자본가계급, 중간계층)가 있다.

마르크스주의는 사회계급을 생산수단의 소유 여부에 따라서 자본가계급, 노동자계급, 소자본가계급으로 분류했고, 자본주의가 발달하게 되면 프티부르주아는 대자본가와의 경쟁에서 뒤떨어져 프롤레타리아로 전락할 것이라고 보았다. 또한 각 계급들은 자기 계급 내부적으로는 경쟁 속에서도 동류의식을 갖게 된다. 특히 마르크스는 이윤의 극대화를 위해 노동자를 착취하는 자본가계급에 대항해, 노동자계급은 스스로 조직을 결성해 저항 운동이나 입법 운동을 하기도 하고, 착취 구조를 종식시키기 위해 혁명 운동을 벌여 사회 변혁을 이끌어낼 수도 있다고 보았다. 마르크스는 노동자가 계급으로서 의식을 지니게 되어 불평등을 타파하려는 계급을 '대자적 계급'이라 보았고, 이에 비해 계급의식을 갖지 못한 상태의 계급을 '즉자적 계급'으로 구분했다.

마르크스의 주장을 역사적으로 연구한 대표적인 저작으로 역사학자 에드워드 톰슨(Edward P. Thompson)의 『영국 노동계급의 형성(The Making of the English Working Class)』(1963)을 들 수 있다. 이 책에서 톰슨은 18세기 말, 19세기 초 산업혁명기에 전근대적이고 이질적인 배경을 가졌던 노동자들이 도시에서 특정 공간에 모여서 생활하는 과정에서 동질적인 경험과 생활 문화를 거치며 객관적 상황과 이해관계의 동질성을 깨닫게 되고 정서적 교류와 정신적 각성을 통해 적대적인 계급의식을 형성해 가는 과정을 보여주었다.

그러한 과정으로 노동자 조직이나 노동조합이 형성되면서 자본가와 자본주의 국가에 대항하는 계급투쟁을 전개했고, 또한 계급투쟁의 과정에서 노동자의식도 더욱 강화될 수 있었다고 보았다. 그는 노동자계급의 형성 과정을 도식화시키지 않고, 나라마다 상황이나 조건의 차이는 상이할 수밖에 없음을 시사했다.

따라서 마르크스주의는 사회불평등 및 계급이론을 분석하고 설명하는 데에서 그치지 않고, 서양 역사 속에서 경제적 생산관계에 기초하고 정치관계를 비롯한 다양한 사회관계가 상호작용하면서 계급투쟁을 거쳐 자본주의적 사회불평등을 극복할 수 있는 가능성을 역사적으로 주목했던 이론이라고 할 수 있다.

2) 베버의 다원주의적 계급이론

베버는 다원주의적 입장에서 불평등과 계급 현상을 설명했다. 그는 경제적인 요소가 덜 중요한 것은 아니지만, 정신, 신앙, 윤리, 가치관 등 관념적인 요소들도 인간들의 행위나 사회 구성과 역사에 커다란 영향을 미친다고 보았다. 그의 고전적 연구인 『프로테스탄트 윤리와 자본주의 정신(The Protestant Ethic and the Spirit Capitalism)』(1920)에서 서양의 근대적·합리적 형태의 자본주의를 성립시키는 데 프로테스탄트 윤리와 같은 관념적 요소가 중요한 역할을 했다고 보았다.

베버는 권력과 권위에 의한 '지배' 현상을 매우 중시했다. 그는 권력을 "상대방의 의사에 반해 자신의 의지를 관철할 수 있는 능력"이라고 정의했다. 그러한 권력 현상이 인간들 사이의 지배-피지배 관계를 형성하면서 불평등을 만든다고 보았다. 그는 권력과 지배의 분석에 많은 관심을 기울였으며, 그래서 그의 사회학은 흔히 '지배 사회학'이라고 불린다.

이처럼 베버는 다원주의적 입장에서 불평등을 크게 세 가지 차원, 즉 경제적·사회적·정치적(권력적) 차원에서 파악했다. 경제적 불평등은 '계급'으로, 사회적·문화적인 차원의 불평등은 '신분(집단)(Stände, status group)'으로, 정치적 차원은 '정당(party)'의 개념으로 파악해 설명하고 있다.

또한 베버는 계급을 다원적인 경제적 요소들로 설명했다. 그는 자본재로 전환될 수 있는 재산의 '소유' 유무로 계급 위치를 결정하되, 소유재의 종류에 따라 계급을 세분했다. 재산의 종류, 즉 공업자본, 대토지, 금융자산의 소유에 따라 기업가와 대지주, 금리생활자(금리대금업자, 금융소득자) 등으로 나눴다. 또한 재산(자본)을 소유하지 않더라도 기술, 신용, 자격 등 '시장 능력'의 차이에 따라 전문직과 숙련노동자, 미숙련노동자의 계급 분화가 이루어진다고 보았다. 그래서 베버는 일반적으로 개인의 '시장에서의 위치'에 따라 재화나 소득을 얻을 수 있는 기회인 '삶의 기회'를 공유하게 되는 사람들이 계급을 형성한다고 보았다. '시장 상황'이 '계급 상황'이며, 이를 통해 계급이 정해진다고 보았다.

또, 베버는 비슷한 명예와 위신(prestige)을 누리는 사람들은 하나의 신분집단 또는 지위집단을 형성한다고 보았다. 명예와 위신을 내세우는 신분집단은 재산 등 경제적 요소에 기초하고 있으나, '시장에서의 위치'에 따라 결정되는 계급과는 차이가 있다고 보았다. 대개 신분집단은 부모의 출신 배경이나 양육, 교육, 직업상의 경험 등과 관련해 공통의 생활양식을 갖는 사람들로, 이러한 생활양식으로 다른 집단으로부터 자신들을 구분한다. 따라서 계급 위치가 '시장에서의 위치'를 반영하는 것이라면, 신분집단은 '생활양식' 또는 '소비 유형'에 따라 구분된다고 할 수 있다. 여기서 이러한 신분집단은 자신의 재산을 보호하기 위해 다른 신분집단의 경제적·사회적 기회를 차단하려는 정치적 행동을 취하게 된다. 이런 방식으로 신분집단은 계급과 결합하게 된다.

마지막으로 베버는 또한 권력 획득을 지향하는 '정당' 또는 '당파'를 사회불평등의 중요한 차원으로 제시했다. 한국과 달리 서구의 역사에서는 출신

표 5-2 마르크스와 베버의 사회불평등과 계급이론 비교

불평등 차원	마르크스주의 계급론	다원주의적 계급론
경제적 차원	생산수단의 소유 유무 - 자본가계급 - 노동자계급 - 소자본가계급	• 유산자 - 기업가(공업) - 금리생활자 • 무산자 - 중간계급 - 숙련노동자 - 반숙련노동자 - 미숙련노동자
사회적 차원		신분/지위집단 - 상류층 - 중류층 - 하류층
정치적 차원		정당과 이익집단

계급 배경이나 계급적 지향 또는 이해관계에 따라 당파성을 띠면서 정당이나 이익집단이 구성되어 왔다. 서구의 경우 파당은 '계급적' 성격 또는 '신분집단적' 성격을 공유하면서 정치권력을 추구해 왔다. 베버는 권력이 부와 명예를 결정할 수 있는 좀 더 근원적 요소라고 이해했다.

마르크스와 베버의 사회불평등과 계급이론을 도식화하면 〈표 5-2〉와 같이 정리해 볼 수 있다.

4. 사회계급과 사회계층

1) 계급, 계층의 차이

계급과 계층(stratum)은 집단 간의 불평등과 서열을 보여준다는 점에서 유사하고 혼용되기도 한다. 그러나 학문적인 계급 개념과 사회적 계급 개념에도 차이가 있다. 예를 들면 한국 사회에서는 군대의 서열을 계급이라 부르고 있다. 학문적으로 계급과 계층이 어떻게 사용되는가를 살펴보자.

우선, 계급은 사회집단들 간의 관계를 보여주는 개념인 반면에, 계층은 관계적 의미보다는 단순히 통계상의 서열적 분류 범주(category)의 성격을 지닌 개념이다. 계급은 특정한 사회적 성격을 공유하는 집단으로서 서로 일정한 관계를 맺고 있는 집단을 가리키는 반면, 계층은 분석적 필요에 따라 나눌 수 있다. 예를 들어 계층은 상류층, 중류층, 하류층과 같이 3개로 나눌 수도 있고, 각각의 계층을 다시 3개로 나누어 총 9개의 계층으로 나눌 수도 있다. 따라서 계급관계는 사회관계에 따라 변화되는 역사적 개념인 반면에, 계층은 초사회적·초역사적인 성격을 지닌다.

둘째, 계급은 지배-피지배 관계나 적대 관계를 포함하고 있다. 또한 특정 계급에 속해 있는 구성원들은 노동자 계급의식과 같은 집단에 소속감을 지닐 수도 있고 그러한 계급의식은 집합적 행동을 낳기도 한다. 반면에 계층은 단순한 서열적 개념이므로 집단의식이나 사회조직을 형성하거나 집합적 행동을 벌이는 주체나 세력이라는 의미가 없고, 단순히 서열적 귀속의식에 불과하며 피상적이다.

셋째, 계급은 기본적으로 경제적 불평등을 분류의 기준으로 삼는 반면에, 계층은 다원적인 분류의 기준을 가지고 있다. 마르크스와 베버의 계급은 '생산관계'나 '시장 상황'과 같이 모두 경제적 요소에 따라 분류된다. 반면에 계층은 소득, 재산과 같은 경제적 요소와 더불어 교육 수준(학력), 직업, 생활양식 등 여러 요소를 포함하고 있다.

2) 자본주의 사회와 계급 분화

오늘날 자본주의 사회가 분화되고 다원화되면서 노동자계급 내부에서 분화가 이루어져 왔다. 같이 자본가에게 고용되어 있으면서도 다른 노동자를 관리·감독하고, 통제하는 위치에 있는 상층 노동자층이 형성되었는데, 이들은 전통적 노동자계급과 구분되어 '신중간계급(new middle class)'이라 불린다.

이들이 신중간계급이라 불리는 것은 또한 전통적인 프티부르주아지, 즉 '구중간계급(old middle class)'과 구분되기 때문이다. 구중간계급은 생산수단을 소유하고 있으나 규모가 작기 때문에 소자본가라 할 수 있지만, 스스로 노동을 하지 않으면 안 되는 조건을 가지고 있다. 이에 반해 신중간계급은 자본가계급에 고용되어 있고 해고나 실업의 위험을 안고 있는 점에서는 노동자계급과 공통적이다. 그러나 전문적 지식이나 능력이 있어서 조직의 관리자로서 자본가로부터 위임받은 일정한 권력을 지닌다. 에릭 라이트(Erik O. Wright)는 이것을 '계급관계 내에서의 모순적 위치'라고 했다. 한편, 일부 학자는 이들이 새로운 중간층일 뿐 독자적인 계급을 형성하지 못한다고 보아 계층의 하나로서 '신중간층' 또는 '중산층'이라 부르기도 한다. 특히 20세기 금융자본주의 시대에 막강한 파워를 가진 신중간층으로는 ICT산업을 배경으로 한 지식정보사회의 고급 프로그래머나 기획자, 금융업의 펀드매니저(fund manager), 신지식인들이 부상하고 있다.

한편, 노동자계급 내부에서도 직종에 따라 생산직, 사무직, 기술직 노동자 등의 분화도 이루어져 왔고, 고용상의 지위에 따라 정규직, 비정규직 노동자의 분화도 이루어지고 있다. 자본가계급 역시 내부적 분화가 이루어져 왔는데, 산업자본가와 금융자본가의 분화가 이루어지고 있고, 자본의 독점화 경향으로 독점 자본가들이 등장하고 있으며, 한국 사회에서는 '재벌'이 동류의식을 지닌 하나의 하위계급적 성격을 지니고 있다.

3) 사회계층과 지표

계층이론에서는 자본주의 사회를 계급사회로 보지 않고, 단지 불평등이 여러 층으로 이루어져 있는 '층화된 사회'라고 파악하는 경향이 있다. 그리고 사회계층은 이러한 여러 가지 지표들의 복합적인 상호작용으로 구성되는 것이라고 보는데, 이러한 지표를 이루는 것으로는 재산, 소득, 직업, 학력, 가문, 생활양식 등이 있다. 그러면 계층의 지표를 이루는 것들을 좀 더 자세히 살펴보도록 하자.

첫째, '재산'과 '소득'을 들 수 있다. 재산과 소득은 정비례하지 않는다. 재산은 많지만 경제 활동을 통해 얻는 소득이 낮을 수 있고, 소득이 높지만, 재산은 적을 수 있다. 예를 들어 1980년대 후반기 한국 사회는 3저 호황에 의해 계층 간의 소득 격차가 줄어들었는데도 부동산 가격의 급등으로 계층 간의 재산 불평등은 오히려 늘어나기도 했다. 일반적으로 계층 간의 불평등은 소득보다 재산에서 더욱 확실하게 나타난다고 하지만, 소득 자료에 비해 재산에 관한 정확한 자료는 구하기가 어려워, 대체로 소득을 계층의 평가 척도로 삼는다.

둘째, '직업'을 들 수 있다. 일반적으로 전문적인 일은 막노동이나 단순생산직, 사무직보다 더욱 인정받고 존중받는 경향이 있다. 많은 보수와 위신(명예), 안정성이 주어지기 때문이라 할 수 있는데, 사람들의 직업에 대한 평가는 시기에 따라 변화할 수 있다. 직업에 부여되는 위신의 차이에 따라 직업을 순차적으로 배열한 것을 '직업 서열'이라고 한다.

셋째, '학력'을 들 수 있다. 학력은 소득 격차를 낳는 가장 중요한 요인이 되고 있다. 한국 사회는 젊은 시절의 학력이 평생을 좌우하는 경향이 있고, 학력 차이에 따른 차별과 불평등이 심해 '학력 신분 사회'라고 불려왔으며, 최근에는 대학의 서열을 나눠 '학벌 사회'로 불리기도 한다.

넷째, '생활양식'을 들 수 있다. 생활양식은 계층화의 결과이기도 하지만 이는 또한 계층을 구분하는 지표의 역할을 할 수도 있다. 주택(부동산), 자동차, 옷, 여가활동 등 소비 성향은 그 사람이 어떠한 계층에 속하는지를 잘 드러내 준다. 특히 주택과 부동산은 오늘날 계층 간의 차이를 명료하게 드러내

주는 중요한 지위의 상징물이다.

그 외 '가문'이나 '민족·인종', '지역주의' 등도 계층화에 영향을 미치는 요소가 되기는 하지만, 그 중요도는 사회에 따라 다르다.

4) 사회이동의 개념과 유형

신분제 사회와 달리 자본주의 사회는 개인의 노력에 따라 직업이나 소득을 획득할 수 있고, 직업적 지위도 변화하는 등 사회이동을 할 수 있다고 전제하는 경향이 있다. 사회이동(social mobility)에는 한 개인이 일생 중 두 시점 사이에서 경험한 직업적 지위의 이동을 뜻하는 '세대 내 이동(intragenerational mobility)'과 두 세대 이상에 걸쳐서 이루어지는 계급·계층의 이동을 뜻하는 '세대 간 이동(intergenerational mobility)'이 있다. 또한 사회이동은 사회적 평가가 서로 다른 지위 간의 이동을 '수직 이동'으로, 유사한 지위 간의 이동을 '수평 이동'으로 유형화한다.

사회불평등이 만연된 사회의 특징은 세대 내 또는 세대 간 이동이 어렵고, 이동한다고 해도 수평 이동이 많다. 세대 간 수직 이동이 어려운 사회는 신분제 사회이거나 유사 신분제 사회다. 부모의 직업적 지위가 자식의 직업적 지위로 계승되므로 그런 사회를 '폐쇄형 사회'라 부른다. 반대의 경우, 개인 노력의 결과에 따라 세대 내에서도 지위 이동이 가능하고, 세대 간 이동도 가능하다. 특히 지위 변동이 별로 없는 수평 이동 또는 좌우 이동보다는 지위 변동을 뜻하는 수직 이동 또는 상하 이동이 활발한 사회를 '개방형 사회' 또는 열린사회라 한다. 사회불평등 문제를 연구하는 사회학자들은 사회이동 중에서 특히 계급적·계층적 지위가 상승 또는 하강하는 '수직 이동'에 많은 관심을 두고 있다.

그런데 한국의 자본주의 전개 과정에서 보듯이 한 사회의 전반적인 산업구조의 변동에 따라 사회이동이 발생하기도 한다. 예를 들어 산업 구조 조정

과정에서 제조업 노동자 수가 줄어드는 대신 사무직이나 서비스직 종사자 수가 늘어나기도 한다. 특히 1997년 IMF 외환위기 과정에서처럼 사무자동화(OS)가 일어나면서 제조업 노동자는 줄어들고 사무직이 늘어나는 대신 비정규직 종사자로 충원되기도 한다. 이런 경우를 '구조적 이동(structural mobility)'이라고 부른다. 또한 공업화로 농업 종사자가 줄어든 반면 공업 노동자가 늘어나는 산업 구조 변동도 사회이동의 일종이지만, 구조적 이동이라고도 할 수 있다.

5) 사회불평등의 재생산과 계급의 세습

영국의 철학자이자 사회학자인 존 밀(John S. Mill)은 근면하게 일한 사람의 사유재산은 보호를 주장하되, 재산 상속과 증여에 대해서는 부정적인 입장이었다. 한 마디로 말해 그는 재산 상속이나 무상 증여를 불로소득으로 인식해 자본주의의 근간을 해치게 되는 것으로 보았다. 그러나 현실 자본주의 사회에서 사회불평등은 다양한 방식으로 세대를 이어 재생산된다. 불평등을 재생산하는 일차적인 방식은 재산 증여나 상속이지만, 일상생활과 교육, 문화자본(cultural capital)의 전수 등을 통해서도 재생산이 이루어진다. 구체적으로 살펴보자.

첫째, 교육불평등은 재생산의 수단이자 결과이다. 대한민국 '교육기본법'에 교육의 이념은 홍익인간(弘益人間)에 있다고 하지만, 현실적으로 교육은 사회불평등과 계급 재생산의 수단으로 되고 있다. 교육은 한 사람이 갖게 될 미래의 직업 지위와 소득에 영향을 미치게 되므로 부모는 자신의 유형·무형의 재산을 자녀의 더 좋은 교육을 위해 사용한다. 그럼으로써 자녀가 부모와 비슷한 직업 지위와 소득, 혹은 더 높은 직업 지위와 더 많은 소득을 갖도록 노력한다는 것이 교육을 통한 사회불평등 재생산 개념이다. 교육학자 박남기는 『실력의 배신』에서 한국의 실력주의 또는 능력주의의 허구성을 지적하고 있다. 즉, 학생 자신의 실력에 녹아들어가 있는 부모의 교육 배경이나 재화 크기와 그에 기초한 교육 및 사회제도, 사교육비의 문제에 대한 인식과 해결의 노력 없이는 교육이 모든 사람에게 공평한 기회 평등을 제공할 수 없게 된다. 실제로 자본가계급이나 상류계층 가정의 자녀들이 더 나은 교육 환경을 누리기 때문에 대학 진학에 유리하며, 학교의 교육 방식, 생활 문화, 평가 및 선발 방식 등에 익숙한 문화적 배경을 지닌 중간계층 이상의 학생들이 진학 교육에 더 잘 적응할 수 있다는 점에서, 교육은 '계급 재생산'에 중요한 영향을 미친다고 할 수 있다. 계급적·계층적 격차는 경제적·문화적 교육 여건의 격차를 낳으며, 이에 따른 대학 진학에서의 격차가 취업 등 경제 활동의 차이를 낳아 궁극적으로는 계급적·계층적 지위가 대를 이어 재생산될 수 있다는 점에서, 교육은 가족 구성원의 세대 간 '계급 재생산'의 중요한 수단이 되고 있다고 하겠다.

둘째, 문화자본 역시 사회불평등과 계급·계층 재생산의 결과이자 수단이다. 프랑스 사회학자인 피에르 부르디외(Pierre Bourdieu)는 문화자본이란 문화 예술을 생산하고 소비하는 능력인데, 문화적 능력은 화폐나 재산 등의 경제자본처럼 사회 구성원 사이에서 불평등하게 배분된다고 보았다. 그런데 문화자본에는 '은폐의 효과'가 있다. 흔히 사람들은 문화적 취향, 감각, 능력이 선천적이라고 생각해 그러한 능력의 보유자들이 성공하게 되면 선천적 능력이 출중한 결과라고 생각할 뿐, 특정한 출신 배경(가족 배경)이나 가족의 후원에 따른 교육 수준의 결과임은 자각하지 않게 된다. 다시 말해 문화적 취향이나 능력을 가지고 있는 모든 사람이 그러한 취향이나 능력을 화폐나 권력자본으로 전환시킬 수 있는 것이 아니라는 점이 은폐되어 있는 것이다. 즉, 문화적 취향이나 능력은 단순히 개인의 특성이 아니라 가족의 계급적 상황에 따른 문화적 배경을 반영하는 것이다. 부르디외는 이렇게 몸에 각인된 취향의 체계를 아비투스(habitus)라 부르고, 문화자본의 특성이 경제자본과 차이가 있음을 설명하고 있다. 부르디외가 말하는 취향의 집단적 차이는 베버의 '신분 집단'과 유사해 '계급'과 밀접한 연관성을 지닌다. '취향'은 '문화 자본'으로서, 계급들 내에서 혹은 지배계급과 피지배계급 사이에서 존재하는 사회적 경계를 특징짓고 유지하는 역할을 한다.

6) 한국의 사회불평등의 현재

2017년 1월 옥스팜이 발간한 「99%를 위한 경제(An Economy for the 99%)」 보고서에 따르면 2015년만 해도 세계 상위 62명이 전 세계 하위 50%인 36억 명의 총생산액과 맞먹는 부를 가지고 있었다. 그런데 단 1년 만에 세계 갑부 8명이 세계 하위 50%가 보유한 재산에 맞먹는 부를 가지게 되었다고 한다. 그러한 사정은 미국에서도 유사하게 나타났다. 토마 피케티(Thomas Piketty)의 글에 따르면 지난 30년간 미국의 하위 50%의 소득 증가율이 제로(0)였지만, 상위 1%의 소득은 300% 늘었다고 한다. 옥스팜은 1988년부터 2011년 사이 전 세계 하위 10%의 소득은 평균 65달러로 약 10% 늘었지만, 상위 1%의 소득은 1만 1800달러로 약 182배 증가했다. 부의 불평등을 심화시키는 결정적 요인은 다름 아닌 부의 세습, 즉 자산 상속이다.

한편 『21세기 자본』(2013)에서 자본주의가 낳은 세계적 불평등 문제를 장기 변동의 역사 속에서 밝혀낸 프랑스 경제학자 토마 피케티는 노동소득보다 우위를 점한 자본소득이 왜곡된 분배 구조를 악화시키고 빈부격차도 더욱 심화시키고 있음을 지적해 왔다. 자본과 소득(임금) 배율의 불평등을 나타내는 지수로서 그의 이름을 따서 만든 피케티지수는 가계와 정부의 순자산을 국민순소득(국부), 즉 한 나라에 존재하는 모든 부(국부)의 가치를 1년 동안 그 나라 국민이 벌어들인 소득으로 나눠 산출한다. 배율이 높을수록 자본소득에 비해 노동소득이 가져가는 몫이 줄어든다. 2010년 이후 2019년 한국의 피케티지수는 2018년에 비해 8.6배로 선진국 수준이 5~6배보다 높고, 특히 1990년대 중반 폭락하기 전 일본의 부동산 버블이 있었던 때보다 높은 수준이다. 한국에서 피케티지수가 높게 나오는 이유 중 대표적인 것은 자산 분포가 불평등하기 때문이고 특히 부동산 문제가 심각하기 때문이다.

또한 대표적인 불평등지수인 지니계수도 한국은 상대적으로 높은 수준이다. 2017년 한국의 지니계수는 OECD 회원국 35개국 가운데 31위로서 자산이 소득보다 상층부에 편중되어 있음을 시사하고 있다. 한국의 자산 점유율은 상위 1%가 순자산의 11.3%, 상위 5%가 순자산의 28.8%, 상위 10%가 순자산의 42.1%를 소유하고 있다.

사회불평등은 사회 양극화로 이어져 소비의 위축을 가져올 뿐만 아니라 교육을 포함한 인적자본 투자에 부정적인 영향을 미쳐서 경제 성장을 저해하는 요인으로 작용할 수 있다. 특히 한국의 소득 불평등은 급격한 부동산 가격 상승에 기인하고 있어서 심화하는 부의 불평등이 저소득층을 위시한 국내 소비를 위축하고 있다.

2020년 전 세계를 강타한 코로나19(COVID-19)는 경제적 불평등과 사회양극화 문제를 더욱 악화시켰다. 관광업·외식업 같은 서비스 산업과 자영업 및 중소기업의 위축으로 인해 비정규직 일자리마저 사라지는 상황임에도 불구하고 비대면 활성화로 IT 통신, 금융업은 더 높은 실적을 거두면서 부자를 포함한 고소득자와 저소득자의 격차를 더 벌려놓았다. 교육의 질 또한 양극화를 심화시키면서 미래 세대들의 진로와 직업, 소득에도 불평등의 그늘이 짙게 드리울 것으로 예측된다.

5. 불평등, 또는 계급의 미래?

마르크스는 사유재산제도를 폐지하고 자본주의 경제 체제와 이를 비호하는 국가를 사회주의 체제로 전환하게 되면 사회불평등과 계급도 사라진다고 역설했다. 그러나 구소련이나 동구 사회주의 국가의 현실은 그러지 못했다.

사회불평등이 없어지는 것은 유토피아에서나 가능한가? 인류가 기억하는 역사 속에서 사회불평등 문제는 지속해 왔고, 다양한 형태의 계급·계층이 존재했다. 현대 사회에서도 여전히 다양한 사회불평등이 지속하고 또 세대를 이어 재생산되고 있다. 복지국가에서도 사회불평등이 약할지는 몰라도 여전히 남아 있다. 물론 미국이나 영국과 같은 자본주의적 자유시장 모델의 국가와 비교하면 스웨덴이나 독일과 같은 복지국가에서는 소득불평등지수가 낮을 뿐만 아니라, 높은 사회 통합율과 낮은 사회 일탈률을 보이고 있다. 조돈문의 『함께 잘사는 나라 스웨덴』(2019)에서 자본주의 국가들 중 자유시장경제 모델 국가인 미국과 스페인, 복지국가모델인 스웨덴과 독일을 비교한 것에 의하면 사회 통합을 시사하는 감옥 수감자 비율에서도 차이를 보이고 있음을 발견할 수 있다. 2014년 지니계수도 OECD 회원국 평균 0.313, 미국 0.380, 스페인 0.338, 독일 0.286, 스웨덴 0.269를 나타냈다. 즉, 복지 모델을 갖춘 독일과 스웨덴의 사회불평등이 미국에 비해 현저히 낮음을 알 수 있다. 또한 소득의 9분위를 1분위로 나눈 배수인 소득 배수도 미국이 5.22배라면 스웨덴은 2.27배로서 상층과 최하층 간의 차이가 크지 않다. 따라서 소득불평등이 완화되면 소득양극화도 완화되고, 사회 통합도 높아지는 경향을 보이게 된다.

세계적 수준에서 전개되고 있는 미국 주도의 신자유주의 정책과 단위 국가를 재편하고 있는 초국적 자본주의, 특히 초국적 금융자본주의는 자유시장 모델 국가들이나 개발도상 국가들의 사회불평등 문제나 사회양극화 문제, 사회 해체 문제 등을 악화시켜 왔다. 2020년 코로나19 상황을 보면 미국의 확진자 현황은 사회 양극화를 전형적으로 보여줬다. 트럼프 미 대통령 집권 기간 부자와 화이트칼라 직업 종사자의 경제 상황은 저금리에 힘입은 주식 시장의 호황과 부동산 호황으로 경제력이 더 좋아져, 소득 상위 20%가 전체 부의 80%를 소유하는 반면 노동자 50%는 전체 부의 1%만을 소유하고 있는 상황에서, 저소득 노동자들의 경제 상황은 더 나빠지고 있다. 게다가 트럼프 정부에 의해 폐지 또는 축소된 오바마케어로 인해 2020년 코로나19 감염병에 내몰리게 된 빈곤층, 저소득층의 분노는 '흑인의 삶은 소중하다(Black Lives Matter)'운동으로 대표되는 인종 차별 반대 운동을 전체 미국 사회로 확산시켰고, 결국 트럼프 전 대통령에게 재선의 기회를 허용하지 않는 결과를 낳았다.

마르크스주의자들이나 일군의 학자, 사회운동가들이 사회불평등 없고 적대적 계급 없는 사회를 꿈꿔왔으나, 현실적으로 사회불평등이 극복되거나 없어지는 것은 쉽지 않다. 또 다른 기능주의자들이나 자유주의자, 일군의 사람들은 경쟁이나 사회불평등은 경제 발전의 동력이자 사회를 유지하는 데 도움이 된다고 주장하지만, 사회불평등을 겪고 있는 사람이 많은 사회일수록 사회 일탈과 해체 가정이 늘어나고, 종국에는 경제와 사회 발전마저 어려워지게 됨을 보게 된다. 베버주의자들이나 사회민주주의자들은 사회불평등은 불편하지만 불가피한 것으로 보면서 자본주의 틀 내에서 사회복지 등을 확대해 사회불평등을 완화하도록 제안하고 있다.

그런데 1997년 IMF 외환위기 이후 한국 사회의 불평등 지수들이 커지는 것과 함께 금수저론·흙수저론에서 시사하듯 계급 질서가 더욱 공고화되고 있다. 문재인 정부에서는 복지 정책을 늘려나가고 있으나, 과거 한국 사회는 남북 분단 구조 속에서 복지 정책 지지 세력은 진보, 반대 세력은 보수 수구 세력으로 구도화되어 있었던 것을 깨뜨리는 데 역할을 한 정부는 보수 수구 정부였다. 이명박 전 대통령은 대통령 후보 공약에 반값 대학 등록금 정책을 포함시켰고, 박근혜 전 대통령은 후보 공약에 기초노령연금제도 도입을 포함시켰다. 그러한 정책의 도입은 모두 대통령 당선을 위한 도구적인 측면이 있었지만, 사회불평등 조건을 조금이나마 완화하는 데 기여한 측면도 있었다. 또한 2020년 코로나19 상황은 뜻밖의 정책을 현실화시켰다. 2017년 핀란드가 2년간 실업자 2000명에게 시행한 기본소득 실험은 한국에게 꿈같은 일이었다. 한국에서 기본소득제는 이재명 경기도지사나 강남훈 교수와 같

그림 5-1 **한국의 재계, 정계, 언론계의 혼맥**

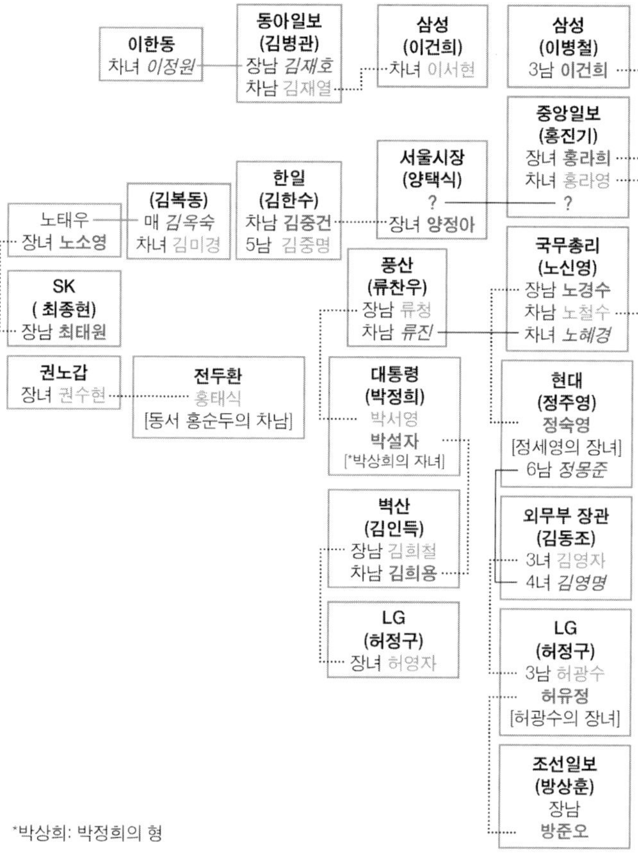

자료: 참여사회연구소(2004).

은 사람들이 주장하기 시작했으나, 대부분의 학자들이나 정치가들은 시기상조론이나 불필요론을 제기하면서 논쟁점으로 남았다. 그런데 코로나19 상황은 논쟁의 여지를 불식시켰다. 전 세계적 코로나 상황으로 인한 경제의 붕괴, 중하층의 몰락을 막기 위해서 선진국에서 앞다퉈 재난지원금 형태의 기본소득제를 시행했고, 한국도 마찬가지였다.

그뿐만 아니라 한국 재벌가의 혼맥(婚脈) 형성에서 계급 질서 공고화의 예를 발견할 수 있다. 1990년대 이래로 재벌가를 중심으로 해 재계, 정계, 언론계의 혼맥을 통해 강고한 파워엘리트 집단을 형성했다(〈그림 5-1〉 참조).

한국 뉴스에서는 간헐적으로 재벌가 이혼 소송이 보도되고 있다. 정략적 결혼이 가져온 결과라고도 볼 수 있으나, 몇 사례의 정략적 결혼과 이혼이 재벌 구조 자체를 바꾸는 원인은 아닌 것으로 보인다. 한국 사회가 민주화 과정에서 정권이 바뀌어도 사회구조가 쉽사리 바뀌지 않는 데에는 재벌을 중심으로 한 경제계, 정치계, 언론계의 단단한 결속력이 뒷받침하면서 그들의 기득권이 대물림하고 있는 요인도 작동하기 때문으로 판단된다. 개별 가족과 재벌 기업, 사회구조 자체가 맞물린 상황의 기득권 구조 속에서 한국 자본주의 사회의 상위 1%의 슈퍼리치(super rich) 또는 0.1%의 슈퍼리치는 거의 변화가 없다.

한편 사회이동과 사회 변화의 중심에는 중간층이 있다. 평소 그들은 한 사회를 안정되게 만드는 역할을 한다. 대부분의 자본주의 사회에서 중간층의 성실한 납세는 정부 재정의 원천으로 역할하면서, 최하층을 포함한 사회적 약자들이 공생할 수 있게 부의 재분배가 가능하도록 기여해 왔다. 1997년 한국의 외환위기나 2008년 미국발 금융위기와 같은 경제공황 상황이나, 산업 구조조정 국면에 타격을 받는 층은 중소기업이나 자영업자, 중하층의 사무관리직이나 노동자들이었다. 경제공황 상황은 중간층의 분열과 중하층의 불안정화를 심화시키는 경향이 있다.

심지어 한국 사회는 30년간 신자유주의 정책을 추진해 오면서 전체 취업자 중에서 비정규직 취업자가 30~50%를 차지하게 되었다. 보수적인 통계청의 관점에서도 비정규직 규모는 2018년에 비해 2019년 3.3% 증가했다. 그리고 꾸준히 증가 추세이던 전체 임금 근로자의 규모가 2020년에는 전년에 비해 11만 3000여 명이 감소한 것으로 보고되었는데, 이는 코로나19의 영향으로 산업이 전반적으로 위축된 상황을 반영하는 것으로 볼 수 있다.

그림 5-2 **통계청의 비정규직 규모 추이**

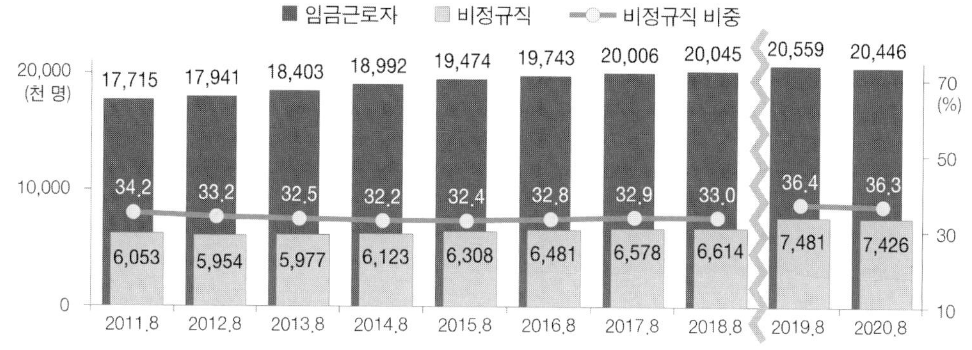

자료: 통계청 '경제활동인구조사 근로형태별 부가조사(매년 8월)'.

많은 감염병 전문가들은 코로나19 상황이 종식되기까지 더 많은 시간이 걸릴 것으로 예측하고 있다. 일상에서 바이러스와 공존하는 삶의 방식을 찾아야 하고, 직장을 배경으로 한 지금까지의 근무 방식과 경제 유통 방식을 근본적으로 바꿔야 한다는 지적도 나온다. 코로나19 상황 이전에도 2008년 미국발 금융위기와 경제공황 상태 속에서 높은 인플레이션과 실업률 문제가 나타나기 시작했는데, 코로나19 상황에서는 경제 침체가 가속화되면서 스태그플레이션의 조짐을 보이고 있다. 또, 포스트코로나 시대의 전망이 불확실한 상황에서 과거의 대면 경제 환경이나 사회 전반적 환경이 비대면 환경이나 온택트 환경으로 급속하게 진행되고 있다.

2016년 인공지능 알파고가 한국이나 세계에 던진 충격은 4차 산업혁명에 늦으면 경제 발전에 뒤처지게 된다는 인식과 새로운 사회가 도래할 것이라는 미지의 공포감이었다. 인공지능이 산업계를 장악하면서 산업 구조조정이 대대적으로 이루어지면, 과거의 산업 구조조정 때와는 비교가 되지 않을 정도로 인간의 노동력에 대한 수요가 감소하고 일자리가 감소할 것이라고 전망이 나오고 있다. 이에 따라 광범위한 실업이 예측되는 상황에서 사회불평등 문제나 빈익빈 부익부 문제는 더욱 심각해질 것이라는 공포감이 엄습하고 있다. 그리고 복지제도를 중심으로 한 사회 안전망 구축과 기본소득제 논의가 진보나 보수 정치계나 시민 사회에도 강타하고 있다. 2020년 한국에는 '기본소득운동본부'가 발족했고, 세계 10개국 26개 도시에서는 기본소득 지지자들이 '국제기본소득행진(Basic Income March)'를 동시에 진행하고 있다. 또한 세계 지식인들이나 세계 거부들, 미국의 억만장자들은 자본주의 경제가 망하도록 방치할 수 없다는 취지에서 '부유세(wealth tax)'를 걷어서라도 세상을 구하자고 말한다. 그러나 한국의 세계적 거부들, 대재벌들은 유구무언이다.

6. '지금 여기'에서 사회불평등을 최소화할 수는 없을까?

경제적 불안정과 정규직으로 대표되는 안정된 고용의 상실에 의해 노동자계급의 결속력은 오히려 약화하거나 와해될 것이라는 전망이 많다. 그리고 사회이동 역시 하강 이동은 빈발하지만 상승 이동은 거의 발생하지 않고, 사회 최상층인 슈퍼리치의 지위에는 별다른 동요가 없을 것이라는 예측이 많은 전문가들에게서 나오고 있다. 그에 따라 사회불평등 문제는 더 심각해질 것으로 내다보기도 한다. 미래사회학자들은 계급의 변화가 없는 '계급 없는 사회', 사실상 신신분제 사회와 같은 불편한 미래를 조심스럽게 전망하기도 한다.

그러나 세상은 지식인이 설명하고 비관적으로 예측하는 것보다는 더 다이내믹하다. 시민은 더 이상 우민(愚民)이 아니다. 특히 참여민주주의가 성장하고 시민들의 학력이 높아졌을 뿐만 아니라, 인터넷 정보통신기술에 힘입어 과거에 비해 정보가 널리 공유되는 환경에서 장기간 많은 사람을 속일 수 있는 지배권력은 거의 없다. 인류가 망하기 전까지는 사회불평등 문제를 해결하기 위한 부단한 노력이 진행될 것으로 보인다. 우리는 무엇을 해야 하는

가를 생각해 보자.

우선 민주주의가 정치사회로부터 시민사회, 일상 세계로 확대되도록 지속적으로 노력해야 한다. 미국의 자유민주주의의 대의제는 사실상 파워엘리트들의 과두제적 성격으로 고착되었다. 오히려 2000년대 이후 한국 민주주의는 불안정한 속에서도 역동성을 보이면서 선거에 의해 보수 수구 세력과 중도 진보 세력의 정권이 교체되고 있다. 또한 시민사회는 정치권력과 경제권력에 지배를 받으면서도, 나라의 주권은 국민(민중)에게 있다는 주권재민(主權在民)의 사상을 실천하는 면모를 보이고 있다. 이에 따라 참여민주주의와 경제민주화에 기반으로 한 분배적 정의를 실현할 수 있는 민주적 거버넌스를 확대해 나가야 할 것이다.

다음으로 정치공학적 언술에서 벗어난 진정한 경제민주주의를 구현하도록 시민사회는 부단히 관심을 기울이고 실천을 요구해야 한다. 이승만 정부 이래로 분단에 기초한 정경유착의 지배 구조가 고착되었고, 박정희 정부의 반공주의와 개발독재에 기반한 경제성장주의가 한국 경제의 기본 성격으로 내재화되어 있다. 이제는 대기업과 중소기업, 자영업 등이 공생 번영을 추구해야 할 때이다. 기본소득제를 실시하게 되더라도 사람들이 건전하게 노동할 수 있을 때 사회에 건전한 피가 돌 수 있다. 경제의 선순환 고리를 형성하기 위해서라도 대기업의 부정부패와 분식회계, 주가 조작과 같은 경제적 범죄와 대기업에 대한 정권의 각종 특혜를 이제는 뿌리 뽑아야 한다.

그리고 사회불평등 문제를 해결하기 위해서는 조세 정의가 실현되어야 한다. 한국은 1997년 IMF 외환위기 당시 중하층들이 보여준 금 모으기 운동 동참에서도 알 수 있듯이, 대개의 중하층은 납세 의무를 성실하게 이행하는 편이고, 임금소득자의 경우 국세청에서 관리를 하고 있으므로 탈세의 문제가 별로 없다. 문제는 슈퍼리치나 개인사업자 형태를 취하고 있는 고소득 전문가층에 있다. 그들은 각종의 편법에 따른 탈세나 경제적 일탈을 범하면서 국세나 소액주주들의 자금을 축내어 왔다. 최상층의 종합부동산세를 비롯해 상속세, 증여세와 같은 불로소득에 대한 공정한 세금을 제대로 징수해, 부의 재분배를 이루게 되면 사회불평등을 약화시킬 수 있고 사회정의를 실현하는 데도 기여하게 될 것이다.

마지막으로 나눔의 가치를 실현하는 공동체적 삶을 재구성해야 한다. 어제보다는 오늘, 오늘보다는 내일, 더 잘 살고 싶은 사람들의 욕망은 자연스럽다. 그러나 자신의 욕망을 실현하기 위해 다른 사람들에게 직간접적인 피해를 주는 것은 비윤리적인 일일뿐만 아니라, 경우에 따라서는 범법 행위가 되기도 한다. 또한 사람이 잘 산다는 것은 물질적 풍요만으로 충족되지 않는다. 복지제도가 완벽한 사회라고 해도 모든 구성원들이 행복하다고 말하기 어렵다. 인간 간의 소통, 인간과 동물 그리고 인간과 자연의 원만한 공존이 이루어져야 인간의 사회적 삶이 행복의 조건을 구비할 수 있다. 과거의 확대 공동체 사회에서는 모든 사람의 인권이 보장되지는 않았다. 특히 신분제와 적서 차별, 가부장제 사회·문화 속에서 여성이나 서자와 서얼, 종복 등은 인간 취급을 제대로 받지 못했다. 반면 현재는 전통적 가족공동체가 대부분 해체되고, 핵가족을 넘어 1인가구가 가구 형태 중 가장 많은 규모를 차지하고 있다. 물론 그렇다고 1인가구가 행복과 평등을 보장한다고 말하기는 어렵다. 따라서 최근 들어 한국을 비롯한 세계 곳곳에 형성되고 있는 마을공동체, 지역공동체와 같은 개인과 공동체가 공존할 수 있고, 자유와 평등에 기초한 공동체를 조성하는 노력도 필요하다.

토론거리

1. 사회불평등을 둘러싼 세 가지 주장 사회불평등의 순기능, 사회불평등의 불가피성, 사회불평등 폐지론 가운데 학생 자신이 보기에 보다 타당한 주장은 무엇이고, 왜 그런가를 생각해 보시오.

2. 전통 제조업 중심의 산업사회와 ICT산업을 배경으로 한 지식정보사회에서 계급은 어떤 차이가 있는가 찾아보시오.

3. 부모 세대의 현 계급에 비해 학생 자신의 10년 후 계급은 어떤 변화가 있을까를 추론해 보시오.

4. 사회이동에서 수직 이동이 활발한 사회가 되기 위한 정치적·경제적 조건에는 어떤 것들이 있는가 찾아보시오.

5. 세계적 거부들이 부유세를 주장하는 이유를 생각해 보면서 한국의 재벌에게 필요한 것이 무엇인가 성찰해 보시오.

읽을거리

사회계급론 | 공제욱·박형준·백욱인·서관모·이진경. 2014. 한길사.

인간 불평등 기원론 | 장 자크 루소(Jean J. Rousseau). 2020. 이재형 옮김. 문예출판사.

사회학: 비판적 사회읽기 | 비판사회학회. 2021. 한울.

함께 잘사는 나라 스웨덴 | 조돈문. 2019. 사회평론아카데미.

21세기 자본 | 토마 피케티(Thomas Pitetty). 2014. 장덕경 옮김. 글항아리.

높은 사람 낮은 사람: 한국 사회의 계층을 말한다 | 홍두승. 2010. 동아시아.

제6장
20세기 이후 세계대공황, 모순과 전환의 이야기

장시복(목포대학교 경제학과 교수)

경제학은 아리송한 수학 공식과 그래프만 난무하는 딱딱한 학문이 아니다. 경제학은 흥미로운 역사 이야기도 다룬다. 이 글을 읽는 여러분은 어쩌면, 수학 공식이나 그래프보다는, 역사에서 연극 같이 벌어진 이야기를 더 좋아할지도 모른다. 이 가운데, 이 장은 '공황'을 이야기한다.

공황은 뜻을 알기 어려운 낱말이다. 그럼에도, 이 낱말은 자본주의에서 살고 있는 우리에게 많은 영감을 준다. 공황은 무엇보다도 자본주의의 모순을 샅샅이 밝혀준다. 자본주의는 겉보기에 늘 안정돼 있다. 그런데 공황은 불안정을 낳고, 자본주의의 문제점을 드러낸다. 또한 공황은 이 체제의 변혁을 부른다. 자본주의의 모순이 공황으로 터지면, 지탱하기 어려운 기존 체제는 새로운 체제로 탈바꿈해야 한다. 이런 뜻에서 공황은 자본주의의 '자기모순'이자 '자기반성'이자 '자기변태'다.

공황은 자본주의에서 꽤 자주 일어났다. 이 장은 그중 20세기 이후 역사에서 세 차례의 공황, 곧 '1929년 세계대공황', '1970년대 세계대공황', '2008년 세계대공황'을 살펴본다. 공황의 크기나 폭, 세기나 빠르기, 그리고 공황 이후의 구조 전환을 염두에 두면, 이들 공황이 20세기 이후 자본주의의 자기모순과 자기반성과 자기변태를 가장 잘 드러내 주기 때문이다.

1. 왜 세계대공황인가?

먼저, 공황이라는 낱말을 이해해 보자. 이 장에서 공황으로 번역한 영어 낱말, 'crisis'는 그리스어 동사, 'χρίνω(krinō)'에서 갈려 나온 'Κρίσιζ(krisis)'에서 생겼다. 이 동사는 여러 뜻으로 풀이했다. 곧 '나누다', '골라 뽑다', '판가름하다'라는 뜻이 있었고, '싸우다', '전쟁하다'라 풀기도 했다. 정치학은 이 동사의 뜻이 담긴 명사형, 'krisis'를 '분열', '불화', '결정'으로 썼다. 종교에서는 이 낱말이 '최후의 심판'을 가리켰다. 철학자이자 의사였던 갈레노스(Galenus)는 이를 '환자의 삶과 죽음이 결정되는 시기'라 불렀다(코젤렉·리흐터, 2019).

'krisis'는 18세기 영어권에서 'crisis'로 번역했다. 19세기 독일에서는 이를 위급한 상황이나 국가 경제에 대한 도전을 뜻하는 경제 용어로 썼다. 카를 마르크스(Karl Marx)는 남달리 이 용어의 뜻을 더 뚜렷이 밝혔다. 그는 『자본(Capital)』 제3권에서 이렇게 말했다. "공황은 항상 기존 모순들의 일시적 폭력적 해결에 지나지 않으며, 교란된 균형을 순간적으로 회복시키는 강력한 폭발에 지나지 않는다"(마르크스, 2015).

한편, 'crisis'는 우리말로 '위기(危機)'나 '공황(恐慌)'이라 번역한다. 위기는 자본주의의 모순이 아직 폭발하지 않고 고비를 맞거나 갈림길에 들어선 위태로운 상황이다. 공황은 이 모순이 터져 경제가 굳거나 멈춘 상태를 뜻한다. 다른 한편, 위기와 공황이란 번역어에는 그 뜻이 담겨 있지 않지만, 'crisis'는 자본주의의 모순이 폭발한 뒤 어지럽고 불균형한 상태도 나타낸다. 이처럼 'crisis'는 우리말로 여러 뜻을 가진다. 그럼에도 이 장에서는, 자본주의 모순의 격렬한 폭발을 강조하려 이를 '공황'으로 번역했다.

또한 이 장은 20세기 이후 일어났던 많은 공황 가운데 세 차례의 공황을 다룬다. 20세기 이후 일어났던 공황이 어느 정도 강렬했는지를 보여주는 〈그림 6-1〉을 보면, 제1차 세계대전과 제2차 세계대전의 경제 혼란을 뺀, 세 차례의 공황이 눈에 띈다. 곧 1929년에서 1939년까지 이어졌던 '1929년 세계대공황', 1970년대 내내 자본주의를 괴롭혔던 '1970년대 세계대공황', 2006년 하반기 서브프라임 모기지 사태로 촉발했던 '2008년 세계대공황'이다.

여기서 왜 세계대공황이란 낱말을 썼는지 살펴보자. 김수행(2011a)은 이를 이렇게 설명한다. "세계대공황은 세계 경제(또는 강대국 국민경제)의 발달 과정에서 생긴 여러 가지 문제점(또는 모순)이 폭발하는 형태이면서, 동시에 이런 문제점이 일시적으로 강력하게 폭발하는 형태기도 합니다. 따라서 세계대공황을 거치면서 새로운 패권국이 등장하거나, 자본 축적 양식이 바뀌거나, 새로운 혁신들이 광범위하게 나타나게 됩니다."

그림 6-1 **20세기 이후 전 세계에서 일어난 공황의 강도**

이 그림은 1900~2010년, 66개 나라에서 일어난 공황의 강도를 잰 것이다. 이 그림에서 실선은 나라들의 소득에 가중치를 주고 은행 공황, 외환 공황, 국가 파산, 인플레이션의 크기를 잰 '종합지수(BCDI지수)'다. 점선은 '종합지수'에 주식시장 붕괴를 더한 값이다.

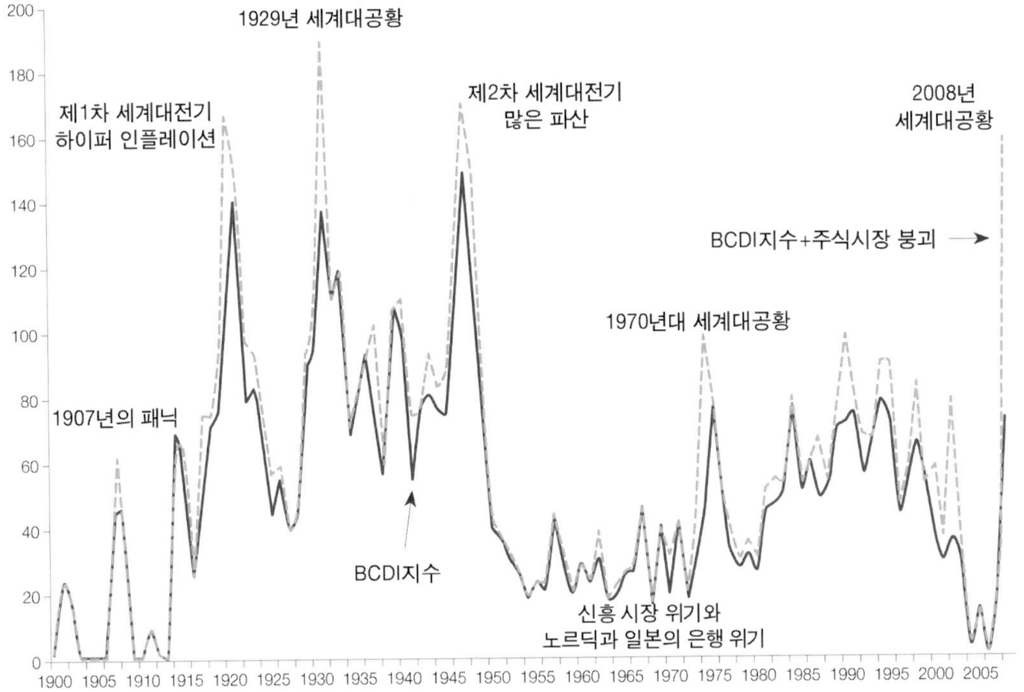

자료: 라인하트·로고프(2010)에서 재인용.

이 인용문을 풀어보면, 먼저 세계대공황은 세계 경제라는 공간에서 일어났다. 중심국 경제에서 일어난 공황은 '연속 발사'해 전 세계로 퍼졌다. 둘째, 세계대공황은 세기나 빠르기에서 세계 경제에 큰 타격을 주었다. 세계대공황은 생산과 금융뿐 아니라 수많은 사람에게 커다란 영향을 준 강력한 폭발이었다. 셋째, 세계대공황은 새로운 패권국의 등장, 자본 축적 양식의 변화, 새로운 기술 혁신을 가져왔다. 곧 세계대공황은 자본주의의 구조 전환을 불렸다. 이들 풀이를 염두에 두고, 이 장은 세계대공황을 주요어로 20세기 이후 일어났던 세 차례의 공황을 이야기한다.

2. 1929년 세계대공황, 20세기 최초이자 최고의 대사건이 일어나다

소설 『위대한 개츠비(The Great Gatsby)』(1925)에서 잘 그렸듯이, 1920년대는 번영의 시대이자 광란의 시대였다. 사람들은 호황이 영원히 끝나지 않으리라 믿었다. 1928년 12월 4일, 제30대 미국 대통령 캘빈 쿨리지(Calvin Coolidge)는 의회로 보낸 마지막 일반교서에서 "지금 호황기의 최고 기록이 이어지고 있고, 미국은 만족스러운 상태며 미래를 낙관할 수 있다"라고 말했다. 또한 1929년 주식시장의 폭락이 있기 며칠 전인 10월 16일, 이름난 경제학자 어빙 피셔(Irving Fisher)는 ≪뉴욕타임스(New York Times)≫에 기고한 글에서 "주가는 영원히 높은 고원에 있는 것처럼 보이는 곳에 이르렀다"라고 평가했다. 실제로 당시 "은행원은 물론이고 이발사, 구두닦이, 교수에 이르기까지 화제는 온통 주식시장이었다"(킨들버거, 1998).

그러던 10월 24일, 주가가 급락했다. 9월 3일, 381.17로 정점에 올랐던 다우존스공업주 평균 지수가, '검은 목요일'의 거래를 마쳤을 때 299.47을 기록한 것이다. 그 뒤, 주가는 걷잡을 수 없을 만큼 떨어져 1932년 7월 8일 41.22에 이르렀다. 사람들은 처음에는 뭐가 뭔지 어리둥절했다. 도대체 무슨 일이 벌어지고 있는 거지? 그 뒤 사태가 더 나빠지자, 사람들은 비관에 빠져 충격, 공포, 나락, 침몰, 붕괴, 파탄 따위를 떠올렸다. 언론은 이 끔찍한 사건을 알리려 부지런히 속보를 쏟아냈다. 정부는 어찌할 줄을 몰라 갈팡질팡하며 다급하게 대책을 마련했다.

1929년 세계대공황의 주요 사건은 〈표 6-1〉에 간추렸다. 1929년 세계대

표 6-1　1929년 세계대공황의 주요 사건

연도	날짜	사건
1929년	9월 3일	다우존스공업주 평균지수, 최고점인 381.17을 기록
	10월 24일	'검은 목요일', 주가가 급락해 299.47을 기록
	10월 29일	'검은 화요일', 다우존스공업주 평균지수가 261에서 230으로 폭락
1930년	6월 17일	후버 대통령, 최고관세를 정한 '스무트-홀리법' 서명
	12월 11일	미국, '뱅크오브유나이티드스테이츠' 파산
1931년	9월 20일	영란은행, 금본위제 포기
1932년	7월 8일	다우존스공업주 평균지수, 41.22로 마감
	11월 8일	프랭클린 루즈벨트, 대통령 선거에서 승리
1933년	1월 30일	아돌프 히틀러, 독일 총리에 취임
	4월 19일	루즈벨트 대통령, 금본위제 포기 선언
	5월 18일	'테네시강유역개발공사' 설립 법안, 의회 통과
	6월 16일	루즈벨트 대통령, '연방예금보험공사' 설립을 규정한 행정명령에 서명
1934년	1월 31일	루즈벨트 대통령, 금본위제 복귀
	5월 28일	영국의 경제학자 케인스, 루즈벨트 대통령을 만남
	6월 28일	루즈벨트 대통령, '연방주택청'을 설립하는 '전국주택법'에 서명
1935년	4월 8일	루즈벨트 대통령, '긴급구조자금동원법'에 서명
	7월 5일	루즈벨트 대통령, '와그너법'에 서명. '전국노동관계위원회' 설립
1936년	11월 3일	루즈벨트 대통령, 재선 성공
1937년	2월 5일	루즈벨트 대통령, 대법원 재편안 발표
	8월 2일	다우존스공업주 평균지수, 187을 기록. 이후 장기 하락
1938년	6월 25일	루즈벨트 대통령, 최저임금 등을 규정한 '공중근로기준법'에 서명
1939년	7월 1일	'공공사업진흥국' 신설
1940년	5월 10일	독일, 룩셈부르크·네덜란드·벨기에 침공
	11월 5일	루즈벨트 대통령, 3선에 성공

공황은 10월 24일의 '검은 목요일'로 제1막을 올렸다. 그 뒤, 1933년까지 세계 경제는 물가 하락과 경기 침체를 동시에 겪는 '디플레이션(deflation)'에 빠졌다. 1936년까지 얼마쯤 회복세를 보였던 세계 경제는 1937년에 공황의 제2막을 열었다. 세계대공황이 일어났던 1929~1939년 동안, 농업 불황과 함께 은행 공황과 경기 침체가 있었다. 또한 국제무역이 줄고 금본위제가 무너질 정도로 세계 경제는 좀처럼 빠져나오기 힘든 구렁에서 헤어나지 못했다.

1929년 세계대공황은 '대폭락'이란 표현으로 잘 이해할 수 있다. 미국의 국민총생산(GNP)은 1929년 1038억 달러였는데, 1933년 558억 달러로 반 토막 났다. 그리고 10년이 더 지난 1940년이 되어서야 1005억 달러로 1929년의 수준을 겨우 따라잡았다. 미국의 산업생산지수도 큰 폭으로 떨어졌다. 1929년 8월에 정점을 찍었던 이 지수는 그 뒤 무려 43개월 동안 51.71%나 내려가, 1933년 저점에 이르렀다(장시복, 2009). 미국만 상태가 나빴던 것은 아니었다. 대부분의 나라에서는 산업생산지수가 1929년에 최고점을, 1932년에 최저점을 기록했고, 캐나다, 체코, 독일 등은 이 기간 동안 이 지수가 50% 이상 떨어졌다(양동휴, 1998).

금융도 큰 어려움을 겪었다. 미국은 세 차례나 은행 공황을 치렀다. 제1차 은행 공황은 1930년 10월에서 1931년 1월까지 이어졌으며, 1930년에만 1350개가 넘는 은행이 파산했다. 1931년에 일어난 제2차 은행 공황은 한 해 동안 2293개 은행을 휩쓸었다. 제3차 은행 공황은 1932년 7월의 '대량예금 인출사태'로 터졌다. 이 사태로 이듬해 3월 6일, 전국의 은행은 3일 동안 휴무에 들어갔으며, 그 해 은행 4000여 개가 문을 닫았다(박경로, 1993).

생산과 금융에서 일어난 대폭락과 함께, 농업 불황이 이어졌다. 1920년대 초반, 세계 곡물 가격이 오르자 농가 소득이 늘고 과잉 생산이 일어났다. 그런데 1920년대 중반 이후 세계 곡물 가격이 떨어졌고, 각국의 보호무역 정책과 소비 위축으로 농민들은 비참한 상태에 놓였다(강성원, 2000).

지주와 농업자본은 이 불황에서 한몫 단단히 챙겼다. 1939년 존 스타인벡

(John Steinbeck)은 『분노의 포도(The Grapes of Wrath)』(1939)에서 농민의 어려움에 대해 이렇게 썼다. "비옥한 땅, 곧게 자라는 나무들, 튼튼한 줄기, 다 익은 열매. 그런데 펠라그라를 앓고 있는 아이들은 그냥 죽어갈 수밖에 없다. 오렌지가 이윤을 가져다주지 않는다는 이유만으로. …… 사람들은 …… 산처럼 쌓인 오렌지가 썩어 문드러지는 것을 지켜본다. 사람들의 눈 속에 패배감이 있다. 굶주린 사람들의 눈 속에 점점 커져가는 분노가 있다. 분노의 포도가 사람들의 영혼을 가득 채우며 점점 익어간다. 수확기를 향해 점점 익어간다"(스타인벡, 2008).

세계 경제에서는 '근린 궁핍화 정책'이 좀처럼 누그러들지 않았다. 대부분의 나라들은 무역 적자를 해결하려 보호주의, 평가절하 등을 펼쳤으며, 이웃나라를 거지로 만드는 정책으로 대공황에서 벗어나려 했다. 그런데 이 정책은 중심국에서 주변국으로 공황의 부담을 뒤집어씌웠다. 게다가 국가 안에서는 농촌이 도시의 부담을, 주변부 산업이 주요 산업의 부담을 떠맡았다(로터문트, 2003).

전 세계가 세계대공황으로 허덕이면서 수많은 사람들이 일터에서 쫓겨났다. 당시 실업률을 보자. 미국의 제조업 실업률은 1921~1929년 7.7%, 1930~1938년 26.1%였다. 이 26.1%의 실업률은 당시 경제활동인구 4명 가운데 1명가량이 일자리를 잃었다는 뜻이다. 영국도 같은 기간 12.0%에서 15.4%로, 프랑스도 3.8%에서 10.2%로, 독일도 9.2%에서 21.8%로 실업률이 치솟았다.

실업자들은 일자리를 찾아 이리저리 돌아다녔다. 그런데도 일자리는 어디에도 없었다. 기계도 놀고 있었으니 말이다. 굶주린 배를 채우려 사람들은 무료급식소에서 길게 줄을 섰다. 이도 어려운 사람들은 길거리의 쓰레기통을 뒤져 먹거리를 얻을 수밖에 없었다. 가게에는 식료품이 넘쳐났지만, 이를 살 수 있는 사람은 없었다. 풍요 속의 빈곤이 전 세계를 덮쳤고, '잊힌' 사람들은 갈수록 늘었다(휴버만, 2011).

그림 6-2 이주노동자 엄마

1936년 3월 캘리포니아주 니포모에서 어린 아이들을 데리고 한 엄마가 배급권을 기다리는 모습. 이 사진은 1929년 세계대공황의 참상을 알려주는 사진으로 유명해졌다.

자료: 도로시아 랭(Dorothea Lange)의 사진.

상황이 나아지기는커녕 더 나빠지자, 정부는 폭넓은 경제 정책을 마련했다. 구제(relief), 회복(recovery), 개혁(reform)의 세 가지 'R'로 간추릴 수 있는 '뉴딜(new deal)'은 당시 정부의 경제 개입을 상징했다. 1933년 3월 4일, 프랭클린 루즈벨트(Franklin Roosevelt) 대통령은 취임 연설에서 "저는 우리가 두려워해야 할 단 하나는 두려움 그 자체뿐이라는 것을 굳게 믿고 있습니다"라고 말하며 임기를 시작했고, 닷새 뒤 뉴딜 정책의 닻을 올렸다.

제1차 뉴딜 정책은 경제를 재빨리 회복하고 공황의 피해자들을 구제하는 데 초점을 맞췄다. 루즈벨트 대통령은 1933년 3월 6일, 모든 은행의 문을 닫는 초강수를 두었다. 3일 뒤, 은행 공황을 진정시키기 위해 만든 '은행법(Banking Act)'('글래스-스티걸 법')이 의회를 통과하자, 은행이 문을 다시 열었고, 그 뒤 상업은행과 투자은행이 분리되었다. 같은 해 5월 27일, 의회는 기업의 경영 정보를 공시하는 '증권법(Securities Act)'을 통과시켰고, 다음 달 16일, 루즈벨트 대통령은 대량 예금 인출 사태를 막으려 '연방예금보험공사(FDIC)'를 설립했다.

금융 안정을 꾀하면서, 정부는 1933년 5월 5일, '긴급구제법(Federal Emergency Relief Act)'에 근거를 두고 '연방긴급구제국(FERA)'를 설립해, 실업자와 빈곤층에 현금과 현물을 직접 지급했고, 도로공사, 국유지 개발 등의 공공사업을 폈다. 다음 달 16일에는 '전국산업부흥법(National Industrial Recovery Act)'이 의회를 통과하자, 정부는 기업과 노동의 상호 협력에 바탕을 두고 자본의 지나친 경쟁을 제한하는 가격 협정을 맺었을 뿐 아니라 노동의 단결권, 단체교섭권을 인정하고, 임금 인상, 노동시간 단축, 최저임금 도입을 계획했다.

한편, 1933년 5월 12일, 정부는 농업 불황을 끝내려 '농업조정법(Agricultural Adjustment Act)'을 제정해, 경지 면적을 줄이고 휴경지에 보조금을 지급하는 '농업조정청'을 설립했다. 엿새 뒤 만들었던 '테네시강유역개발공사(TVA)'는 홍수 조절과 삼림 녹화, 동력 확보를 위해 대형 댐 26개를 짓는 사업 등을 펼쳤다. 다른 한편, 1933년 4월 19일 미국은 금본위제를 포기했고, 12월 5일 사람들의 원성이 자자했던 수정헌법 제18조인 '금주법'을 폐지했다.

그렇게 온 힘을 쏟았는데도, 미국 경제를 회복하는 길은 멀고도 험했다. 보수층과 기업은 '뉴딜은 볼셰비즘이다'라고 힐난하며 뉴딜 정책에 반대했다. 엎친 데 덮쳐, 연방대법원은 1935년 '전국산업부흥법'을, 1936년 '농업조정법'을 위헌이라 판결했다. 그렇지만 곤경에 빠진 루즈벨트 대통령은 더 과감하게 뉴딜 정책을 이어갔다. 곧 1935~1941년, 일자리 창출과 제도 개혁에 방점을 찍은 '제2차 뉴딜 정책'이 시작했다.

1935년 4월 8일, 의회를 통과했던 '긴급구조자금동원법(Emergency Relief

Appropriation Act)'에 근거를 두고 정부는 학교, 댐, 고속도로, 병원 등을 세우는 공공 사업을 대규모로 펼쳤다. 다음 달 6일, 루즈벨트 대통령은 '공공사업 진흥국'을 설립해 실업자, 미숙련 노동자, 심지어 생활에 쪼들리는 예술가에게까지 일자리를 제공했다. 또한 7월 6일, 그는 '전국산업부흥법'을 대체한 '전국노동관계법(National Labor Relations Act)'('와그너법')이 제정되자, 그는 이 법에 근거를 두고 노동자의 단결권, 단체교섭권을 이전보다 더 폭넓게 인정했다. 다음 달 14일, 그는 '사회보장법(Social Security Act)'에 서명해 빈곤층에 최대 월 20달러를 지원했고, 노인보험, 실업보험 등 사회보장제도의 기초를 놓았다.

1943년 12월 28일, '옛 의사, 뉴딜'은 '새로운 의사, 전쟁 승리'에 자리를 넘겨줬다. 제2차 세계대전의 승리가 더 시급한 문제였던 것이다. 그런데 뉴딜 정책이 어느 정도 경제를 회복하는 데 효과가 있었는지를 두고는 아직도 말이 많다. 어떤 사람은 뉴딜 정책이 경제 회복에는 그다지 효과가 없었다고 주장한다. 심지어 다른 어떤 사람은 미국이 제2차 세계대전에 참전하고 군수산업의 호황이 있고 나서야 경제가 회복했다고 말하기도 한다.

어쨌든, 뉴딜 정책은 존 메이너드 케인스(John Maynard Keynes)의 유효수요이론에 근거를 둔 대규모 공공사업을 통한 경제 회복으로만 설명할 수는 없다. 뉴딜 정책의 핵심은 사회계약을 통한 국가 재건이었기 때문이다. 뉴딜 정책은 노동의 권리를 강화했고, 자본의 질주를 막으려는 여러 조치를 취했으며, 사회보장제도의 토대를 다졌다. 곧 뉴딜 정책은 자본주의의 약점을 감싸고 절대다수의 경제 약자를 위하는 정치·사회·경제·문화의 '새 판 짜기'였다. 이것이 보수층과 연방대법원 등이 이 정책에 맞서며, '뉴딜 사회주의'를 물리치려 한 까닭일 것이다.

그런데, 더 넓은 역사의 시간에서 보면, 1929년 세계계대공황은 1914~1919년의 제1차 세계대전, 1917년의 러시아의 10월 혁명, 1939~1945년의 제2차 세계대전이 있었던 20세기 초 '위기의 30년'에서 나타난 대사건이었다. 1929년 세계대공황은 당시 수많은 사람들의 일자리를 빼앗고 삶을 절망에 빠뜨렸던 자본주의의 끔찍함을 또렷이 보여주었다. 나아가, 20세기 이후 자본주의의 역사에서 가장 심각한 공황이었던 1929년 세계대공황은 기존의 자본주의 체제의 문제점을 드러냈고 불완전한 시장을 보완하는 정부의 경제 개입을 뿌리내렸으며, 훗날 자본주의의 황금기를 이끄는 밑바탕을 다졌다.

3. 1970년대 세계대공황, 스태그플레이션이 세계 경제를 괴롭히다

1960년대 후반, 지구촌은 무척 어수선했다. 1968년 1월 31일, 베트남 공산군의 총반격은 미국을 갈수록 전쟁의 수렁으로 깊이 빠뜨렸고, 전 세계에서는 반전운동이 거세게 일어났다. 이 해 4월 4일에는 인권운동의 대표자였던 마틴 루서 킹(Martin Luther King) 목사가, 두 달 뒤 6일에는 민주당의 대통령 경선 후보였던 로버트 케네디(Robert Kennedy)가 암살당했다. 게다가, 이 해 3월 21일 프랑스에서는 신좌파가 이끈 혁명이 터졌고 이듬해까지 유럽 곳곳에서 혁명의 불길이 솟아올랐다.

'현실'사회주의 나라들의 상황도 나을 게 없었다. 1966년 5월 16일, 중국에서는 마오쩌둥(毛澤東)이 앞장섰던 문화대혁명이 일어났다. 3년 뒤 8월 21일, '프라하의 봄'이란 불렸던 체코의 벨벳 혁명은 소련군의 탱크 진압으로 짓눌렸다. 1960년대 내내 소련과 중국은 분쟁을 일으켰고, 마침내 1969년 3월 2일, 두 나라는 군사 충돌을 했다.

1970년대에 들어서자 좋은 소식과 나쁜 소식이 엇갈렸다. 1971년 7월 20일, 아폴로 11호가 인류 역사에서 최초로 달에 착륙했다. 같은 해 8월 15일, 미국 대통령 리처드 닉슨(Richard Nixon)은 금 1온스=35달러의 태환을 정지했다. 다음 해 2월 21일 닉슨 대통령은 중국을 첫 방문했고, 5월 26일 소련

표 6-2 1970년대 세계대공황의 주요 사건

연도	날짜	사건
1971년	8월 15일	닉슨 대통령, 달러-금태환 정지 선언
	12월 18일	'스미소니언 체제' 발족(달러 평가 절하, 변동환율제)
1972년	2월 21일	미국과 중국, 정상회담 개최
1973년	10월 6일	제4차 중동전쟁 발발
	12월 23일	'석유수출국기구', 석유가격 2배 인상 결정
1974년	6월 26일	독일, '헤르슈타트은행' 도산
	8월 8일	닉슨 대통령 사임. 다음날 제럴드 포드, 제38대 대통령에 취임
1975년	4월 30일	사이공 함락, 베트남전쟁 종결
1976년	1월 7일	'킹스턴 체제' 성립. 변동환율제 채택
	9월 9일	마오쩌둥 사망. '문화대혁명' 종결
1977년	1월 20일	지미 카터, 제39대 대통령에 취임
1978년	12월 17일	'석유수출국기구', 몇 차례에 걸쳐 14% 석유가격 인상 결정
1979년	1월 17일	이란, 이슬람 혁명
	5월 3일	영국, 총선에서 보수당 집권. 마거릿 대처, 총리 당선
	12월 27일	소련, 아프가니스탄 침공
1980년	9월 22일	이란-이라크 전쟁 발발
1981년	1월 20일	로널드 레이건, 제40대 미국 대통령에 취임

의 레오니트 브레즈네프(Leonid Brezhnev) 서기장과 전략무기제한협정을 맺으며 데탕트 시대를 열었다.

여러 사건이 있었는데도, 세계 경제는 위험한 상황에 있지 않았다. 제2차 세계대전 이후 자본주의의 '황금기'는 끝날 기미조차 없었으니 말이다. 당시의 분위기는 노벨경제학상을 받은 폴 새뮤얼슨(Paul Samuelson)이 한 이런 말에 고스란히 담겨 있었다. "경기 순환은 죽었는가? 현대 의학이 천연두와 소아마비와 같은 질병을 없앤 것처럼 새로운 경제학은 경기 순환과 같은 역사적 자본주의의 저주를 이제 영원히 제거했는가? …… 경제과학은 경기 후퇴

그림 6-3 **"죄송합니다. 오늘은 기름이 떨어졌어요."**
1973년 가을 오리건주 링컨시의 주유소에 있는 표시. 이 당시 기름이 떨어졌다는 표시는 미국 전역에서 흔하게 볼 수 있었다.

자료: 데이비드 팰코너(David Falconer)의 사진.

가 장기적인 큰 불황으로 전환되는 것을 막기 위해 재정·금융 정책을 사용하는 방법을 알고 있다"(김수행, 2006).

물론, 이 새로운 경제학에 대한 호언장담은 곧바로 자본주의가 공황에 빠지면서 잊혀졌다. 자본주의의 활력을 나타내는 이윤율은 선진국 전체에서 1968년 19.3%, 1973년 15.4%, 1975년 11.7%로 떨어졌다. 미국의 이윤율은 같은 기간 각각 17.1%, 13.2%, 11,0%, 유럽의 이윤율은 각각 18.8%, 16.0%, 11.4%를 기록했다(암스트롱·글린·해리슨, 1993).

이윤율이 떨어지면서 생산도 급락했다. 미국의 경제성장률은 정점에 있었던 1973년 4/4분기에서 저점에 이르렀던 1975년 2/4분기까지 14.4%나 떨어졌다. 일본은 1973년 4/4분기부터 1975년 1/4분기까지 19.8%, 독일도

1973년 4/4분기부터 1975년 3/4분기까지 11.8% 내려갔다. 영국, 프랑스, 이탈리아 등에서도 거의 동시에 생산이 줄었다(Mandel, 1978).

생산 급락과 함께, 1973년 10월 6일 제4차 중동전쟁이 발발했다. 중동의 화약고가 터지자, 12월 23일 석유수출국기구(OPEC)는 석유 가격을 인상하며 그야말로 세계 경제에 기름을 끼얹었다. 석유 가격은 1971년 3.60달러, 1974년 9.35달러, 1975년 12.21달러로 4배나 올랐다. 엎친데 덮쳐, 공업 원료와 식료품의 매점매석과 투기로 구리·면화·커피 따위의 1차 산품 가격이 치솟았다.

1차 산품 가격이 치솟으면서 인플레이션도 급등했다. 이에 따라 1973년에서 1975년까지 세계 경제는 저성장과 고물가를 동시에 겪는 '스태그플레이션(stagflation)' 시대에 들어섰다. 1974~1975년 미국의 실질경제성장률은 -0.4%였고, 물가상승률은 9.2%였다. 같은 기간 독일은 각각 0.0%와 6.1%, 프랑스는 각각 1.7%와 11.2%, 영국은 각각 -2.0%와 16.7%, 일본은 각각 1.0%와 14.7%를 기록했다.

스태그플레이션은 정부의 경제 개입으로는 막을 수 없는 악몽과 같았다. 저성장과 고물가가 동시에 나타나는 상황에서, 저성장을 잡으려 정부가 확장 정책을 쓰면 물가만 더 오를 뿐이었다. 이와 달리, 고물가를 잡으려 정부가 긴축 정책을 쓰면 경기가 더 침체할 수밖에 없었다. 이런 현상은 20세기 이후 세계 경제에서 처음 나타났으며, 자본주의의 황금기를 이끈 케인스주의 경제 처방의 약점을 드러냈다.

그런데 1980~1981년, 세계 경제는 다시 공황에 빠졌다. 1976년에서 1979년까지 세계 경제에서는 성장률이 어느 정도 회복했고 물가상승률도 떨어졌다. 그러다가 1980~1981년, 스태그플레이션이 다시 나타났다. 1980~1981년 미국의 실질경제성장률은 1.1%로 떨어졌고, 물가상승률은 10.2%로 다시 올랐다. 같은 기간 독일은 각각 1.0%와 5.6%, 프랑스는 각각 1.4%와 11.8%, 영국은 각각 -1.4%와 12.9%, 일본은 각각 3.5%와 6.0%를 기록했다.

스태그플레이션을 해결하려면 중앙은행은 결단을 해야 했다. 두 마리 토끼를 한꺼번에 잡을 수 없는 상황에서, 저성장이든 고물가든 하나라도 먼저 잡을 필요가 있었다. 1979년 8월 6일, 미국의 연방준비제도이사회 의장에 오르자마자, 폴 볼커(Paul Volker)는 인정사정없이 이자율을 인상하는 '볼커 쿠데타'를 단행했다. 연준의 기준금리는 1979년 11.2%에서 1981년 20%까지 치솟았고, 이로 인해 경기는 더 나빠지고 실업률은 올랐지만, 인플레이션은 낮출 수 있었다.

이 최악의 상황은 실업자를 대량 양산했고, 많은 사람들을 고통에 빠뜨렸다. 사람들은 일자리를 원하며 끔찍한 현실에 화내거나 좌절했다. 1977년 클래시(Clash)라는 영국 밴드는 「고용기회(Career Opportunities)」라는 노래를 펑크 리듬에 맞춰 이렇게 불렀다. "그들은 나한테 일자리를 줬어, 가계도 줬고/ 일자리를 줬으니 닥치는 대로 하는 게 좋다는 거야/ 근데 그렇다고 BBC 방송국에서 차나 끓이는 일을 해야겠어?/ 정말 경찰을 해야겠느냐고/ 고용기회라는 말은 허울뿐이야/ …… 만약 나더러 장난감이나 만드는 일 따위 하라고 한다면/ 정말 그렇다면 그거라도 해야지 뭐"(임진모, 2014).

노동자들은 임금 삭감이나 임금 동결, 노동 규칙 강화와 기존 계약의 조기 협상을 강요받았다. 공황의 책임을 자본이 아니라 노동에 덮어씌우자, 노동자들은 파업을 벌였다. 영국에서는 1978~1979년 '불만의 겨울'에 총파업이 일어났다. 특히 1979년 1월, 유조차 운전사들이 40%의 임금 인상을 요구한 뒤 파업이 들불처럼 번졌고, 같은 달 22일에는 무려 155만 명이 총파업에 참가했다. 결국 영국 정부가 백기를 들면서, 2월 중순에야 파업이 멈췄고 '불만의 겨울'은 끝났다.

그런데 이들 사태를 뚫고 나가려 정부는 새로운 경제 정책을 마련했다. 오늘날에도 사람들의 입에서 자주 오르내리는 '신자유주의'가 현실에 등장했다. 영국에서는 '불만의 겨울'이 끝난 뒤인 1979년 5월의 조기 총선에서 마거릿 대처(Margaret Thatcher)가 이끄는 보수당이 승리했다. 총리에 오른 그는

'인플레이션은 공공의 적 제1호'라며, 긴축 정책과 함께 규제 철폐, 감세, 복지 지출 삭감 등의 정책을 폈다. 또한 그는 파업을 한 노조에 벌금을 매겼고 파업의 피해 비용을 노조에게 부과했으며 경찰을 동원해 노조를 탄압했다.

미국에서는 1981년 1월 20일, 대통령에 취임한 로널드 레이건(Ronald Reagan)이 신자유주의를 적극 받아들였다. 영국의 대처 수상과 마찬가지로 그는 규제 철폐, 감세 정책 등 작은 정부에 기반을 둔 '레이거노믹스'를 실행했다. 또한 1981년 8월, 그는 파업을 하던 전문항공관제관조합의 노조원 1만 1000명을 모두 잘랐다. 그런데 모순되게도 그는 우주방위전략을 발표했고 군사 개발에 나랏돈을 마구 써댔다.

대처와 레이건의 정책으로 구현된 신자유주의는 '시장에 모든 것을 맡겨라'라는 구호에서 알 수 있듯, 효율을 강조하고 시장 중심으로 사회관계를 다시 짜려 했다. 또한 신자유주의는 정부 개입에 반대하며 작은 정부를 바랐지만, 역설되게도 시장 질서의 재편을 위한 경제 개입에는 적극 동의했다. 따라서 신자유주의는 1970년대 세계대공황이 낳은 모순을 정부의 강력한 경제 개입으로 해결하고, 자본 우위의 경제 질서를 회복하기 위한 정치 기획이라 할 수 있었다.

한편, 1929년 세계대공황과 마찬가지로, 1970년대 세계대공황은 자본주의의 구조 전환에 중요한 계기가 되었다. 1970년대 세계대공황은 무엇보다도 전후 장기 호황의 마지막이자 가장 격렬한 국면이었다. 1973~1974년과 1980~1981년의 두 차례 공황으로 전후의 황금기는 갑작스럽고 고통스럽게 끝났다. 그리고 황금기의 눈부신 경제 성장이 맺은 열매를 누렸던 자본주의는 이제 '장기 불황'의 시대로 들어섰다(암스트롱·글린·헤리슨, 1993).

다른 한편, 1970년대 세계대공황을 겪으면서 자본은 새로운 이윤을 찾아 세계화를 재빠르게 추진했다. 곧 생산자본은 한 나라를 벗어나 이윤이 나는 전 세계 곳곳에 공장을 세웠다. 금융자본은 전 세계를 순간 이동하며 금융 이득을 얻는 데 온 힘을 기울였다. 게다가 세계화를 등에 업고, 신자유주의는 전 세계로 퍼졌다. 1980년대 이후, '워싱턴 합의(Washington consensus)'로 대표되는 신자유주의 정책은 국제통화기금(IMF) 따위의 세계경제기구를 활용했고, 1980년대 말과 1990년대 초 '현실'사회주의의 몰락, 1997~1998년의 동아시아 외환 공황을 겪으며 더 확산되었다.

4. 2008년 세계대공황, 21세기를 연 복합공황이 무질서를 만들다

새로운 밀레니엄이 희망차게 시작하고 곧바로 '닷컴버블'이 터졌지만, 2001년 1월, 다우존스공업주 평균지수는 1만 887을 찍었고, 2007년 10월, 1만 3930까지 치솟았다. 주택시장도 호황이었다. 미국의 실질주택지수는 2001년 133.04에서 2008년 202.82까지 8년 동안 무려 69.78%나 올랐다. 사람들은 '신경제'를 말했고 '대완화 시기'를 찬양했다.

이 상황에서 경제를 낙관하는 목소리가 또 다시 울려 퍼졌다. 이번에는 미국 매사추세츠공과대학의 루디 돈부시(Rudi Dornbusch)가 그 노릇을 자임했다. "미국 경제는 향후 몇 년 동안 불황을 겪지 않을 것으로 보인다. 우리는 불황을 원하지도 필요로 하지도 않으며, 현재의 호황을 지속시킬 수단들을 갖고 있으므로 앞으로도 불황을 겪지 않을 것이다. 이 호황은 영원히 지속될 것이다"(헨우드, 2004).

사실 이 낙관은 공황이라는 불치병을 까맣게 잊은 사람들이 줄곧 해댄 말일 뿐이었다. 그런데 1970년대 세계대공황 이후만 봐도 공황은 늘 있었다. 다음의 목록을 읽어보라. 1982년 멕시코·아르헨티나 등의 제3세계 외채 공황, 1980년대 중반~1990년대 초반 미국의 저축대부조합 공황, 1987년 세계 주식 공황, 1990년대 일본의 장기 불황, 1992~1993년 유럽환율제도 위기, 1994~1995년 남미의 테킬라 공황, 1997~1998년 동아시아의 외환 공황,

1998년 러시아의 지급 유예 선언과 롱텀캐피탈매니지먼트(LTCM) 사태 등등.

어쨌든, 2000년대 초반에 벌였던 잔치가 끝나자 자본주의는 20세기 이후 세 번째이자 21세기 최초의 세계대공황을 맞이했다. 18년 동안 미국 연준의 의장을 지냈던 앨런 그린스펀(Alan Greenspan)이 적절하게 비유했듯, '반세기에 한번, 어쩌면 한 세기에 한번 일어날 만한 사건', 2008년 세계대공황이 일어났다.

〈표 6-3〉에 간추린 2008년 세계대공황의 주요 사건에 바탕을 두고, 이 공황의 전개 과정을 살펴보자. 첫 번째 시기는 2006년 하반기에서 2007 하반기까지 이어졌던 서브프라임 모기지 사태다. 2006년 하반기에 이자율이 오르면서, 치솟던 집값이 떨어졌다. 이 충격으로 2006년 8월 26일, 저소득층이 주로 대출받았던 서브프라임 모기지에 대한 채무불이행이 시작했다. 이로 인해 모기지 대출회사들은 손실을 보았고, 2007년 4월 2일 미국 제2위의 모기지 대출업체인 뉴센추리파이낸셜(New Century Financial)이 문을 닫으면서 주택 시장이 무너졌다.

두 번째 시기는 2008년 상반기에서 9월 중순까지 서브프라임 모기지 사태의 충격이 금융시장으로 빠르게 퍼진 것이다. 2008년 3월 16일, 베어스턴스(Bear Stearns)의 파산은 금융자본의 몰락을 알리는 신호탄이었다. 그 뒤 혼란이 이어졌고, 기어이 9월 14일, 메릴린치(Merrill Lynch)가 뱅크오브아메리카(Bank of America)에 500억 달러에 인수되었다. 다음날 15일에는 리먼브라더스(Lehman Brothers)가 파산 보호를 신청했고, 골드만삭스(Goldman Sachs)와 모건스탠리(Morgan Stanley)는 상업은행으로 탈바꿈했다. 엎친대 덮쳐, 그다음 날에는 세계 최대 보험회사인 에이아이지(AIG)가 850억 달러의 구제 금융을 받았다. 2008년 9월 중순 이후, 투자은행 대부분이 사라졌고 그 충격으로 금융시장은 거의 무너질 뻔했다.

두 번째 시기에는 경기 침체가 겹쳤다. 미국은 이윤율이 떨어지면서 생산

표 6-3 2008년 세계대공황의 주요 사건

연도	날짜	사건
2006년	08월 26일	서브프라임 모기지에 대한 채무불이행 시작
2007년	4월 2일	모기지 대출업체 뉴센추리파이낸셜, 파산 보호 신청
	8월 31일	조지 부시 대통령, 서브프라임 모기지 관련 종합 대책 발표
2008년	1월 11일	뱅크오브아메리카, 컨트리와이드파이낼셜 인수
	3월 16일	제이피모건, 주당 2달러에 베어스턴스 인수
	7월 11일	모기지 대출업체 인디맥 파산
	9월 7일	미국 정부, 패니메이, 프레디맥에 2000억 달러 구제 금융 지원
	9월 14일	뱅크오브아메리카, 500억 달에 메릴린치 인수
	9월 15일	리먼브라더스, 파산 보호 신청
	9월 16일	세계 최대 보험회사 에이아이지, 850억 달러 구제 금융 받음
	9월 25일	미국 최대 저축은행, 워싱턴뮤추얼 파산
	9월 28일	영국 정부, 모기지 대출업체 브래드퍼드앤빙글리 국유화
	9월 29일	씨티, 미국 제4위 은행 와코비아 인수
	10월 3일	'긴급경제안정화법안' 하원 통과
	10월 10일	제63차 국제통화기금-세계은행 연차총회 개최
	10월 14일	아이슬란드, 국제통화기금에 구제 금융 신청
	12월 2일	제너럴모터스 등, 340억 달러의 구제 금융 요청
	12월 16일	연준, 기준금리를 0~0.25%로 인하
2010년	4월 13일	그리스, 유럽연합에 구제 금융 요청
	5월 13일	그리스 의회, 구제 금융 조건인 긴축안 가결

하락을 겪었다. 미국의 실질경제성장률은 2007년 3/4분기 2.2%, 4/4분기 2.5%에서, 2008년 1/4분기 -2.3%, 4/4분기 -8.4%로 떨어졌다. 또한 생산이 줄면서 실업률이 2008년 1월 4.9%에서 2009년 7월 9.4%까지 올랐다.

세 번째 시기에는 미국에서 일어난 공황이 전 세계로 퍼졌고, 유럽 국가들에서 국가 채무 위기가 일어났다. 독일의 실질경제성장률은 2008년 2/4분기

-0.2%, 2009년 1/4분기 -4.7%로 떨어졌다. 프랑스는 같은 기간 -0.3%와 -1.7%, 영국은 -0.6%와 -0.2%, 일본은 -0.4%와 -4.8%의 실질경제성장률을 기록했다. 금융시장에서도 금융 불안정이 커졌고, 심지어 2008년 9월 28일 영국의 모기지 대출업체인 브래드퍼드앤빙글리(Bradford & Bingley)가 국유화되는 믿기 힘든 일까지 벌어졌다.

더욱이 경제가 나빠지면서 유럽의 몇몇 나라는 재정 부담을 이겨내지 못하고 국가 채무 위기에 빠졌다. 2008년 10월 14일에는 아이슬란드가, 다음 날에는 헝가리와 우크라이나가 국제통화기금에 구제 금융을 신청했다. 2년 뒤 4월 13일, 그리스는 채무불이행을 선언했고 유럽연합(EU)에 구제 금융을 요청했다. 이 사태로 그리스는 유럽연합의 구제 금융 조건 가운데 하나였던 긴축안을 두고 큰 정치 혼란을 겪었다. 결국 2015년 1월, 긴축안 재협상을 공약으로 내걸고 총선에서 승리했던 급진좌파연합, 시라자(ΣΥΡΙΖΑ)는 국민투표에서 61.3%의 반대로 긴축안을 뒤집었다.

이 상황에서 2008년 세계대공황은 유례없는 정부의 경제 개입을 낳았다. 특히, 연준은 기준금리를 낮춰 경제에 유동성을 공급했다. 연준은 기준금리를 2007년 8월 17일, 5.25%에서 2008년 8월, 2.00%까지 조정했다. 급기야 금융 시스템이 붕괴에 이르자, 같은 해 9월, 연준은 통화 정책을 포기하는 수준인 0~0.25%로 기준금리를 낮췄다.

그런데도 사태가 나아지지 않자, 최종 대부자로서 연준은 '비관행의 통화 정책'이라는 극약을 처방했다. 비관행의 통화 정책은 두 단계로 이루어졌다. 첫 번째 단계에서 연준은 새로운 유동성 공급 장치를 활용해 직접 대출을 늘렸다. 연준은 '기간부입찰제도(TAF)', '기간부국채대출제도(TSLF)', '프라이머리딜러신용공급제도(PDCF)', '한도대출(RCF)', '증권대출장치(SBF)', '중앙은행유동성스왑협정(CBLS)'을 썼다. 이들 낯선 명칭은 연준이 썼던 방식이 이전에 없는 새로운 것임을 잘 보여주었다.

두 번째 단계에서 연준은 장기 채권을 구매해 신용 흐름을 이어가려 했다.

연준이 쓴 방식에는 '자산유동화기업어음 머니마켓뮤추얼펀드 유동성공급제도(AMLF)', '회사채기금조달제도(CPFF)', '기간자산유동화증권대출(TALF)', '모기지담보부증권공급장치(AMBSF)'가 있었다. 긴 이름을 가진 이들 방식도 중앙은행의 정책으로는 색다른 것이었다. 마지막으로 비관행의 통화 정책은 아니었지만, 연준은 미국 재무성 채권을 구매해 정부의 재정 정책을 뒷받침했다.

그렇다면, 어느 정도의 돈이 구제 금융에 들어갔을까? 한 연구자에 따르면(Felkerson, 2011), 연준이 금융자본을 구제하는 데 쓴 돈은 29,000,000,000,000달러, 곧 29조 달러였다. 이 금액은 우리 돈(계산을 쉽게 하려 1달러=1000원으로 둠)으로 29,000,000,000,000,000원, 곧 2경 9000조 원이었다. 이 어마어마한 돈은 대한민국의 국민 1000만 명에게 29억 원씩 나눠줄 수 있는 액수였다.

엄청난 돈을 쏟아 부었던 연준의 비관행의 통화 정책은, 신자유주의 이론의 대부였던 밀턴 프리드먼(Milton Friedman)이 비유했듯이, 마치 헬리콥터를 타고 공중에서 돈을 뿌리는 것과 같았다. 그렇지만 헬리콥터에서 비처럼 뿌린 돈은 여러 가지 문제를 낳았다. 무엇보다도 연준은 새로운 투자자로 탈바꿈했다. 연준은 원래 기준금리를 조절하는 데 필요한 재무성 채권을 주로 보유했다. 그렇지만 연준이 대규모 구제 금융을 제공하자, 연준의 자산 항목에는 다량의 금융자산, 특히 모기지담보부증권(MBS)이 큰 비중을 차지했다. 이런 금융자산은 연준의 통화 정책에 큰 변화를 가져온 것이라 할 수 있다.

또한 연준의 비관행의 통화 정책은 거대 금융자본에 치우친 구제 금융의 성격도 드러냈다. 예를 들어, 연준은 '프라이머리딜러신용공급제도'를 활용해 메릴린치(2조 814억 달러), 시티그룹(2조 202억 달러), 모건스탠리(1조 9126억 달러), 베어스턴스(9601억 달러), 뱅크오브아메리카(6389억 달러)에 돈을 빌려줬다. 전체 지원금 가운데 85.1%가 이들 5개 거대 금융자본에 돌아갔다. 이를 보면, 금융 시스템의 붕괴를 막겠다는 국민경제의 목표를 내세웠던 연준

그림 6-4 '월스트리트를 점령하라' 운동
2012년 3월 15일, 금융자본의 탐욕과 자본주의에 분노한 '월스트리트를 점령하라' 운동 단체들이 뱅크오브아메리카 건물을 향해 행진하고 있다.

자료: 마이크 플레시맨(Mike Fleshman)의 사진.

의 정책은 실제로는 거대 금융자본 살리기, 곧 '대마불사(大馬不死)'의 성격을 띠었을 뿐이었다.

이 상황은 집과 일자리를 잃고 고통 받던 많은 '잊힌' 사람들의 분노를 자아냈다. 2011년 9월 17일, 뉴욕 맨해튼의 한 광장에서 시작한 '월스트리트를 점령하라' 운동은 2008년 세계대공황 이후 드러난 자본주의의 모순을 문제 삼았다. 이 시위에서 사람들은 이렇게 외쳤다. "부자에게 세금을", "기업복지가 아니라 의료보험 지원을", "우리가 월스트리트를 점령한 것은 은행이 우리 집을 점령했기 때문이다" 등. 이들 외침은 '이익을 사유화하고 손실을 사회화한' 금융자본에 대한 분노이자, 부자만이 행복한 자본주의에 대한 비판을 담고 있었다.

그 뒤, 시위는 월스트리트를 벗어나 워싱턴, 보스턴, 시카고, 로스앤젤레스 등 미국의 주요 도시로 번졌다. 또한 대서양을 건너 유럽 전역에서도 비슷한 시위가 벌어졌다. 특히, 스페인에서는 긴축 정책을 반대하는 시민운동, '분노한 사람들'이 마드리드에서 브뤼셀까지 1700킬로미터를 걸으며 시위를 벌였다. 게다가 10월 15일, 영국, 벨기에, 호주, 일본 등 76개 나라 826개 도시에서는 시위가 동시다발로 벌어졌으며, 참가자들은 '세계를 점령하라'는 구호를 외치며 자본과 국가에 대한 분노를 전 세계에 알렸다.

돌아보면, 2008년 세계대공황은 서브프라임 모기지대출이라는 가장 약한 고리를 품고 있었던 주택시장, 온갖 파생금융상품으로 돈을 벌었던 금융시장과 성장이 더디기만 했던 생산 활동 모두에 깊은 충격을 준 복합 공황이었다. 추락하는 것에는 날개가 없다는 말처럼, 세계 경제는 벗어나기 어려운 깊은 나락으로 떨어졌고, 정부의 유례없는 경제 개입에도 수많은 사람들은 고통에 허덕였다. 게다가 국가 채무 위기를 맞은 나라의 국민은 재정 지출 축소, 연금과 사회복지 혜택의 감소 등의 대규모 긴축 정책으로 더 큰 고통을 견뎌야 했다.

2008년 세계대공황은 오늘날에도 이어지는 세계 경제의 무질서의 출발점이었다. 사람들은 2008년 세계대공황이 끝나고 신자유주의 경제 개입도 사라진 세상에 살고 있다고 쉽게 믿는다. 그렇지만 경제의 저성장은 줄곧 이어지고 있고, 여전히 비관행의 통화 정책은 전 세계에 더 많은 유동성을 공급하고 있으며, 신자유주의도 전혀 사라지지 않았다. 더욱이 2020년 2월, 인류를 급습한 '코로나바이러스 팬데믹(Covid-19 pandemic)'은 2008년 세계대공황 이후 새로운 골칫거리로 등장하며, 자본주의의 무질서를 더 부추기고 있다.

5. 20세기 이후 세계대공황의 가르침

공황은 자본주의가 태어난 뒤 '계속 피어 오른 질긴 다년생화' 같다. 공황은 자본주의에 늘 내재했다. 1949년 5월, 좌파 성향을 띤 ≪월간평론(Monthly Review)≫ 창간호의 기고문에서 상대성이론으로 유명해진 과학자 알베르트 아인슈타인(Einstein, 1949)은 정곡을 찌르며 이렇게 말했다. "생산은 사용을 위해서가 아니라, 이윤을 내기 위해 이루어진다. …… 자본가들끼리 벌이는 경쟁과 연관이 있는, 이윤을 내려는 동기야말로 자본의 축적과 가동이 낳은 불안정과 그 결과로 나타난 갈수록 심각해지는 경기 침체의 원인이다."

공황이 일어나면 자본주의에서는 이윤율이 떨어지고 생산이 급락한다. 민감한 주식시장에서는 주가가 폭락하고, 금융시장에서는 금융 손실이 쌓이면서 불안정이 커진다. 게다가 공황의 충격파는 연속 발사해 전 세계로 퍼진다. 곧 공황은 "주문을 외워 불러내었던 저승의 힘을 더 이상 감당할 수 없게 된 마법사와 같다. …… 사회는 갑자기 야만의 상태로 돌아간 것처럼 보인다. 기아와 전면의 섬멸전이 사회로부터 모든 생활 수단들을 박탈해 간 것처럼 보인다"(마르크스·엥겔스, 2016).

그렇지만 공황이 휩쓸고 지나가면, 사람들은 역사의 가르침을 까맣게 잊어버린다. 힘든 일은 빨리 잊는 것이 좋다지만, 사람들은 공황의 시기에 뼈저리게 느꼈던 고통을 머릿속의 지우개로 깔끔하게 지운다. 그리고 다시 호황이 오면, 자본주의가 번영의 시대로 들어섰다며 환희의 찬가가 온 세상에 울려 퍼진다. 사람들은 영원한 호황, 미래에 대한 낙관, 새로운 희망만이 자본주의의 모든 것이라고 여긴다.

한국도 마찬가지였다. 1997년 한국 경제는 심각한 외환 공황을 맞았다. 1990년대 한국 경제는 재벌의 과잉투자와 중복투자, 금융 자유화에 따른 종합금융회사의 신설과 대규모 해외 차입으로 취약한 상태였다. 이 상황에서 공황이 터졌고, 한보철강, 삼미특수강, 진로, 기아, 해태, 뉴코아 등 재벌들이 줄줄이 문을 닫거나 어려움에 빠졌다. 또한 재벌이 어려워지자, 금융기관의 부실채권이 늘어났고 많은 금융 손실이 생겼다. 마침내, 해외 차입의 만기가 다가온 상황에서 외환 보유고가 바닥나자, 1997년 11월 21일, 김영삼 정부는 국제통화기금에 특별 구제 금융을 신청했다.

1998년 2월 25일에 출범한 김대중 정부는 국제통화기금의 요구에 따라 공황의 모순을 해결하기 위한 구조조정을 대규모로 펼쳤다. 김대중 정부는 부실기업을 말끔히 없앴고, '대규모 사업교환(big deal)'을 통해 재벌의 중복 사업을 정리했다. 또한 투명한 기업을 만들려 이사회와 주주총회의 기능을 강화했고, 결합재무제표의 작성, 소액주주 권한의 보호 등을 도입했다. 정부는 금융 부문에서 종합금융회사 등 금융기관을 퇴출했으며, 공공 부문의 구조조정을 밀어붙여 포항제철, 한국통신, 담배인삼공사를 민영화했다. 마지막으로 노동 부문에서는 노사정위원회를 만들었고 비정규직 법안을 통과시켰다(김수행, 2011b).

1997년 외환 공황은 한국 경제의 고도성장이 완전히 끝났음을 알렸던 대사건이자 구조 전환의 출발점이었다. 사실, 지금도 한국 경제의 해결하기 어려운 문제인 재벌의 집중, 비정규직의 증가, 소득 불평등의 악화 등도 이 구조 전환이 낳은 산물이라 해도 지나친 말은 아니다. 그런데 20년이 훨씬 지난 오늘날, 사람들은 언제 그런 일이 있었는지 기억조차 가물가물한 세상에 살고 있다. 사람들은 당시의 수많은 고통과 좌절을 까맣게 잊고, 제4차 산업혁명이나 공유경제나 수소 혁명의 장밋빛 전망에 흥분하고 있다. 사람들은 밝은 미래를 열어줄 자본주의의 이런 새로운 모습에 다시 희망을 걸고 있는 것이다.

물론 사람들이 품는 희망은 현실의 고통에서 벗어나기 위한 몸부림이다. 고통을 잊으려 과거를 돌아보기보다는 미래에서 어렴풋한 희망을 찾는 것이다. 그렇지만, 과거를 까맣게 잊으면 새로운 희망은 싹틀 수 없다. 희망은 과거에서 오는 것이기 때문이다. 이런 점에서 20세기 이후 세계대공황은 자본주의에서 살고 있는 사람들에게 망각의 덫에 빠지지 말 것을 경고한다. 그리고 세계대공황의 역사는 사람들에게 자본주의의 모순을 잊지 말고, 설령 좌절을 맛보더라도, 이 모순투성이의 체제를 변혁해 더 나은 새로운 세상을 만들 것을 촉구한다.

공황이 가르쳐주는 자본주의의 모순과 전환의 이야기를 잊지 않고 이 체제를 변혁하려는 사람들은, 트로이 전쟁이 끝난 뒤 긴 방랑과 시련을 겪은 아이네이아스(Aeneas)가 동료들에게 용기를 북돋워 주며 한, 이런 말에 위로를 받았으면 한다. "오 전우들이여, 그대들은 이보다 더한 일도 겪었다. …… 이제 정신을 차리고 불행과 공포는 잊어버리시오. 아마 이 고생도 그대들에게 언젠가는 즐거운 추억거리가 될 것이오. 온갖 파란을 겪고, 그토록 많은 위험을 뚫고 우리는 라티움으로 향하니, 그곳에서 운명은 우리에게 안식처를 줄 것이오. …… 그대들은 참고 견디며 더 나은 미래를 위해 그대들 자신을 보전하시오"(베르길리우스, 2019).

'라티움'으로 상징되는 새로운 사회로 가는 길은 멀고도 험난하지만, 우리는 묵묵히 그 길을 걸어야 할 것이다. 오로지 그 길만이 새로운 희망을 찾을 수 있는 단 하나의 길일 것이다. 그리고 여럿이 함께 그 길을 갈 수 있다면 그 희망은 더 빨리 이루어질 것이다. "생각해 보니 희망이란 본시 있다고도 없다고도 할 수 없는 거였다. 이는 마치 땅 위의 길과 같은 것이다. 본시 땅 위엔 길이 없다. 다니는 사람이 많다 보니 길이 되어버린 것이다"(루쉰, 2010).

핵심정리

1. 영어 낱말 'crisis'는, 우리말로 '위기'나 '공황'으로 번역하는데, 세 가지 뜻을 담고 있다. 첫째, 고비나 갈림길, 둘째, 굳음이나 멈춤, 셋째, 어지러움이나 불균형이다. 이 장은 자본주의가 낳은 모순의 폭발을 강조해 이 낱말을 '공황'으로 번역했다.

2. '1929년 대공황,' '1970년대 세계대공황,' '2008년 세계대공황'은 세기나 속도에서 세계 경제에 큰 타격을 주었으며, 자본주의의 구조 전환을 불렀다.

3. '1929년 세계대공황'으로 세계 경제는 농업 불황, 은행 공황, 경기 침체, 국제무역의 축소, 금본위제의 붕괴를 겪었다. 이 상황에서 경제 회복과 자본주의의 '새 판 짜기'인 뉴딜 정책이 펼쳐졌다. 1929년 세계대공황은 20세기 이후 자본주의의 역사에서 가장 심각한 공황이었고, 이후 불완전한 시장을 보완하는 정부의 경제 개입을 낳았다.

4. '1970년대 세계대공황'은 스태그플레이션을 일으켰다. 1970년대 세계대공황으로 자본주의는 제2차 세계대전 이후 황금기를 끝내고 장기불황의 시기로 들어섰으며 신자유주의 경제 개입을 낳았고, 자본의 세계화를 추진하는 중요한 계기가 되었다.

5. '2008년 세계대공황'은 서브프라임 모기지 사태, 투자은행 몰락에 따른 금융시장의 붕괴, 경기 침체를 낳은, 20세기 이후 세 번째이자 21세기 최초로 일어났던 복합 공황이었다. 각국 정부는 유례없는 경제 개입, 특히 중앙은행의 비관행의 통화 정책으로 대응했다. 그런데 이런 대응은 '이익의 사유화, 위험의 사회화'를 낳았고, '월스트리트를 점령하라' 운동과 같은 분노를 일으켰다.

6. 공황은 자본주의가 태어난 뒤 줄곧 일어난다. 공황은 사회를 야만의 상태로 돌아간 것처럼 보이게 하며 수많은 사람들에게 고통과 좌절을 맛보게 한다. 그런데 공황이 끝나면 사람들은 역사를 까맣게 잊는다. 20세기 이후 세계대공황이 줄 수 있는 가르침은 사람들이 망각의 덫에 빠지지 말고 자본주의의 모순을 기억해 이 모순투성이의 체제를 변혁하고 더 나은 새로운 세상을 만들 필요가 있다는 것이다.

토론거리

1. 찰리 채플린(Charles Chaplin)이 주연한 〈모던 타임스(Modern Times)〉(1936년)를 보고, 1929년 자본주의에서 기계처럼 사는 사람들의 삶에 대해 토론해 보자.
2. 세계대공황 시기에는 수백만 명이 일거리를 찾아 길거리를 떠돌고, 무료급식소에서 긴 줄을 서서 끼니를 해결하거나 먹거리를 찾아 쓰레기통을 뒤지며 고통을 받았다. 세계대공황이 대량으로 양산한 '잊힌' 사람들을 찾아보자.
3. "좋은 시절 당신들은 자본주의의 미덕인 사유재산을 두둔하며 모든 열매를 가져갔다. 공황이 일어나자 당신들은 '우리가 망하면 모두가 망한다'며 구제 금융을 당연한 것으로 여겼다. 그리고 이제 재정 위기가 나자 당신들은 다시 자본주의의 미덕을 내세우며 감세는 사회주의라 주장한다. 도대체 당신들은 어느 별에서 왔는가?" 이 말에 대해 토론해 보자.
4. 한국의 1997년 외환 공황의 원인, 전개 과정, 결과를 살펴보고, 오늘날의 한국 경제의 문제와 관련지어 토론해 보자.
5. 자본주의에서 공황을 극복할 수 있는 방안은 무엇이 있는지 토론해 보자.
6. 자본주의를 변혁하고 새로운 세상을 열려 인류가 역사에서 펼쳤던 노력을 찾아보자.

읽을거리

대공황의 세계 | 찰스 킨들버거(Chales Kindleberger). 1998. 박명섭 옮김. 부키.

1945년 이후 자본주의 | 필립 암스트롱 외(Philip Armstrong et. al). 1993. 김수행 옮김. 동아출판사.

고삐 풀린 자본주의 | 앤드류 글린(Andrew Glyn). 2008. 김수행·정상준 옮김. 필맥.

세계대공황: 자본주의의 종말과 새로운 사회의 사이 | 김수행. 2011. 돌베개.

벤 버냉키, 연방준비제도와 금융위기를 말하다 | 벤 버냉키(Ben Bernanke). 2014. 김홍범·나원준 옮김. 미지북스.

팝, 경제를 노래하다 | 임진모. 2014. 아트북스.

제7장
노동은 나의 천국, 노동은 나의 지옥

신정완(경북대학교 경제통상학부 교수)

1. 사람은 무엇으로 사는가?: 인간과 노동

톨스토이의 단편소설 중에 「사람은 무엇으로 사는가?」라는 작품이 있다. 그런데 이 제목은 신약성서에서 따온 것으로서, 예수께서 제자들에게 "사람은 빵만으로 사는 것이 아니라, 하나님의 말씀으로도 사는 것이다"라고 이야기한 부분에서 따온 것이다. 그런데 예수의 설교 내용이 하나님의 말씀의 중요성을 강조하고는 있으나, '사람은 기본적으로 빵으로 산다'는 점을 전제로 깔고 있다는 것을 알 수 있다. 그리고 여기에서 '빵'은 밥이나 국수 등 식료품 일반을 의미하는 것으로 해석할 수 있을 것이고, 옷이나 집과 같은 생활필수품 모두를 의미하는 것으로 확대 해석해도 무방할 것이다. 그러므로 사람은 일차적으로는 넓은 의미에서의 '빵'으로 사는 것이다.

그런데 이렇게 넓은 의미에서의 '빵'을 경제학에서는 '재화(goods)'라 한다. 그것을 소비하면 우리에게 좋은(good) 것들이 바로 재화인 것이다. 그런데 재화의 대부분은 공짜로 주어지는 것이 아니다. 공기 중의 산소와 같이 공짜로 주어지는 재화를 '자유재(free goods)'라 하는데, 자유재는 거의 발견하기 어렵고 대부분의 재화는 그것을 얻기 위해 비용을 지불해야 하는 것, 즉 '경제재(economic goods)'다. 경제재는 자연이라는 기본 재료에 인간의 노동이 결합함으로써 만들어진다. 노동이란 인간의 생활에 필요한 재화를 만들어 내기 위한 인간의 활동을 의미한다.

모든 생명체들은 살아가기 위해 나름대로 치열한 생명활동을 전개하고 있고, 따라서 모두 넓은 의미에서 '노동'을 수행하고 있다고 이야기할 수 있을지도 모른다. 그러나 인간의 노동은 다음과 같은 점에서 다른 생명체들의 생명활동과 구별되는 특징을 갖고 있다. 그 하나는 '의식성'이다. 대부분의 생명체들은 본능에 따라 생명활동을 수행하지만, 인간은 무엇을 생산할지, 어떻게 생산할지를 의식적으로 판단해 노동을 수행한다. 따라서 노동 수행 방식을 의식적으로 변형·개선해 간다. 물론 원숭이와 같은 고등동물의 수렵·

채취 활동에서도 약간의 의식성을 발견할 수 있겠으나 인간의 노동과 비교할 바는 못 된다. 다른 하나는 '사회성'이다. 인간은 일반적으로 여럿이 한 장소에 모여 공동으로 노동을 수행하거나(=협업), 홀로 노동을 수행하는 경우에도 사회적 분업체계 속에서 다른 사람의 노동의 산물과 자신의 노동의 산물을 교환하는 방식으로 노동을 수행한다. 마지막으로 '노동수단의 이용'이 있다. 인간이 맨손으로 수행하는 노동은 발견하기 어렵다. 인간은 일반적으로 삽이나 낫과 같은 단순한 노동수단으로부터 컴퓨터가 부착된 기계와 같이 고도로 발달된 노동수단에 이르기까지 수많은 노동수단을 활용해 노동을 수행한다. 그리고 노동수단의 발전 수준이 인류의 문명 수준을 결정해 왔다고 해도 과언이 아닐 정도로, 노동수단은 인류의 생산 능력과 사회적 질서의 모습을 결정하는 데 중요한 역할을 수행해 왔다.

그런데 인간이 노동을 수행하는 과정을 관찰해 보면 거의 예외 없이 발견되는 세 가지 요소가 있음을 알게 된다. 이를 노동의 3요소 또는 생산의 3요소라 하는데, 노동하는 사람, 노동수단, 노동대상이 그것이다. 노동대상이란 인간의 노동이 가해지는 대상, 노동을 통해 변형되는 대상을 말한다. 예컨대 농부가 땅을 가는 노동을 생각해 본다면 농부가 노동하는 사람이고 땅이 노동대상이며 농부가 땅을 갈기 위해 사용하는 쟁기가 노동수단이다. 그리고 이러한 노동의 3요소 중에서 사람을 제외한 요소, 즉, 노동대상과 노동수단을 합해 생산수단이라 한다. 그런데 인류의 역사를 살펴보면 노동을 수행하는 사람과 생산수단을 소유하는 사람이 동일한 경우도 있었지만, 서로 다른 경우가 상당히 많았음을 알게 된다. 예를 들어 자본주의적 기업을 생각해 본다면 직접 몸으로 노동을 수행하는 사람은 노동자이지만, 원료와 같은 노동대상이나 기계나 공장 설비와 같은 노동수단을 소유한 사람은 자본가인 것이다. 노동을 수행하는 사람(=직접생산자)과 생산수단을 소유한 사람(=생산수단 소유주)이 어떠한 방식으로 경제적 관계를 맺는가 하는 것은 경제 체제의 성격을 이해하는 데 매우 중요한 판단 기준이라 할 수 있다.

인간이 노동을 수행하는 것은 기본적으로 먹고사는 것, 즉 생계유지를 위한 것이지만 인간에게 노동은 생계유지 수단 이상의 의미를 갖고 있기도 하다. 노동은 인간이 자신의 능력과 개성을 표현하는 대표적인 통로이기도 하다. 즉, '자아실현'의 수단이기도 하다. 또, 노동은 개인이 다른 사람과 사회적으로 만나고 서로 협력하는 통로이기도 하다. 즉, 인간의 '사회적 교류'의 핵심적 내용을 이루기도 한다. 따라서 예컨대 일하고 싶어도 일자리를 구하지 못한 사람, 즉 실업자는 생계유지에 곤란을 겪을 뿐 아니라, 자신의 재능을 발휘할 기회가 없어짐에 따라 사회적 모멸감을 느끼게 되기도 하고, 자신의 노동을 통해 다른 사람들과 만나고 사회에 기여할 기회가 없어짐에 따라 무력감과 고립감을 느끼게 되기도 하는 것이다.

2. 일하고 싶지 않은, 그러나 일해야 하는, 아니 너무나 일하고 싶은: 자본주의 경제와 노동문제

1) 노동력 상품의 특수성

우리가 현재 그 안에서 살고 있는 경제 질서를 일반적으로 '자본주의(capitalism)' 또는 '자본주의 경제(capitalist economy)'라 한다. 자본주의는 말 그대로 '자본(capital)'을 중심으로 사람들이 경제적으로 조직되고 관계를 맺는 경제 질서다. 자본이란 쉽게 이야기하면 더 많은 돈을 벌기 위해서 투자되는 돈을 의미한다. 그런데 예를 들어 어떤 사람이 공장을 설립하고 노동자들을 여럿 고용해 연필을 생산해 돈을 번다고 한다면, 이 사람은 처음에는 돈, 즉 화폐를 갖고 사업을 시작하지만 이 화폐는 곧 공장 설비나 노동자를 고용하는 데 지출된다. 즉, 돈이 공장 설비나 노동자로 바뀐 것이다. 그리고 생산의 결과 연필이 생산되었다면 결국 처음에 투자한 돈이 연필로 변모한 것이라

볼 수 있다. 즉, 자본이 처음에는 화폐의 형태(=화폐자본)로 존재했다가 이후에 생산 설비 등의 형태(=생산자본)로 변했다가 나중에는 연필이라는 상품의 형태(=상품자본)로 변모해 가는 것이다. 즉, 자본은 모습을 바꾸어가며 존재한다. 그런데 사람들이 사업에 돈을 투자하는 것은 더 많은 돈을 벌기 위한 것이고, 화폐를 생산 설비로 바꾸고 생산 설비를 이용해 상품을 만들어내는 것도 결국 더 많은 돈을 벌기 위한 과정일 뿐이다. 따라서 자본은 반드시 돈의 형태로만 존재하는 것이 아니고 자신의 구체적 모습을 자꾸 바꾸어가는 과정에서 더 많은 돈을 벌게 되는 것이다. 그래서 19세기의 사상가 카를 마르크스(Karl Marx)는 자본의 개념을 '자기 증식하는 가치'라고 다소 어려운 말로 정의하기도 했다.

이러한 자본을 소유한 사람을 자본가라 하고 자본가에게 고용되어 노동을 수행하는 사람을 노동자라 한다. 그런데 자본주의 경제에서 노동자는 임금을 받고 고용되기 때문에 노동자를 '임금노동자' 또는 '임노동자'라 부르기도 한다. 자본가와 노동자는 여러 측면에서 서로 관계를 맺는다. 우선 자본가가 처음에 노동자를 고용하기 위해 서로 계약을 맺어야 하는데, 이러한 고용계약이 이루어지는 제도적 공간을 노동시장이라 한다. 노동시장에서는 임금, 노동시간 등 고용조건이 결정된다. 고용계약이 이루어진 후에는 노동자는 자본가가 운영하는 공장이나 사무실 등에서 노동을 수행해야 한다. 이렇게 노동이 수행되는 과정을 노동과정이라 한다. 또, 노동의 대가로 임금을 받은 노동자는 이 임금으로 생활에 필요한 상품들을 구입해 소비해야 한다. 사회 전체적으로 보면 노동자들이 구입하는 상품들은 주로 그들이 자본가의 지휘하에 생산해 낸 것들이다. 즉, 자본가들은 노동자들을 고용해 만들어낸 상품들을 결국 주로 노동자들에게 판매하는 것이다. 그런데 노동자가 이러한 상품들을 소비함으로써 노동자의 체력이나 지력과 같은 노동 능력, 즉 노동력이 유지되기 때문에 노동자의 소비 과정은 노동력의 재생산 과정이기도 하다.

자본주의 경제에서 노동자가 자본가에게 고용된다는 것은 다른 말로 표현하면 노동자의 노동력이 자본가에 판매된다는 것을 의미한다. 시장에서 사고 팔리는 재화를 상품이라 하므로, 자본주의 경제에서 노동력은 상품이라 할 수 있다. 노동력이 상품으로서 매매된다는 것은 자본주의 경제의 핵심적 특징의 하나다. 그런데 노동력이라는 상품은 컴퓨터나 책상과 같은 상품과는 확연하게 구별되는 특징을 여럿 가지고 있다. 다른 상품들의 경우에는 상품의 소유주와 상품이 명확하게 구별되고 물리적으로도 서로 분리될 수 있지만, 노동력 상품의 경우엔 그렇지 않다. 예컨대 컴퓨터라는 상품의 소유주는 컴퓨터를 타인에게 판매한 후에는 그 컴퓨터와 물리적으로 분리되지만, 노동력 상품의 경우엔 그렇지 않다. 노동력 상품은 노동자와 물리적으로 분리되지 않는 것이다. 어떤 노동자가 노동력 상품을 판매했다는 것은 사실은 그 노동자가 자본가에게 고용되어 자본가의 지휘하에 노동하게 되었다는 것을 의미할 뿐, 노동력이라는 상품이 노동자의 몸 바깥으로 나가 떠돌아다닐 수는 없는 것이다. 이러한 조건으로부터 여러 사회문제가 발생할 수 있다. 컴퓨터를 구매한 사람은 그 컴퓨터를 소중하게 여기며 잘 사용할 수도 있고, 사용하지 않고 방치해도 되고, 심지어는 어떤 일로 화가 나서 컴퓨터를 부술 수도 있지만, 노동력 상품을 구매한 자본가는 노동력을 지나치게 함부로 활용할 수 없다. 예를 들어 하루에 20시간씩 일을 시킨다든지, 신체에 너무나 해로운 환경에서 일을 시킨다든지 할 경우엔 법률적으로 제재를 받게 된다. 노동력 상품은 노동자라는 사람으로부터 현실적으로 분리될 수 없기 때문이다. 이로부터 노동자 보호의 필요성이 나오는 것이다.

또한 다른 상품들의 매매 계약에서와는 달리 노동력 상품의 매매 계약, 즉 고용계약에서는 이 상품을 판매하는 쪽이나 구매하는 쪽 모두 큰 불확실성에 직면하게 된다. 예컨대 컴퓨터의 경우엔 사양만 알면 대체로 성능을 짐작할 수 있다. 그러나 노동력 상품은 사람의 능력이고 사람은 판단력과 의지, 감정을 가진 존재이기 때문에 예상외의 행동을 할 수도 있다. 자본가의 입장에서는 노동능력이 뛰어나고 일을 열심히 할 마음을 가진 노동자를 고용하려 애쓰겠지만 일단 고용하고 난 후에 예상외로 노동자가 성의 없이 일하는 것을 보고 실망할 수도 있다. 반면에 노동력 상품을 판매하는 노동자는 좀 더 유리한 조건에서 노동력을 판매하고자 자신이 취업하려는 기업의 정보를 상세히 파악하려 노력하겠지만, 일단 고용되고 난 후에 자본가나 기업의 관리자들이 예상외로 비인격적으로 노동자를 대우하거나 노동 강도가 예상 외로 센 것을 경험하고 놀랄 수도 있다. 고용 관계는 인격과 감정을 가진 사람들 사이의 관계이기 때문에 고용계약을 맺을 당시에는 예상할 수 없었던 수많은 문제들이 발생하기 쉽다. 따라서 자본가와 노동자는 고용계약 이후에 실제로 형성되는 관계를 자신에게 유리한 쪽으로 이끌어오기 위해 서로 대립하게 될 가능성이 크다. 또, 자본가가 노동자를 고용하는 것은 더 많은 돈을 벌기 위한 것이므로 가능한 한 노동자를 더 오래 일 시키고 강도 높게 일 시키며, 더 좋은 제품을 만드는 방향으로 일 시키려 애쓰게 된다. 반면에 노동자는 자신의 거의 유일한 재산인 노동력을 가능하면 아끼고 보호하기 위해 더 적게 일하고 더 편안하게 일하고 싶어 한다. 따라서 노동을 수행하는 과정, 즉 노동과정에서 자본가와 노동자 간에 대립이 자주 발생하기 쉽다.

또, 노동력이라는 상품은 다른 상품들과는 달리 마음대로 공급량을 조절할 수 있는 것도 아니다. 예컨대 컴퓨터의 경우에는 컴퓨터를 구매하고자 하는 사람들이 늘어나면 기업이 공급량을 신속하게 증가시킬 수 있고, 컴퓨터가 잘 안 팔릴 경우에는 공급량을 신속하게 줄일 수 있지만, 노동력 상품의 경우엔 그렇게 할 수 없다. 노동력이란 사람의 신체에 깃든 신체적·정신적 능력이기 때문에 노동력의 공급량은 그 사회의 출생률, 사망률, 평균 수명 등 인구 구조에 의존할 수밖에 없다. 따라서 노동력 공급량이 부족하다고 해서 갑자기 노동자를 많이 만들어낼 수 있는 것이 아니다. 또, 기업에서 필요로 하는 특정한 질의 노동력을 양성하는 데 시간이 많이 걸릴 수도 있다. 예컨대 새로운 첨단산업이 도입되어 자본가들이 이 산업에서 활용할 노동력을 구하지만, 아직 그런 일을 담당할 수 있는 노동자가 양성되어 있지 않을 수 있다. 따라서 노동력 상품의 경우에는 다른 상품들과는 달리 수요와 공급의 조절이 신속하고 원활하게 이루어지지 않기 쉽다. 즉 노동시장은 다른 시장에 비해 매우 불완전한 시장이라 할 수 있다.

노동력 상품의 또 하나의 중요한 특징은 저장이 잘 되지 않는 상품이라는 점이다. 예컨대 책상이 안 팔려 1~2년 창고에서 먼지를 뒤집어쓰게 된다 해도 그 과정에서 책상의 품질이 크게 떨어지지는 않는다. 그러나 팔리지 않는 노동력의 경우엔 사정이 다르다. 노동력이 팔리지 않는다는 것은 다른 말로 실업이 발생한다는 것인데, 실업자가 장기간 실업 상태에 머물러 있다 보면 그가 보유한 지식이나 기능이 퇴화하고 자신감과 의욕도 저하되어 노동력의 질이 악화하기 쉽다. 또, 그가 실업 상태에 있는 기간에 세상이 빠르게 변해 그가 가진 지식이나 기능을 더 이상 필요로 하지 않게 될 수도 있다. 따라서 노동력 상품의 소유주인 노동자는 가능한 한 빨리 자신의 노동력을 판매하지 않으면 안 된다. 즉, 조건이 다소 마음에 들지 않더라도 웬만하면 고용되려 애쓰게 된다. 따라서 고용계약에서 자본가에 비해 노동자가 불리한 위치에 서게 되기 쉽다. 여러 나라에서 노동조합의 활동을 법률적으로 보장해 주는 논리적 근거의 하나가 바로 노동력 상품의 저장 불가능성으로 인한 노동자의 불리한 위치인 것이다.

노동력 상품의 이러한 다양한 특성들로 인해 노동력 상품의 매매를 둘러싼 계약인 고용계약이나 노동력 상품의 활용 과정인 노동과정에서 발생하는 문제들은 시장의 수요-공급 원리에 의해서만 해결되기가 어렵다. 따라서 정부의 다양한 정책적 개입과 규제가 요구된다. 실제로 자본주의 경제에서 발견되는 수많은 시장들 중에서도 정부가 가장 많이 규제하는 대표적 시장의 하나가 노동시장이다. 이는 근본적으로는 인간의 노동력의 형성과 활용이라고 하는 것이 상품의 논리, 시장의 논리와는 잘 부합되지 않는 측면을 원천적으로 갖고 있는 데 기인한다고 볼 수 있다. 따라서 시장의 논리가 지배적인 자본주의 경제에서도 노동문제와 관련해서는 시장의 논리와 더불어 비(非)시장적 논리가 광범위하게 병행해 작용할 수밖에 없다.

2) 노동자/자본가의 대립과 노동문제

노동자가 일단 자본가에게 고용되면 자본가의 엄격한 지휘와 통제하에 일하게 된다. 자본가가 노동자를 고용하는 것은 이윤을 취득하기 위한 것이고, 자본주의 경제에서는 수많은 기업들이 시장에서 치열하게 경쟁하기 때문에 거의 모든 자본가들이 가능한 한 최대의 이윤을 얻고자 분투하게 된다. 그런데 그러려면 노동자들이 만들어내는 상품의 양이 많고 상품의 품질이 좋아야 하며 또 가능하면 상품의 가격이 저렴해야 하므로, 자본가들은 가능하면 적은 비용으로 많이 생산하려고 노동자의 임금 상승은 억제하고 노동자의 노동 강도는 강화하고 노동시간은 연장하려 한다. 그런 점에서 자본주의적 기업에서의 노동이란 노동자의 입장에서 볼 때 '하고 싶지 않은 것'이기 쉽다. 그러나 대다수 노동자들은 자신의 노동력 외에는 별다른 생계 수단이 없기 때문에 좋든 싫든 일해야 한다. '일하고 싶지 않은, 그러나 일해야 하는' 것이 노동자들의 사정이다.

노동과정에서 노동자와 자본가 간에 대립이 전개되어 온 대표적인 이슈가 노동시간 문제였다. 18세기 말에 영국에서 산업혁명이 개시된 이후 기계를 활용하는 공업, 즉 기계제대공업이 전 세계로 확산되어 갔다. 기계는 가동 속도를 자본가가 정할 수 있고, 기계는 지치지도 않으며 밤에도 얼마든지 돌아갈 수 있으므로, 기계가 활용되면서 노동자의 노동 강도는 강화되고 노동시간은 연장되며 야간 노동이 확산되었다.

노동자들은 자신의 건강을 지키고 생활시간을 확보하기 위한 노동시간 단축을 위해 노력해 왔다. 그리하여 서유럽의 경우 19세기 말에 비해 현재 노동자의 연간 노동시간은 거의 절반 가까이 크게 줄었다. 그럼에도 불구하고 자본주의가 망하지 않고 건재하며 수많은 자본가들이 높은 이윤을 누릴 수 있었던 것은 노동시간의 단축 못지않게 노동 생산성의 향상이 빠르게 진행되었기 때문이다.

산업혁명을 통해 기계제대공업이 확산되었고 19세기 말에는 '테일러리즘(Taylorism)'이라는 작업 방식 및 노동 통제 방식이 도입되었다. 테일러리즘은 노동자의 작업 동작과 작업에 걸리는 시간을 면밀히 분석해 노동 생산성을 극대화할 수 있는 방향으로 노동자들이 작업을 수행하도록 만드는 방식이다. 작업 동작을 여러 개의 구분 동작으로 세분해 불필요한 동작을 줄이고 각각의 동작에서 정해진 자세를 취하도록 해 주어진 작업 수행에 소요되는 시간을 단축하고 불필요한 체력 소모를 줄여 노동 생산성을 높이는 것이다.

20세기 초에는 미국의 포드(Ford) 자동차 조립공장에서 '포디즘(Fordism)'이라는 새로운 작업 방식 및 노동 통제 방식이 도입되었다. 포디즘은 조립될 자동차를 컨베이어 벨트(conveyer belt) 위에 얹어놓고 노동자들을 작업 공정 순서대로 벨트 주변에 늘어세운 후 컨베이어 벨트가 미리 정해진 속도에 따라 이동하게 함으로써 작업에 걸리는 시간을 통제하는 방식이다. 즉, 테일러리즘의 원리를 아예 기계장치 속에 구현한 방식이라 할 수 있다. 20세기 후반에는 '극소전자(micro-electronic: ME) 기술'의 발전에 힘입어 생산 공정의 자동화, 컴퓨터화가 진행되어 노동 생산성이 향상되었다. 극소전자 기술의 발전은 한편으로는 이러한 기술을 설계·응용할 수 있는 고도의 지식을 가진 숙련 노동자를 만들어낸 반면에, 생산 과정에 투입되는 노동자의 수를 줄여 실업 문제를 야기했고, 노동자들 내부의 구성을 다양화함으로써 노동자들 사이의 단결을 어렵게 만들기도 했다.

자본가들은 이렇듯 보다 많은 이윤을 얻기 위해 노동과정의 기술적 구조를 끊임없이 개편해 나간다. 그리고 기업들은 경영 사정과 경영 전략에 따라 새로운 사업에 진출하기도 하고 기존 사업의 규모를 줄이기도 한다. 또, 기업에 고용된 인력의 규모와 업무 배치를 바꾸어간다. 이러한 과정을 기업 구조조정이라 한다. 또한 경제가 발전해 가는 과정에서 새로이 생겨나는 산업도 있고 쇠퇴해 가는 산업도 있다. 이러한 과정을 산업 구조조정이라 한다. 그런데 기업 구조조정이나 산업 구조조정은 이미 고용된 노동자들을 불필요하게 만들기도 하고 새로운 지식이나 기능을 가진 노동자들을 새로이 필요로 하게 만들기도 한다. 자본가들은 기업 구조조정이나 산업 구조조정을 원활히 달성하기 위해 노동자들을 자유롭게 해고하고 자유롭게 채용할 수 있기를 원한다. 반면에 노동자들은 고용 안정과 고용조건의 개선을 위해 자본가가 노동자를 해고하거나 채용할 수 있는 권리를 제한하기를 원한다. 그리하여 구조조정 과정에서 자본가와 노동자 간의 대립이 격렬하게 전개되기 쉽다. 한국의 경우 1997년 외환위기 이후 광범위하게 진행된 기업 구조조정 과정에서 정리해고 문제를 둘러싸고 노동자와 자본가 간의 대립이 격렬하게 전개된 바 있다.

자본가들이 경영 사정과 경영 전략에 따라 고용 규모 등을 조정하는 방식으로는 '수량적 유연성'에 의존하는 방식과 '기능적 유연성'에 의존하는 방식이 있다. 수량적 유연성에 의존하는 방식이란 불필요해진 노동자들을 해고하고 새로이 필요해진 기능을 가진 노동자들을 새로 채용하는 방식을 말한다. 주로 미국 등에서 이러한 방식에 크게 의존한다. 기능적 유연성에 의존하는 방식이란 가능하면 노동자를 해고하는 것을 피하고 기존의 노동자들에게 새로이 요구되는 지식이나 기술을 가르쳐주어 새로운 업무에 투입하는 방식을 말한다. 주로 일본에서 이러한 방식에 크게 의존한다. 그런데 한국의 경우에는 기업들이 노동자들을 교육하고 훈련시키는 데 소홀히 함으로써 노동자들로 하여금 다양한 기능을 습득할 수 있도록 돕지 못했고, 노동조합들도 노동자들의 기능 수준을 높이고 기능 범위를 확대하는 데 신경을 쓰지 않았으며, 노사관계가 대립적이었던 관계로 기업들이 구조조정에 착수할 때에 주로 수량적 유연성에 의존하는 방식을 취하게 되었다. 그로 인해 노동자들의 고용 불안정이 심화해 노사관계가 더욱 악화되었다.

노동자들이 노동자로서 살아가면서 겪게 되는 가장 심각한 문제의 하나가 실업이다. 실업자가 된다는 것은 생계 수단을 잃어 빈곤해진다는 것을 의미하고, 이 빈곤으로 인해 가정 파괴 현상이 발생하기도 한다. 또한 실업자가 된다는 것은 자존심을 상실하게 되고 다양한 사회관계로부터 고립되는 것을 의미하기도 한다. 따라서 실업자의 입장에서는 남에게 고용되어 일한다는 것은 '너무나 하고 싶은 것'이다. 또한 사회 전체의 관점에서 보면 실업자가 많다는 것은 일할 의욕과 능력이 있는 사람들의 재능을 활용하지 못한다는 점에서 사회적 낭비이기도 하고, 빈곤이나 범죄 등 사회 불안 요인이 증가하는 것을 의미하기도 한다. 따라서 각국의 정부는 실업 문제에 대처하기 위해 다양한 정책을 구사한다. 실업 대책으로는 크게 '소극적 노동시장 정책'과 '적극적 노동시장 정책'이 있다. 소극적 노동시장 정책은 실업자가 실업 기간에도 먹고살 수 있도록 실업보험제도 등을 통해 현금으로 지원하는 정책이다. 적극적 노동시장 정책은 실업자의 재취업을 지원하는 정책이다. 실업자에게 직업훈련 기회를 제공해 취업 능력을 향상시키거나, 실업자와 구인기업의 매칭(matching)을 주선하거나, 공공근로사업을 조직해 한시적인 일자리를 제공하거나 공공 부문에서 새로운 일자리를 창출하는 등의 정책을 말한다. 한국의 경우 1997년 외환위기를 계기로 실업률이 급증하면서 정부의 실업 정책도 빠르게 정비되어 갔다. 그러나 선진국에 비하면 실업보험제도도 아직 취약하고 실업자들에 대한 재교육 프로그램도 더 발전시켜야 한다. 또, 한국의 경우 공공 부문의 비중이 선진국에 비해 크게 낮으므로 보건, 의료, 교육, 탁아, 양로, 문화 등의 분야에서 공공 부문의 일자리도 더 늘릴 필요도 있다.

노동자들이 남에게 고용되어 힘든 노동을 감당하려 하는 것은 무엇보다도 임금을 얻기 위해서이다. 임금은 노동자와 그 가족의 생계유지를 가능케 하는 가장 중요한 수입원이고, 많은 경우에 유일한 수입원이다. 따라서 노동자들은 무엇보다도 임금 인상에 관심이 많다. 반면에 자본가의 입장에서는 임금은 생산비의 중요한 부분이므로 임금 인상을 억제하려 애쓰게 된다. 그래서 임금 문제는 고용 안정 문제와 더불어 노동자와 자본가 사이에 대립을 발생시키는 대표적 요인으로 작용해 왔다. 그런데 임금 수준은 노동자의 생계비 수준과 밀접한 관계를 맺고 있다. 노동자 가구의 정상적 생활을 유지하는 데 들어가는 생계비 수준이 높을수록 노동자들은 더 많은 임금을 요구하게 된다. 따라서 예컨대 정부가 사회복지제도를 잘 발전시켜 교육, 의료, 보육, 양로 서비스 등을 무상으로 또는 매우 저렴하게 공급해 준다면 노동자들이 기업에서 받는 임금 수준이 높지 않아도 되고 기업 수준에서 노동자와 자본가 사이의 갈등도 완화될 수 있다. 이렇게 개별 기업의 자본가가 아니라 사회복지제도를 통해 사회가 제공하는 사실상의 임금을 '사회임금'이라 한다. 한국의 경우 사회복지제도가 아직 충분히 발전하지 않은 관계로 사회임금의 수준이 낮고, 이로 인해 노동자들은 자신의 기업에서 받는 임금을 높이는 데 주력하게 된다. 이것이 한국의 노사관계가 매우 갈등적인 모습을 보이게 된 중요한 요인의 하나다.

3. 노동운동과 그 위기

자본주의 경제에서 더 강한 실질적 권력과 주도권을 갖고 있는 집단은 자본가들이므로 노동자들은 자신의 이익을 관철하기 위해 다양한 형태의 노동운동을 전개하게 된다. 노동운동의 대표적 유형으로 노동조합운동, 노동자정당운동, 생산자협동조합운동을 들 수 있다. 그중에서도 노동조합운동이 가장 기본적이며 중요한 노동운동 형태라 할 수 있다. 노동조합은 노동자들을 대표해 자본가와 단체교섭을 체결하는 것을 기본적 기능으로 삼는 조직이다. 단체교섭이란 임금, 노동시간, 작업 방식 등 노동자의 고용조건과 관련된 주요 문제들을 둘러싸고 자본가와 노동조합 사이에 전개되는 협상을 말한다. 개별 노동자가 자본가와 협상할 경우엔 노동자의 힘이 미약한 관계로 노동자에게 불리한 계약을 맺게 되기 쉽기 때문에 노동자들이 노동조합을 결성해 집단적으로 협상에 임하는 것이다. 단체교섭이 원만하게 진행되지 않을 경우엔 노동조합이 소속 노동자들의 작업을 일시적으로 중단시킴으로써 자본가에게 경제적 불이익을 주기도 한다. 이를 파업이라 하는데 노동조합이 파업할 권리를 부여받지 못하면 자본가에게 압력을 행사할 수단이 별로 없기 때문에 민주적 질서가 정착된 사회들에서는 대부분 파업권을 인정하고 있다.

단체교섭은 여러 형태를 취할 수 있는데, 대표적인 것으로는 기업별 단체교섭과 산업별 단체교섭을 들 수 있다. 기업별 단체교섭이란 개별 기업 수준의 자본가와 노동조합 사이에 이루어지는 단체교섭을 말하고, 산업별 단체교섭이란 금속산업 등 하나의 산업 수준에서 자본가 단체와 노동조합 사이에 이루어지는 단체교섭을 말한다. 산업별 단체교섭이 정착될 경우에는 해당 산업에 종사하는 수많은 기업의 노동자들의 고용조건을 균등화하기 쉽고 산업 수준의 파업 등을 통해 노동조합이 자본가들에게 압력을 행사하기가 용이해진다. 따라서 많은 나라들에서 노동조합운동은 산업별 단체교섭 체계를 선호해 왔다. 그런데 산업별 단체교섭이 이루어지려면 일단 노동조합이 기업 수준이 아니라 산업 수준에서 조직되어야 한다. 이를 산업별 노동조합이라 한다. 산업별 노동조합과 이에 기초한 산업별 단체교섭이 정착되려면 자본가와 정부의 호응도 필요하지만 우선 노동자들이 산업 수준에서 노동조합을 조직하고 이에 기초해 산업별 단체교섭을 체결하는 것을 지지해야 한다. 그런데 동일 산업에 있는 여러 기업들 간에 수익성 수준이 크게 다르고 따라서 임금 등 고용조건이 크게 다를 경우엔 산업별 노동조합과 산업별 단체교섭 체계를 형성하기가 쉽지 않다. 고용조건이 양호한 대기업에 속한 노동자들이 산업별 노동조합보다는 기업별 노동조합을 유지하는 것이 자신들에게 유리하다고 판단하기 쉽기 때문이다. 한국은 기업별 노동조합과 기업별 단체교섭 체계를 가진 대표적인 나라라 할 수 있다. 이로 인해 대기업과 중소기업 간의, 또 정규직 노동자와 비정규직 노동자 간의 고용조건에 현저한 차이가 생겼다.

노동자정당운동이란 노동자들의 이익을 정치적으로 대변하는 정당을 조직해 이 정당으로 하여금 의회에 진출해 노동자에게 유리한 법률과 제도를 만들도록 하는 운동이다. 노동운동의 역사가 오랜 서유럽에서는 오래전부터 노동자정당들이 활발하게 활동해 왔다. 노동자정당은 그 이념적 성향에 따라 대체로 사회민주주의 정당과 공산주의 정당으로 나눌 수 있다. 사회민주주의 정당은 자본주의 경제의 기본 틀을 인정하되 점진적 개혁을 통해 노동자의 고용조건이나 사회복지제도를 개선함으로써 노동자의 삶의 질을 향상시키려 노력하는 정당이다. 독일과 스웨덴의 사회민주당, 영국의 노동당, 프랑스의 사회당 등이 그 대표적 사례다. 서유럽에서는 사회민주주의 정당들이 집권하는 경우가 많은데, 특히 스웨덴의 사회민주당은 1930년대 이후 대부분의 기간에 집권정당의 자리를 차지해 왔다. 공산주의 정당은 자본주의 질서 내에서의 노동자의 지위 개선에도 힘쓰지만 궁극적으로는 자본주의 경제를 폐지하고 사회주의 경제의 건설을 추구하는 정당으로서, 각국의 공산당이 그 대표적 사례다.

생산자협동조합운동이란 노동자들이 스스로 자본을 동원해 기업을 조직하고 경영하려는 운동을 말한다. 생산자협동조합에서 노동자는 기업의 소유주이자 동시에 노동자라는 이중의 지위를 갖게 된다. 생산자협동조합에서 노동자들은 기업의 공동 소유주로서 기업의 의사결정 과정에 동등한 지위를 가지고 참여하게 된다. 그런데 생산자협동조합은 자본주의적 기업과는 달리 자본을 조달하기가 쉽지 않은 데다, 일정 규모 이상 성장할 경우엔 자본주의적 기업들과의 경쟁을 위해 스스로 자본주의적 기업으로 변모해 가는 경우가 적지 않다. 그러나 스페인의 몬드라곤(Mondragon) 생산자협동조합 복합체의 경우엔 여러 산업에 진출해 성공적으로 기업들을 경영해 가면서도 생산자협동조합의 원칙을 지켜낸 희귀한 성공 사례로서 관심을 끌어왔다.

그런데 노동운동이 성공적으로 발전하려면 노동자들의 이익과 직결된 문제뿐 아니라 다양한 사회적 약자의 이익을 증진시키는 일에도 적극적으로 참여할 필요가 있다. 그래야 노동운동의 도덕적 정당성이 강화되어 노동운동에 대한 사회적 지지를 이끌어낼 수 있다. 예컨대 서유럽에서 모든 성인에게 선거권을 부여하는 보통선거권제도가 도입되는 과정에서 노동운동이 중요한 역할을 담당한 바 있다. 보통선거권제도는 노동자들에게도 투표권을 부여함으로써 노동자들의 이익 증진에 크게 도움이 된 제도이기도 하지만 모든 시민들에게 동등한 정치적 권리를 부여하는 민주주의제도의 핵심 요소이기도 하다. 이렇듯 노동운동이 사회 구성원들의 보편적 이익, 특히 다양한 사회적 약자들의 이익을 증진하는 데 힘을 쏟을수록 노동운동도 더 잘 발전할 수 있는 것이다.

그런데 세계적 차원에서 볼 때 1980년대 이후 현재에 이르는 기간은 각국의 노동운동이 고전을 면치 못한 기간이었다. 이는 주로 신자유주의적 세계화의 영향이라 볼 수 있다. 신자유주의(neoliberalism)란 자본주의적 경쟁 원리를 사회의 모든 부문으로 확산·강화시키려는 이념과 정책을 의미한다. 신자유주의적 정책의 핵심 요소로는 국영기업의 민영화, 기업에 대한 각종 규제의 완화, 노동자를 자유롭게 해고할 수 있게 하고 노동조합의 힘을 약화시키는 노동시장 유연화, 인플레이션을 억제하고 금융자본의 이익을 증진하는 고금리 정책, 또 각국의 시장, 특히 금융시장의 대외 개방 등을 들 수 있다.

한편 세계화(globalization)란 인간의 다양한 사회적 활동, 특히 경제 활동이 국경을 넘어 세계적 차원에서 전개되는 현상을 말한다. 특히 좀 더 많은 이윤을 추구하는 자본의 운동이 전 세계적 차원에서 전개되는 것이 세계화의 핵심 내용이었다. 신자유주의적 세계화가 빠르게 진행되어 온 것은 컴퓨터나 인터넷 기술의 발전 등 기술 혁신에 기인한 측면도 있지만 미국, 영국 등 강대국들이 자국의 이익을 위해 신자유주의적 세계화를 의식적으로 추구한

데에도 기인한다.

신자유주의적 세계화가 진행되면 국경을 넘어 자금이 인터넷을 통해 초고속으로 이동하게 되고 여러 나라에서 활동하는 초국적기업들이 국경을 넘어 사업을 쉽게 새로 일으키기도 하며 어떤 나라에 자리 잡고 있던 공장을 쉽게 폐쇄할 수도 있게 된다. 외국 자본의 유입을 통해 경제 성장을 달성하려는 나라들은 외국 자본을 자국으로 유치하고 자국 자본의 해외 이탈을 막기 위해 자본가들이 사업하기에 유리한 정책들을 경쟁적으로 내놓게 된다. 예컨대 어떤 나라에서 노동조합의 힘이 강해 자본가들이 노동자들을 해고하기도 어렵고 노동자들의 임금도 높으면 자본가들은 자본을 다른 나라로 이동시키려 하게 된다. 그러면 그 나라의 경제 성장 둔화와 고용 감소 등의 문제가 발생하므로 그 나라의 정부는 국내외 자본의 이익에 부합되도록 노동조합의 힘을 약화시키고 정리해고를 용이하게 하는 방향으로 법률과 제도를 고쳐가게 된다. 이에 따라 많은 나라들에서 노동조합의 영향력이 약화하고 노동조합의 조직률도 저하하며, 사회민주주의 정당들조차 노동 조건의 악화를 야기하는 정책을 내놓기도 하는 문제가 발생했다. 전 세계적으로 노동운동의 심각한 위기가 거론되고 있는 데는 이러한 배경이 있다.

4. 불의 강을 건너와 이제 차디찬 파도 앞에서: 한국 자본주의의 발전과 노동운동

한국은 식민지 시대와 남북 분단, 전쟁의 소용돌이를 겪은 후에 1960년대부터 본격적인 산업화를 경험했다. 박정희 정권이 추진한 산업화 전략 또는 경제 성장 전략은 수출 주도 경제 성장 전략이었다. 한국은 석유 등 연료도 부족하고 산업생산을 위한 원료와 부품도 부족하기 때문에 이러한 것들을 해외로부터 수입해야 했고 수입을 위해선 많은 외국 돈, 즉 외화가 필요했다.

1950년대엔 미국이 대규모 무상 원조를 제공했으나 1960년대에 들어 이것이 많이 줄어들었다. 결국 외화를 스스로 벌어야 했는데, 이를 위해 수출에 매달려야 했다. 그런데 수출할 만한 원자재도 별로 없고 기술 경쟁력이 있는 산업도 발전하지 못했기 때문에 한국은 주로 공산품을 낮은 가격으로 해외시장에 판매하는 데 주력하게 되었다. 섬유 제품, 신발, 가발 등 비교적 낮은 수준의 기술로도 만들어낼 수 있는 경공업 제품을 대량으로 생산해 저렴하게 판매하는 데 힘쓴 것이다. 나이 어린 여성 노동자들이 이런 산업들에서 대규모로 고용되어 일했다.

한편 한국의 산업화는 정부 주도로 이루어진 것이기도 했다. 당시 한국의 기업들은 국제적으로 전혀 알려지지 않아 스스로의 신용으로 외국 금융기관들로부터 사업 자금을 빌릴 수 없었다. 따라서 정부가 대신 자금을 해외로부터 빌리고 이 자금을 기업들에 배분해 주었다. 이렇게 자금을 빌린 기업들이 망할 경우엔 이 빚을 정부가 대신 갚아야 했기 때문에 정부는 기업들이 제대로 사업을 운영하는지 여부를 수시로 감독하고 사업이 제대로 운영될 수 있도록 다양한 방법으로 지원해 주었다.

한국 수출품의 경쟁력 원천은 주로 저렴한 가격에 있었으므로 정부는 기업들의 생산비를 낮은 수준으로 유지하기 위해 임금 인상을 억제했다. 노동조합은 형식적으로는 합법적으로 존재했지만, 자본가에 대항해 노동조합운동을 적극적으로 전개하거나 정부의 방침에 어긋나는 행동을 하는 것은 불가능했다. 정부는 당시 유일한 합법 노조인 한국노총을 강력하게 통제해 정부의 입장을 관철시키는 일종의 노동 통제 기구로 활용했다. 또 노동조합을 설립할 수 없는 분야를 많이 설정했고 파업 등에 대해서는 경찰이나 정보기관을 동원해 철저하게 억눌렀다. 더욱이 1972년에 유신헌법이 제정된 이후엔 노동조합이 할 수 있는 것은 사실상 거의 아무것도 없게 되었다.

또한, 산업화 과정에서 농촌에 있던 젊은이들이 도시로 쏟아져 들어옴에 따라 임금이 낮은 수준으로 억제될 수 있었다. 이러한 상황에서 저임금·장시간 노동 체제가 형성되었다. 당시 노동 조건은 극도로 열악해 산업 재해가 빈발했다. 몇 해 간격으로 큰 전쟁을 치른 것처럼 많은 노동자들이 산업 재해로 사망했다. 이러한 상황에서 1970년에 청계천에서 재단사로 일하던 청년 노동자 전태일은 자신의 몸에 불을 붙여 열악한 노동 조건에 항거했다. 그가 분신하면서 외친 "'근로기준법'을 준수하라!"라는 말과 "우리는 기계가 아니다. 일요일은 쉬게 하라!"라는 말은 당시의 노동 환경을 웅변적으로 보여주었다. 전태일의 분신을 계기로 많은 대학생들이 노동 현장에 뛰어들어 노동운동가로 변신했고 전태일의 뜻을 계승해 설립된 '청계피복노조'는 자본과 정부로부터 독립적인 '민주노조'의 상징으로 부각되었다.

1970년대에 본격적으로 추진된 중화학공업화 정책은 한국의 산업구조를 크게 변화시켰다. 울산, 포항, 마산, 창원 등 주로 영남 해안 지역에 대규모 중화학공업 공장들이 설립되었고 청장년 남성 노동자들이 이러한 공장에 대규모로 고용되어 일하게 되었다. 이들은 1980년대 후반 이후 한국 노동운동의 중심 세력으로 떠오르게 되었다. 박정희의 사망 이후 등장한 전두환 정권은 박정희 정권에서와 마찬가지로 억압적인 노동 정책을 시행했다. 법률적으로 노동조합의 활동을 더욱 어렵게 만들었고, 파업이 발생하면 노동조합과 자본가 간에 협상이 진행되는 것이 아니라 경찰력이 바로 투입되어 폭력으로 파업을 진압하는 일이 반복되었다.

1987년 6월 시민항쟁을 시발점으로 전개된 민주화 과정은 노사관계에도 크나큰 영향을 미쳤다. 1987년 7월에서 9월까지 전국 각지의 수많은 노동자들이 폭발적으로 일어나 파업을 전개했고 노동조합을 새로 설립해 갔다. 이를 '1987년 노동자 대투쟁'이라 부른다. 노동자 대투쟁의 여파로 자본과 국가권력으로부터 독립된 노동조합의 신설이 급증해 1989년에는 역사상 최고 수준의 노동조합 조직률을 기록하게 되었다. 그러나 이러한 '민주노조의 황금기'는 오래 지속하지 않았다. 자본가들과 정부는 노동자 대투쟁을 통해 상실한 권력을 되찾고 노동쟁의를 억제하기 위해 반격에 나섰다. 많은 기업들에서 노동조합을 위축시키거나 파괴하기 위해 폭력이 동원되었고 노동운동가들에 대한 구속·수배 등이 속출했다. 또한 자본가들은 작업장에서 자본의 권력을 회복하기 위해 노동 통제를 강화하는 한편 자동화 설비를 대량으로 구입함으로써 생산 과정에서 사람의 노동에 대한 의존도를 줄이려 했다.

그러나 자본과 정부의 탄압에도 불구하고 적어도 재벌기업과 공기업 등 대기업들에서는 노동조합의 힘이 강력하게 유지되었다. 대기업 노동자들은 파업을 동반하는 전투적 단체교섭을 통해 비교적 높은 수준의 임금 인상을 달성했고 작업장 질서의 민주화도 이끌어내었다. 그러나 그 결과 대기업과 중소기업 간에 고용조건 격차가 벌어지는 부작용도 발생했다. 또한 대기업 노동자들은 기업 수준에서는 고용조건의 개선을 위해 치열하게 투쟁했지만, 노동자 전체를 포괄할 수 있는 노동조합 조직 형태나 단체교섭 체계를 형성하는 데에는 크게 힘을 쏟지 않았다. 그리고 정부도 개별 기업을 넘어서는 수준에서 노동운동 조직이 형성되는 것을 적극적으로 막으려 했다. 노동운동의 힘이 너무 강해지면 경제 성장에 큰 장애가 생길 것으로 생각했기 때문이다.

그리하여 주로 재벌기업과 공기업 등 대기업을 중심으로 기업별 노동조합과 기업별 단체교섭 체계가 완강하게 정착되었다. 1987년 노동자 대투쟁에서 1997년 외환위기에 이르는 10년간은 노동조합을 한 축으로 하고 자본가와 정부를 다른 축으로 해 그 어느 쪽도 완승을 거두지 못하고 일진일퇴의 공방이 치열하게 전개되었다. 이로 인해 한국의 노사관계는 국제적으로 그 불안정성과 대립성, 격렬성으로 유명해지게 되었다.

1997년 말에 한국이 외환위기를 맞아 국제통화기금(IMF)으로부터 구제금융을 받고 IMF와의 협약하에 경제 전반에 걸쳐 신자유주의적 성격을 강하게 띤 구조조정을 추진함에 따라 노사관계도 크게 변화했다. 금융, 기업, 공공 부문, 노동이라는 4대 부문에 걸쳐 대대적인 구조조정이 진행되었다. 그 과정에서 수많은 노동자들이 정리해고 대상이 되어 실업률이 급증했고 정리해고 문제를 둘러싸고 노동조합과 자본가 사이에, 또 노동조합과 정부 사이에 격렬한 투쟁이 전개되었다. 경기 침체와 실업률 급등은 노동조합의 힘을 약화시키고 노동조합 조직률을 하락시키는 요인으로 작용했다.

특히 기업들은 인건비 부담을 줄이고 경영 사정에 따라 고용 규모를 신축적으로 조정할 수 있기 위해 새로 고용하는 노동자들을 주로 비정규직으로 고용하는 등의 방식으로 비정규직 노동자를 늘려나갔다. 또한 노동조합을 조직하기가 상대적으로 용이한 제조업이 국민경제에서 차지하는 비중이 낮아지고 서비스업의 비중이 높아짐에 따라 노동조합 조직률을 높이기가 대단히 어려워졌다.

현재 한국의 노동운동은 매우 어려운 상황에 처해 있다. 1987년 노동자 대투쟁을 계기로 재벌기업과 공기업 등 대기업에서는 힘 있는 노동조합들이 설립되었고 지금도 조직이 유지되고 있지만, 노동조합 조직률은 10% 수준에 머물러 있다. 또한 비정규직 노동자가 양산됨에 따라 주로 대기업에 근무하며 노동조합의 보호를 받는 정규직 노동자들과 주로 중소기업 등에 근무하며 노동조합에 가입하지 못한 비정규직 노동자들 사이에 임금 등 고용조건상의 격차가 크게 벌어져 있다. 스마트폰의 보급 등 기술 발전에 따라 배달서비스업 등에서 플랫폼(platform) 노동자 등 새로운 형태의 비정규직 노동자들이 생겨나기도 했다. 그리고 비정규직 노동자들은 대부분 노동조합에 가입되어 있지 못하다. 또한 심각한 산업 재해는 주로 비정규직 노동자들에게서 발생하고 있다. 산업 재해의 위험이 매우 높은 작업들이 주로 비정규직 노동자들에게 할당되기 때문이다.

그리고 1997년 외환위기 이후 경제성장률이 꾸준히 낮아졌다. 일반적으로 경제 발전 수준이 높은 나라들일수록 경제성장률을 높이기가 어려운데, 한국 경제도 이제 상당히 발전했기 때문에 성장률이 낮아진 측면이 있다. 또한 저출산·고령화가 매우 급속히 전개되어 인구 구성에서 노인층의 비중이 크게 늘어난 것도 중요한 요인이다. 경제성장률이 낮아지면 일자리 창출이 그만큼 어려워지는데, 특히 노동시장에 막 진입한 청년 세대가 취업하기 어려워 고생하게 된다. 점점 줄어드는 양질의 일자리를 둘러싼 경쟁이 점점 더 치열하게 전개될 수밖에 없다. 또, 소득분배를 둘러싼 집단 간의 갈등이 제로섬 게임(zero-sum game)의 양상을 띠게 되어 그만큼 격렬해지기 쉽다. 그리고 경제성장률이 낮아지면 자수성가의 기회도 줄어들어 부모의 경제력이 자녀의 경제력을 결정하는 정도가 더 커진다. '금수저' 출신이냐 '흙수저' 출신이냐가 더욱 중요해져 일종의 신분사회 비슷하게 사회가 변해가는 것이다.

외환위기 이후 한국 경제의 체질이 변해 다양한 차원에서 양극화가 진행되었다. 사회 구성원 간에 소득 격차도 커지고, 세계 시장에서 활동하는 국제적으로 경쟁력 있는 대기업과 주로 국내 시장에서 활동하는 중소기업 간에도 경영 성과의 격차가 더 벌어졌다. 그리고 젊은이들이 취업하기를 열망하는 대기업들의 고용 창출 능력은 점점 더 약화해 왔다. 노동자를 직접 고용하는 데 따르는 부담을 줄이기 위해 대기업들이 사업의 일부를 외주하는 정도가 점점 늘어난 데다, 대기업들은 자본 집약적인 기술 구조로 되어 있어서 기업 성장에 비례해 고용 규모가 그만큼 늘어나기 어렵다. 또한 국민경제에서 IT 산업 등 일자리 창출 효과가 상대적으로 작은 산업들의 비중이 커지고 있다.

이렇게 다양한 문제들이 중첩된 상황에서 한국의 노동조합운동은 설득력 있는 해결책을 제시하지 못하고 있다. 노동자들 중에서는 형편이 나은 편인 10%의 노동자들의 이익을 지키는 것 이상의 역할을 하지 못하고 있다. 그리고 이렇게 주로 소수의 중층·상층 노동자들의 이익을 수호하는 데 힘을 쏟다 보니 노동자 전체 차원에서의 불평등을 심화시키는 데 일조한 측면도 있다. 21세기에 들어 사회의 주목을 크게 받고 노동문제와 관련해 새로운 의제(agenda)를 던져준 노동자 투쟁은 주로 비정규직 노동자들이 벌인 것들이었다.

노동운동의 중요한 다른 축인 노동자정당운동도 그리 성공적이지 못했다. 1994년 총선에서 노동자정당인 민주노동당이 처음으로 의석을 차지해 일시적으로 밝은 미래를 전망하게 해주기도 했으나, 당내의 이념 노선 차이와 당권 확보를 둘러싼 내부 투쟁으로 인해 당이 쪼개졌다. 이후 우여곡절을 거친 결과, 2020년 기준 '정의당'이 노동자정당으로서의 성격을 다소나마 갖고 있으면서 어느 정도 정치적 영향력을 가진 유일한 정당으로 활동하고 있는 형편이다.

한국의 노동운동은 오랜 억압적 노동 정책과 노사관계 질서를 1987년 노동자 대투쟁을 통해 상당 정도 해체할 수 있었다. 뜨거운 '불의 강'을 온몸으로 헤쳐 여기까지 온 것이다. 그러나 신자유주의적 세계화의 물결 속에서 1997년 외환위기를 계기로 엄혹한 시장논리의 관철이라는 '차디찬 파도'를 정면으로 맞닥뜨리게 되었다. 국가권력의 폭력적 억압은 단결과 투쟁으로 저항할 수밖에 없는 것이지만 신자유주의적 시장 논리의 관철은 대응하기가 더욱 복잡하고 어렵다는 난점이 있다. 외환위기의 충격을 극복하고 난 후엔 저출산·고령화, 경제성장률 저하, 일자리 창출 부진, 사회의 여러 측면에서 양극화 전개, 새로운 유형의 비정규직 고용 형태 발생 등 새로운 도전들이 닥쳐왔다. 이런 난제들에 직면해 한국의 노동조합운동은 주로 대기업 정규직 노동자들의 이익 수호에 주력해 왔을 뿐 노동자 전체의 이익을 증진하고 한국 사회 전체의 수준을 높이는 대안을 제시하지 못했다. 노동자정당운동의 미래도 아직 그리 밝아 보이지 않는다.

한국의 노동운동이 이러한 난관을 극복하려면 무엇보다도 노동자들 내부의 단결과 연대를 강화하는 데 더 힘을 쏟아야 할 것이다. 무엇보다도 정규직 노동자들이 비정규직 노동자들의 지위를 개선하는 데 앞장서야 할 것이다. 그렇지 않으면 노동조합운동이 오직 정규직 노동자들만을 위한 것이 될 수 있고, 비정규직 노동자들의 입장에서 보면 '그들만의 잔치'가 될 위험성이 있다. 또한 청년실업 문제가 심각한 사회문제로 대두된 현 시점에서 노동운동이 청년실업 문제의 해결에도 앞장서는 모습을 보임으로써 노동자들 내부의 '세대 간 연대'를 형성하는 일에도 노력해야 할 것이다. 그리고 근년에 핵심적인 사회적 의제로 대두된 '복지국가 발전'을 위해서도 힘을 많이 쏟아야 할 것이다. 기존의 노동운동 세력이 이런 역할을 제대로 해내지 못한다면 새로운 노동자 세대가 이 역할을 떠맡아야 할 것이다. 그러나 오랜 투쟁 경험을 가진 기존의 노동운동 세력과 새로운 문제의식과 감각을 가진 청년 노동자 세대가 힘을 합할 수 있어야, 해결하기 쉽지 않은 문제들이 겹겹이 쌓인 이 난국을 헤쳐 나가기가 덜 어려워질 것이다.

핵심정리

1. 노동은 인간의 생활에 필요한 재화를 만들어내기 위한 활동을 의미하며, 인간의 노동의 특징으로는 '의식성', '사회성', '노동수단의 이용'을 들 수 있다.

2. 인간에게 노동은 생계 유지 수단으로서뿐 아니라 자아실현의 통로이자 사회적 교류의 핵심 내용이라는 의미도 갖고 있다.

3. 자본주의 경제에서 인간의 노동력은 상품으로서 매매된다. 그러나 노동력이라는 상품은 다른 상품들과는 다른 여러 특수성을 갖고 있으며, 이러한 특수성으로 인해 다양한 사회문제가 발생한다. 따라서 상품의 논리, 시장의 논리가 지배적인 자본주의 경제에서도 노동문제와 관련해서는 시장의 논리와 더불어 비(非)시장적 논리가 광범위하게 병행해 작용할 수밖에 없다.

4. 노동자와 자본가는 노동시간, 임금, 노동 통제, 고용 안정 등의 이슈를 둘러싸고 흔히 대립하는데, 자본가에 비해 힘이 약한 노동자들은 노동운동을 통해 자신들의 이익을 관철시키려 노력하게 된다. 노동운동의 대표적 유형으로는 노동조합운동, 노동자정당운동, 생산자협동조합운동을 들 수 있다.

5. 노동운동이 성공적으로 발전하려면 노동자들의 이익과 직결된 문제뿐 아니라 다양한 사회적 약자의 이익을 증진시키는 일에도 적극적으로 참여할 필요가 있다. 그래야 노동운동의 도덕적 정당성이 강화되어 노동운동에 대한 사회적 지지를 이끌어낼 수 있다.

6. 세계적 차원에서 볼 때 1980년대 이후 현재에 이르는 기간은 각국의 노동운동이 고전을 면치 못한 기간이었는데, 이는 주로 신자유주의적 세계화의 영향이라 볼 수 있다.

7. 한국의 노동운동은 억압적 노동 통제 정책과 노사관계 질서에 의해 질식당해 오다가 1987년 노동자 대투쟁을 계기로 비약적 발전을 이루었다. 그러나 1997년 외환위기를 계기로 경제 전반에 광범위한 구조조정이 진행됨에 따라 실업률 상승, 노동조합 조직률의 저하, 비정규직 노동자의 급증 등 곤경에 직면했다.

8. 한국의 노동운동이 더 발전하려면 비정규직 노동자 문제, 청년실업 문제 등의 해결에 앞장서 노동자들 내부의 연대를 강화하는 데 힘을 쏟아야 한다.

토론거리

1. 자본가와 노동자 간에 발생하는 대립은 사회 발전을 저해하는 측면이 큰가, 촉진하는 측면이 큰가?
2. 기업 구조조정과 산업 구조조정은 경제 발전 과정에서 끊임없이 진행되기 마련인데, 그 과정에서 노동자의 대규모 정리해고 등이 발생한다는 문제가 있다. 이러한 사회적 부작용을 최소화하면서 구조조정을 달성할 수 있는 길이 있는가?
3. 신자유주의적 세계화의 흐름이 각국의 노동운동에 불리하게 작용하는 이유는 무엇인가? 각국의 노동운동은 신자유주의적 세계화의 흐름에 어떻게 대응하는 것이 좋을까?
4. 한국의 노동운동의 강점과 약점은 무엇인가? 한국의 노동운동은 앞으로 어떠한 방향으로 발전하는 것이 바람직한가?

읽을거리

한국 노동계급의 형성 | 구해근. 2002. 신광영 옮김. 창비.

한국의 노동 1987-2002 | 이원덕 엮음. 2003. 한국노동연구원.

한국노동운동사 100년의 기록(개정증보판) | 이원보. 2013. 한국노동사회연구소.

자본론 1(상·하)(개역판) | 카를 마르크스(Karl Marx). 2015. 김수행 옮김. 비봉출판사.

비정규직 | 장귀연. 2009. 책세상.

산업사회의 이해: 노동세계의 탐구 | 비판사회학회 엮음. 2018. 한울.

자본주의와 노사관계: 삶의 질 관점 | 강수돌. 2014. 한울.

제8장
시민사회와 사회운동: 공익과 사의 또는 진보와 보수라는 두 날개

지주형(경남대학교 사회학과 교수)

구글 트렌드 분석(https://trends.google.com)에 따르면 통계가 수집되기 시작한 2004년에 대비해 civil society 검색은 약 70% 감소했다. 이는 전 세계적으로 시민사회에 대한 관심이 급감했다는 것을 말한다. 한국의 경우에는 상황이 더 심각해 2004년에 대비해 '시민사회' 검색은 약 95% 감소한 상태이다. 이것은 시민사회라는 말로 대표되는 민간의 조직과 결사체들, 그리고 그들이 행하는 사회운동이 가진 영향력의 감소를 보여주는 것 같다. 한국의 경우에 시민사회와 사회운동은 민주화에서 매우 큰 역할을 수행해 왔다. 하지만 동시에 한국의 시민사회와 사회운동은 인적·물적 자원의 부족에 계속 시달려 왔으며, 최근에는 시민사회와 사회운동 내부의 분열과 갈등도 심화되고 있다. 이러한 위기는 시민사회가 본래 갖고 있는 분열적 성격, 그리고 한국의 시민사회의 역사적 특수성에 기인한다. 이 글은 한국 시민사회와 사회운동의 위기를 진단하고 그에 대한 해답을 찾기 위해, 시민사회와 사회운동의 개념을 살펴보고 한국 시민사회와 사회운동의 역사적 발전을 탐색한다.

1. 시민사회의 개념과 발전

'시민사회(civil society)'라는 말은 여러 가지 다른 의미로 사용된다. 역사적으로 '시민사회'라는 개념은 시민권자들이 구성한 사회, 문명화된 사회, 민간인들의 사회, 그리고 국가(정부)에도 시장(경제)에도 속하지 않는 영역 등 다양한 것들을 가리켜왔고, 무엇이 시민사회인가에 대한 논쟁은 오늘날까지지도 계속되고 있다.

1) 시민사회의 어원

서양에서 '시민사회'의 어원은 고대 그리스의 철학자 아리스토텔레스(Aristoteles, BC 384~322)가 그리스 도시국가 공동체를 묘사하기 위해 사용한 '코이노니아 폴리티케(koinonia politike)'에서 찾을 수 있다. 이 말은 직역하면 '정치적 공동체'를 가리키지만 '정치적'을 뜻하는 형용사 '폴리티케'의 명사형인 '폴리스(polis, 도시국가)'에서는 정치적 영역과 정치 이외의 사회·윤리 영역이 분리되어 있지 않았다. 따라서 그것은 '시민들의 윤리적 공동체'라는 함축도 내포하고 있었다. 예를 들면 아리스토텔레스가 염두에 두었던 아테네의 경우, 직접 민주주의로 자유로운 시민들이 직접 정치에 참여했고 정치 참여는 윤리적 의무로 여겨졌다.

이후 '코이노니아 폴리티케'는 고대 로마에서 '소키에타스 키빌리스(societas civilis)'라는 말로 번역되어 오늘날 쓰이는 '시민사회(civil society)'라는 말의 직접적인 어원이 되었다. '사회(society)'라는 말의 어원이 된 '소키에타스'는 어떤 목적을 위해 개인들의 자발적인 합의에 의해서 만들어진 단체인 결사체를 말한다. 그 다음에 '키빌리스'는 도시국가 공동체를 가리키는 고대 그리스어 '폴리스(polis)'의 라틴어 번역인 '키비타스(civitas)'의 형용사다. 키비타스는 그리스의 폴리스와 마찬가지로 선한 시민이자 정치적 참여자를 가리키는 '키비스civis(복수형은 cives)'들이 만든 공동체를 가리킨다. 그러므로 '소키에타스 키빌리스'는 '코이노니아 폴리티케'와 마찬가지로 정치적·윤리적 공동체를 가리키되 그것의 합의적·결사체적 성격이 강조된 개념이었다. 로마의 철학자 키케로(Cicero, 기원전 106~기원전 43)에 따르면 '공공의 것(res publica)'인 공화국은 바로 이 합의에 기초한 것이었다. 그리스에서와 비슷하게 자유로운 신분을 가진 로마 시민들은 정치에 참여하고 대표자를 선출할 수 있었다.

이렇게 그리스에서 로마로 가서 '코이노니아'(공동체)가 '소키에타스'(사회)가 되고 '폴리티케'(정치적)가 '키빌리스'(시민적)가 되면서 시민사회의 개념에는 공동체적 성격과 결사체적 성격, 정치적 성격과 시민적(사회적·윤리적) 성격이 혼합되었고 그에 따라 시민사회라는 개념은 역사적으로 다양한 의미를 함축할 수밖에 없게 되었다.

2) 계약으로서의 시민사회

이 시민사회란 개념이 다시 등장한 것은 17~18세기 근대 계몽주의 시기로, 이 시기부터는 현대적 의미에서 시민사회 개념이 발전하게 된다. 첫 번째로 등장한 현대적 시민사회 개념은 '시민들의 사회(citizens' society)'로서의 시민사회라 할 수 있다. 토머스 홉스(Thomas Hobbes, 1588~1679), 존 로크(John Locke, 1632~1704), 장자크 루소(Jean-Jacques Rousseau, 1712~1778)와 같은 계몽주의 사상가들은 고대 그리스와 로마에서처럼 시민사회의 개념을 국가로부터 분리시키지 않고 그것을 국가와 같은 의미로 사용했다. 하지만 여기에는 고대 그리스나 로마와는 구별되는 그들만의 논리, 즉 사회계약론이 있었다.

사회계약론자들은 자연법 전통을 따라 인간에게 생명의 보존, 신체의 자유, 재산 소유와 같이 자연적으로 주어진 권리가 있다고 생각했다. 하지만 국가가 질서를 보장하지 않는 자연 상태에서 이러한 권리는 완전히 보장되지 못한다. 예를 들면 홉스는 자연 상태에서는 서로의 목숨을 위협하는 "만인 대 만인의 투쟁"이 일어나 아무리 힘센 자라도 자신의 안전을 보장할 수 없다고 주장했다. 또한 로크는 자연 상태에서 재산권을 둘러싼 분쟁이 일어나면 분쟁 당사자가 직접 해결해야 한다고 했다. 따라서 그들은 사람들이 자연권을 확실히 보장하기 위해 서로 계약을 맺고 주권을 양도해 국가가 성립한다고 주장했다.

그런데 사회계약론자들은 이렇게 사회계약에 의해 성립된 국가를 가리키기 위해 '키비타스'(홉스)나 '정치사회 또는 시민사회'(로크)와 같은 표현을 사용해 국가(정치사회)와 시민사회를 서로 구별하지 않았다. 그것은 그들이 보기에 시민사회의 가장 큰 특징이 국가에 있었기 때문이다. 계몽 사상가들에게 시민사회란 무엇보다도 '자연 상태'에 대조되는 개념이었다. 그리고 자연 상태란 국가가 성립되기 이전의 야만의 상태 또는 자연적으로 존재하고 있는 사회를 가리킨다. 그러므로 자연 상태와 시민사회를 구별하는 핵심 기준은 바로 자연권을 보호해 주는 국가가 있느냐였다. 자연 상태와 달리 시민사회는 국가 성립 이후의, 국가가 있는 사회를 가리켰다. 따라서 시민사회란 국가와 엄밀히 구별되지 않았다.

국가와 시민사회를 구별하지 않는 이러한 의미의 시민사회를 우리는 사람들이 계약을 통해 결성하고 시민으로서의 의무와 권리를 획득하는 정치적 협약체, 즉 '시민권자들의 사회'라고 이해할 수 있을 것이다. 물론 실제로 그 누구도 계약 문서에 서명을 한 적이 없다는 점에서 국가와 시민사회에 대한 이러한 설명은 허구라는 비판도 있다. 그러나 허구일지라도 사회계약론적 시민사회론은 현대적 인권 개념의 토대를 마련했다. 1789년 프랑스 대혁명 이후 선포된 「인간과 시민의 권리 선언」은 봉건적 특권을 모두 폐지하고 자유, 평등, 재산권, 안전, 저항권, 국민의 주권, 무죄 추정, 언론과 출판의 자유, 참정권, 정보공개권 등을 국가에 속한 시민의 보편적 권리로 제시했다. 이렇게 해 인권은 그것이 자연적으로 주어진 것이라 생각되든 아니면 사회적으로 만들어진 것이라 생각되든 일차적으로 국가라는 틀 안에서, 그것도 '국민권'이 아니라 '시민권(citizenship)'이라는 이름과 형태로 나타나게 되었다.

3) 문명으로서의 시민사회

두 번째의 현대적 시민사회 개념은 그것을 '문명화된 사회(civilized society)'로 이해한다. 18세기경에 유럽에서 쓰이기 시작한 '문명(civilization)'이라는 말은, '시민사회'의 '시민적(civil)'이라는 말과 같이, 앞에서 언급한 '키비스'나 '키비타스'를 그 어원으로 한다. 그러므로 이 시기에 시민사회는 자연스럽게 '문명화된 사회'라는 개념과도 연결되었다. 이러한 의미로 시민사회 개념을 사용했던 대표적인 인물들로는 스코틀랜드의 정치사상가 애덤 퍼거슨(Adam

Ferguson, 1723~1816), 그리고 역시 스코틀랜드 출신의 경제학자이자 경제학의 아버지라 불리는 애덤 스미스(Adam Smith, 1723~1790)를 들 수 있다.

사회계약론의 시민사회 개념과 달리 퍼거슨과 스미스와 같은 스코틀랜드 계몽사상가들이 사용한 문명화된 사회로서의 시민사회 개념이 초점을 둔 것은 국가(정치사회)보다는 사유재산권에 기초한 상업사회(시장경제), 그리고 공공의 문제에 관심을 갖는 공민(公民)적 덕성(civic virtue)이었다. 물론 사회계약론의 시민사회 개념에도 일종의 문명화된 사회라는 개념이 함축되어 있다. 국가를 통해 성립하는 시민사회 또한 자연 및 야만과 구별되는 문명의 일부이기 때문이다. 또한 스코틀랜드 계몽사상가들도 국가의 중요성을 무시한 것도 아니다. 하지만 퍼거슨과 스미스에게 문명화된 시민사회란 국가가 없는 자연 상태보다는 사유재산과 공민적 덕성이 없는 원시적 사회와 대조되는 개념이었다. 따라서 그들에게 시민사회란 일차적으로 공민적 덕성이 규제하는 상업사회를 가리켰다.

퍼거슨은 시민사회가 미개 및 야만의 단계를 거쳐 상업사회로 발전했지만, 개인들이 자유를 남용하고 개인의 이익에만 관심을 두는 위험한 경향 때문에 문명사회의 진정한 토대는 물질적 번영이 아니라 공동의 유대, 공공적 덕성, 그리고 그것을 뒷받침하는 법과 제도에 있다고 주장했다. 스미스는 개인들의 이기심이라는 '보이지 않는 손'에 의한 국부의 창출을 설명하는 동시에, 시민사회를 이루는 도덕적 질서의 기초를 타인의 공감을 얻고 '공정한 관객(impartial spectator)'의 관점에서 승인되는 행위에서 찾았다. 사회의 상업적 측면과 공민적 덕성을 결합시키는 이러한 관점은 현대에는 널리 통용되지는 않는다. 상업은 일차적으로 금전적 사익을 우선시하기 때문이다. 하지만 시민사회를 계약의 영역만이 아닌 공민적 덕성의 영역으로 긍정적으로 평가하는 이 관점은 공적인 문제에 대한 시민의 참여를 중시하는 현대의 '공민사회(civic society)' 개념이 발전하는 데 기여했다.

4) 국가와 분리된 시민사회

현대적 시민사회의 세 번째 개념은 국가기구에 속하지 않은 '민간인들의 사회(civilians and private citizens' society)'를 가리킨다. 민간인이란 일차적으로 군인이나 경찰에 속하지 않는 사람들을 가리키지만 넓게 보면 국가 기구에 속하지 않는 사람들을 가리킨다. 즉, 이 세 번째 개념은 시민사회를 국가로부터 분리된 자율적 영역으로 이해한다.

이렇게 국가와 구별되는 시민사회의 개념을 최초로 공식화한 것은 독일의 철학자 게오르크 헤겔(Georg Hegel, 1770~1831)이었다. 헤겔은 사회계약론자들과 달리 경제적·도덕적 영역으로서의 시민사회를 국가와 분리시켰다. 그는 개인들 사이의 계약이 언제든지 취소될 수 있기 때문에 그것으로는 국가가 성립할 수 없다고 보았다. 또한 그는 스코틀랜드 계몽 사상가들과 달리 시민사회에서 공민적 덕성뿐만 아니라 마치 자연 상태와도 같은 이기적 개인들과 집단들의 사익 추구와 분열 및 갈등을 발견했다. 헤겔에 따르면 개인의 사적 욕구는 가족을 벗어나 시민사회의 영역에서 다른 사람을 위해 노동하고 그에 대한 대가를 받음으로써 윤리적이고 보편적인 방식으로 충족된다. 하지만 그럼에도 시민들과 그들이 이룬 집단들은 근본적으로 자신들만의 특수한 이익 추구에서 벗어나지 못한다. 비록 시민사회에서 발전한 사법제도, 경찰행정(사회정책), 직능단체들이 시민들의 사익 추구에 제도적 한계를 부과하지만 그것도 충분히 보편적이지 않다. 사법제도는 외부로 드러난 행위만 규제할 뿐이고, 사회정책은 일부 집단이나 계층에만 선택적으로 시행될 가능성이 높으며, 직능단체의 직업윤리란 집단 이기주의의 다른 이름에 불과할 수도 있다. 따라서 헤겔은 이러한 시민사회의 윤리적 관계와 관행으로부터 발전되었으나 그것들을 특수한 계약에 맡기지 않고 법률을 통해 보편화하는 교양국가의 역할을 강조했다. 이 교양국가는 '절대정신'이라고 불리는 이성의 구현체로서, 시민들이 자신들의 특수한 사익을 윤리적인 방식으로 추구하게 만들고, 나아가 보편적인 공공의 이익을 위해 헌신하도록 교양(교육, 도야)시킨다. 국가를 통해 사적인 이익을 추구하는 시민사회는 보편적 이익을 추구하는 공민사회의 성격을 띠게 된다.

국가와 구별되는 '민간인들의 사회'로서의 헤겔의 시민사회는 그래서 한편으로는 사익을 추구하는 개인들로, 그리고 다른 한편으로는 공익을 추구하는 집단과 제도들로 구성되어 있다. 여기서 경제적 사익을 추구하는 민간인은 부르주아 시민이다. 시민(市民)이란 본래 도시(都市)에 사는 주민을 가리키기도 하지만 도시에 있는 시장(市場)에서 거래하는 상인을 가리키기도 한다. 도시는 비좁아서 필요한 물자를 스스로 생산할 수 없고 교역을 통해 조달해야 한다. 따라서 도시민들은 대부분 시장에서의 거래로 생계를 유지하고 그중 일부는 거대 상인으로 부를 축적한다. 프랑스어에서 유래되어 자본가라는 뜻으로 널리 쓰이는 부르주아(bourgeois)이라는 말도 본래는 성(城, burg, borough), 즉 중세 유럽의 도시 주민으로 상공업에 종사하던 사람들을 가리키는 말이었다. 18세기 유럽에서는 자본주의 시장경제가 발전함에 따라 상공업을 통한 부의 축적이 급속히 증가하고 부르주아 계급도 크게 증가했다. 그리고 이에 따라 시민사회도 부르주아 계급이 지배하는 사회로 빠르게 변모했다. 사실 앞에서 설명한 '시민권자들의 사회'와 '문명화된 사회'로서의 시민사회 개념도 이러한 부르주아 계급의 성장에 따라 형성된 것이었다. 봉건적 권력의 위협으로부터 자신들의 생명, 자유, 재산권을 지켜달라는 요구와 상업사회에 대한 자신들의 긍정적인 평가가 그대로 사회계약론과 스코틀랜드 계몽주의에 반영되었던 것이다. 그러나 당시 시민사회가 지켜준다던 인간의 자연권과 문명적 삶은 실제로는 누구나 보편적으로 누리는 것이 아니라 부르주아만이 누리는 특수한 것에 머물렀다. 더구나 시장에서 돈맛을 본 부르주아 시민은 점차 사익 추구에 빠져들었고 이는 시민사회의 분열(불평등)과 갈등을 초래할 수 있었다. 헤겔은 바로 이러한 시민사회의 역사적 변동이 가진 한계를 포착하고, 국가의 주도와 교육을 통해서 공민적 덕성을 갖추고 공공의 문제에 관여하며 공공의 이익에 헌신하는 '공민'으로서의 시민(Bürger)을 만들어내려고 했던 것이다. 이렇게 시민의 의미가 사적인 개인과 공적인 개인으로 분화되면서 17~18세기부터 프랑스어에서도 도시민을 뜻하는 다른 말인 '시트와엥(citoyen)'으로 '공민'을 가리켜 부르주아 시민과 구별했다.

5) 현대 시민사회의 두 얼굴

'민간인들의 사회'로서의 현대 시민사회는 헤겔의 개념에서처럼 실로 사적인 '시민'의 사회와 공적인 '공민'의 사회라는 양면성을 가지고 있다. 그래서 이 중에서 어느 쪽을 강조하느냐에 따라 '민간인들의 사회'로서의 시민사회 개념은 두 가지 다른 방향으로 발전했다.

(1) 부르주아 시민사회

먼저 시민사회에서 사적인 부르주아 '시민'의 지배와 그로부터 초래되는 사회 갈등을 강조하는 입장이 있다. 카를 마르크스(Karl Marx, 1818~1883)는 헤겔을 비판하면서 시민들이 '공민적' 성격을 가질 수 있다는 것을 부정했다. '공익'이란 사실 이데올로기적 포장에 불과하고 실제로는 부르주아 계급의 이익일 뿐이며, 이러한 시민사회의 편향성을 시정해야 할 국가도 사실은 부르주아 계급의 공동업무를 관장하는 위원회일 뿐이라는 것이었다. 또한 그는 현대 사회가 개인들의 자유로운 계약이나 합의로 형성된 결사체들로 이루어진 '시민사회'가 아니라, 개인들이 자유롭게 그 소속을 선택할 수 없는 계급 집단들로 이루어진 자본주의 '계급사회'라고 보았다. 이 사회에서는 부르주아 계급의 프롤레타리아 계급(노동자 계급)에 대한 착취와 지배가 관철된다. 그래서 그는 시민사회의 개념을 버리고 그것을 사회의 경제적 측면을 가리키는 '자본주의 생산양식'이라는 개념으로 대체했다.

그러나 20세기 전반 이탈리아 공산당 지도자였던 안토니오 그람시(Antonio Gramsci, 1891~1937)는 마르크스주의 내에서 시민사회의 개념을 부활시킨다. 그에 따르면 부르주아 계급의 지배는 노동자들에 대한 경제적 지배나 국가기구에 대한 지배로 환원될 수 없다. 그것은 경제나 국가와는 구별되는 독립적 영역인 시민사회에서 부르주아 계급이 피지배계급에 대해 지적이고 도덕적인 지도력을 행사해 자신들의 지배에 대한 동의를 이끌어낼 때 안정화된다. 그람시가 헤게모니(hegemony)라 부른 이러한 지배계급의 지도력은 그들이 지배하는 종교, 학교, 언론 등에서 생산되는 이데올로기(지식과 도덕)뿐만 아니라 피지배계급에 제공되는 물질적 이익에 의해서 만들어진다. 이것은 지배계급이 자신들의 물질적인 이익을 일부 포기함으로써 자신들의 특수한 경제적·분파적 이익을 보다 보편적이고 공공적인 국민적·민중적 이익으로 전환한다는 것을 뜻한다. 지배계급이 이러한 전략을 취하게 된 것은 자본주의가 발전하면서 부르주아 계급뿐만 아니라 이에 대립적인 프롤레타리아계급도 성장하고, 보통선거권이 도입되면서 민주주의도 발전했으며 따라서 피지배계급의 동의를 얻어야 했기 때문이다. 그리하여 자본주의 계급사회는 단순히 부르주아적 사익만이 추구되는 영역이 아니라 제한적으로나마 공민적 덕성과 공익이 추구되는 시민사회의 성격을 다시 어느 정도 띠게 된다. 또한 공민적 덕성과 공익의 추구는 부르주아 계급에만 독점될 수 없기 때문에, 시민사회란 중간계급과 프롤레타리아 계급을 포함한 여러 계급들, 각 계급의 분파들, 그리고 계급으로 환원될 수 없는 여러 집단들이 각자의 대안적인 이데올로기와 공익을 제시하고 지배계급이나 세력에 대한 대항적 헤게모니를 획득하기 위해 각축을 벌이는 곳이 되었다.

(2) 결사체적 공민사회

다른 한편 19세기 초 프랑스의 정치가이자 사상가인 알렉시스 드 토크빌(Alexis de Tocqueville, 1805~1859)은 현대 시민사회가 갖는 상업사회나 부르주아적 지배의 특성보다는, 국가에 속하지도 않고 사적 개인들과도 구별되는 독립적 결사체들을 통해 나타나는 시민사회의 '공민적' 특성에 주목했다. 토크빌은 프랑스의 계몽주의 사상가 몽테스키외(Montesquieu, 1689~1755)로부터 국가와 개인을 매개하는 중간 영역으로서의 결사체 개념을 이어받았다. 몽테스키외는 국가 앞에서 사적 개인들은 무력할 수밖에 없기 때문에 국가에 대해 요구와 반대를 하기 어렵다는 것을 지적하고 국가와 개인 사이를 매개하는 결사체의 필요성을 주장했다. 토크빌은 프랑스 대혁명에서는 이러한 중간매개적 결사체의 파괴를 목도했으나 미국을 여행하면서 이러한 결사체들이 미국 민주주의의 토대를 이루고 있음을 발견했다. 그 결사체들은 교회, 도덕운동, 학교, 독서클럽, 신문, 전문직업인 단체, 스포츠 단체, 여가 단체 등 그 크기와 목적에서 매우 다양한 형태를 띠고 있었지만 시민들은 이 결사체를 통해 국가와 독립적으로 공론(public opinion)을 형성하고 공동의 문제를 해결하고 공동의 목적을 추구했던 것이다. 미국의 정치학자 로버트 퍼트넘(Robert D. Putnam, 1941~)에 따르면 오늘날에도 미국에서 결사체는 구성원들의 신뢰와 협동을 통해 사회적 유대를 강화하고 도덕을 공고화하는 동시에 권위주의 국가와 전제적 시장을 견제하고 개인의 자유와 다양성을 보호하는 역할을 하고 있다. 물론 이것은 앞에서 소개한 헤겔이나 마르크스의 관점을 따르지 않더라도 시민사회와 결사체의 역할을 지나치게 이상화하는 것이라 할 수 있다. 미국의 시민사회는 사회적 유대와 도덕, 자유 그리고 다양성의 공간일 뿐만 아니라 계급, 인종, 성 불평등 및 갈등의 장이기 때문이다. 이러한 결사체적 시민사회의 한계는 유럽에서도 발견된다. 독일의 사회학자 위르겐 하버마스(Jürgen Habermas, 1929~)는 18세기 서유럽에서도 부르주아 시민들이 클럽, 살롱, 신문, 잡지 등을 매개로 공론을 형성해 국가를 비판하고 사적 영역의 자율성을 보호하고자 했음을 보여주었다. 하지만 동시에 그는 자본주의가 발전함에 따라 시민사회의 다양한 요구와 갈등을 조정하고 중재했던 이러한 공론장이 몰락해 입법과 정치적 과정에서 공론장이 배제되고 언론은 이데올로기와 비즈니스의 장이 되었음을 지적했다. 그람시가 부르주아 시민사회가 제한적이나마 공공적 성격을 띨 수 있다는 것을 발견했다면, 하버마스는 결사체적 공민사회가 결국에는 부르주아적 이해관계에 휘둘리게 되었음을 발견한 것이다.

6) NGO와 시민사회

그 한계에도 불구하고 토크빌적인 시민사회 개념은 현대의 지배적인 시민사회 개념으로 자리 잡았다. 현대적인 시민사회 개념은 국가로부터 분리되어 있는 시민들의 자율적인 공간으로서 국가권력을 견제하고 제약하는 것으로 개념화된다. 여기에 포함되는 것들로는 물론 토크빌이 주목했던 민간인들로 이루어진 결사체, 즉 학교, 종교단체, 언론, 사회단체, 동호회 등이 있지만 특히 주목해야 할 것은 NGO라고 불리는 비정부기구(non-governmental organization)다. 이 말은 제2차 세계대전이 끝난 후에 출범한 국제연합(UN) 헌장에 국제적으로 활동하는 비정부기구를 자문기구로 인정함으로써 널리 퍼지게 되었다. 국제적으로는 적십자, 옥스팜, 국경없는의사회, 국제사면위원회, 그린피스, YMCA, ATTAC 등 사회개발, 인권, 권력 감시, 환경, 대안세계화 분야에 수많은 NGO가 존재하지만, 최근에는 한 나라에서만 활동하는 사회단체들도 NGO라 불린다. 개념적으로 NGO는 기업이나 노동조합 등 경제적 조직들을 가리킬 수도 있지만 통상적으로는 국가도 경제도 아니고 정부도 기업도 아닌 제3의 영역에서 공적인 목적을 위해 활동하거나 운동하는 사회단체를 가리킨다. 이 때문에 이들은 국가로부터 자율성을 갖는 시민사회 조직이라는 의미로 CSO(시민사회조직, civil society organization)라 불리기도 하고, 이들이 활동하는 영역은 제3섹터라 불리기도 한다. 국내의 대표적인 단체로는 참여연대, 경실련, 환경운동연합, 여성단체연합 등이 있다. NGO와 유사하게 NPO라고 불리는 비영리단체(non-profit organization)도 있다. 이는 영리를 추구하지 않고 따라서 투자자에게 수익분배도 하지 않는 민간단체로서, 통상적인 시민사회 단체 외에도 대학, 병원, 복지기관, 종교단체, 협동조합, 사회적 기업 등이 포함된다. 이러한 비정부기구와 비영리단체들이 존재하고 또 늘어난 까닭은 두 가지다. 하나는 이러한 조직들이 추구하는 사회적·공공적 목적을 국가나 영리기업이 모두 충족시킬 수 없다(또는 오히려 방해한다)는 것이고, 다른 하나는 이러한 조직들을 통해서 시민들이 국가나 영리기업의 통제를 받지 않고(또는 국가나 영리기업을 견제하면서) 자유롭게 자신들이 지향하는 사회적·공공적 목적을 추구할 수 있다는 것이다. 하지만 최근에는 사회적·공공적 목적을 더 잘 실현하기 위해 국가 기능을 위임받은 준NGO(quango: quasi-autonomous NGO)도 늘어나고 있다. 또한 사회운동 NGO의 영향력이 커지면서 이들은 입법, 행정, 사법, 언론이 뒤를 잇는 다섯 번째 권력기관이라는 의미로 '제5부'라 불리기도 한다. 그러나 이들이 추구하는 것이 과연 중립적인 공익인지, 아니면 특정한 집단, 예를 들면 중산층이나 지식인, 전문가의 입장을 반영하는 특수한 이익인지에 대한 의문이 제기되기도 한다.

7) 사회운동과 갈등의 무대로서의 시민사회

요약하자면 시민사회는 자본주의의 발전과 함께 성장한 부르주아 계급이 '시민권'을 요구하면서 탄생했다. 부르주아 계급은 생명, 자유, 재산권의 보장을 요구했고 국가의 존립 근거를 그러한 권리를 보장하는 계약에서 찾았다. 이러한 '시민권자들의 사회'는 동시에 '문명화된 사회'이기도 했다. 자유를 획득한 부르주아 계급은 영리기업, 시장경제, 상업사회뿐만 아니라 공적인 성격을 가진 결사체와 공론장도 발전시켰다. 그리고 이러한 국가 밖 영역의 확대는 국가로부터 자율적이고 독립적인 '민간인들의 사회'를 만들어냈다. 처음에는 부르주아 계급의 권리와 이익만이 보장되었지만 다른 계급들도 자신들의 권리와 이익을 요구하게 되면서 '시민권'은 모든 '민간인'들에게로 점차 확대되었다.

그러므로 이제 시민사회는 국가기구에 속하지 않는 시민들과 그들이 만든 다양한 결사체들의 자율적 공간이다. 이 속에서 다양한 개인, 집단, 조직, 결사체들은 서로 협조하기도 하고 갈등·투쟁하기도 한다. 한편으로는 정치적·경제적 이익을 둘러싸고 계급과 집단들 사이의 경쟁과 갈등과 충돌이 일어나고, 다른 한편으로는 개인적이거나 사적인 이익을 넘어서 공적 지향을 가진 공론이 만들어지고 공익적 성격을 가진 사회운동이 일어난다. 예를 들면 진보와 보수, 자본과 노동, 남성과 여성, 친환경주의자와 성장주의자 사이의 갈등이 일어나고 성 소수자, 장애인, 빈민과 같이 사회적으로 취약한 소수자 집단들의 국가에 대한 권리 투쟁도 일어난다. 그리고 민주주의, 평화, 인권, 성 평등, 환경/생태 보전, 안전 등과 같은 다양한 공적 지향성을 가진 사회운동들도 일어난다. 이러한 갈등과 투쟁들과 사회운동은 시민사회에 내재적인 것으로서 국가와 민주주의의 운영에 큰 영향을 미치고 사회의 변동과 발전을 촉진한다.

2. 사회운동의 개념과 발전

시민사회를 무대로 벌어지는 사회운동들은 매우 다양한 모습을 띠고 있어 그 개념을 정의하기가 까다롭다. 예를 들면 시민사회의 결사체들이 하는 모든 행위가 사회운동인 것은 아니고, 결사체들만이 사회운동을 하는 것도 아니다. 여기서는 먼저 사회운동과 집합행동의 구별을 통해 사회운동의 개념을 이해하고 다음으로는 사회운동의 역사적 변동과 발생 원인에 대해 살펴보겠다.

1) 집합행동과 사회운동

사회운동(social movement)은 집합행동(collective action)의 한 유형이다. 집합행동은 여러 사람들이 무리를 이루어 하는 행동을 가리킨다. 상당수의 집합행동은 폭동과 같이 뚜렷한 목표나 조직이 없이 감성에 기반해 일시적으로 발생하나, 이와 달리 뚜렷한 목표와 조직을 갖추고 의식적이고 지속적으로 일어나는 집합행동을 사회운동이라고 한다. 사회운동은 합법적인 집회·시위나 개혁운동처럼 합법적 형태를 띨 수도 있고 불우 이웃 돕기나 난민 구호처럼 비저항적 형태를 띨 수도 있다. 하지만 많은 경우 비합법적이고 저항적인 형태를 취한다. 기존의 법과 제도가 사회문제를 해결하지 못하거나 오히려 사회문제를 일으키는 경우에 주로 발생하기 때문이다. 무엇보다 식민지의 독립운동이나 민족해방운동처럼 애초부터 합법적인 운동이 불가능한 경우가 있다. 또한 겉으로는 집회, 결사, 표현의 자유가 보장된 민주주의 사회일지라도 합법적으로 요구의 관철이 어려운 경우 서구의 여성참정권운동, 미국의 흑인민권운동의 사례처럼 종종 비합법적 수단에도 의존한다. 사회운동은 크고 작은 사회변동을 일으킨다.

2) 사회운동의 역사적 변동: 구사회운동과 신사회운동

사회운동은 다양한 사회구조적 요인을 배경으로 해 일어난다. 역사적으로 경제적 불평등은 노동운동과 사회주의 운동을 일으켰고, 성별 간, 인종 간의 사회경제적 불평등은 여성운동과 인종차별 반대운동을 일으켰다. 또한 정치적 억압과 불평등은 부르주아 민주주의 혁명, 노동자들의 선거권 확대운동, 독재에 대항한 민주화 운동, 제국주의와 식민주의에 대항한 반제국주의 독립운동을 일으켰다.

하지만 각 시대마다 주된 모순과 문제들이 다르기 때문에 사회운동은 시대마다 다양한 내용과 형태를 취한다. 방금 언급한 사회운동들이 주로 현대 사회가 형성되던 20세기 중반기까지 활발히 진행되었다면, 서구의 1968년 혁명을 기점으로 20세기 후반기에는 반전운동, 반핵운동, 환경운동, 소비자 운동, 여성운동, 소수자 운동, 인권운동 등 신사회운동(new social movements)이 활성화되기 시작했다. 이러한 사회운동의 변화는 한편으로는 구사회운동(old social movements)이 목표로 했던 민주주의와 보통선거권, 복지국가, 식민지 해방 등이 상당 부분 성취되고 다른 한편으로는 그러한 성취를 기반으로 해서 운동주체들의 정체성이 다양화된 데 기인한다.

구사회운동은 정치적 민주화와 경제적 불평등, 노동문제, 복지 문제의 해결에 주목했고, 노동자를 중심으로 선거권을 확대하고 경제적 분배를 개선하는 데 주력했다. 따라서 경제 성장과 물질적 가치를 중시했고 국가와 자본에 맞서는 과정에서 수직적·위계적으로 조직된 노동조합과 사회민주주의 정당이 발달하고 제도화되었다. 반면에 신사회운동은 복지국가의 관료제, 경제 성장, 과학기술, 남성지배 등 권위주의와 물질주의가 초래하는 문제의 해결에 초점을 맞췄고 전문직, 자유직 등 신중간계급과 학생, 여성, 지역주민 등 주변층을 통해 반핵, 반전, 환경, 여성, 소수자 권리 등 탈권위적·탈물질적 가치와 정체성의 인정을 추구한다. 따라서 전형적으로 성장주의와 권위주의에 저항하고 그 과정에서 수평적 네트워크의 형태로 운동을 조직한다.

3) 사회운동의 발생 원인

그런데 구조적 요인이 곧바로 사회운동을 발생시키는 것은 아니다. 구조적 모순과 문제가 아무리 쌓여도 사회운동을 일으키는 것은 결국 사람들이다. 따라서 사람들이 움직여야만 사회운동이 일어난다. 그렇다면 사람들은 어떨 때 사회운동에 나서게 될까?

첫째, 사회운동은 사회구조적 모순 속에서 사람들의 사회적·정치적 의식이 강화될 때 발생할 수 있다. 마르크스는 자본주의가 발전함에 따라 계급 간의 빈부 격차가 심화되고 그에 따라 노동자들의 계급의식이 고양되어 노동조합과 노동자 정당이 결성되어 끝내는 사회주의 혁명이 일어날 것이라고 기대했다. 반면에 러시아 혁명의 지도자 블라디미르 레닌(Vladimir Lenin, 1870~1924)은 자본주의적 노사 갈등을 겪으면서 노동자들의 계급의식이 강화되고 노동조합과 노동자 정당이 결성되더라도 그것이 반드시 혁명적 의식이나 조직으로 발전되지 않기 때문에 혁명가와 지식인들로 구성된 전위 정당이 노동자 계급을 지도해야 된다고 보았다. 이와 유사하게 그람시도 시민사회에서 사회운동 조직과 정당이 헤게모니 투쟁을 통해 먼저 대중들에 대한 지적·도덕적 지도력을 획득한 후에 혁명이 가능하다고 보았다.

둘째, 사회운동은 사람들이 특정한 상황 속에서 집합적으로 분노를 느낄 때 발생할 수 있다. 구스타브 르봉(Gustave Le Bon, 1841~1931)은 군중 속에서 개인이 독립성을 잃게 되고 집단적 감정에 휩쓸려 비이성적 행동도 무비판적으로 따르기 쉽다는 것을 지적한다. 군중 속에서 익명성을 얻게 됨으로써 책임감이 줄어들고, 다른 이들을 보면서 슬픔, 분노, 흥분에 쉽게 전염되어 행동에 나서게 된다는 것이다. 허버트 블루머(Herbert Blumer, 1900~1987)에 따르면 사회 질서의 균열이 초래하는 불안, 동요, 집합적 흥분에서 시작해 소요, 파업, 폭동, 혁명 등으로 이루어지는 이러한 군중 행동 중에서 일부가 조직화되어 사회운동이 출현하게 된다. 이러한 사회운동은 노동운동, 여성운동, 환경운동처럼 새로운 가치관이나 구체적인 목표의 실현을 목적으로 하지만 단순히 정서와 상징을 표출하는 데 그칠 수도 있다. 한편 제임스 데이비스(James C. Davies, 1918~2012)는 혁명의 사회심리적 요인을 지목했다. 사람들은 경제적 상황이 최악일 때보다는 경제적 상황이 좋아져 기대가 높아진 상황에서 경제 성장이 둔화될 때 사람들이 분노해 혁명이 발생한다고 보았다.

셋째, 사회운동은 사람들이 그에 대한 참여로부터 이익을 얻을 수 있다고 기대할 때 발생할 수 있다. 맨슈어 올슨(Mancur Olson, 1932~1998)은 무임승차가 가능할 경우 집합행동이 일어나기 어려움을 지적한다. 집합행동이나 사회운동의 결과가 참여자뿐만 아니라 비참여자에게도 이익이 될 경우, 아무런 비용도 부담하지 않는 비참여가 개인에게는 합리적 선택이 된다. 그런데 그에 따라 모두가 무임승차를 선택하게 되면 집합행동이 일어나지 않는 비합리적 결과가 초래된다. 예를 들면 노조 활동에 의한 임금 인상은 비노조원에도 동일하게 적용된다. 이 경우 노조 가입자 수가 줄어들어 노조 활동 자체가 아예 무산될 수 있다. 따라서 올슨은 집합행동을 위해서는 무임승차를 없애야 된다고 주장했다. 비참여자들을 제재하거나 참여자들에게만 이익을 주어야 한다는 것이다. 그래서 실제로 노동조합 등은 조합원들만이 받는 혜택을 따로 제공한다. 사회운동에는 의식적·심리적 요인도 중요하지만 이러한 합리적 계산의 측면도 중요한 것이 사실이다. 한편 올슨이 개인들의 합리적 선택에 초점을 맞췄다면 찰스 틸리(Charles Tilly, 1929~2008) 등의 자원동원이론(resource mobilization theory)은 사회운동 집단의 손익 계산과 선택에 주목한다. 이에 따르면 사회운동은 이익집단들이 자신들의 이익이나 권력을 극대화하기 위해 인적·재정적·물적·정치적 자원들을 동원하는 합리적 행위다. 사회운동 집단은 투입 비용 대비 수익을 크게 하기 위해 운동의 손익에 대해 계산하는데, 이때 국가 및 기득권 집단의 힘과 분열 여부, 자기 집단에 대한 동조 세력의 크기와 배치 등 사회운동이 성공할 수 있는 기회의 구조, 즉 '정치적 기회 구조(political opportunity structure)'를 고려한다. 예를 들면 민주화 운동에서 지배세력의 결집과 균열에 따라 정치적 기회 구조는 달라진다. 지배세력의 결집이 강할 경우는 운동이 실패하고 손실을 입을 가능성이 크기 때문에 운동이 약화되지만 지배세력에 균열이 생기고 힘이 약해질 경우에는 기대 이익이 올라가서 운동이 강화된다는 것이다.

넷째, 사회운동은 민주적 요구가 거부된 사람들 사이에 사회적 연대가 생길 때 발생할 수 있다. 에르네스토 라클라우(Ernesto Laclau, 1935~2014)에 따르면 민주주의 제도를 통해 충족되지 않은 요구들이 누적되면 실망과 불만이 늘어난다. 이러한 요구들은 좌절되었다는 공통점을 갖고 있는데, 만약 특정한 요구와 관련된 특정한 사건이 일어나면 그 요구를 중심으로 상이한 요구들 사이에 사회적 연대가 발생할 수 있다. 이때 그 특정한 요구는 다른 좌절된 모든 요구들을 대표하는 기능을 한다. 그리고 이렇게 특정 요구를 중심으로 사회적으로 연대한 사람과 집단들이 자신들의 요구를 들어주지 않는 기득권 세력과 자신들을 구별하면서 포퓰리즘적 사회운동이 발생하게 된다. 예를 들면 2016년 일어난 박근혜 대통령 퇴진 촛불집회의 경우, 대통령 탄핵이라는 특정한 요구를 중심으로 경제적 불평등 해소, 세월호 참사 진상규명, 소수자 차별 금지 등 여러 다른 요구들 사이에 사회적 연대가 형성되면서 발생되었던 것이다.

4) 사회운동의 복합적 결과들

이렇게 사회운동은 그 원인들이 매우 다양하기 때문에 어느 한 가지 원인으로만 설명될 수 없다. 사회운동은 대부분 복합적인 원인에 의해 발생하고, 그 결과도 복합적이다. 사회운동은 단기적으로는 아무런 성과를 내지 못하고 실패한 것처럼 보이더라도 장기적으로 보면 사회에 큰 변동을 초래하는 경우도 많다. 예를 들면 1886년 5월 1일 미국노동연맹의 8시간 노동제를 요구하는 전국적 파업과 시위는 당시에는 실패했지만 수많은 나라에서 5월 1일을 노동절로 기념하게 만들었고 끝내 하루 8시간 노동을 국제 노동 기준으로 확립하는 데 기여했다. 또한 서구의 1968년 학생혁명은 당시에는 실패로 끝났지만 신사회운동의 시작을 알리는 중요한 사건이었다. 반면에 정치혁명이나 정권 교체가 일어나더라도 근본적인 사회적 변화를 가져오지 못하는 경우도 많다. 예를 들면 1917년 러시아 혁명의 경우 2월 혁명이 전제정을 무너뜨렸음에도 근본적인 사회적 변화에 대한 민중들의 열망을 수용하지 못해, 같은 해 10월에 또 한 차례의 혁명이 일어나게 된다. 실로 사회운동은 지배적인 정체 세력의 교체에 한정된 정치적 변화를 넘어, 보다 근본적인 사회적 변화 또는 혁명으로 나아갈 때 그 목적을 가장 이룰 수 있다고 할 수 있다. 예를 들면 1688년 영국 명예혁명, 1775년 미국 독립혁명, 1789년 프랑스 대혁명 등은 세계사적으로 자유주의와 민주주의로의 제도적 전환을 가져왔을 뿐만 아니라 자본주의의 발전을 가속화하는 데 기여했다.

3. 한국의 시민사회와 사회운동

1) '쟁론적' 시민사회의 기원과 형성

사회학자 구해근에 따르면 한국의 시민사회는 "쟁론적 사회(contentious society)"라는 특성을 가지고 있다. 그에 따르면 중앙집권의 오랜 역사, 일제 강점기의 강력한 국가기구, 그리고 한국전쟁과 냉전이라는 경험은 국가를 권위주의적으로 만들었다. 그리고 그만큼 시민사회도 반국가적 지향성을 강하게 갖게 되었다. 그러므로 한국 시민사회의 힘은 강력한 부르주아 계급이나 독립적인 시민단체에 있는 것이라기보다는 저항적인 정치 문화와 그에 따른 잠재적인 저항의 동원력에 있다고 그는 주장한다. 4·19의거, 부마항쟁, 5·18 광주항쟁, 1987년 6월 항쟁, 2000년대 이후 촛불 집회 등의 사례에서 보이듯이 한국의 시민사회가 '쟁론적'이고 권위주의와 독재에 저항적인 정치 문화를 가지고 있다는 것은 분명하다. 하지만 강력한 권위주의 국가에서 반드시 그런 시민사회가 성장하는 것은 아니다. 일본과 같이 강력한 권위주의 국가의 경험을 가지고 있고 지역 시민사회 활동이 활발함에도 불구하고 시민사회에 쟁론적이거나 저항적인 문화가 크지 않은 반례가 있기 때문이다. 따라서 우리는 한국의 저항적인 시민사회를 설명하는 다른 요인들도 살펴볼 필요가 있다.

한국의 시민사회는 강력한 권위주의 국가뿐만 아니라 조선시대 사대부의 전통, 그리고 4·19의거 이후 계속된 성공적인 민주화 운동의 경험에 의해서도 저항적인 성격을 띠게 되었다. 먼저 한국의 저항적 시민사회의 기원은 조선시대 존재했던 일종의 공민사회에서 찾을 수 있다. 조선의 정치는 신하의 교육과 견제에 의해 군주가 패도정치(覇道政治)에 빠지지 않고 왕도정치(王道政治)를 하게 만드는 유교 사상에 기반해 있었다. 이념적으로 신하의 역할은 군주의 명령에 무조건 복종하는 것이 아니라 군주를 올바른 길로 이끄는 것이었다. 충(忠)이라는 것도 국왕 개인에 대한 것이라기보다 왕이 상징하는 나라에 대한 것에 가까웠다. 그렇기 때문에 신하들은 군주의 통치에 대해 반대하는 경우가 잦았고 그만큼 옥고를 치르거나 귀양을 가는 경우도 상당히 많았다. 그러므로 신하들은 단순히 국왕의 개인적 부하라기 보다는 붕당(朋黨)으로 나눠진 전국적인 사대부 집단의 일원에 가까웠다. 조선은 사대부가 지배하던 나라라 해도 과언이 아니었다. 조선의 지방은 중앙관리가 파견되었음에도 사림이라 불리는 사대부 명망가들과의 협의 없이는 통치될 수 없었다. 과거에 합격했지만 관직을 못 얻은 사람들, 그리고 그들의 후손들이 지방의 사대부나 양반이 되어 자신의 향촌에서 지도자 역할을 했던 것이다. 한번 양반이 되면 계속 양반이기 때문에 신분 상승만 있는 사회여서 사대부의 영향력은 갈수록 커갔고, 전국적으로도 붕당으로 갈라진 사대부들의 네트워크가 형성되었다. 국사를 놓고 붕당 간에 치열하게 논쟁이 벌어졌으며 조정의 정책에 반대하는 전국적인 상소운동이 벌어지는 경우도 있었다. 더구나 조선왕조 동안 사대부들은 두 번의 반정을 일으켜 임금을 교체하기까지 했다.

사회학자 조혜인은 이러한 조선 사대부들을 영국의 젠트리(gentry)-부르주아 계급과 비교하면서 현대 한국 시민사회의 공민사회적 특성이 조선 전기에 형성되었다고 주장한다. 영국에서는 15세기부터 젠트리라 불리는 집단이 늘어났다. 이들은 귀족의 후손이었지만 장남이 아니라 영지와 작위를 물려받지 못하고 귀족의 신분만 가진 이들이었다. 하지만 그들은 지방에서 큰 영향력을 행사했고 영리기업 활동을 통해 부르주아 계급으로 성장했으며, 영국을 자유주의 입헌국가로 변모시킨 청교도 혁명과 명예혁명의 사회적 토대가 되었다. 앞에서 보았듯이 조선의 역사도 이와 유사하게 전개되었다. 증가하던 사대부들이 국가로부터 자율적일 뿐만 아니라 서로 쟁론하고 국가를 견제하는 자신들만의 영역을 만들어냈던 것이다. 다만 영국의 젠트리 계급이 사적 이윤을 추구하는 귀족-부르주아였다면, 조선의 사대부들은 이념적으로는 공적인 도덕 사회를 지향하는 관료-지식인 엘리트였다는 점에서 차이가 있었다. 하지만 바로 그러한 차이 때문에 조선의 시민사회의 성격은 어떤 면에서는 보다 더 공민사회에 가까웠다. 현대 한국 사회의 쟁론적이고 저항적인 성격의 유래는 이렇게 조선시대로부터 시작된 붕당 간의 쟁론과 국가에 대한 견제에까지 거슬러 올라갈 수 있다. 한국의 시민사회를 오랫동안 주도해 온 지식인들과 학생들은 바로 조선의 사대부와 유생들의 오랜 전통을 물려받은 것이었다.

한편 한국의 성공적인 민주화 운동 경험도 쟁론적이고 저항적인 한국 시민사회의 형성에 크게 기여했다. 결정적인 분기점은 1960년 4·19 의거였다. 정치학자 김관봉은 1965년 한일협정에 반대해 일어난 6·3항쟁을 4·19의 경험으로부터 설명한다. 4·19를 통해 학생들과 보통 시민들은 처음으로 자신의 힘으로 최고통치권자를 몰아낸 경험을 갖게 되었는데, 이 경험이 그 후 사람들에게 언제든 대통령을 물러나게 할 수 있다는 자신감을 갖게 했고, 그래서 대통령이 책임을 져야 할 만큼 중요한 정치적 쟁점이 있을 때마다 학생들과 시민들이 거리로 나오게 하는 데 큰 역할을 했다는 것이다. 실로 4·19 이후 서울의 광화문 앞 공간은 온갖 집회와 시위가 벌어지는 한국의 핵심적인 정치 공간으로 자리매김했고, 그 기원에는 바로 4·19 당시 경무대(현 청와대) 앞까지 진출했던 경험이 있다. 청와대에서 대통령에게 직접 항의하고 요구하려는 시위의 전통이 생겨난 것이다. 광화문 앞은 민주화를 가져온 1987년 6월 항쟁뿐만 아니라 2000년대 이후의 모든 중요한 촛불집회와 시위의 주요 무대였다. 그뿐만 아니라 2016년의 박근혜 대통령 구속·퇴진 촛불문화제 행진은 청와대 100미터 앞까지 진출하기도 했다. 1960년 4·19의거, 1987년 6월 항쟁, 2016년 촛불시위의 이러한 성공적인 경험은 한국 시민사회의 쟁론적이고 저항적인 성격을 유지하고 강화해 왔다.

2) 현대 한국의 시민사회와 사회운동의 역사 및 발전

조선의 공민사회는 말기에 들어 개화파, 훈구파, 친일파, 친미파, 친러파 등으로 갈라졌고, 대한제국의 멸망 이후 일제 강점기에는 조선총독부의 설치, 3·1운동의 실패, 친일 지주계급의 식민통치에 대한 포섭, 민족자본의 저성장 등으로 크게 약화되었다. 그리고 해방 이후에도 한동안은 일제가 남긴 강력하고 거대한 통치기구와 한국전쟁은 국가를 시민사회에 비해 '과대성장'한 상태로 만들었다. 경제와 산업의 저발전으로 인해 부르주아 계급의 성장은 더뎠고 그나마 있는 부르주아 계급들도 국가에 의존해 성장할 수밖에 없었다. 그래서 국가로부터 자율적인 시민사회라고 부를 만한 영역이 별로 없었다.

따라서 초기에 한국의 시민사회는 부르주아들이 아니라 국가에 대항하는, 공민적 지향을 가진 학생운동과 지식인 운동에 의해 성장하기 시작했다. 그 계기는 1960년 4·19 의거였다. 4·19는 학생운동과 재야 지식인 운동의 시작을 알렸고, 이들은 1960년 5·16 쿠데타 이후 28년간 계속된 박정희와 전두환의 군사정권에 대한 반독재 민주화 운동의 중심에서 각종 운동 조직들을 만들어냈다. 그러나 민주화는 그들의 힘만으로 이룰 수 있는 것이 아니었다. 학생과 지식인들에게 인적·물적 자원의 부족은 만성적이었다.

이러한 상황에서 민중이 참가한 대규모 항쟁의 경험은 학생 운동권과 재야 지식인들을 급진화시켰다. 1979년 10월 부산과 마산에서 유신 독재에 저항하는 부마민주항쟁이 벌어졌고, 그 여파에 따른 박정희 대통령의 피살로 유신 체제는 붕괴했다. 하지만 민주화에 대한 기대로 가득 찼던 1980년 '서울의 봄'은 5월 17일 신군부의 쿠데타로 무산되어 버리고 이에 저항한 5·18 광주민주화운동은 무참하게 짓밟혀 버렸다. 부마항쟁과 광주항쟁 모두 처음에는 소수의 학생들이 앞장섰지만 군부정권 아래서 고통 받던 서민과 노동자 계층이 광범위하게 참여함으로써 거대한 국민적 저항으로 발전할 수 있었다. 급진화된 학생 운동권과 재야 지식인들은 서민과 노동자들의 삶에 더 많은 관심을 기울이게 되었고 그에 따라 노동자, 농민, 빈민 운동들도 활발하게 되었으며 민주화운동 세력의 규모는 더욱 커지게 되었다. 또한 미국이 신군부의 광주항쟁 진압을 묵인했다는 것이 분명해지면서 반미주의의 흐름도 생겨나게 되었다. 1987년 6월 항쟁은 학생 운동권과 재야 지식인의 주도하에 제도권 야당, 중산층 사무직 노동자, 육체노동자, 농민 등 다양한 계층과 집단이 가담해 발생한 사건이었다. 박종철 고문치사 사건 및 은폐, 전두환의 대통령 직선제 개헌 거부, 이한열 열사의 죽음은 1987년 6월 민주화 세력과 저항적 시민사회를 폭발적으로 동원했고 마침내 직선제 개헌으로 표현되는 절차적 민주화를 성취했다.

하지만 1987년 민주화 이후 학생 운동권과 재야 지식인 중심의 민주화 운동이 주도하던 시민사회의 성격은 크게 변화했다. 무엇보다 선두에서 급진적 주장을 펼치던 학생 운동권과 재야 지식인이 시민사회에서 주도권을 잃기 시작했다. 특히 학생운동은 1987년 전국대학생대표자회의(전대협), 1993년 한국대학총학생회연합(한총련)을 결성하면서 발전하는 것처럼 보였으나 사실은 그 힘을 잃고 있었다. 학생운동은 1991년 당시 명지대 학생이었던 강경대 열사가 경찰의 구타로 사망하는 사건으로 격화되었으나 얼마 후 벌어진 정원식 국무총리 서리 계란 투척 사건으로 여론이 싸늘하게 식으면서 점차 사그라들기 시작했다. 더구나 문민정부의 출범과 함께 민주적 개혁이 확대되면서 학생운동의 사회적 호소력은 떨어졌고, 1996년 연세대 점거 사태 이후에는 학생시위의 폭력성에 대한 비판이 잇따랐다. 마침내 1997년 IMF 경제위기로 대학생들의 취업난도 심각해지면서 학생운동은 급속히 힘을 잃게 되었다.

한편 민주화 운동 세력은 제도권 정치세력(정당), 노동운동(민주노총, 한국노총), 중산층 시민운동(경실련), 진보적 시민운동(참여연대), 부문운동(환경운동연합 등), 참교육운동(전교조), 농민, 빈민, 노점상, 철거민 등의 민중운동 등으로 선명히 분화되기 시작했다. 그중 특히 주목할 만한 것은 노동운동과 시민운동의 성장이다. 1987년 6월 항쟁에 대한 개별적인 참여 경험과 민주화의 성취로 자신을 얻은 노동자들은 같은 해 7~9월 3개월간 약 3000건에 달하는 파업을 일으켰다. 그들은 부당 노동 행위와 어용 노조에 항의하면서 임금과 노동 조건의 개선을 요구하고 노동조합을 결성했다. 1990년에는 민주노조들을 대표하는 전국노동조합협의회(전노협)이 결성되었으며 1995년에는 전국민주노동조합총연맹(민주노총)이 출범해 현재까지도 중요한 전국 단위 노조로 활동하고 있다.

한편 학생 운동권과 재야 지식인들 중 상당수는 정계로 진출하거나 아니면 '시민운동'이라고 불리는 새로운, 합법적인 형태의 운동에 참여했다. 정리해고와 노동시장 유연화 등으로 약화된 노동운동과 달리 시민운동은 1990년대~2000년대에 들어 전성기를 맞이했다. 경실련과 참여연대 같은 종합적 시민운동 외에도 환경운동, 여성운동, 인권운동, 과학기술운동, 지방분권운동, 소비자운동, 장애인운동, 교육운동, 문화운동, 언론운동, 공동체운동, 양심적 병역거부 운동, 성소수자 운동 등 다양한 운동들이 전개되었다. 신사회운동이 민주화 이후 사회운동의 주요 흐름이 된 것이다. 1989년에는 중산층 중심 시민단체로 창설된 경제정의실천연합(경실련)이 토지공개념, 주택임대차제도 개선, 공명선거, 금융 및 부동산실명제 등을 주장해 신선한 충격을 주고 1990년대 정부 정책에 큰 영향을 주었다. 또한 진보적 지식인들과 사회활동가들을 주축으로 1994년 결성된 참여연대는 재벌개혁 소액주주 운동, 총선시민연대 낙천·낙선 운동을 주도하고 국민참여재판, 대학 등록금 인하, 대형마트 규제 등을 이끌며 2000년대 이후 시민사회운동을 선도했다. 또 하나 특기할 점은 이 시기에 미국의 정책에 항의하는 운동이 확산되었다는 것이다. 미군 장갑차에 의한 여중생 사망 사건 추모로 본격화된 반미 성격의 운동은 주로 평화운동과 환경운동의 주도로 이라크 파병 반대, 평택 미군 기지 이전 반대, 광우병 위험 미국산 쇠고기 수입 반대, 한미FTA 반대, 제주 해군기지 건설 반대, 사드(THAAD) 미사일 반대 등으로 이어졌다.

한편 이 시기에는 시민운동의 운동 방식도 다양화되어 집회, 시위, 동맹파업, 단식, 점거 및 연좌농성과 같은 종래의 방식 외에도 1인 시위, 천막시위, 삼보일배, 고공농성, 헌법소원, 공익소송, 정보공개 청구, 온라인 시위 등 새로운 방식들이 등장했다. 또한 '시민 없는 시민운동'이라는 비판을 들을 정도로 고질적인 일반시민의 관심, 참여, 후원 부족으로 인한 재정난을 해결하기 위해 시민운동단체들과 활동가들은 활동 영역을 넓혔다. 한편으로 그들은 '아름다운가게'와 같이 사회적 가치 창출을 통한 수익 사업을 전개하기도 하고, 정부가 지원하는 사회적 기업, 협동조합, 사회 혁신 사업에 참여하기도 했다. 그리고 다른 한편으로 그들은 일상생활의 쟁점에 주목해 마을도서관, 유기농산물 직거래, 로컬푸드 운동, 생활협동조합운동, 소비자운동 등을 벌이기도 했다. 그러나 그럼에도 (또는 바로 이러한 경제적 활동으로 전환했기 때문에) 시민운동 활동가들의 재생산은 계속 축소되어 왔다.

2000년대 이후 활성화된 촛불집회는 이렇게 분화되고 다양화되고 위기에 빠진 진보적 사회운동들이 다시 모이는 곳이었다. 2002년 11월 미군 장갑차에 의한 여중생 사망 사건 추모로 처음 정치적 의미를 얻기 시작한 촛불집회는 2004년 3~4월 노무현 대통령 탄핵 소추안 통과 반대 촛불집회, 2008년 5

월 미국 광우병 소고기 수입 반대 촛불집회, 2014년 세월호 희생자 추모 및 진상 규명 요구 촛불집회, 2016년 10월~2017년 5월 박근혜 대통령 구속·퇴진 촛불집회, 그리고 2019년 8월 검찰·언론 개혁 촛불집회로 그 형태와 내용을 달리하며 계속 발생하고 있다. 촛불집회, 시위, 그리고 문화제는 학생운동권과 재야 지식인 또는 노동운동이나 시민운동이 주도했던 종래의 시위와는 근본적으로 다른 새로운 형태의 집합행동이자 사회운동이다. 첫째, 촛불집회는 소수의 조직이 주도한다기보다 다양한 개인들과 조직들의 자발적이고 수평적인 참여에 기초하며, 특히 인터넷과 소셜 미디어를 통한 네티즌의 온라인 소통이 시위 참여에 큰 역할을 한다. 둘째, 특정한 요구나 주제를 중심으로 모이되 다양한 주제의 정부 정책과 사회문제에 대한 토론과 요구가 이뤄진다. 셋째, 시위의 특성상 폭력이 있을 수는 있지만 경찰의 진압과 해산 시도가 없다면 평화적으로 진행되고, 또 문화제 형식에 축제 분위기로 개최됨으로써 시민들이 쉽게 참여할 수 있다. 종래의 시각에서 봤을 때 촛불시위는 조직과 체계가 약하기 때문에 유의미한 성과를 내지 못한다는 비판을 받기도 했지만 결집된 힘으로 2016~2017년에 대통령 탄핵을 이끌어냄으로써 그러한 비판을 불식시켰다. 그렇지만 2019년 조국 전 법무부 장관을 둘러싼 논란으로 촉발된 검찰과 386 민주화운동 세대 정치엘리트에 대한 찬성과 반대를 계기로 진보적 시민사회는 무엇이 진정한 공익인가를 놓고 다시금 분열하게 되었다.

그런데 현대 한국의 시민사회가 진보적이고 공민적 지향을 가진 사회운동만의 것은 아니다. 자본주의적 경제와 산업이 발전하면서 뒤늦게 보수적이거나 사익 추구적인 시민사회도 발전을 시작했기 때문이다. 무엇보다 국가에 의존하던 자본가 계급은 점차 독자적인 세력으로 진화하기 시작했다. 특히 민주화와 함께 진행된 자유화에 따라 국가의 통제가 느슨해진데다가, 1985~1988년의 3저 호황과 제2금융권 진출로 자금력이 풍부해진 재벌은 더 이상 국가에 손을 벌리지 않아도 되었고, 그에 따라 국가의 말을 고분고

분 듣지 않기 시작했다. 1992년 현대그룹 정주영 회장의 대통령 선거 출마, 1995년 삼성그룹 이건희 회장의 "기업은 2류, 행정은 3류, 정치는 4류"라는 발언은 이를 상징하는 사건이었다. 나아가 재벌은 정부 정책에 막대한 영향력을 행사하기 시작했다. 1997년 IMF 위기 후 구조조정으로 잠시 발언권이 약해진 때를 제외하고 재벌은 막대한 자원을 동원해 민주화 이후 정부의 수많은 정책 결정을 좌지우지했다. 가장 대표적인 사례가 '삼성공화국'이라고 불린 노무현 정부 시기이다. '삼성공화국'이란 삼성이 비자금 로비를 통해 정계, 관계, 법조계, 시민사회 등을 장악해 재벌 규제를 무력화하고 자신의 이익을 추구한 현상을 가리킨다. 이러한 사실은 2007년 삼성그룹 전직 법무팀장이었던 김용철 변호사에 의해 폭로되었으나 삼성의 경제적·사회적 위상은 별다른 타격을 입지 않았다. 또한 재벌들은 개별적으로뿐만 아니라 자신들의 집단적 이익을 대변하는 단체와 언론을 운영하면서 시민사회와 국가에 영향력을 행사한다. 전국경제인연합회, 경영자총협회, 자유기업원, 한국경제연구원, 한국경제신문, 매일경제신문, 그리고 조·중·동으로 대표되는 보수 언론은 재벌의 이익을 옹호하는 입장, 정책, 기사 등을 발표한다.

다음으로 보수적 시민단체들도 늘어나기 시작했다. 1997년 최초로 정권을 잃고 야당이 된 보수정당은 시민사회에 자신들을 지원하는 역량 있는 독립적 시민단체의 필요성을 절감하게 되었다. 한국자유총연맹, 바르게살기운동중앙협의회와 같은 기존의 보수단체들은 국가의 지원을 받는 관변단체였고 활동 역량도 미약해서 큰 지원을 기대할 수 없었기 때문이다. 보수정당은 2008년 재집권 이후 보수 시민단체를 적극적으로 육성하고 지원하기 시작했으며 그 결과 국가로부터 자율적인 보수 시민단체들의 활동이 강화되기 시작했다. 대표적으로 2000년대 이후 활동을 시작한 뉴라이트 운동은 반북·반공주의를 표방하는 동시에 일제 강점기와 이승만, 박정희 등의 독재정권을 미화하고 국제관계에서 민족주의에 반대하며 한미일 동맹을 강조한다.

이 운동의 근거지인 뉴라이트전국연합과 자유주의연대에는 좌파에서 전향한 인물들이 상당수 참여하고 있다. 한편 한국기독교총연합회(한기총)와 같이 미국 기독교 우파의 영향을 받은 보수 개신교 단체들도 크게 늘어났다. 이들은 친미적 성향을 보이면서 동성애 등 소수자 인권 보호, 낙태 등 여성의 자기결정권 보장에 반대한다. 또한 박근혜를사랑하는사람들(박사모), 대통령탄핵무효국민저항총궐기운동본부(탄기국), 대한민국어버이연합, 대한민국엄마부대 등 박근혜 대통령을 지지하는 보수단체들도 늘어났다. 특히 이들은 박근혜 대통령의 탄핵과 구속에 반대하는 이른바 '태극기 집회'를 주도했다. 이러한 보수적 시민사회는 진보적 시민사회와 많은 특징을 공유한다. 돈을 받고 집회에 참여하고 때로 지나치게 과격하다는 논란이 있기는 하지만, 그들도 쟁론적이고 저항적인 시민사회의 다른 한 부분이기 때문이다. 첫째, 애국과 나라 걱정이라는 공민적 명분을 내걸고 정부에 대해 비판적·저항적이다. 둘째, 여성 혐오적인 젊은 세대 남성들이 많이 이용하는 일베와 같은 인터넷 거점이 있다. 셋째, 태극기 집회는 소셜 미디어에서의 소통을 기반으로 한 개인들과 조직들의 자발적이고 수평적인 참여에 상당 부분 기초했다. 반면에 둘의 가장 큰 차이는 이념적 지향과 주요 참여자의 세대 구성에서 찾을 수 있다. 이렇게 한국의 시민사회는 진보와 보수라는 지극히 대립하는 두 날개를 갖추게 되었다.

4. 한국 시민사회의 미래

한국의 시민사회와 사회운동은 쟁론적이고 저항적인 형태로 계속 성장해 왔다. 처음에는 공적 지향을 가진 민주화 운동과 진보적 운동에 의해 형성되었지만, 나중에는 재벌과 같이 사적인 이익을 추구하는 집단과 보수적 시민단체들도 크게 성장하게 되었다. 진보적 시민사회의 만성적 자원 부족은 계속된 반면에 재벌과 보수언론에 의해 뒷받침하는 보수적 시민사회는 급속하게 성장하게 되었다. 그 결과로 이제 현대 한국의 시민사회는 국가와 쟁론할 뿐 아니라, 그 안에서 진보와 보수, 사익과 공익이 서로 쟁론하고 충돌하고 있는 사회가 되었다. 그리고 이러한 분열과 충돌 속에서 진보와 보수 중 어느 쪽도 자신들의 정당성과 진실성을 쉽게 입증할 수 없게 되었다.

그렇다면 두 날개로 분열된 한국의 시민사회가 "새는 좌우의 날개로 난다"는 언론인 리영희의 말처럼 날아오를 수 있을까? 우리가 이제까지 보았듯이 역사의 발전에 따라 국가에서 분리된 시민사회는 권리를 요구하는 주체들의 공간이다. 이러한 권리에 대한 요구는 사회운동으로 나타난다. 사회운동은 국가의 폭력과 전횡을 견제할 뿐만 아니라 특수한 사익들을 보편적이고 공적인 명분으로 추구한다. 그렇기 때문에 어떠한 요구가 더 보편적이고 공적인지에 대해 서로 다른 사회운동 간의 다툼이 일어나는 것은 당연한 것이다. 그렇다면 어떠한 요구들이 보다 보편적이고 공적인 성격을 띠게 될까? 그것은 사적인 이익이 단순히 보편성을 참칭하는 데 그치지 않고 실제로 보편화될 수 있느냐에 달려 있다. 본래 부르주아 계급이 인권을 요구한 것은 자신의 생명, 신체의 자유, 재산권을 지키고자 하는 사적인 이익을 위해서였다. 하지만 그들은 그것을 공론장에서, 인간의 보편적 권리라는 틀 안에서 제시했다. 시간이 지남에 따라 인권의 적용은 확대되고 공공성을 띠게 되었으며 부르주아 시민사회가 만들어낸 역사상 가장 위대한 업적이 되었다. 그리고 반대로 자신의 요구를 충족한 부르주아가 보편성에서 벗어난 사익을 추구하게 되자 부르주아 공론장은 다시 몰락하게 되었던 것이다.

우리는 이러한 권리와 이익의 보편적 적용 가능성을 기준으로 당대의 시민사회와 사회운동의 건전성을 평가할 수 있다. 진보든 보수든 사회운동의 요구가 분파적 요구에 머물지 않고 형식적으로나 실질적으로나 현재와 미래 세대를 포함한 모두에게 이익이 될 수 있는 것인가, 아니면 누군가에게는 이익이 되지만 다른 이들에게는 반드시 고통이 될 수밖에 없는 것인가. 그러므로 한국 시민사회의 미래는 쟁론과 충돌들이 진실로 보편적이고 공공적인 권리와 이익을 낳을 수 있느냐, 또는 만약 그것이 불가능하다면 다수가 소수를 배제하지 않고 충분히 포용하는 결과를 낳을 수 있느냐에 달려 있을 것이다. 그렇다면 진보와 보수라는 두 날개로 날지 못할 이유는 없다.

토론거리

1. 현재는 보장 받지 못하지만 앞으로 보장이 필요한 시민의 권리로는 어떤 것이 있을까?
2. 시민사회의 공공성, 공민성은 무엇에 근거하고, 어떻게 하면 유지되고 확장될 수 있는가?
3. 시민사회의 사익추구는 어떻게 공공성과 보편성을 띨 수 있는가?
4. 시민사회에서 공민적 지향을 갖는 사회운동이 사익추구로 변질될 수 있는가?
5. 국가와 시민사회 사이의 바람직한 관계는 무엇인가?
6. 현재 한국의 노동운동과 시민운동의 강점과 약점은 무엇인가?
7. 한국 시민사회와 사회운동의 미래는 어떻게 될 것인가?

읽을거리

사회학: 비판적 사회읽기(11장 「국가, 시민사회 민주주의」, 14장 「집합행동과 사회운동」) | 비판사회학회. 2012. 한울.

시민 | 신진욱. 2008. 책세상.

시민사회(제3판) | 마이클 에드워즈. 2018. 서유경 옮김. 명인문화사.

공민사회의 동과 서: 개념의 뿌리 | 조혜인. 2009. 나남.

안토니오 그람시: 옥중수고와 혁명의 순교자 | 김현우. 2005. 살림.

하버마스의 공론장의 구조변동 읽기 | 하상복. 2016. 세창출판사.

시민사회, 제3섹터, 비영리섹터, 사회적 경제 | 주성수. 2018. 한양대학교 출판부.

사진과 그림으로 보는 한국 현대사(개정증보3판) | 서중석. 2020. 웅진지식하우스.

제9장 섹슈얼리티로 한국 사회의 성평등과 성문화 들여다보기

최은영(서울대학교 여성연구소 객원연구원, 여성학 강사)

1. 고등학교 4학년

나는 첫 수업 때 늘 학생들에게 고등학교 4학년에 대한 이야기를 한다. 여러분들 중에 고등학교 4학년이 꽤나 있을 거라고. 힘들게 고생해서 여기까지 온 대학생들을 앞에 두고 고등학교 4학년이라니, 화가 날 수도 있겠다. 사실 분노에 차서 눈을 흘기는 학생들도 많이 봐왔다. 그렇다면 고등학교 4학년은 누구를 지칭하는 것일까? 나는 생각하기를 게을리 하고 자신의 삶에 대해 기획 능력이 없다면 그 학생은 고등학교 4학년에 틀림없다고 말한다. 고등학교 시절에는 기실, 시키는 일이나 정해진 일만 잘 하면 되었고, 오히려 딴지를 걸면 정(釘) 맞기 십상이었다. 뭐든 학업에 도움 되지 않는다 여겨지는 것들은 대학 가서 하라는 말을 들었을 것이다. 하지만 고등학교를 졸업했음에도 여전히 고등학교 시절의 상태에 사고와 행동이 머물러 있다면 틀림없는 고등학교 4학년이다. 시키는 일은 잘 하지만 내 스스로 계획, 기획해야 하는 일에 흥미가 없다거나 머리가 아파 온다면 이만한 물증도 없다. 자신이 어떠한지 입체적으로 들여다보지 않고, 남이 정해준 길을 무턱대고 가거나, 남들의 삶을 따라 살 계획을 세우거나, 여자면 여자인 대로 남자면 남자인 대로 사회가 정해준 삶을 살아갈 요량이라면 더더욱 그렇다. 예컨대 자신이 여자인지, 남자인지, 어떤 여자인지, 어떤 남자인지, 어떤 사회에 살고 있는지, 앞으로의 삶을 어떤 사상과 입장을 갖고 살아갈 것인지, 어떻게 생각하고 어떤 삶을 기획할 것인지 사유할 수 있어야 한다. 사상, 입장, 기획, 사유 등 거창하게 말했지만 고등학교 4학년이라는 이 오명을 떨칠 수 있는 방법은 의외로 간단하다. 그동안 질문하지 않았던 것을 스스로에게 질문하면 된다. 우리 자신은 앞으로 어떤 세상에서 어떻게 살아가야 할지 가장 자신에게 알맞은 방법을 찾게 해주는 지식과 지혜의 보물 창고다.

잘못된 질문은 잘못된 대답을, 잘못된 대답은 잘못된 세상을 만든다!

_ 줄리 A. 넬슨(Nelson, 2018)

우리 사회는 질문하지 않아야 할 것들을 질문하고, 정작 물어야만 알 수 있는 것들의 답은 이미 정해두었다. 그리고 늘 불필요하고 잘못된 질문들로 우리를 작아지게 만들어왔다. 사회에 퍼진 편견, 고정관념, 서열화된 위계, 양극화, 성별화된 권력 관계 등으로 차별과 폭력이 묵인, 용인, 자연화(naturalization)되고 심지어는 이것이 정당화되는 동안에도, 피해자는 자신에게 가해진 편견, 차별, 폭력이 얼마나 피해막심한지 설명해 내거나 증명해 내야 하는 책임까지 떠안아 왔다. 쓸데없는 질문에 작아지지 않고, 쓸데없는 질문을 증명하는 데 시간과 돈 그리고 자원을 쓰지 않는다는 것은 곧 이 사회가 가지고 있는 차별, 편견, 폭력의 메커니즘을 안다는 것을 의미한다. 내가 '어떤 나'인지보다 우선하는 정보는 없다. 출신 학교, 금수저/흙수저, 가족 관계 또는 가정환경, 성별, 외모 등도 마찬가지다. 사회문화의 차별, 편견, 혐오 등은 직간접적 경험에 의해 인식되는 경험적인 것이다. 원래부터 차별, 편견, 혐오의 대상, 내용이 될 만한 것은 아무것도 없다는 것이다. 우리는 평등과 차별 철폐, 폭력으로부터의 안전을 요구하는 목소리들이 여전히 존재하는 사회를 살아가는 성(性)적 존재(sexual being)다. 이 같은 목소리들이 있다는 것은 누군가에게는 살 만한 세상임에도 누군가에게는 그렇지 않음을 의미하며, 평등, 성평등이라는 것이 현재진행형의 가치를 갖는 이유이기도 하다.

2. 낡은 프리즘 대 새로운 인식론

우리가 익히 아는 「선녀와 나무꾼」 이야기가 있다. 착한 나무꾼에게 사냥꾼에게 쫓기던 사슴이 보답을 했고, 나무꾼은 선녀를 아내로 맞아 아이도 낳고

자연화

어떤 사회 현상을 '문제적인' 것이 아니라 '자연스러운' 것으로 인식하는 사고 경향이다.

편견과 혐오의 메커니즘

우리 안의 편견과 혐오는 경험적으로 만들어진다. 자, 여기 똥 모양 초콜릿이 있다고 가정해 보라! 유치원 아이들에게 똥 모양 초콜릿을 나눠주면 아이들은 똥과 똑같이 생겼어도 서로 큰 똥을 가지려고 한다. 이미 똥이 무엇인지 알아버린 어른들은 초콜릿을 받기를 꺼려하거나 역겨워하거나 토 쏠려하거나, 혹은 칼로리를 계산할지도 모른다. 편견과 혐오는 이 똥 모양 초콜릿과 같다. 편견과 혐오의 대상이 되는 것들에 대해 사람들은 편견을 가질 만한, 혐오감이 들 만한 이유가 당연히 있으니까 그러겠지라고 생각하지만, 실은 모두 만들어진 것이다. 한 사회의 정치적·경제적·문화적 맥락 속에서 자라오면서 만들어지고 각인된 것들이다. 편견과 혐오는 권력을 가진 자들이 자신들의 권력을 수월하게 지키기 위해 만들어낸 효과적인 무기이다. 한부모 가족, 비혼모, 장애인, 동성애자 등

에 대한 우리의 사고를 점검해 보라. 아이들은 이들과 친구가 될 수 있다. 반면 우리는 내 아이가 이런 사람들과 친구가 될까봐 걱정한다. 이는 아이들보다도 못한 생각일 뿐만 아니라 경험을 덧붙여 편견과 혐오를 현실로 만드는 행동이다.

성적 존재

한 사회의 성(생물학적 성, 사회문화적 성, 섹슈얼리티)에 대한 관념과 태도, 이데올로기의 영향을 받은 특정한 역할 행동이나 성적 욕망, 정체성, 성적 실천만을 정상적으로 보는 권력이 작동하기도 하는 성 정치학(sexual politics)을 경험하면서 자신의 섹슈얼리티를 구성하는 존재이자, 그 사회가 가지고 있는 성문화의 사회적 맥락(social context)에 위치해 있는 주체적 존재를 의미한다. 때문에 주체적 존재이기는 하나 사회의 성문화와 무관하게 살지는 않는다.

행복하게 살았다는 줄거리다. 아름다운 이야기라 하더라도 이 이야기는 지극히 나무꾼의 관점과 입장에서만 서술된 이야기일뿐더러 현재적 관점으로 재해석해 본다면 절대 아름다울 수 없는 이야기이다. 하지만 여전히 성, 사랑, 가족 구성 등 성과 관련해 과거의 아름다운 이야기, 「선녀와 나무꾼」식의 관점과 시각, 입장을 가지고 현재를 살아가는 경우도 있다. 그러나 과거의 낡은 프리즘으로는 지금의 세상을 들여다볼 수는 없다. 선녀의 입장에서 이 이야기가 다시 서술된다면 어떠할까, 아름다운 이야기일까? 현재적 관점에서 들여다본다면 어떨까? 극단적으로, 〈그것이 알고 싶다〉의 "그런데 말입니다~" 버전으로 살펴본다면 어떠할까?

> 새로운 해석, 다른 차원의 이해, 명백해 보이는 것들조차 '달리 볼 수도 있다. 그 점에 비판을 가할 수도 있다'는 깨달음은 비판적 인식의 첫걸음이다. 나를 찾아가는 길은 기존 규범의 세계와 결별하는 일. 세계의 균열을 인식하는 것!
>
> _ 헤르만 헤세, 『데미안』(Hesse, 2013)

우리 사회는 정형화되고, 차별적이며, 가부장적인 섹슈얼리티를 자연스런 문화의 일부로 느끼도록 자연화해 왔다. 성(sex/gender/sexuality)에 대한 기존의 관념을 재고하지 않는다면 우리는 소위 자연스러운 여성/남성의 삶을 살겠지만, 여성다움 또는 남성다움에 갇혀 온전히 '나 다움'의 삶을 구상하지 못할 수도 있다. '나'답게 살았더니 그것이 여성다움 또는 남성다움에 속하는 것은 문제될 리 없지만, 여자답기 위해 또는 남자답기 위해 틀에 가두어 사는 것은 자신의 삶에 대한 불찰이고 책임의 방기(放棄)이다. 현재는 젠더 감수성을 가지고 살아야 하는 시대이다. 양파 껍질의 세포막을 보기 위해 현미경을 도구로 사용하듯, 우리 사회의 성평등과 성문화를 보기 위해 섹슈얼리티라는 도구를 사용해야 한다. 섹슈얼리티로 인권, 인권감수성, 성평등, 평등감수성, 차별, 성차별, 폭력, 성폭력, 성문화를 들여다본다는 것은 성에 대한 학문적 접근이며 새로운 인식론이다. 그 사회의 섹슈얼리티를 통해 성평등과 성문화를 들여다보아야 하는 중요한 이유가 여기에 있다.

여러분들은 주관적인 것이 아니라 주체적이고 성찰적인 사회 구성원이며, 지성인으로서 사회의 일익을 담당할 분들이다. 그러므로 이 사회를 성평등을 지향하고 위험 사회가 아닌 차별과 폭력으로부터 안전한 사회로 만들기 위해서는 여러분 스스로가 본인의 지금까지 살아온 과정에 대한 반성적 성찰(reflective thinking)이 필요하다. 예를 들어 과거 젠더(gender)라는 용어가 고안되기 이전의 '성'이라는 용어, 즉 고정불변의, 타고난 운명과도 같은 것으로서의 남성 혹은 여성인 성, 확고한 것으로서의 '성'의 개념을 가지고 2020년대의 현실을 보고 있다면 어떻겠는가?

한국 사회에는 성문화 지형에 지각 변동을 일으킬 만한 거대한 일들이 있었다. 2016년 강남역 살인 사건을 필두로, 2016~2017년의 촛불집회, 2018년 미투운동과 혜화역 불법촬영 편파수사 사건에 대한 항의 시위에 이르기까지, 일련의 응집된 시민사회운동 의식은 2020년 'N번방 디지털 성범죄'를 수면 위로 올려 한국 사회 성문화의 폭력성을 본격적으로 문제 삼기에 이르렀다. 이렇듯 우리 사회에는 무수한 변화와 함께, 한국 사회를 살아가는 주체들의 변화를 경험하고 있다. 그렇기에 변화된 주체가 형성된 오늘날, 나는 어떤 시각과 입장을 가지고 어디쯤에 서 있는가 자문해 보는 것이 필요하다. 자기가 선 자리를 알아야 더 잘 볼 수 있고, 자신이 본 것을 구조화(mapping)할 수 있다. 대부분의 고정관념과 편견과 혐오와 오해와 선입견은 '알지 않아도 되는 것'을 '당연히 알아야 되는 것으로' 여기거나, 혹은 '묻지도 않고 이미 당연하다고 자연스럽게 알아버린 것', '알고 있는 사실이 한 치의 오차 없이 정확할 것'이라고 여기는 신념에서 기인한다. 이 신념의 근원에는 성(sex/gender/sexuality)이 있다. 남녀 간의 생물학적 차이로 사회 전반에 걸친 남녀 차별의 구조를 정당화해 온 방식에 대한 반성은 젠더 감수성을 키우고 성평등 사회를 이루는 데 중요한 의미를 지닌다. 따라서 우리는 편견과 혐오의 메커니즘에서 벗어나 차별과 폭력에 대한 세심한 감수성을 연마하기 위해, 관용의 시선이나 열린 마음를 넘어선 반성적 태도를 가져야 한다. 나는 여러분들이 지식을 편식하거나 폭식하는 것보다 '지혜로움과 반성적 성찰'을 훈련하고 싶어 하기를 바란다.

3. 특권게임

특권게임(privilege walk, 또는 privilege game)이라는 이름으로 알려진 사회실험이 있다. 모두가 같은 선에서 출발해 주어진 질문의 경험에 대해 뒤로 또는 앞으로 한 발씩 움직이는 게임이다. 같은 질문에도 누군가는 앞으로 가지만 누군가는 뒤로 간다. 모두가 앞으로 움직일 줄 알았는데 그렇지 않은 경우도, 그 반대의 경우도 허다하다. 왜냐하면 경험과 정체성, 사회경제적 배경 등에 따라 서로 다른 경험을 갖기 때문이다. 질문은 주로 계급, 성별, 성적 지향, 장애, 인종 등에 대한 것인데, 살아가면서 특권(privilege)과 정상성(normality)에 관한 경험이 많았는지 그렇지 않았는지, 어떤 사회적 삶과 경험을 했는지가 벌어진 차이로 시각화된다. 제일 선두에 있는 그룹은 나이는 다르지만 '남성', '비장애인'인 경우가 많고, 가장 뒤쪽에는 '여성', '30대', '비정규직', '장애인'인 경우가 많은데, 이를 통해 적어도 두 집단의 경험은 상당히 다르다는 것을 짐작할 수 있다. 질문은 다양하게 작성해 실험할 수 있다. 생각나는 몇 가지는 다음과 같다.

특권게임

1. 나의 외모, 성별, 장애 등이 웃음거리가 된 적이 있다.
2. 여행하고 싶은 곳이 있는데 성범죄의 위험 때문에 망설여 본 적이 있다.
3. 결혼 혹은 출산으로 인한 경력 단절에 대한 두려움이 있다.

4. 부모로부터 예쁘다, 똑똑하다, 가능성이 있다라는 말을 듣고 자랐다.

5. 집에 갈 때 위험한 지역을 통과해야 한다.

6. 애인과 손을 잡고 거리를 걸을 수 있다.

7. 어린 시절 내 방이 있었다.

8. 배가 고팠지만 돈이 없어 끼니를 거른 적이 있다.

9. 엄마, 아빠가 두 분 다 계신다.

10. 다른 사람의 판단이나 놀림, 시선 등을 피하기 위해 나의 외모나 행동을 바꾸려고 노력한 적이 있다.

어떤 질문은 성별 변수가 작용할 것이라는 짐작이 가능하기도 하고, 어떤 질문은 사회경제적 상황과 관련되어 있다. 또 성별, 나이, 장애 유무, 직업 형태, 경제적 상황 등의 변수와 무관한 질문들도 있을 수 있다. 제시한 10개 모두 우리 사회의 특권과 정상성 규범에 관련되어 있는 사항들이다. 자신이 어떤 문항에 ○ 또는 ×라고 답할 수 있는지 살피고, 자신이 누려온 정상성의 특권이나 특권인 줄 몰랐던 것에 대해서도 생각해 보는 계기가 되었으면 한다. 또, 특권이나 정상성의 특권을 오남용하는 것은 차별적이고 폭력적인 언행에 해당할 수 있음을 염두에 두자.

우리는 어떤 사람이 권력과 힘의 부정적 영향을 덜 받을 수 있는 사회적 조건과 위치에 있는 경우, 이를 특권적 위치에 있다고 한다. 다만 '갑질'을 하는 경우는 조금 다른데, 이는 특권적 위치에 있거나 특권을 가져서가 아니라 성찰적이지 못한 개인이 자신의 권력을 '그래도 되는 특권인 줄로 착각'하고 행하는 차별이고 폭력에 다름 아니며, 특권의 방식으로 오남용하는 것이다. 물론 특권적 위치에 있다 하더라도 차별과 폭력은 정당화되지 않는다.

개인이 누리는 특권은 여러 가지 사회적 조건이 교차하며 만들어진 사회적 위치(social position)로 결정되는데, 사람들은 나이, 성별, 출신 지역, 학벌 등 객관적 정보가 같아도 서로 다른 사회적 위치에 따라 다른 경험을 하며

권력의 핵심은 '규제'

권력의 핵심은 규제에 있다. 또, 규제를 만들어내는 사람에게 권력이 자리한다. 금(禁)하는 사람이 권력을 갖게 된다는 것이다. 힘 있는 사람이 권력을 휘두르는 것이 아니라 무엇을 하지마라, 무엇은 나쁘다, 무엇은 안 된다 등의 '금'함을 통해 권력은 유지된다. 누가 무엇을 금하는지 살펴보라. 그리고 사회가 무엇을 금하는지 살펴보아라. 우리는 왜 그것을 금하는지를 물을 수 있어야 한다. 또, 무너뜨릴 수 없는 것은 조금씩 공략하면 된다.

평등

평등이란 개념은 차이의 존재를 전제로 한다. 그리고 평등은 차이를 인식하고 그 간극을 좁히는 과정이자, 차이가 존재하지 않는 상태를 의미한다. 이를 두고 '차이의 정치학'이라고도 한다. 남성과 여성의 성차가 삶의 모든 영역에서 성평등을 이루기 위해서는 단순하게 같게 대하는 것(same), 공평하게 나누는 것(equity)이 아니라 결과적으로 차이가 없도록 평등하게 대하는 것(equal)이어야 한다. 같게, 공평하게 하는 것이 평등과 직결되지는 않는다는 것인데, 이는 차이와 차별이 한 사회문화 안에서 역사적이고 체계적으로 정교하게 축적되어 온 산물이기 때문이다.

살아간다. 그리고 이 경험의 간극은 상당하다. 이 때문에 우리는 사회적 위치에 대한 반성적 성찰 없이는 그동안 자신이 얼마나 많은 특권을 누려왔는지 좀처럼 알지 못한다. 특히 부정적 영향은 차별과 폭력을 제대로 볼 수 없게 만든다. 각자가 처해 있는 성별을 포함한 사회적 위치나 조건에 따라 권력과 힘의 영향이 다르며, 또 이른바 '평범(ordinary)'하게 규범과 제도 안에 안착해 '보통(normal)'의 삶을 살아온 경우, 규범과 제도의 '경계'와 '경계 밖'을 내다볼 이유를 갖지 못하기 때문이다. 정상과 비정상의 경계에서 정상성의 특권을 누려온 이들은 비정상의 영역으로 밀려나 있는 이들이 무엇을 잃었는지, 무엇을 되찾고 싶은지 알지 못한다. 예컨대 전에 제시한 특권게임 중 6번 문항처럼 연인과 길거리에서의 자연스러운 스킨십을 할 수 있는 것도 특권임에 분명하다. 따라서 사회적 조건과 권력 관계를 제대로 성찰하지 않고, '차이'를 '차별과 불평등'의 근거로 삼는다면 평등을 저해하는 차별이나 정신적·육체적·사회문화적 건강을 위협하는 폭력의 문제는 언제나 발생할 수 있다. 내가 알지 못했던 특권, 모르고 행해왔던 차별적 언행에 재고를 당부한다.

4. 우리 사회의 성평등을 말하고 성문화를 들여다보기 위해 선행되어야 하는 개념들

'평등'이라는 아름다운 용어가 있다. 평등 앞에 '성'을 붙여 '성평등'이라 하는데, 평등이면 평등이지 왜 굳이 성평등이라고 할까? 평등은 차별이 없는 상태를 의미하고, 차별은 폭력에 다름 아니다. 그런데 차별과 폭력은 한 사회문화 안에 함께 존재한다. 따라서 제 영역에서의 차별과 폭력을 없애고 평등한 사회를 만들기 위해서는 사회의 성문화를 변화시켜야 한다. 성(sex/gender/sexuality)과 성문화를 본다는 것은, 무엇을 '차별'로 그리고 '폭력'으로 감지·간파할 수 있는지를 의미한다. '멍'이 '폭력'의 압도적 상징의 위치를 차지하고 있기는 하나 폭력의 전모를 보여줄 수 없는 것처럼, 폭력과 차별을 간파하기 위해서는 보이는 것뿐만 아니라 보이지 않는 구조(역학, 메커니즘)를 볼 수 있어야 함을 의미한다.

1) 섹스

생물학적 성은 남녀의 생물학적·신체적 특성을 말하며, 남녀를 구분하기 위해 사용하는 개념이다. 즉, 신체 내부·외부의 기관들, 성염색체, 호르몬, 2차 성징의 차이, 성기 모양의 차이 등에 따른 성별 구분이라 할 수 있다. 생물학적 성은 과거에는 타고난 성, 본연의 성으로 고정불변의 의미를 내포하고 있었으며, 남성과 여성에 딱히 속하지 않는 간성(inter sex)의 경우, 외과적인 수술로 어느 한 쪽 성에 귀속되는 것을 바람직하게 여기기도 했다. 하지만 오늘날의 과학기술과 의학의 발달은 생물학적 특성 및 성별 구분이 고정불변의 영속적 정보가 아님을 잘 말해주고 있다. 남성에서 여성으로 성전환을 하거나 여성에서 남성으로 성전환을 하는 것이 가능해졌고, 간성의 경우도 무조건적인 한쪽 성으로의 귀속을 위한 외과적 수술보다는 호르몬 치료가 이뤄지고 있기도 하다. 또한 대부분의 신체적인 특성들은 운명도 아니며 더 이상 불변이 아닌 것이 되었다.

앞서 말했듯이 생물학적 성은 남녀를 구분하는 용어다. 남녀의 신체적 특성을 중심으로 구분해 본다면, 남성은 성장기 근육과 골격의 발달, 변성기, 목젖, 몽정, 수염, 털, 정자, 남성의 성기 등이다. 여성은 성장기 피하지방의 발달, 월경, 난자, 젖가슴, 여성의 성기, 임신·출산·수유 능력 등이다. 현대 사회는 이 구분에 많은 것들을 추가한다. 남성의 경우, 갈비뼈가 으스러지게 안아줄 수 있는 떡 벌어진 어깨, 180cm 이상의 키, 식스팩이 추가 된 지 오래다. 생물학적 남성의 몸이 앞서의 것들을 포함하지 않았을 때 우리는 남자답지 못하다고 한다. 목소리가 굵지 않다거나 어깨가 좁다거나 키가 크지 않다거나 근골격이 발달하지 않았거나 하는 경우 남자가 아닌 것이라는, 여자 같다는 평가를 듣기도 한다. 여성의 추가된 신체적 특징으로는 도자기 피부에 찰랑찰랑한 머릿결, C컵 가슴, 마른 몸 또는 베이글(베이비페이스에 몸은 글래머) 등이 있는데, 사실 여성의 경우 중요한 것은 남자의 특성을 가지지 않아야만 한다는 것이다. 하물며 여성은 방귀도 뀌어서는 안 된다. 이성애 연인 사이에 '방귀를 튼다'는 표현이 있는 것을 보아도 알 수 있다. 여성은 겨드랑이 털도 보여서는 안 된다. 다른 모든 것이 여성의 특성을 가졌다 하더라도 단 하나라도 남성의 생물학적 특성이 있다면 자존감이 하락하고 그 특성이 콤플렉스로 작용하며, 숨길 수 있으면 숨기고 바꿀 수 있으면 바꿔야만 하는 것이 된다. 결국 생물학적 몸의 기준에 갇힌 우리는 여러 차례의 자신감과 자존감 하락을 겪고, 여러 가지 콤플렉스를 가진 채 행복하지 못한 삶을 살아가게 된다.

신체적 특징일 뿐인데 왜 '나'인 채로 살아가지 못하고 못마땅해 할까. 이는 생물학적 성 개념 역시도 사회문화적인 영향을 받으며, 외모중심주의적 사고가 만연한 사회에서는 매력적인 남성의 몸, 여성의 몸이 우월한 지위를 차지하는데다가 외모에 대한 평가가 칭찬 혹은 저주가 되기도 하기 때문이다. 생물학적 성 개념은 신체적 특성을 말하는 것 그 이상도 이하도 아니다. 우리는 생물학적 성의 정보가 불필요하고 부적절하게 활용되고 있지는 않은지 생각해 보아야 한다. 자신에게 그리고 남에게 평가의 기준으로서 과잉 사용되고 있는 것은 아닌지 점검이 필요하다는 것이다. 우리에게는 기존의 남녀의 생물학적 몸에 대한 사고를 벗어버리는 과정이 필요하다. 그렇지 않았을 때, 자본주의 사회의 생물학적 성의 상품화는 우리의 몸과 마음의 건강을 해친다. 외모 가꾸기와 살빼기, 외과적 수술이나 외관으로 보이는 몸 관리에 치중하게 하고, 소비를 하면 할수록 결핍과 콤플렉스는 늘어나며, 그럴수록 불건강에 시간, 돈, 에너지 자원을 스스로 쓰게 된다. 우리는 생물학적 성개념을 자기 긍정의 자원으로 숙고하지 않고 너무 간단히 사고하는 경향이 있다. 섹스라는 개념을 과잉 사용하고 부분적으로 사유하는 경우 성차별주의적인 사고와 생물학적 결정론에 빠질 위험이 크다. 또한 시각적인 차원에서의 편견과 오류를 범할 가능성이 크며 외모차별적 사고를 갖게 될 수 있다.

2) 젠더

사회문화적 성, 젠더는 사회문화적으로 구성된 성, 바람직하다고 생각되는 남녀 간의 다른 역할 및 사회적 기대를 의미한다. 젠더는 각 사회가 구성하고 있는 여성/남성(male/female), 여성성/남성성(man/woman) 그리고 여성다움/남성다움(masculine/feminine)과 관련된 의미 부여 체계다. 이는 생물학적 성을 기반으로 한 사회심리적으로 학습된 행동과 그에 준하는 기대를 뜻하며, 남녀별로 다르게 기대되는 문화적 속성을 일컫는다. 많은 경우 남녀 각각이 맡아야 할 역할, 복식, 머리 모양, 말씨, 표정, 태도, 걸음걸이 등 예의범절과 인성 그리고 성격의 차원까지 확대하여 그 내용을 규범으로 정하고 있는데, 이것은 생물학적으로 결정된 것이 아니라 사회문화적으로 결정된 것이다.

젠더 개념을 고정관념에 입각해 유지하고 있는 경우, 성역할 고정관념이나 성별 직종 분리와 관련한 편견과 오류를 가질 수 있으며, 이는 언어와 행동으로 표출될 가능성이 높다. 또, 전통적인 젠더 구분을 내면화하고 있는 속담이나 성과 관련한 통념, 음담패설 등과 관련해 성인지적 감수성을 갖기 어려워진다.

간과되기 쉬우나 개인적인 것은 정치적인 것이다. 개인이 사사로이 겪는 연애나 결혼 생활의 갈등과 경험은 개인적인 경험이기도 하지만 젠더 체계의 결과로 나타난 사회적·정치적 현상이기도 하다. 학계에서 생물학적 성차가 아니라 사회문화적으로 구성된 제도로서의 젠더에 주목하는 이유는,

성차별주의

생물학적인 특성(유전적, 신체적)의 차이를 토대로 특정 성의 집단 및 개인에 대해 사회적으로 부여하는 편견이나 차별, 더 나아가 남녀 간의 불평등한 제도를 정당화하고 지지하는 이데올로기를 말한다.

생물학적 결정론

'여성' 또는 '남성' 같이 특정 범주의 사람들이 갖고 있는 생물학적 또는 유전적 특성의 차이가 그 사람의 성격과 행동을 결정하고, 생물학적 구분인 남녀에 따라 적합한, 바람직한, 잘하는 일이 따로 있으며, 이러한 차이가 서로 다른 기질을 발전시킨다고 설명하는 방식을 생물학적 결정론이라고 한다. 생물학적 결정론은 생물학적 차이에 차별적 의미를 부여하는 일련의 지식이자, 이를 구조화한 과정이다. 언어 능력이 뒤떨어지는 남성의 뇌, 공간 감각이 부족한 여성의 뇌와 같은 사고도 여기에 해당한다. 또, 남성과 여성의 신체적 차이가 자연화(정당화)되는 것, 남녀가 서로 다른 경험을 함으로써 경험의 차이가 자연화·고착화되는 것은 가정과 사회의 성별 분업을 내면화한 결과이다. 그 예로 남성이 신체적으로 여성보

젠더 또는 젠더 체계를 사회가 성차를 조직하는 방식이라고 보기 때문이다. 이는 개인의 정체성, 여성과 남성의 행위에 대한 기대, 그리고 우리의 일상생활을 이끄는 규범 등을 포함한다. 정치, 경제, 법, 가족 같은 주요 사회제도에도 젠더 체계가 내재되어 있다. 우리가 일상생활에서 수행하는 젠더는 여자와 남자라는 사회적 범주를 만들어내고, 남녀의 범주는 위계화되며, 위계적인 남녀관계는 남성 권위를 지지하는 사회구조로 정착하여 우리의 일상에 스며든다. 젠더 개념을 부족하게 이해하고 있을 때, 우리는 성역할 분업 이데올로기, 성별 직종 분리의식, 성별 고정관념을 가지고 있을 가능성이 높다.

3) 섹슈얼리티

섹슈얼리티는 우리 사회에서 성적 경험을 구축하는 모든 성적인 욕망, 행동, 정체성, 의미 체계 및 관습의 집합체로, '성적인 것의 전체'를 의미한다. 성욕, 성 활동, 성적 긴장감, 성적 매력, 성적 의사소통, 성적 지향(orientation), 성적 이데올로기, 성과 관련된 사회적 제도, 관습, 규범, 개인의 관념, 가치관들의 전부를 포함하는 개념으로, 성에 관한 모든 생각들과 의미들, 사회적 관행들을 말한다.

섹슈얼리티는 근대적 개념으로, 한 개인의 일반적인 성관념은 개인의 관념이나 생각이라 하더라도 개인적인 것이라기보다는 개인이 처한 사회 관계와 문화적 맥락에 따라 사회문화적으로 형성·구성된 것으로서 그 사회의 지배적 이데올로기의 영향을 지대하게 받는다.

한국 사회의 섹슈얼리티는 이성(異性) 간, 즉 남녀 간의 성 결합을 규범으로 하는 이성애 중심적 사회다. 또, 남성의 성욕은 참을 수 없다거나, 남성 성기의 발기 현상 등 남성의 신체적 특성을 중심으로 섹슈얼리티 개념이 형

다 우월하므로 힘쓰는 일을 해야 한다는 것, 여성은 출산과 양육, 가사와 돌봄에 적격이라는 것 등이 자연스럽고 바람직한 것으로 보이고, 아버지가 아기띠를 매거나, 혹은 아버지가 전업주부이거나, 중년 남성이 홀로 장보기를 하는 것 등은 자연스럽거나 바람직해 보이지 않는 것 등이 포함된다.

생물학적 성: 섹스, 사회문화적 성: 젠더

일반적으로 성(性)은 남녀를 구분하는 용어다. 성은 보통 생물학적 성인 섹스와 사회문화적 성인 젠더로 나누어 사용한다. 섹스는 한 개인의 해부학적 특징에 근거해 남성 또는 여성을 결정하는 신체적·유전적인 의미를 담고 있다면, 젠더는 사회문화적인 과정에서 획득·형성된 것으로서 성의 구분을 의미한다. 사회문화적으로 구성된다는 것은 각 사회문화권마다 다른 젠더의 내용이 만들어질 수 있으며, 이 또한 시대의 변화에 따라 변화가 가능함을 의미한다.

섹슈얼리티

섹슈얼리티는 생물학적 성과 사회문화적 성이 교차하

성되었다는 차원에서 다분히 남성중심적이고, 생리적 현상을 중시하는 차원에서 볼 때 신체중심적이며, 성기의 특성을 중시한다는 점에서 성기중심적 특성을 갖는다 할 수 있다. 이 때문에 남성의 성욕은 자연적이고 고정불변인 자질로 취급하며, 남성이 내재적 본능으로 섹슈얼리티를 갖고 있다는 점에는 의문을 제기하지 않는다. 그러나 여성과 섹슈얼리티를 결합했을 때는 심적 불편함이 생긴다. 남성이 내재적 본능으로 섹슈얼리티를 가지고 있는 반면 여성에게 주어진 본능은 모성본능뿐이고, 여성의 섹슈얼리티는 항상 있는 것이 아니라 연애 시기와 임신·출산 시기에 간헐적으로 생겼다 사라지는 것으로 이해되는 경향이 있다. 요즘은 외모 관리 등 자기 관리(얼굴, 피부, 몸매, 매력 등)에 성별과 연령의 제한이 없어지고 있으며, 섹슈얼리티 역시도 자기 관리의 영역으로 포함되고 있다. 그럼에도 불구하고 여전히 여성의 섹슈얼리티는 어머니가 되고 나면 영원히 사라진다. 이는 여성의 섹슈얼리티가 원래 그러한 것이 아니라 한국 사회가 가지고 있는 섹슈얼리티에 대한 관념이 성별에 따라 다르게 개념화되어 있고, 또한 다르게 적용하는 방식으로 성별화(gendered)되어 있기 때문이다. 예를 들어 성적 욕망이 많은 여성과 성적 욕망이 많은 남성은 등가가 아니고, 여성의 이혼과 남성의 이혼이 같은 의미로 이해되지 않으며, 여성의 연애 실패와 남성의 연애 실패 같은 경우도 달리 받아들여진다. 또한 사회의 섹슈얼리티는 성정치학의 장으로서 특정한 욕망이나 정체성, 성적 실천만을 정상적인 것으로 보는 권력의 작용 공간이다. 남녀의 성적 욕망이나 섹슈얼리티의 차이는 남성이 권력을 획득한 사회에서 남성의 이해를 반영한다. 이러한 사회에서는 주로 성폭력적인 성문화가 남성다움으로 비춰지는 문제가 생긴다. 섹슈얼리티에 대해 고정된 사고를 하는 경우, 폭력, 성희롱, 성폭력의 피해자 혹은 가해자가 될 가능성이 높아지며, 성범죄와 인권 침해에 대한 감수성을 떨어뜨리는 사고 체계가 유지될 가능성이 높다. 특정 대상과 행동에 대한 편견과 혐오감이 형성되어 있는 경우도 많다.

면서 그 교차점마다 형성된 사회문화적 의미망을 담고 있는 것으로, 성에 관한 통합적 개념이다. 이해하기 쉽게 도식화하자면 다음과 같다. sexuality=sex×gender+α (우리 사회에서 성적 경험을 구축하는 모든 성적인 욕망, 성적 긴장감, 성적지향, 성행동 등)

성적 지위

남녀는 섹슈얼리티상의 위치 및 지위가 다르다. 태어날 때부터 다르기 때문이 아니라, 각 사회문화 안에서 다르게 위치 지워져 있기 때문이다. 성적인 말을 하는 것, 성욕을 표현하는 것, 성에 대해 말하는 것 등 섹슈얼리티를 사유하고 행할 말한 지위는 남녀에 따라 다르게, 성별화되어 부여된다. 여기서 남성은 상대적으로 높은 지위에 놓이게 되고, 여성은 섹슈얼리티와 연관될 때 지위고하를 막론하고 낮은 지위, 천한 위치에 놓이게 된다.

성

섹스, 젠더, 섹슈얼리티 모두 '성'을 일컫는 표현이다. 각각을 분리하여 이해하는 경향이 강하나 이는 분리될 수 없는 것으로 서로 영향을 주고받으며, 통합적으로 사유할 필요가 있는 개념이다. 학자에 따라 젠더에 맞는 역할을 행하는 것으로 섹스가 결정된다고 보기도 하고, 섹스에서 비롯하여 젠더가 형성된다고 하기도 한다. '성'에 대해 표기할 때는 섹스와 젠더 어느 것이 먼저든 서로 교차하며 섹슈얼리티가 형성된다고 할 때, 각각이 연결되어 있다는 점에서 '성(sex-

또한 섹슈얼리티 관념의 지배를 받는 성·사랑·결혼의 정치경제학에 대해서도 이해할 필요가 있다. 한 사회의 성·사랑·결혼 제도는 고정된 실체가 아니라 이를 둘러싼 젠더 관계와 섹슈얼리티 지형의 영향을 받으며, 성문화로 구성되어 있고, 역사적 변화를 포함한다. 따라서 과거의 사랑이 신자유주의의 첨단을 걷고 있는 현재의 사랑으로 의미화되지도 않으며, 과거의 결혼은 변화하는 현실의 다양해진 가족 개념을 반영하지 못한다. 따라서 우리는 한국 사회 섹슈얼리티 개념의 이해를 바탕으로 성·사랑·결혼의 정치학을 잘 이해하려 하고, 눈에 보이지 않는 차이와 위계와 구조를 보려 하며, 성적 지위(sexual status)의 차이를 인정함과 동시에 '제대로 된' 성적 의사소통을 할 수 있어야겠다. 이때 '제대로 된'이란 단답형으로 묻고 답하는 것이 되어서는 절대 안 된다. 예를 들면 이성애적 관계에서 '피임 실패'나 '임신'에 대한 '공포'에 대해 상호 소통할 수 있어야 하고, 도처에 깔려있는 일상 속 폭력이나 범죄로 인한 공포감에 대해 공감 능력이 얼마나 되는지 점검할 수 있어야 하며, 여타의 상황에 대해 심도 깊은 이야기를 나눌 수 있어야 한다. 화장실 앞에서 기다려주고 집까지 바래다주는 것이 능사는 아니라는 것이다.

5. 성을 통합적으로 사유하기

성(sex-gender-sexuality)을 통합적으로 사유한다는 것은 '성'에 대한 감수성을 높이고, '성문화'를 성인지적이고, 입체적이고 맥락적으로 읽는다는 것을 의미한다. 그동안 '성'이라 하면 대개 사(私)적인 것으로 여겼으며, 학문적으로 접근하거나, 사유의 대상으로 사고하지 않아 왔다. 이는 개인적인 영역으로 치부했을 때는 보이지 않던 차별과 폭력, 인권침해, 그리고 일상적 폭력이나 미시적 영역의 폭력 등을 문제화할 수 있게 하고, 사회문화적으로 또 사회구조적으로 해결해야 할 사안임을 알 수 있게 해준다. 성은 생물학과 자연의 영역이 아니라 모든 사회관계들이 개입해 특정 집단의 이해를 관철하는 정치학의 영역이다. 각 사회의 성문화는 섹슈얼리티를 둘러싸고 이루어지는 특정 집단의 이해와 이를 관철하려는 권력의 기제가 작동하는 공간이다. 섹슈얼리티를 통제하고 친밀함을 제도화하며 재생산권에 개입하는 등의 모든 것이 통제의 범위에 들어간다. 미셸 푸코(Michel Foucault)는 섹슈얼리티가 역사적으로 사회 통제의 중요한 방법이었음을 밝히며, 섹슈얼리티를 통한 통제의 방식도 시대에 따라 변화해 왔다고 주장한다. 근대 이전에는 규제나 금지와 같은 억압적이고 부정적인 방법이 사용되었고, 근대 이후에는 개인화된 규율을 통해 권력이 작용하는 통제로 변형된 것이다. 푸코는 이러한 권력을 '규율 권력(disciplinary power)'이라 했다.

성문화란 그 사회가 유지하고 있는 생물학적 몸에 대한 기준(섹스), 젠더 관계, 그리고 섹슈얼리티의 지형, 이 세 가지가 중층적으로 서로 교차하면서 일정한 성역할과 문화를 구축한 것으로 볼 수 있다. 불평등한 사회구조, 가부장적 가족 문화, 남성의 섹슈얼리티와 여성의 섹슈얼리티에 대한 이중적 성규범, 그리고 빠르게 성장하는 성산업이 우리 사회 성문화의 특성이라 해도 과언이 아니다.

섹슈얼리티에 대한 새로운 사유가 필요한 시점이다. 우리 사회의 성·사랑·결혼 제도는 역사적 변화를 거듭하고 있으며, 젊은 세대들의 새로운 연애 방식, 결혼 방식, 가족에 대한 관념의 변화, 라이프스타일의 변화 등이 일어나고 있기 때문에, 이러한 변화의 특성을 이해하지 않고서는 감수성이 살아 있는 접근이 어려울 수밖에 없다. 예를 들어 남녀의 연애는 결혼과 이성애 핵가족으로 이어지는 근대의 사적 영역 구성에서 중요한 위치를 차지하며, 상대방 개인에 대한 열렬한 사랑으로 맺어지고 유지되는 관계가 되었다. 그러나 우리 사회의 성·사랑·결혼 제도는 여전히 1인 생계 부양자인 남편, 현모양처 역할을 하는 아내 또는 가사 노동하는 아내라는 성별 역할로 규정되며, 그것이 가장 이상적인 모델로 유지되고 있는 제도이기도 하다. 또한

gender-sexuality)'이라 표기함이 바람직하다.

규율 권력

규율권력이란 주로 인간의 신체를 통제하고 규율하는 데 작용하는 권력이다. 이는 특정한 유형의 신체를 정상적이고 표준적인 것으로 제시해, 개인들이 이러한 신체를 만들기 위해 자발적으로 권력의 통제 아래 들어가게 만드는 것이다. 예를 들어 한 여성이 날씬하고 섹시한 몸매를 가꾸기 위해 엄청난 노력을 하면서도 그것이 통제라고 생각하기보다는 자기만족을 위해 즐기는 것으로 생각하는 경다.

연애 경험은 성별에 따라 다르게 구성되는데, 이를 '성별적으로 구성된다'고도 하고, 연애 경험의 '성별성'이라고 부르기도 한다. 연애 경험은 성적 욕망을 여타의 성적 지향에 우선하여, 이성애적으로 발견하게 만든다. 그리고 사회문화적 성인 여성성/남성성, 여성답다/남성답다에 대한 인식을 성차별적으로 구성하고 체험하게 하는 공간으로서 기능하는 측면이 있다. 이를 통해 만들어진 정숙한 여자(good girl)라는 프레임 때문에 성적 의사소통의 공백을 경험할 수밖에 없기에 성·사랑·결혼이 불평등한 성적 계약이 되어버리는 현상들도 왕왕 보인다.

성·사랑·가족 구성 행위의 다변화 속에 여러분들은 살고 있다. 여러분들이 어떤 성별의 누구를 만나 어떤 사랑을 하고 누구와 함께 살기를 도모해도 좋다. 다만 전술한 것들에 대해 자신의 견해를 가지고 있고, 소통과 담화가 가능한 주체이기를 바란다. 한 개인이 자신의 섹슈얼리티와 사회의 성문화에 대해 얼마나 주체적이고 맥락적인 사고를 하는가는 중요하며, 이는 사회의 성·사랑·결혼을 마주하는 현명한 자세를 만들어줄 것이다. 오늘날의 가족이란 생물학적으로 주어지는 것이 아니라 다른 사회관계와 영향을 주고받으면서 가족원의 개인적이고 다양한 경험을 인정하고 끊임없이 변화하는 형태로 볼 필요가 있겠다.

성적 계약

성적 계약은 성·사랑·결혼이 남성에게는 자유와 여성에 대한 통제권을 주는 반면 여성에게는 예속으로 작용하는 불평등한 관계가 되어서는 안 된다는 의미에서 등장했다. 성·사랑·결혼의 이면에 차별과 폭력이 존재해서는 안 되며, 상호 존중과 제대로 된 성적 의사소통이 이뤄지는 관계여야만 하는데, 만약 차별과 폭력이 존재하고 상호 존중이 결여되어 있으며 성적 의사소통이 부재하다면 이 계약은 안전하게 파기될 수 있어야 하며, 그 시기와 방법을 정할 권리는 여성에게 있음을 환기하기 위해 고안된 개념이다. 이 개념은 페이트만의 논의에서 착안되었다(페이트만, 2001).

6. 무엇이 성폭력인지 감지할 수 있는 감수성에 근육을 붙여라!

앞서 살펴보았듯이 감수성을 키우는 데 가장 핵심적인 것은 '성'에 대한 통합적·성인지적인 사유다. 이를 통해 '차별'과 '폭력'이 우리 사회 안에서 어떻게 구성이 되는지 알 수 있다. 성통합적 사유를 중심에 둔다면 '차별'과 '폭력'의 상황으로 가시화되기 이전 단계에도 감수성을 키워볼 수 있다. 먼저 폭력과 차별로 발전하기 전에 보이는 다양한 환경 및 행동들에 대해 감지 능력을 키우고, 성통념적이거나 성차별적인 언행 그리고 이러한 언행에 대해 무감각한 환경이나 유지 혹은 부추기는 환경에 대한 문제의식을 가져보자. '자연스러운', '사소한' 일로 인식되거나 '친밀감'의 표현으로 오인되는 언행에 대한 문제 인식은 성인지감수성을 높여준다. 예를 들어 사생활이나 외모에 대한 언급, 평가, 질문을 하는 경우, 일방적 구애 행동 혹은 밤늦게 전화해 연애 여부를 묻거나 연애를 제안하는 경우, 사업장 내의 짝짓기 문화나 성적 농담이 만연하게(빈번하게) 이루어지는 경우에 대한 문제 인식이 있다. 감수성은 우리 안에 이미 존재한다. 그리고 이는 몸의 근육처럼 근육이 붙어야 잘 작동한다.

성문화 안에는 성 각본이 존재하는데, 성 각본은 한 사회 내에서 무엇이 '성적인 것'인가를 설명해 주며, 사회의 성과 관련한 고정관념을 잘 보여준다. '각본'이라는 개념은 사회의 구성원들이 내면화하고 있는 인간관계의 문법이고, 또한 성과 관련한 '문제' 상황을 '문제'로 인식할 수 없게 만들거나 이를 지지하고 내면화하게 만드는 시나리오이기도 하다. 성 각본은 차별과 폭력을 정상화하고 정당화하는 기제로 작동한다. 성 각본의 특징은 주로 자연화, 정상화 혹은 규범화(normalization), 성애화(eroticization), 낭만화(romanticization)로 정리할 수 있다.

정상화 혹은 규범화

어떤 사회적 현상이나 개인의 행동을 사회 구성원들이 '정상'이나 '바람직한 것'으로 인식하는 현상이다.

성애화

특정 상황을 폭력이나 범죄가 아닌 '야한 것', 혹은 '선정적인 것'으로 받아들이는 인지 습관이다(예: 성매매의 성애화).

낭만화

특정 상황을 '로맨틱한 상황' 혹은 '바람직하거나 아름다운 모습'으로 받아들이는 인지 습관이다(예: 폭력의 로맨스화).

7. 변함없는 우리 사회의 성별 분업 구조

성평등은 단순히 성별이 적절히 나뉘는 것의 문제가 아니다. 여전히 집단 내 권력 배분의 메커니즘은 성별에 따라 다르게 작동하고, 여전히 권력 배분에는 차별이 존재한다. 성별에 따라 적합한 역할이 있다고 여겨지고 그에 따라 유리하거나 불리하게 작용하는 정형화된 젠더 구조가 존재하는 사회이며,

또 그러한 조직문화를 가지고 있다. 이러한 사회나 조직에서는 성을 이유로 하는 착취와 지배 구조가 견고해지는 것은 물론, 성희롱, 성폭력 등 젠더에 기반한 폭력이 발생하기도 쉬워진다는 특성을 갖는다.

기본적으로 노동 개념을 사유하기 위해서는 남성과 여성의 일이 어떻게 다르게 평가받고 있으며, 어떤 체계 구분을 가지고 있는가를 이해할 수 있어야 한다. 우리 사회의 성별 분업 구조는 여전한 것이 현실이다. 여성 운전기사(버스, 택시), 여성 소방관, 여성 군인, 여성 경찰, 여성 정치인, 여성 과학자, 여성 CEO 등 여성들이 전보다 사회적으로 다양한 영역에 진출하는 등 직종에 성역이 없어진 듯 보이지만, 여전히 성별 분업 구조의 문제는 존재한다. 과거에 비해 일자리는 많이 늘었지만, 여전히 힘쓰는 일은 남성의 일이라거나 서비스는 여성의 일이라는 관념이 그중 하나다. 또, 진입장벽이 낮아짐으로써 직업에 성역이 없어진 듯 느껴지지만, 여전히 직종 내 성별 분업이 나타나고 있다. 즉, 맡는 일이나 기대되는 역할을 성별에 따라 달리 적용하는 것이다. 예를 들어 대전 MBC의 경우, 남성 아나운서는 정규직으로 채용한 반면, 여성 아나운서는 지난 20년간 계약직 또는 프리랜서로 채용해 왔다(이는 명백한 고용상 성차별이다). 이는 여성을 업무 능력보다 외모, 이미지로 활용할 노동력으로 사고한 것이다. 그리고 이를 기준으로 평가하기 때문에 '젊고, 예쁜'으로 역할과 입지가 한정되었으며, 이미지 효용이 다하면 쉽게 바꿀 수 있게 비정규직으로 채용하는 등 진입 단계부터 정규직 입사 차단이 체계적으로 이뤄져 온 것이다. 이처럼 진입(입직) 시 고용 형태, 고용 조건, 담당 업무, 일(노동) 내용, 평가, 승진에 이르기까지의 차별적 처우는 성차별적 인식에서 기인한 것으로, 이러한 관행은 성별 분업 구조를 보다 강고하게 한다.

8. 동일 노동, 동일 임금

동노동임은 동일한 노동에 동일한 임금이 지급되어야 한다는 원칙이다. 그러나 통계청(2020)의 한 조사에 의하면, 전 직종 평균 월 급여액의 남녀 격차는 43.2%였다. 남녀 간 월 급여액 격차가 가장 큰 직종은 판매종사자로, 여성은 남성 급여의 절반에도 미치지 못하는 53% 격차를 보였다. 다음은 기능원 및 관련 기능 종사자(51.2%), 전문가 및 관련 종사자(50.1%), 서비스 종사자(42.8%), 사무 종사자(42.4%), 단순 노무 종사자(28.7%), 장치·기계 조작 및 조립 종사자(24%), 농림·어업 숙련 종사자(21.7%), 관리자(20%) 순이었다. 동일한 일을 하는데 동일한 임금을 받지 못한다는 것은 다시 말해 하는 일이 같아도 동일한 가치나 등가가 아니라는 뜻이며, 결과적으로 동일한 일을 하지 않는 것으로 평가받는다는 뜻이다. 남성이 가진 기술이나 능력이 여성에게서 행해지면 기술이나 능력이 아닌 여성의 특성(섬세함, 꼼꼼함, 손재주, 손맛 등)에서 비롯되는 것으로 저평가되거나, 특별한 기술이 없이도 여성이라면 할 수 있는 특성으로 사유되고 있는 것이다. 그리고 이러한 관념을 통해 '제1 생계 부양자이자 가족 부양 의무자로서의 남성+남성이 가진 잠재적 노동력(힘, 기술, 전문성, 충성심, 책임감, 논리적임/이성적임, 추진력, 통솔력, 지도력, 리더십)=더 많은 임금이 지급되어야 함'이라는 결과가 나온다. 성별 임금 격차는 '이유 없는 여성차별'의 방증이다. 만일 여성이 아니었다면 포상, 보너스, 인센티브, 승진의 기회가 주어졌을 동일 직급이면서도 더 많은 일을 하고 청렴한데다 훌륭한 리더십과 책임감을 보이고, 논리적이고 이성적이면서도 감응 능력이 뛰어나며, 위기 대응 능력이 뛰어난 여성들이 있어 왔다.

워크-라이프 밸런스 (work-life balance)

워라밸, 또는 일 가정 양립이라고 한다. 그러나 라이프(life)는 가정생활만을 의미하지 않기에 워라밸은 일 가정 양립보다 훨씬 큰 개념이라 할 수 있다. 그래서 이 두 용어는 등가로 사용되지는 않는다. 워라밸은 주로 결혼, 임신, 출산, 육아 등 '관계' 보다는 개인의 맥락에서 추구되는 것이고, 일 가정 양립은 특히 기혼 유자녀 여성에게 중대한 사안이다. 이 두 가지 모두 노동자들에게는 중요한 사안이 되었고, 회사나 기업, 기관, 일터나 직장에서도 중요하게 고려하고 있는 추세이다. 젊은 층이 많은 IT 회사들은 워라밸을 중시하는 시스템을 구축하고 있고, 국내 대기업들 중에도 롯데나 유한킴벌리, 네이버 등은 여성이 일하기 좋은 회사로 유명하다. 또한 남성도 육아휴직을 쓸 수 있게 하거나 남성의 일 가정 양립을 지원하는 활동도 활발히 이뤄지고 있다. 이는 모두 우수한 여성 인재가 임신, 출산, 양육으로 회사를 떠나는 것을 막기 위한 것으로, 여성 인재 관리로 성장세를 달리는 기업들의 좋은 모델이라고 할 수 있다.

9. 성문화의 단편들: 미투운동 이후의 변화

2016년 강남역 화장실 살인사건, 2018년 미투(#Me Too)운동, 혜화역 불법촬영 편파수사 항의 시위, 2020년 텔레그램 N번방 디지털 성범죄에 이르기까지 한국 사회에는 젠더에 기반한 사건이나 폭력 혹은 범죄가 끊이지 않고 있다. 2018년 할리우드 발 미투운동이 확산되기 이전에도 한국에서는 2016년 문단 내 성폭력 사건에 대한 고발, 2017년 여성 '배우'들의 소신 있는 목소리 내기 등 연예계 유명인뿐만 아니라도 진실 앞에서 삶을 내건 용기 있는 여성들은 늘 있어 왔다. 검찰에서 시작해 문학계, 문화예술계, 스포츠계, 종교계, 정치계, 학계, 법조계 등으로 확산된 미투운동이 정치권, 종교계, 학계, 등 사회 각 계로 퍼져나가며 거대한 사회변혁 운동으로 진화하고 있다. 여기서 우리는 미투운동이 왜 ㅁㅁ계로 퍼져나갔을까 생각해 볼 필요가 있다. 이는 각계의 조직문화의 특성과 밀접하다는 것을 의미한다. 그동안 각계 조직의 문화와 관행과 전통의 이름으로 침묵되었던 성차별적이고 성폭력적인 성문화의 민낯이 폭로되기 시작한 것이다.

> 권력에 맞서는 투쟁은 곧 망각에 맞서서 기억이 벌이는 투쟁이다.
>
> _ 밀란 쿤데라(2011)

우리는 미투운동 이후의 변화에 주목할 필요가 있다. 가장 큰 변화는 대다수의 사람들이 성폭력을 개인의 문제가 아닌 구조의 문제로 인식하게 되었다는 것이다. 미투(나도 당했다-나도 말한다-나는 고발한다)운동은 한국 사회의 변화하는 젠더 관계와 새로운 여성 및 남성 주체의 등장을 예고하는 현상이다. 미투운동은 성대결이 아닌 '평등'에 기반을 둔 범 연대적 사회운동으로 나아가고 있다. 미투운동의 본질은 남녀 간 대결이 아닌 인간 존엄성의 회복이기 때문이다. 새로운 주체들의 연대를 바탕으로 일상적인 성폭력이 만연한 조직문화 또한 변화할 것을 기대해 본다.

한국 사회 성문화의 몇몇 단편들을 살펴보자. 우리 사회는 친밀한 관계에서의 폭력에 둔감한 문화적 특성을 가지고 있다. 예를 들어 가정의 영역은 사적인 영역이고, 연인 사이의 싸움은 '사랑싸움'이며, 부부싸움은 '칼로 물 베기'이고, 언어적인 폭력은 '잔소리' 쯤으로 이해되며, 물건을 파손하거나 신체적 폭력을 휘두른 데는 그럴 만한 이유가 있다고 여기곤 한다. 이런 경우들은 '사랑해서', '훈육을 위해서' 생기는 일이므로 폭력도 아닐 뿐 아니라 용인할 만한 것으로 이해되는 측면이 있다. 또, 조직 내에서 성희롱·성폭력이 발생하는 경우, 조직문화나 관행으로 인해 폭력으로 인지하기가 어려우며, 고심 끝에 문제 제기를 하더라도 '민감'하게 반응할 일이 아니라는 식으로 가벼이 여기는 경향이 있다. 게다가 피해를 말하기 어려운 조건으로 불이익이나 보복 조치에 대한 두려움이 작용하며, 조직 내의 경우는 특히나 생사여탈권이 달려 있는 경우가 많아 폭력이 있었음을 드러내기보다는 개인의 차원에서 더욱 조심하거나 참게 되는 경우가 많다. 문제 제기를 하더라도 조직 보위라는 공(公)을 위해 사(私)는 덮어야 할 것으로 쉬쉬하거나 은폐되며, 조직 내 권력의 크기가 작은 경우에는 더 큰 권력의 조직적 움직임으로 진위가 조작되기도 한다. 이렇듯 친밀한 관계 내 폭력과 조직 내 폭력은 폭력의 인지를 어렵게 할 뿐 아니라 그 심각한 폭력의 고리를 끊어내기 어렵도록 사회문화적 이해가 형성되어 있다. 이 때문에 갈등-폭력-화해·중재·조정·무마-폭력-갈등의 사이클이 반복된다.

한국 사회는 남성 중심의 성문화를 갖고 있으며 이는 다분히 성폭력적이라 이야기되는데, 그리 말하는 근거로는 호모소셜(homosocial)과 여성 혐오의 연관성이 거론될 수 있겠다. 호모소셜은 '남자들끼리의 유대'로, 여성과 비슷하지 않은 남자들만을 성원으로 한다. 그들은 여성을 혐오하고 대상화하며 동성애자를 비하하는 등의 행위를 통해 형성된 남성성을 기반으로, 상대가 남성들끼리의 유대를 다질 집단에 들어올 수 있는 대상인지를 구분하기도 한다. 특정 대상을 혐오하고 대상화하는 것을 통해 형성된, 동질성과 공범 의식을 기반으로 더욱 돈독해진 남자들끼리의 유대 문화는 남자들끼리의 추억을 소환하며 그것을 유희의 소재로 사용하는데, 추억으로 소회하는 내용들은 대부분 성폭력의 단편인 경우가 많다.

드라마나 예능 프로그램이나 광고나 뉴스, 언론 보도 등 대중매체 속에서도 성차별, 성폭력, 성추행, 성희롱 등 차별과 폭력이 담긴 언행과 태도가 나타나는 경우가 허다하다. 그뿐만 아니라 성 관련 사건·사고의 보도 방식이나 처리 방식, 회자되는 방식도 상당히 문제적이다. 2018년에는 한국기자협회와 여성가족부가 「성폭력·성희롱 사건 보도 공감 기준 및 실천 요강」을 만들어 각 언론사가 따라야 할 지침으로 제시했는데, 사건 보도 공감 기준에서는 잘못된 통념이 담긴 표현이나 전제를 지양할 것이 요구되었다. 예를 들어 범죄 피해가 피해자의 잘못된 처신으로 발생했다거나, 피해자가 범죄에 빌미를 제공했다고 인식될 수 있는 보도는 지양하게 되어 있다. 또, 경쟁적 취재나 보도 과정에서 피해자나 가족에게 심각한 2차 피해를 줄 수 있음을 명심하고, 신원 보호 등 피해자의 권리 침해를 최소화하기 위한 적합한 보도 방식을 우선 고민할 것을 요구했다. 선정적이고 자극적인 보도를 지양하고, 성희롱·성폭력 예방 프로그램 소개, 예방 및 피해 구제를 위한 내용, 성희롱·성폭력 사건을 유발하거나 피해를 확산하는 조직 문화 및 사회구조적인 문제에도 주목해 보도할 것이 요구되기도 했다. 실천 요강도 상세히 적시하고 있는데, 취재 시 주의 사항, 기사 작성 및 보도 시 주의 사항으로 나누어 앞서의 감응 기준을 반영할 수 있도록 지침을 주고 있다. 언론 보도 시 이 기준들이 잘 지켜지는지 매의 눈으로 살펴보는 것도 좋겠다.

한국 사회에서는 차별과 폭력을 판단할 때 침묵을 동의로 간주하는 경향이 오래도록 있어 왔다. 사람들은 침묵했다고 비난하거나 혹은 적극적으로 거절하지 않았다고 해서 동의한 것으로 오인하지만, 동의란 적극적인 선택이나 확실한 의사 표현이 있을 경우를 말한다. 노라고 하지 않았겠지만, 예스라고도 하지 않았다는 것을 자각할 필요가 있다. 침묵은 절대 동의가 될 수 없으며, 침묵을 하던 것을 계속해도 되는 것으로 착각했다면 범죄자가 되기를 자처한 것일 뿐이다. 앞으로의 추세는 폭력인가 아닌가의 판단 기준으로 동의를 했는지가 아니라 동의를 구했는지, 어떻게 구했는지가 될 것이다. 이는 입증의 책임이 피해자에서 가해자로 옮겨 간다는 점에서 대단히 중요한 변화가 될 것이다. 이는 차별과 폭력의 판단 기준과 관련한 입증 책임 소재의 변화로도 볼 수 있을 것이다. 또, 미투운동에서의 침묵과 관련해 몇몇은 '왜 이제 와서' 침묵을 깨는가라는 의문을 종종 갖는다. 침묵의 시간을 궁금해 하는 것은 인간에 대한 예의에 어긋난다는 것을 명심하자. 그뿐만 아니라 이는 2차, 3차 가해가 될 수 있다. 침묵의 기간 동안 얼마나 아파하고 고민하고 힘들었을까, 침묵을 멈추기로 작정하고도 또 얼마나 힘든 삶을 건 투쟁을 하고 있을까를 염려하고 함께해 주는 것(#With You)이 바람직하다 하겠다.

우리 사회 안에는 온·오프라인, 가족, 학교, 조직(직장), 사회의 젠더 기반 폭력이 만연하다. 그리고 성차별 사회에서 성희롱, 성폭력, 가정폭력, 성매매, 디지털 성범죄 등 젠더 폭력의 피해자 중 다수는 여성이고, 잠재적 피해자 또한 여성이 대부분이다. 즉, 여성폭력 피해는 젠더 기반 폭력이다. 그리고 이를 젠더폭력(gender based violence)이라 한다. 여성에 대한 폭력의 유형은 다변화하는데, 이는 새로운 유형이 아니라 과거 성차별 사회에서 역사적·체계적으로 축적되어 온 성차별적 사고와 동일한 폭력과 차별의 구조, 메커니즘을 가지고 있다. 예를 들어 2016년 강남역 살인사건은 '묻지마 폭력'이 아니라 '혐오 범죄'였고, 2018년 혜화역 '불법촬영 편파수사' 규탄 시위는 사법 시스템의 공평성에 대한 문제 제기이자 한국 사회에서 형성된 혐오문화인 남성 혐오와 여성 혐오가 충돌한 사건이라 할 수 있다. 여성폭력 문제는 곧 성차별 문제이기도 하다. 이에 한국 사회에서는 여성폭력 방지와 피해자 보호 지원에 관한 국가의 책임을 명확히 하고, 여성폭력 방지 정책의 종합적·체계적인 추진 필요성을 제기하며, 사회 변화에 부응하는 젠더 폭력

방지 및 피해자 보호와 지원 정책을 마련하고자 '여성폭력방지기본법'이 2019년 12월 25일부터 시행되고 있다.

성희롱·성폭력이 존재하는 차별과 폭력의 문화를 바꾸는 일상에서의 실천으로는 목격자 교육과 '미퍼스트(me first)'가 있다. 미국의 대학, 군대, 시민단체 등에서는 목격자 교육을 실시하고 있는데, 성폭력 상황에서 목격자가 됐을 때 어떤 행동을 취할 수 있는지 실질적 방법을 교육하는 것이다. 연구자 로버트 엑스테인(Robert Eckstein)은 "가해자는 대개 부적절한 농담과 신체 접촉을 하며 어디까지 용인되는지를 시험해 본다"라고 말하면서, 이는 가해자에게 "왜 그러세요?"라고 질문하거나 주변 사람에게 "나만 본거야?" 라는 식으로 공론화함으로써 더 이상의 공격적 행위를 예방할 수 있다고 조언했다. 가해자의 행동을 문제로 인식하고 작은 행동을 해줄 수 있는 목격자의 역할이 가해 행위에 제동을 거는 효과적인 방안이 된다는 것이다. 국내에서도 피해자들의 미투운동에만 기대는 것이 아니라 목격자들이 적극적으로 개입하자는 미퍼스트가 이뤄지기도 했다.

2018년의 미투운동은 성폭력과 성범죄가 일상인 한국 사회의 성문화를 비롯한 일상의 구조를 바꾸기 위한 우리 모두의 열망이다. 2020년에 들어서는 코로나19 감염증 팬데믹으로 이 같은 젠더폭력 이슈들이 수면 아래에 잠겨버리기도 했지만, 다시 일상으로 돌아오는 시기 소셜미디어의 역동성과 함께 성평등한 젠더 질서와 폭력 없는 성문화에 대한 우리의 열망이 돌아올 것을 믿는다.

10. 4차 산업혁명과 성평등

여성가족부의 국가성평등지수라는 것이 있다. 성평등 척도로 사용되는 성평등지수는 경제 활동, 의사결정, 교육·직업훈련에서의 성평등한 사회 참여가 이뤄지는가, 복지, 보건, 안전에 여성의 인권과 복지가 얼마나 보장되고 있는가, 가족, 문화·정보 분야의 성평등 의식·문화는 어떠한가로 측정된다. 국내 조사에 따르면 대한민국은 국가(2017년 71.5점)적 및 지역(2017년 74.4점)적 차원에서 성평등지수가 점진적으로 상승하고 있는데, 이것을 보고 우리나라는 성평등 수준에서 중간 정도의 점수이지 않은가 생각할 수도 있겠다. 그러나 세계경제포럼(WEP)이 분야별 성별 격차를 기준으로 153개국 국가의 성평등 수준을 측정하여 순위를 발표한 내용에 따르면, 2020년(2019년 기준) 한국은 108위다. 2019년 115위에서 조금 상향되긴 했으나 경제 발전이나 다른 분야의 순위에 비하면 상대적으로 매우 낮은 최하위 순위인 것이다. 순위를 매기는 항목 중, 주로 ① 성별 임금 격차, ② 파트너에 의한 성폭력, 여성 혐오 범죄, 디지털 성범죄, 직장 내 성희롱 등 여성에 대한 폭력, ③ 회사, 기업, 조직 내 고위직 여성의 비율 등에서 최하위에 해당되었다. 이쯤에서 성평등 지수는 차별과 폭력으로부터 안전하고 성평등이 추구되는 살만한 나라임과 동시에 국가 경쟁력이기도 함을 다시 한 번 상기해 보자.

여러분은 4차 산업혁명의 시대를 살고 있다. 기계적이며 단순 반복적이고, 대량의 정보를 모으고 분석하고 처리하는 일에서부터, 힘이 많이 들거나 위험한 일들을 보다 신속·정확하고 오차 없이 안전하게 처리하며, 수많은 일과 일자리들이 인공지능과 AI에 의해 대체되고 있는 현실을 살고 있다. 가사노동, 보살핌 노동, 1차·2차·3차 산업도 제조, 생산, 판매, 서비스 등 전 영역이 그러하다. 4차 산업혁명은 여러모로 획기적인 부분이 있다. 성별 변수가 점점 중요하지 않게 되는 세상이 될 것임은 자명하다. 예를 들어 중장비의 조작도 버튼으로 가능하고 방 안에서 남극에 있는 장치를 작동시킬 수 있을 것이다. 생물학적인 차이도 성별의 차이도 개개인의 차이도 아닐 수 있는 영역들이 생겨난다는 것이다. 자, 힘이 필요한가? 남성과 여성 중 누가 더 잘하는가? 무엇이 필요한가?

나는 여러분들이 존재하는 공간이 학교이든 가정이든 일터든 누구든 활보할 수 있는 거리든 그 어떤 공간에서도 차별과 폭력이 없기를 바란다. 대신 안전과 건강과 평등과 평화와 공존하고 동행하길 희망한다. 배움의 대상은 공부하는 책뿐만 아니라 한국 사회를 살아가고 있는 나의 소중한 경험들과 우리 주변에서 이루어지는 수많은 경험들, 그리고 그 경험을 하며 살아가는 사람들이 되어야 한다. 그럴 때, 우리는 지식에 그치지 않는 지혜를 발견하고, 그 지혜의 힘으로 세상을 살아갈 수 있다. 똑똑해지는 것보다는 현명해지는 것을 추구해야 한다. 먼저 똑똑해져야 현명해질 수도 있다는 생각은 금물이다. 현명해지는 것은 세상이 돌아가는 원리를 알고, 보이지 않는 메커니즘을 이해하는 것이므로, 사전 지식이 없는 어떤 일이 생기더라도 해결의 방법을 강구하도록 도와준다. 경이롭게도 자본주의 사회의 가치만으로 환산될 수 없음을 깨닫고, 환원되지 않은 것들에서 소중한 가치를 발견하는 작업은 나에게 '세상 보는 눈'을 선물해 줄 것이다.

또, 현대 자본주의 사회를 살아가면서 바다 한가운데 외로운 '섬'처럼 사는 이는 '소외'되거나 '고립'될 수밖에 없다. 그러나 나는 '섬'이 아니다. 나의 삶은 물론 내가 사는 세상 그 무엇 하나 개선하지 못한다. 또한 나는 '섬'으로 존재할 수도 없다. 이미 사회적 관계망이나 의미망 속에 포섭되어 있기 때문이다. 우리 주변에는 이미 '더디게 가더라도 함께 가기'를 추구해 온 사회 조직들과 시민단체들이 있다. 나이가 들어 여유가 될 때 시민사회운동들을 지지하거나 문제가 생겼을 때 손을 내밀고 연대하는 것보다는, 언제고 빠르면 빠를수록 든든한 버팀목과 연계하는 것이 필요하다. 이미 앞서 걸은 이들의 치열한 행보가 있었기에 오늘의 이만한 세상을 우리는 살고 있는 것이다. 모든 것은 연결되어 있다. 그리고 연결될수록 강하다.

마지막으로, 성평등과 관련한 든든한 '뒷배 아이템' 한두 개 정도는 장착해 보도록 하자. 양성평등교육진흥원과 한국여성민우회를 추천한다. 국내 최고의 성평등 교육기관인 양성평등교육진흥원에서는 성평등과 폭력 예방을 위한 생애 단계별, 교육 대상별, 분야별 다양한 콘텐츠를 보유하고 있다. 일상에 지치거나 지루할 때 혹은 새로운 아이디어를 얻고자 할 때, 젠더온 홈페이지(genderon.kigepe.or.kr)를 자주 방문해 보는 것으로도 여러분들의 삶에 피가 되고 살이 될 것이다. 세계적으로 유명한 보스턴 마라톤 대회에 여성은 출전 자격이 없었던 시절의 이야기, 단일한 인종을 대표하는 살색 대신(우리의 경우도 살색을 살구색으로 바꾸어 부르고 있다) 다양한 피부색에 맞춘 각양각색의 구두를 출시한 기업의 이야기, 필기시험 수석을 하고도 혹은 체력시험 만점을 맞고도 가슴둘레가 미달이어서 소방관이 될 수 없었던 한국의 여성 소방관들 이야기 등 우리의 시각을 깊고 넓게 만들어주는 재미난 소재들이 많은 곳이다. 참고로 양성평등교육진흥원에서는 다양한 공모전도 열리고 포상도 이뤄진다. 지자체에서도 성평등한 성문화를 만들기 위해 다양한 방식으로 아이디어를 제안 받고 있다. 여러분들이 가진 참신한 아이디어와 기지로 한국사회의 성평등과 폭력으로부터 안전한 성문화가 앞당겨지길 기대해 본다.

토론거리

Part 1　성평등한 세상을 위한 성문화 읽기의 전제, 성, 사랑, 연애, 결혼, 가족에 대해 새롭게 사유하기!

1. 나는 언제 여성/남성이라고 느꼈는가?
2. 처음으로 성차별을 느꼈던 순간은 언제였나?
3. 인생에서 여성/남성으로서 가장 기뻤던 순간은 언제였나?
4. 꼴불견이라 생각되는 여성/남성의 행동은 무엇이었나?
5. 섹스, 젠더, 섹슈얼리티 차원에서 내가 가진 고정관념, 편견은 무엇인가?

Part 2　젠더 렌즈로 한국사회 성문화 분석하기!

다양한 구성원이 모이고 다양한 권력 관계가 발생하는 공간에서, 예컨대 수업 공간, 동아리, 조직, 직장, 또는 온라인 공간 같은 물리적 공간이나 친밀한 관계 속 불특정인을 대상으로 하는 성별 권력 관계 등 곳곳에서 젠더 기반 폭력이 일어나고 있는 현실을 우리는 살고 있다. 젠더 기반 폭력, 즉 성범죄는 '일탈한 개인'의 문제만이 아니라 사회구조의 문제이다. 사회 속 성문화의 구조를 보고, 보다 근본적인 이야기를 시작해야 한다. 우리가 범죄자 개인에 집중하는 것 대신 젠더 구조에 주목해야 하는 이유이기도 하다.

1. 여성과 남성은 왜 동일한 일을 해도 동일한 임금을 받지 못할까 토론해 보자.
2. 성희롱·성폭력은 일탈한 가해자 개인의 문제가 아니라 이러한 사고를 유지하고 행할 수 있게 한 사회구조의 문제라고 한다. 왜 그러한가 토론해 보자.
3. 살아오면서 자신에게 가장 와 닿았던 사회적 이슈는 무엇이었는가 토론해 보자. 왜 많고 많은 이슈 중 그것이 가장 와 닿았는지, '그냥' 대신에 다른 이유를 생각해 보자. 이것은 개인의 관점의 발견과 사회적 이슈에 대한 입장을 탐구해 보는 실습이다. 미투운동, 군대 vs 출산, 역차별, 데이트폭력, 혐오, 외모 차별, 다이어트 등 현재 상황에서 관심이 가는 소재는 다양할 수 있다. 본인의 현재 상황, 입장, 관점과 무관하지 않기 때문이다. 예를 들어 '트랜스젠더 여성이 여대에 입학하려 했던' 뉴스 보도나, 2016년 강남역 화장실 살인 사건처럼 여성 혐오 범죄에 대한 수많은 목소리들, '더 이상 여성이 우연히 살아남는 세상은 싫다'는 피켓 문구등 기억나는 시각화된 자료(뉴스 보도, 피켓 문구, 또는 한 줄 문구, 사진, 대자보, 메모 등)를 활용하는 것도 좋다.
4. 성별에 대한 고정된 편견에 따라 특정 성별에만 붙는 수식어(조신한, 듬직한, 어여쁜, 당돌한 등)나 일상생활 속 바뀌어야 할 성차별적 언어(예: 온라인 게임의 여왕벌)와 표현, 픽토그램(예: 학교 앞 횡단보도의 엄마와 아이)을 발견해 보고, 신조어나

현재의 언어 사용에서의 성차별성에 대해 토론해 보자.

5. 내 가족 구성원이나 친한 지인이 동성애자임을 밝혔을 때, 나라면 뭐라고 말할 것인가?

읽을거리

여자들의 사상 | 우에노 지즈코(上野千鶴子). 2015. 조승미·최은영 옮김. 현실문화.

소녀, 설치고 말하고 생각하라 | 정희진 외. 2017. 우리학교.

예민함을 가르칩니다 | 초등젠더교육연구회 아웃박스. 2018. 서해문집.

맨박스: 남자다움에 갇힌 남자들 | 토니 포터(Tony Porter). 2019. 김영진 옮김. 한빛비즈.

남과 여, 은폐된 성적계약 | 캐럴 페이트만(Carole Pateman). 2001. 이충훈·유영근 옮김. 이후.

젠더불평등 | 주디스 로버(Judith Lorber). 2005. 최은정·임소희·임혜련·정광숙 옮김. 일신사.

Gender and Risk-Taking: Economics, Evidence, and Why the Answer Matters | Julie A. Nelson. 2018. Routledge.

제10장
문화의 주체가 되기 위하여

김창남(성공회대학교 신문방송학과 교수)

1. 미디어, 문화, 대중문화

전철을 타면 많은 사람들이 고개를 숙인 채 무언가를 들여다보고 있다. 스마트폰이다. 이런 풍경이 보편화된 건 대략 2010년대부터다. 그전까지 전철에 탄 사람들은 신문을 펴들고 보거나 오락적인 혹은 지적인 내용의 책을 읽거나 음악을 들었다. 물론 그때에도 휴대전화를 만지작거리며 누군가와 통화하거나 누구에겐가 문자 메시지를 보내는 사람들이 있었다.

요즘 스마트폰을 들여다보는 사람들은 무엇을 할까. 그들이 모두 스마트폰을 들고 있다 해도 똑같은 행동을 하는 건 아니다. 누군가는 드라마를 본다. 본방 사수를 하지 못했던 드라마를 뒤늦게 찾아보거나 웹드라마를 보고 있는지도 모른다. 누군가는 스마트폰에 잔뜩 저장해 둔 음악 가운데 오늘의 기분에 맞는 곡을 찾아 듣는다. 이어폰을 통해 듣는 음악은 주변의 소음을 차단하면서 혼자 자신의 세계에서 쉬는 듯한 느낌을 주기도 할 것이다. 어떤 이는 유튜브에 빠져 있다. 좋아하는 논평가가 등장하는 정치 유튜브 방송을 보고 있거나 아니면 새로 사려 하는 상품의 장단점을 미리 찾아 알려주는 얼리어댑터의 동영상을 보는지도 모른다. 뉴스를 찾아보는 사람도 있다. 아마도 그는 종이 신문으로 뉴스를 읽는 것보다 스마트폰으로 뉴스를 보는 것이 훨씬 편하다고 생각할 게다. 물론 게임을 하는 사람들도 있다. 종이 신문에 실려 있던 십자말풀이보다는 훨씬 복잡하고 흥미진진한 게임이다. 그런가 하면 많은 사람들이 페이스북이나 트위터 같은 SNS를 들여다본다. 카톡방에 글을 올리기도 하고 문자 메시지를 보내기도 한다. 그러고 보면 손에 들고 있는 미디어 기기는 달라졌지만 사람들이 하는 행동은 크게 달라지지 않은 셈이다. 그들은 무언가 정보를 얻거나, 오락을 즐기거나, 소통을 한다. 요컨대 문화를 소비(혹은 실천)한다.

사람들이 전철 안에서만 문화를 소비하는 건 아니다. 친구를 만나 술을 마시는 동안에도 흘러나오는 음악을 듣는다. 애인과 함께 영화를 보거나 콘서

트를 관람하기도 한다. 차를 운전할 때도 스마트폰에 저장된 음악을 듣거나 라디오를 켜놓는다. 저녁 식사를 마치고 나면 각자 자기 방에서 다시 스마트폰이나 컴퓨터를 들여다본다. 물론 거실의 TV는 대체로 켜져 있고 누군가는 그 앞에 앉아 TV를 본다. 문화는 늘 우리 곁에 있고, 마치 공기를 호흡하듯 우리는 늘 문화를 소비하고 실천한다.

우리가 문화를 소비하고 실천하면서 사용하는 다양한 수단들, 이를테면 TV, 영화, 오디오, 음반, 신문, 책, 스마트폰 같은 것들을 뭉뚱그려 미디어라 부른다. 물론 미디어는 이렇게 눈에 보이는 형태로만 존재하는 건 아니다. 음악 자체도 하나의 미디어이고, 우리가 다른 사람들과 소통하면서 사용하는 언어, 몸짓과 표정도 미디어다. 사람들 사이에 어떤 의미, 혹은 정보가 생성되고 소통되는 과정에 존재하는 모든 수단이 미디어라고 할 수 있다. 우리는 어떤 사람의 패션과 스타일을 보면서 그 사람의 성격과 취향, 신분 등에 관한 정보를 얻을 수 있다. 또, 누군가가 몰고 다니는 자동차, 누군가가 좋아하는 요리도 그 사람에 대한 다양한 정보를 제공한다. 패션과 스타일, 자동차, 요리 같은 것들도 미디어가 될 수 있는 것이다. 우리는 엄청나게 다양한 미디어에 둘러싸인 채 살아간다.

미디어가 의미를 생산하고 공유하는 수단으로서 기능할 수 있으려면 이를 이용하는 사람들 사이에 공통의 약속이 존재해야 한다. 예컨대 우리가 한국어로 소통하려면 한국어의 단어와 문법 체계를 서로 공유하고 있어야 한다. 민족 또는 지역에 따라 다른 언어가 사용되고 똑같은 몸짓이 서로 다른 의미를 나타내는 것은 역사 속에서 집단마다 다른 약속이 이루어졌기 때문이다. 이렇게 한 집단의 사람들이 공유하는 약속의 체계가 문화다.

문화는 정의하기 어려운 개념이다. 가장 넓은 의미에서 보면 문화는 '자연이 아닌 것', 즉 인간에 의해 만들어진 것을 의미한다. 인간이 오랜 역사 속에서 자연을 변형시키거나 새로운 의미를 부여하거나 새롭게 창조해 낸 모든 것이 문화다. 그렇게 보면 민주주의나 자본주의 같은 거대한 사회 체제나 제도, 온갖 사회적 문제와 범죄 같은 것들도 다 문화의 일부인 셈이다. 물론 우리가 흔히 사용하는 문화라는 개념은 그보다 조금 더 구체적인 의미를 갖는 경우가 많다.

문화인류학에서는 문화를 '생활양식'으로 정의한다. 지식과 도덕, 종교, 예술, 법률과 관습, 음식과 주거 양식, 여가, 제의, 전통 등 인간이 사회의 구성원으로서 갖게 되는 일체의 가치와 관념, 행동 양식을 포괄한다. 여기서 문화는 복수의 '문화들'로 존재한다. 다양한 집단의 문화는 각기 다른 모습을 가지며 이들의 관계는 우열이 아니라 '차이'의 문제로 인식된다. 각 집단의 문화는 각각의 삶의 조건 속에서 형성된 것으로 각자의 이유와 가치가 있다고 보는 게 문화인류학적인 시각이다.

좀 더 일상적인 용법에서 문화는 주로 예술이나 그와 유사한 커뮤니케이션 활동의 산물을 의미하는 경우가 많다. 문학, 연극, 영화, 음악, 춤 같은 전통적인 예술 영역은 물론이고 TV 등 미디어를 통해 매개되는 다양한 연예, 스포츠, 게임 같은 것들을 망라한다. 앞서 말한 전철 안의 승객들이 스마트폰을 이용해 접하고 있는 것들이다. 이러한 문화에 대해서는 오래전부터 '고급'과 '저급'을 나누고 편 가르는 논란이 진행되어 왔다. 이를테면 클래식 음악은 고급이고 대중가수의 노래는 저급이라는 식의 구분법이다. 엘리트주의자들은 그들이 고급스럽다고 믿는 전통적인 예술의 영역을 '고급문화'로, 다수의 대중이 선호하는 매스미디어의 영역을 '대중문화'로 명명해 왔고 이런 구분법은 요즘도 사라지지 않고 남아 있다. 하지만 문화를 '고급'이니 '저급'이니 구분하는 건 그리 간단한 문제가 아니다. 심미적 판단의 기준은 다양할 수 있다. 문제는 그런 판단의 기준을 누가 정하는가에 있다. 결국 문화의 심미적 위계에 관한 논란 자체도 권력을 둘러싼 갈등의 문제인 것이다. 영화는 대중문화의 대표적인 장르지만 그중에도 수준 높은 영화로 인정받는 게 있고 반대로 저질로 평가되는 게 있다. 다른 영역도 마찬가지다. 이런 평가는 대체로 각각의 장에서 권위를 인정받은 사람들의 담론에 의해 결정되며 이는 시간의 흐름 속에서 변화하기도 한다.

중요한 것은, 지하철의 승객들처럼 평범한 보통 사람들이 일상에서 접하는 문화는 대체로 상품의 형태를 갖는다는 점이다. 현대 자본주의 사회에서 상품의 형태를 띠지 않는 문화는 거의 없다. 엘리트주의자들이 '고급'이라는 수식어를 붙이는 클래식 음악이나 전위적인 예술 작품도 상품의 형태로 시장에서 거래되는 경우가 많다. 물론 시장의 대부분을 차지하는 건 보통의 서민들이 좋아하는 대중적 문화 상품들이다. 이들을 가리켜 흔히 대중문화라 한다.

문화라는 개념만큼이나 대중문화도 쉽게 정의하기 어려운 복잡한 개념이다. 문화인류학의 '문화' 개념을 원용하면 대중문화는 '대중, 즉 보통 사람들의 삶의 양식 일반'이라고 할 수 있지만 우리가 흔히 쓰는 대중문화라는 용어는, 서민 대중의 삶의 양식 가운데서도 '예술, 혹은 그와 유사한 커뮤니케이션 활동과 그 산물'을 뜻하는 경우가 많다. 앞서 말했듯 그 문화 산물들은 대체로 문화산업에 의해 생산되어 시장에서 거래되고 대중은 이를 구매해 소비한다. 물론 다 그런 건 아니다. 어떤 공연들은 공짜이고 어떤 문화 산물들은 시장 바깥에서 사적으로 유통되기도 한다. 사람들이 어제 본 영화나 드라마, 좋아하는 가수에 대해 수다 떠는 것(그것도 일종의 문화 소비 행위다)도 공짜다. 하지만 자본주의 사회에서 소비 행위의 주류는 시장에서 이루어지며 사적인 영역의 문화도 점차 시장과 자본주의에 병합되고 있음은 부정할 수 없다.

문화상품의 소비는 경제적인 가치를 창출할 뿐 아니라 사람들의 사고와 감성, 의식에 영향을 미친다. 물론 문화상품만 그런 건 아니다. 자동차나 옷, 가구 같은 물질 상품들을 소비하는 행위도 단지 경제적이거나 물질적인 의미만 갖는 게 아니라 일정하게 정신적 상징적 의미를 가지며 쾌락주의적이라는 점에서 크게 다르지 않다. 다만 문화상품은 그 상품의 쓰임 자체가 물질적 쾌락보다는 정신적 쾌락을 향해 있다는 점에서 감성과 의식에 미치는 영향이 좀 더 직접적이라 할 수 있다.

2. 대중문화와 문화산업

1) 산업화와 대중문화의 등장

근대 이전의 사회에서 문화는 사회적 신분과 계층에 따라 엄격히 구분되었다. 귀족들은 자기들 특유의 엘리트적 취향과 삶의 방식을 토대로 문화를 향유했고 서민층은 나름대로의 삶의 방식에서 나온 민속문화를 가지고 있었다. 귀족, 즉 지배층의 문화는 시간적 여유도 많고 교육 수준도 높으며 값비싼 대가를 지불할 수 있는 사람들을 위해 만들어진 문화였고, 이를 전문적으로 생산하는 창작자들이 있었으며 이들을 길러내는 교육 기관도 있었다. 반면 피지배 계층인 서민들은 일상적으로 일하고 노는 가운데 그들 특유의 공동체적이고 민속적인 색깔과 질감을 가진 문화를 창조해 왔다.

중세 질서가 무너지고 근대 사회가 도래하면서 귀족적 엘리트 문화나 서민적 민속 문화와는 다른 성격을 갖는 문화가 등장하게 되었다. 산업화와 함께 도시가 발달하면서 도시에 몰려든 대중이 새로운 계층을 형성하고 이들이 도시적 삶에 기반을 둔 새로운 문화적 욕구를 갖게 된 것이다. 귀족층이 몰락하고 새로운 계층이 등장하면서 과거에 귀족들의 문화적 욕구를 충족시켰던 엘리트 문화의 생산자들 가운데 새로 등장한 도시 중산층의 문화적 욕구에 맞추어 문화를 생산하는 사람들이 생겨난다. 이들에 의해 엘리트 문화의 요소와 서민적 민속문화의 요소가 섞인 중간층의 문화가 형성된다.

기술 발전에 따른 매스미디어의 등장은 이런 변화를 더욱 빠르게 했다. 매스미디어에 의해 문화의 대량 생산이 가능해졌고 이에 따라 좀 더 많은 사람들이 함께 향유하는 문화, 즉 대중문화가 성장하게 된다. 근대 사회의 도래와 매스미디어의 발전을 통해 형성된 대중문화는 무엇보다도 상품화된 문화이며 산업화된 문화다. 산업화와 함께 노동과 여가가 명확히 구분되고, 대부분의 사람들이 일정한 시간을 직장에서 일하고 나머지 시간을 여가로 즐기는 식의 삶의 형태를 가지게 되면서 여가 시간을 조직해 주는 산업이 발전하게 된다. 과거에는 일과 삶의 연장으로서 여가가 있었다면 산업사회에서 여가는 상품의 형태로 돈 주고 사서 즐기는 것으로 바뀐 것이다.

현대 사회로 오면서 자동화된 대량 생산 체제에 의해 물질적으로 풍요로워지고 여가 시간이 획기적으로 증대하면서 여가를 담당하는 문화산업의 규모와 비중이 엄청나게 커졌다. 이제 여가와 문화는 단지 생산을 위한 노동의 재창조(recreation)를 위해서만 존재하는 것이 아니라 그 자체로 엄청난 이윤을 낳는 경제적·산업적 영역이 된 것이다. 한국에서도 근대화와 함께 급격한 경제 성장이 이루어지면서 여가와 문화의 비중이 크게 늘었고 그와 함께 문화산업의 시장 규모와 경제적 비중이 엄청나게 증가했다. 이제 문화는 구매의 대상이며 소비의 대상이다. 그런 의미에서 현대 사회의 문화를 흔히 소비문화, 혹은 소비대중문화라 부르기도 한다.

대량생산 체제를 통해 소비대중문화를 가장 먼저 이룬 나라는 미국이다. 현재 전 세계를 주름잡는 소비대중문화 산업은 대부분 미국에 뿌리를 두고 있고 이들 문화산업이 생산하는 문화상품은 미국적인 생활양식과 취향을 담고 있다. 이들 미국의 문화산업은 여러 가지 수단을 동원해 전 세계에 자신의 문화상품을 팔고자 하며 실제로 영화나 TV, 대중음악 등 대중문화 대부분의 영역에서 미국의 문화상품은 전 세계 시장을 지배하고 있다. 그 때문에 미국 대중문화가 제3세계의 다양한 토착 문화를 파괴하고 미국적인 생활양식과 취향을 퍼뜨린다는 비판이 제기되곤 한다.

문화산업의 경제적 효과는 단지 문화 영역에만 국한되지 않는다. 문화산업에 의해 생산되는 대중문화 상품은 다양한 방식으로 여타의 산업에 영향을 미친다. 예를 들어 영화 속의 등장인물이 입고 있는 옷이나 타고 다니는 자동차가 크게 유행하면서 의류산업이나 자동차산업에 영향을 미치기도 하고 드라마의 배경이 된 장소가 관광 명소가 되면서 관광 산업이 활기를 띠게 되는 경우도 있다. 특히 대중문화의 주요 통로 역할을 하는 매스미디어가 광고 매체의 역할을 함으로써 경제와 산업 전반에서 대단히 중요한 기능을 한다. 그러니까 현대 사회에서 대중문화는 광고를 매개로 여타의 산업과 긴밀하게 연관되어 있으면서 서로 영향을 주고받는다고 할 수 있다.

2) 문화산업의 작동 원리

문화산업은 대단히 부가가치가 높은 산업이다. 문화상품은 일단 한번 제작되면 더 이상 자원을 소모하지 않으면서 지속적으로 돈을 벌어들일 수 있다. 1939년에 제작된 영화 〈바람과 함께 사라지다〉가 여전히 돈을 벌어들이고 1960년대에 나온 비틀즈의 음악이 여전히 팔리며 적지 않은 저작권료를 발생시킨다. 또한 문화상품은 다양한 창구를 통해 팔리면서 지속적으로 시장을 확대할 수 있다. 한 편의 영화는 극장에서 상영된 후 다시 유료 영화 채널에서 방영되며, 지상파TV로, 비디오 또는 DVD로, 넷플릭스 같은 OTT서비스로, 게임으로 그 창구를 달리하며 시장을 만들어낸다. 바로 그런 것을 창구 효과(window effect)라 하는데, 기술이 발전하고 새로운 미디어가 개발될수록 창구는 늘어나기 마련이다. 오늘날 대부분의 문화산업은 창구효과의 극대화를 통해 새로운 시장을 끊임없이 창출하고자 노력하며 기술 개발에 힘을 쏟고 있다.

그러나 문화산업이 고부가가치 산업임에는 틀림없지만 여기에는 대단히 큰 위험이 도사리고 있다. 그것은 문화상품의 특성상 수요에 대한 정확한 예측이 매우 힘들다는 것이다. 다시 말해 어떤 상품이 인기를 모으고 돈을 벌 수 있을지 예측하기 어렵다는 말이다. 엄청난 돈을 쏟아 부어 만든 영화가 흥행에서 참패를 하고, 반면에 별 기대를 하지 않았던 드라마나 음반이 큰 인기를 모으는 사례는 비일비재하다. 사실 제작되는 문화상품 가운데에는 이익을 얻는 것보다 손해를 보는 경우가 훨씬 많다. 천만이 넘는 관객을 동원하는 영화가 1, 2년에 한 편씩 나오는 동안 숱한 영화들이 아예 제작비도 못 건지고 사라진다. 그러니까 문화산업이 돈이 된다는 것은 사실상 하나의 신화에 불과하다. 그럼에도 많은 사람들이 문화산업에 뛰어드는 것은 일단 한 번 대박을 터뜨리면 모든 손해를 상쇄하고도 남을 만큼 큰 이익을 얻을 수 있기 때문이다. 그런 의미에서 문화산업을 흔히 투기 산업이라고 말하는 것이다.

문화산업의 생산자 입장에서는 이런 시장의 불확실성, 즉 리스크를 줄이는 것이 급선무가 아닐 수 없다. 리스크를 줄이기 위한 다양한 전략들이 대중문화 시장을 움직이는 가장 중요한 원리가 된다.

시장의 리스크를 줄이고 소비를 극대화하기 위해 문화산업은 가능한 한 가장 적극적인 소비층을 겨냥한다. 한국에서 1960년대까지 대중문화의 가장 적극적인 소비자는 성인층이었다. 그런 까닭에 당대의 영화, 대중가요는 성인 취향이 주류를 이루었다. 1970년대로 가면 20대 대학생과 청년층이 적극적인 소비자로 등장한다. 그와 함께 통기타 음악 같은 청년문화가 인기를 끌었다. 1980년대 후반부터 청소년들이 적극적인 소비자로 등장했고 그와 함께 10대 취향의 댄스 음악이 양산되기 시작했다. 요즘 대중음악 시장을 아이돌 그룹의 댄스 음악이 장악하고 있는 건 10대 청소년층이 가장 적극적으로 대중음악을 소비하기 때문이다.

시장의 불확실성을 줄이는 또 하나의 중요한 전략은 모방과 반복이다. 이미 시장에서 성공한 문화상품을 모방하고 대중성을 인정받은 요소를 반복하는 것이다. 어느 채널에서 먹방이 인기를 끌면 여기저기서 비슷한 프로그램이 우르르 생겨나고 서바이벌 오디션 프로그램 하나가 성공하면 유사한 포맷의 프로그램이 여기저기 등장하는 것은 그 때문이다. 대중문화 시장의 유행은 이렇게 문화산업이 리스크를 줄이기 위해 모방을 택하는 속성 때문에 형성된다. 과거의 유명한 작품을 리메이크하는 사례가 꾸준히 나오는 것도 마찬가지다. 문화상품을 생산하는 사람들은 새로운 시도를 통해 대박을 노리는 모험보다는 성공작을 따라가는 모방 전략을 통해 안전한 흥행을 노리는 쪽을 선택한다.

문화 생산자들은 다양한 장치를 통해 시장의 불확실성을 줄이고자 하는데, 그런 장치 가운데 하나가 스타다. 대중의 인기가 높은 스타를 내세울수록 더 많은 관객을 모으고 시청률을 높일 수 있다. 문화산업은 다양한 방식으로 스타를 '제조'한다. 스타를 만들어내고 그 만들어진 스타를 이용해 이윤을 극대화시키는 것이 바로 스타 시스템이다. 스타 시스템의 원조는 할리우드 영화산업이다. 그들은 대중이 좋아할 만한 배우를 골라 비슷한 배역을 계속 맡김으로써 특정한 이미지를 갖게 하고, 미디어에 반복적으로 노출시키고 팬클럽을 조직하는 등 다양한 방법으로 스타를 만들어냈다. 스타 시스템을 뒷받침하면서 문화상품의 소비를 촉진시키는 장치들도 다양하게 이용된다. 영화제 같은 미디어 이벤트들이 그런 것이다. 예컨대 아카데미영화제는 스타를 홍보하고 할리우드 영화산업이 안정적으로 세계 시장을 확보할 수 있도록 해주는 역할을 한다. 매년 이 영화제를 전후해 전 세계의 매스컴이 관심을 쏟게 되는데, 이 영화제가 풍부한 볼거리를 가진 대규모 미디어 이벤트로 치러짐으로써 할리우드의 스타와 그들이 출연한 영화는 대단히 큰 홍보와 마케팅 효과를 얻게 되는 것이다.

리스크를 줄이고 안전한 흥행을 노리는 다양한 전략 속에서 대중문화를 움직이는 중요한 원리들이 작동하게 된다. 특정한 경향의 유행이 형성된다든가, 복고풍이 수시로 등장한다든가, 끊임없이 새로운 스타가 등장하고 사라지는 일들이 모두 문화산업의 전략과 깊게 연관되어 있는 것이다.

3. 문화와 현실

1) 문화적이고 관습적인 리얼리티

우리가 보고 있고 알고 있는 세상은 다분히 TV, 영화, 드라마, 소설, 만화 같은 문화를 소비하면서 느끼고 받아들이는 세상이다. 이 말은 이런 문화 산물들이 현실을 있는 그대로 묘사한다는 의미가 아니다. 리얼리티에 대한 우리의 인식이 TV나 영화, 드라마 등 다양한 문화 텍스트에 의해 주조된 감각에 기초한다는 뜻이다. 즉, 우리가 어떤 것을 현실적이라고 (또는 반대로 비현실적이라고) 느끼는 감각은 문화를 통해 형성된다. 예컨대 노동자와 사용자의 갈등이 불거진 상황에서 협상 테이블에 사장과 노동자가 앉아 있는 상황을 풍자적인 만화로 그린다고 가정해 보자. 대부분의 만화가는 뚱뚱하게 배가 나온 사장과 광대뼈가 튀어나오고 비쩍 마른 체형에 수염이 불쑥불쑥 자란 노동자의 모습을 그린다. 만일 배나온 노동자와 빼빼 마른 사장의 모습으로 그려진다면 왠지 어색하고 비현실적으로 느껴질 것이다. 하지만 이는 진짜 현실과는 거리가 있다. 현실 속에서는 오히려 황제단식과 피트니스로 몸을 다진 사장보다 운동할 시간이 없는 중년의 노동자가 더 배가 나온 체형일 가능성이 높다. 우리가 뚱뚱한 사장과 바싹 바른 노동자의 모습을 더 자연스럽게 느끼는 건 오랫동안 많은 문화 텍스트 속에서 그렇게 묘사된 모습을 익숙하게 봐왔기 때문이다.

영화나 드라마의 주인공은 대개 잘 생긴 남자이거나 아름다운 여자이고 그 옆에는 으레 못생기고 뚱뚱한 조력자 친구가 등장한다. 그 반대인 경우는 거의 없다. 잘 생긴 쪽이 주인공이어야 자연스럽지 못생긴 쪽이 주인공이면 영 몰입이 안 된다. 요 사이는 좀 달라졌지만 얼마 전까지만 해도 드라마 속에서 가정부나 파출부는 으레 충청도 말씨를 썼다. 마찬가지로 공장 노동자는 전라도 사투리를, 조폭은 부산 억양이나 전라도 억양으로 말하는 게 자연스러웠다. 이는 실제 현실이 그래서라기보다 지난 수십 년 동안 다양한 문화 텍스트에서 반복적으로 그렇게 묘사되어 왔기 때문이다. 우리가 가진 현실에 대한 감각은 다분히 문화적이고 관습적이다.

우리가 문화 텍스트를 보며 '현실적이다' 혹은 '그럴 듯하다'고 느끼는 것은 그것이 실제 현실을 충실히 재현하고 있다는 뜻이 아니라 '현실에 대한 우리의 지배적 감각'을 그대로 따르면서 재생산한다는 의미이다. 많은 문화 텍스트들은 현실에 대한 우리의 지배적 감각에 입각해 만들어지고 우리는 그런 텍스트들을 반복해 접하면서 현실을 보는 일정한 사고와 감각의 틀을 더욱 강화하게 된다. 대중문화 텍스트는 당연하게도 현실의 권력관계 속에서 생산된다. 문화 텍스트들은 바로 그런 권력관계를 어떤 식으로든 반영하게 된다. 예컨대 많은 주류 영화와 드라마 속에서 남성을 남성답게, 여성을 여성답게 묘사하는 관습이 되풀이되어 왔다. 이를테면 넥타이를 매고 일하는 남성, 냉장고나 세탁기, 청소기 같은 가전제품 앞에서 행복한 표정을 짓는 여성, 귀가하는 남편을 위해 음식과 음료를 준비하는 여성의 모습은 오랫동안 광고에서 흔하게 볼 수 있던 장면이다. 할리우드 영화에서는 마약 범죄를 일삼는 흑인을 추적해 체포하는 백인 형사의 모습도 반복적으로 등장한다. 이런 문화 텍스트들을 오래 반복적으로 접하다 보면 가부장적 남녀 차별이나 인종주의적 편견을 자연스럽게 받아들일 가능성이 높아진다. 주류 미디어산업을 통해 생산되는 많은 문화 텍스트들이 자본주의, 남성우월주의, 백인우월주의 등 사회를 지배하는 주류적 가치들을 담고 있다는 비판을 받는 까닭이 여기에 있다.

2) 카타르시스와 감정적 리얼리즘

대중문화 텍스트가 사회의 지배적 가치를 반영하는 것은 사실이지만 대중이 그런 문화 텍스트를 접하며 거기에 숨어 있는 주류적 가치들, 즉 지배 이데올로기들을 온전히 그대로 수용하는 건 아니다. 사람들은 익숙해서 자연스럽게 느끼는 문화 텍스트에 쉽게 동일시하고 정서적 카타르시스를 느끼지만 그것이 곧 그 텍스트의 내용을 그대로 받아들인다는 의미는 아니다. 영화나 드라마를 보면 가난한 주인공은 억울하게 핍박받고 고난에서 벗어나려 할수록 더욱 깊은 수렁에 빠지는 불운한 인물로 묘사될 때가 많다. 그리고 반대편에는 주인공을 괴롭히는 사악한 악당이 있다. 대체로 주인공은 몇몇 조력자의 도움을 받으면서 악당을 단죄하고 정의를 실현한다. 관객들은 자신의 시선을 가난하지만 정의로운 주인공에 두며 그에게 동일시한다. 그리고는 역경을 딛고 마침내 승리하는 주인공의 모습을 보며 심리적 카타르시스를 얻게 된다. 카타르시스란 자신의 마음속에 내재한 감정의 응어리를 외부의 대상에 투여함으로써 심리적 정화를 얻는 것을 말한다. 자기 마음속의 억압된 감정을 외부 대상을 통해 표출함으로써 해소하는 것이다. 카타르시스가 해피엔딩을 통해서만 이루어지는 건 아니다. 주인공이 역경에 굴복하고 좌절하거나 비극적 결말을 맞이하는 모습을 보면서 눈물을 흘리는 과정을 통해서도 감정의 정화가 일어난다. 우울한 상황에 처해 있는 인물에 몰입하며 감정의 격동을 겪음으로써 자신의 감정적 응어리를 해소하는 것이다. 힘들고 고통스러운 현실을 살아가는 여성들이, 비극적 운명으로 비애에 빠진 신파 멜로 영화 속 여주인공에 감정이입하면서 펑펑 울고 나서 속이 후련함을 느끼는 게 바로 그런 경우다. 해피엔딩이면 함께 행복해지면서 감정이 정화되고, 새드엔딩이면 한바탕 눈물을 흘리고 난 뒤 마치 악몽에 시달리다가 깨어나는 것과 같은 일종의 안도감을 느끼며 감정이 정화된다. 이 카타르시스야말로 대중문화가 갖는 가장 중요한 기능이라 할 수 있다.

하지만 그런 카타르시스를 느끼는 것과 영화나 드라마의 내용이 진짜라고 믿는 것은 전혀 별개의 문제다. 가난한 스턴트우먼이 우연히 만난 잘 생기고 매너까지 좋은 재벌 2세와 결합하는 이야기가 현실 속에서 가능하다고 믿는 사람들은 거의 없다. 억울한 일을 당한 힘없는 서민이 권력과 부를 가진 악당에게 통쾌한 복수를 한다는 게 현실적으로 쉽지 않은 일임을 모르는 사람들도 드물다. 중요한 건 내용이 아니라 그 속에서 형성되는 감정 혹은 정서다. 오래 전에 〈달라스(Dallas)〉라는 미국 드라마가 전 세계적으로 큰 인기를 모은 적이 있다. 이 드라마는 미국의 석유 재벌가를 무대로 온갖 막장 스토리가 난무했고 특히 가부장적인 문화 속에서 여성들이 남성들의 욕망의 대상이 되며 학대받는 내용이 자주 등장하는 드라마였는데 이 드라마의 가장 열렬한 시청자들이 다름 아닌 여성들이었다. 이엔 앙(Ian Ang)이라는 여성학자가 이 드라마에 열광하는 여성 시청자들을 연구해 『달라스 보기(Watching Dallas: Soap Opera and the Melodramatic Imagination)』란 책을 썼는데, 이 책에서 내놓은 개념이 감정적 리얼리즘(emotional realism)이다. 이엔 앙에 따르면, 〈달라스〉의 시청자들은 드라마의 전체적인 내용을 그대로 받아들이는 것이 아니라 공감할 수 있는 등장인물들의 감정에 반응한다. 비현실적인 막장 설정이지만 그 속에서 등장인물들이 느끼는 심리적 갈등과 복수, 행복, 슬픔, 사랑 같은 감정에 동일시하며 강한 현실감을 느낀다는 것이다. 즉, 그들이 리얼하게 느끼는 건 스토리가 아니라 감정이라는 얘기다. 그런 의미에서 이른바 '저질' 혹은 '막장'스러운 문화 텍스트를 즐기는 수용자들을 그저 대중문화의 공세에 무비판적으로 포섭된 비주체적 대중으로 보는 시각은 결코 올바르다고 할 수 없다. 문화가 현실을 구성한다는 것은 현실에 대한 대중의 감각이 다분히 문화에 의해 형성된다는 의미이지만 그것이 곧 대중이 문화 텍스트가 가진 지배적 가치와 이데올로기를 그대로 받아들이면서 기존의 질서에 그대로 편입된다는 뜻은 아니다.

4. 기술 발전과 대중문화

현대 사회의 문화는 기술 발전과 밀접하게 연관된다. 기술의 발전과 변화는 문화를 생산하고 소비하는 방식을 변화시킨다. 자연히 기술 발전과 함께 대중이 가장 즐겨 사용하고 또 그로부터 영향 받는 미디어 형식도 변화한다. 20세기 초에서 중반까지 한국에서 대중문화를 매개하는 가장 중요한 미디어는 신문과 잡지, 출판 등 인쇄 매체였고, 1960년대의 주류 미디어는 라디오와 영화였다. 1970년대 중반 이후 텔레비전이 그 자리를 차지하게 된다. 텔레비전은 1990년대까지 가장 막강한 권력을 가진 대중문화 미디어였다. 그 사이 흑백 화면이 컬러로 바뀌고 수상기 모양도 뚱뚱한 모델에서 평평한 모델로 바뀌었지만 텔레비전이 대중의 문화적 감각과 정서를 형성하는 가장 영향력 있는 미디어라는 사실은 변함이 없었다.

인터넷과 모바일 기술이 보편화되면서 텔레비전도 변화하기 시작했다. 텔레비전이 여전히 중요한 매체이긴 하지만 텔레비전은 이제 더 이상 TV수상기 자체와 이를 통해 방송되는 지상파 채널의 프로그램들을 의미하지 않는다. 채널 수는 비약적으로 늘었고 지상파는 수많은 채널의 일부일 뿐이다. 디지털화되고 인터넷과 결합한 텔레비전은 거실에서 벗어나 각자의 방안으로 들어갔다. 거실의 TV수상기는 여전히 존재하지만 인터넷과 결합하며 유동성과 이동성을 갖춘 텔레비전은 이제 사람들의 일상적이고 미시적인 층위에까지 파고들었다. 거실의 TV는 영화관의 스크린을 모방하며 점점 커지고, 방 안의 TV는 마침내 손바닥 안으로 들어갈 만큼 작아졌다. 이제 더 이상 TV는 가족 매체가 아니다. 거실에서 온 가족이 함께 TV를 시청하던 풍경은 사라졌다. 대신 사람들은 각자의 공간에서 스마트 미디어를 통해 보고 싶은 콘텐츠를 보고 싶은 시간에 선택해서 본다.

기술 발전의 주체는 당연하게도 대중이 아니다. 대중은 인터넷이나 휴대전화, '손 안의 TV'를 요구한 적이 없다. 기술 개발을 추동하고 신기술에 기초한 새로운 기기를 상품화하는 건 언제나 자본이다. 그리고 국가는 자본의 이해관계에 예민하게 반응하면서 신기술 채용과 새로운 기기의 출시와 확산을 제도적으로 뒷받침해 준다. 대중은 그렇게 등장한 새로운 기술과 기기를

'어쩔 수 없이' 따라간다. 1980년대에는 아직 멀쩡한 흑백TV를 버리고 컬러 TV를 사야 했고, 1990년대에는 컴퓨터를 주기적으로 업그레이드해야 했다. 21세기의 대중은 새로운 모델의 스마트폰이 출시될 때마다 아직 고장도 나지 않은 구형 모델을 버릴까 말까 고민한다.

대중이 새로운 기기를 구입하고 업그레이드할 때마다 자본은 돈을 번다. 결국 자본이 기술 개발에 아낌없이 투자하는 것은 돈을 벌기 위해서다. 새로운 기술이 등장하고, 새로운 기기가 출현하고, 새로운 플랫폼이 만들어질 때마다 자본은 돈을 번다. 기술의 목적이 인간의 능력을 확장하고 환경을 통제하고 삶의 편리성을 높이기 위해서라는 건, 물론 그럴듯한 말이고 어느 정도 사실이기도 하지만, 완전한 진실은 아니다. 대중이 필요에 따라 기술을 수단으로 이용하는 것이 아니다. 많은 경우 대중은 자신의 의지와 상관없이 보편화된 기술문화를 어쩔 수 없이 따라갈 뿐이다. 대중의 필요가 기술 개발을 촉진하는 것이 아니라 개발된 기술이 대중의 수요를 부추기는 것이다.

디지털 기술이 확산되기 시작할 때 이것이 과거 매스미디어 시대와는 다른 쌍방향성을 가지고 있어서 좀 더 주체적인 대중을 형성하고 좀 더 호혜적인 소통을 가능하게 할 것이며 결과적으로 좀 더 민주적인 소통 체계가 정립되고 좀 더 다양한 문화 생산과 소비의 구조를 만들어 문화 민주주의를 실현할 것이라는 예측이 많았다. 대중이 쉽게 콘텐츠를 생산하고 좀 더 쉽게 자기를 표현하고 의미를 공유하게 된 것은 사실이지만 그로 인해 민주적인 소통구조가 형성되고 문화적 다양성과 민주주의가 실현된 것은 아니다. 새로운 기술과 함께 새롭게 열린 미디어와 문화의 공간은 어김없이 자본의 영토로 편입된다. 스마트폰은 우리의 문화적 취향과 선택뿐 아니라 일거수일투족을 빅데이터와 알고리듬의 형태로 상품화한다.

어느 시점부터인가 기술 발전은 인간의 통제를 벗어났다. 기술은 스스로 확장하고 진화한다. 그 변화가 어디까지 진화하고 확장될지 알 수 없다. 어떤 미디어 기술이 개발되고 어떤 미디어 기기가 등장해 또 다른 문화 형태를 만들어낼지 알 수 없다. 분명한 건 새로운 문화 공간을 상품화하고 영토화하려는 자본의 동력은 멈추지 않을 것이란 점이다.

새로운 시대의 대중문화가 대중의 진정한 자기표현의 장이 될지 문화산업 자본에 장악된 벌거벗은 시장 논리의 각축장이 될지 속단하기는 어렵다. 지금 필요한 것은 권력과 자본의 왕성한 탐욕을 적절히 제어하면서 대중의 정당한 자기표현 능력을 확대할 수 있는 조건을 만드는 일이다. 좀 더 성숙하고 조직화된 시민사회와 시민운동이 그래서 필요한 것이다. 하지만 시민사회가 폭주하는 기술 개발을 통제하거나 개입하기는 쉽지 않다. 중요한 건 대중 스스로 기술 권력과 문화산업 권력에 맞서 자신의 문화를 창조하고 향유할 수 있는 주체적 능력을 확보하는 것이다. 기술과 시장을 장악한 문화 권력에 맞서 스스로 문화를 생산하고 소통하는 주체적 대중을 '형성하는' 일이다.

5. 상업주의와 문화의 공공성

한국에서 대중문화는 오랫동안 정치적 통제와 억압 속에 있었다. 군사정권 시절에는 세계 어느 나라보다도 강력한 검열제도가 있어 문화는 늘 사정없는 가위질의 대상이었다. 민주화 이후 검열제도가 크게 바뀌면서 정치 권력에 의한 문화 통제가 어려워진 반면 문화 시장에 대한 산업과 자본의 지배는 점점 더 강화되었다. IMF 외환위기를 거치면서 신자유주의적 세계화는 대세가 되고 사회 전반에서 모든 것을 경제 효과로 환산하는 경제주의가 득세했다. 미디어와 문화산업도 경제주의의 강력한 요구에 직면하게 되고 상업주의의 경향은 더욱 강화된다. 상업주의 자체야 새로운 것이 아니지만 문화도 돈을 벌어야 한다는 논리가 지배하면서 대중문화 전반에 만연한 상업주의와 물량주의가 비난의 대상이 아니라 옹호의 대상이 된 것은 중요한 변화다. 문화산업 역시 산업이고 문화상품 역시 상품이지만 그것이 물질적 소비와 함께 대중의 감성과 의식에 영향을 미친다는 점에서 여타의 산업 분야와는 다른 특성을 갖는다. 사회는 다양한 집단으로 구성되고 그들은 각기 자신의 욕망을 충족시킬 수 있는 문화를 누릴 권리를 가진다. 사회적 약자 혹은 소수자들도 그들 자신의 문화를 향유할 수 있어야 한다. 하지만 경제적 이윤 논리가 앞서는 상업주의가 지배할 때 소수자의 문화는 배제되거나 주변화된다. 자본주의 체제에서 문화산업의 가장 중요한 목표는 돈을 버는 것이고 돈을 벌기 위해서는 사회의 주류적 가치와 이념, 감수성에 기초할 수밖에 없다. 주류는 확대 재생산되고 비주류는 축소·배제된다. 1000만 관객 영화가 연이어 나오는 동안 소자본 독립 영화는 상영관을 얻지 못해 사라진다. TV 채널에는 늘 나오는 사람들만 나오고 비슷한 포맷의 프로그램들이 줄을 이으며 똑같은 스토리들이 반복된다. 아이돌 그룹과 K-Pop 한류가 화제를 모으고 대중의 눈길을 사로잡는 동안 수많은 인디 밴드들은 그들만의 게토를 벗어나지 못한다.

문제는 단지 시장의 불균형에 그치지 않는다. 2017년 영화 〈청년경찰〉이 500만 관객을 넘기며 흥행했을 때 대림동 일대의 조선족 노동자들이 항의 시위를 벌였다. 영화 속에서 조선족이 인신납치와 장기 적출을 일삼는 범죄 집단으로 묘사되고 대림동 일대가 범죄 소굴처럼 표현됐다는 데 대한 항의였다. 이에 대해 '영화는 영화일 뿐'이라는 반론도 있었지만, 이런 종류의 영화가 특정 소수자 집단에 대한 차별과 혐오를 부추긴다는 주장은 충분히 타당하다. 주류 대중문화는 대체로 다수자의 시각에 기반을 두기 마련이고 그 속에서 사회적 약자, 소수자에 대한 차별과 혐오가 '자연스럽게' 표현되곤 한다. 여성, 동성애자 같은 성적 소수자, 이주 노동자, 장애인 등 사회적 약자들에 대한 혐오와 차별은 이런 주류 영화와 드라마 속에서 '자연화'된다. '자연화'란 역사적이고 문화적인 관습을 통해 형성된 문화가 마치 자연적인 것처럼, 즉 불가피하며 보편적인 것처럼 인식되는 것을 말한다. 앞서 말한 것처럼 대중이 문화 텍스트의 내용을 그대로 받아들이는 것은 분명 아니지만 상업주의의 지배를 받는 주류 대중문화가 기존의 사회적 질서 속에서 형성된 다수자의 시선을 자연화하는 속성을 흔히 갖는다는 것은 부정할 수 없다.

중요한 건 문화적 다양성이다. 문화적 다양성은 문화민주주의의 기본 조건이기도 하다. 문화의 민주화는 근대 사회와 매스미디어의 등장과 함께 과거 귀족들만 누리던 문화적 혜택을 다수의 대중이 누리게 된 상황을 가리키는 말로 쓰이기 시작했다. 이런 관념은 여전히 강하게 남아 있다. 문화에 대한 접근성을 높여 가능한 한 많은 국민이 문화의 혜택을 누리게 하고 예술적 체험의 기회를 제공하는 문화 복지의 추구가 문화 정책의 중요한 내용으로 설정된다. 하지만 취약 계층에게 문화 향수의 기회를 제공한다는 문화 복지의 개념은 문화민주주의를 구성하는 일부일 뿐이다. 더 중요한 것은 다양한 사회집단의 구성원들이 자신들의 문화적 욕구를 주체적으로 실천하고 스스로 삶의 질을 높일 수 있는 문화적 환경을 조성하는 일이다. 다양한 문화 환경 속에서 다양한 문화적 경험을 하면서 주체적인 문화 실천을 할 수 있을 때 각자의 문화적 창발성은 극대화되고, 그럴 때 사회 전체의 문화적 창조력도 높아진다. 가장 중요한 건 사람들에게 다양한 문화적 환경을 제공함으로써 주체적 선택과 실천을 통해 스스로 문화적 정체성을 역동적으로 형성할 수 있게 하는 일이다.

상업주의의 지배에 의해 주류 문화시장만이 살아남고 주류 문화에 의해 소수자의 가치와 시선이 배제되는 상황에서 문화적 다양성이 꽃피울 수는 없다. 자본주의적 시장 논리와 상업주의가 지배하는 가운데 소수자 문화, 비주류 문화가 나름의 공간을 확보하면서 문화적 다양성이 실현되기 위해서 문화적 공공성의 가치가 중요해진다. 사적 이윤 논리에 지배되지 않고 공동체 구성원의 다양한 욕구가 숨 쉴 수 있는 공간을 공적으로 보장해야 한다는 것이다. 과거 지상파 방송이 건재하던 시절에는 공영방송이 그런 문화적 공공성의 보루 역할을 할 것을 요구받았다. '공영'방송인 만큼 시청률 경쟁에서 벗어나 사회의 다양한 집단의 문화적 욕구를 대변하고 충족시켜야 한다는 것이었다. 하지만 한국의 공영방송이 그런 역할을 제대로 한 사례는 많지 않다. 군사 독재 시절에는 사실상 정권의 하수인 역할을 충실히 했고 민주화 이후에는 상업주의에 압도되어 시청률 경쟁의 논리에서 거의 벗어나지 못했다. 지상파 방송이 수많은 채널 가운데 하나에 불과하게 된 다채널 시대에는 아예 존재의 위기마저 운위되고 있다. 공영방송의 약화는 사회 전반에서 문화적 공공성의 위기를 더욱 심각하게 한다. 이런 상황에서 정부의 문화 정책은 문화를 단지 경제주의의 시각이 아니라 공공성의 시각에서 바라보는 것에서 그 방향이 설정되어야 한다. 정부의 문화 정책과 공공 지원은 이미 시장에서 '잘나가는' 쪽을 더 잘나가게 하는 게 아니라 시장 논리 속에서 소외되고 배제되는 소수자 문화와 비주류 문화에 최소한의 공간을 제공하고 그 창조적 활력을 북돋는 데 집중해야 한다.

6. 문화적 주체로서의 대중

한국에서 근대적 대중문화는 20세기 초 외세에 의해 문호가 열리고 식민지 시대를 겪으며 사실상 강제적으로 이식되었다. 그로부터 한 세기가 지나면서 한국은 세계적인 대중문화 강국이 되었다. 한국은 할리우드 영화의 세계적 패권이 맥을 못 추고 대중가요 시장의 대부분을 국산 대중가요가 차지하는 많지 않은 나라 가운데 하나다. 한국이 대중문화 강국임을 보여주는 가장 강력한 증거는 물론 한류 열풍이다. BTS와 봉준호의 사례는 한류 열풍이 정점에 이르렀음을 보여준다. 한류의 미래를 쉽게 전망하기는 어렵지만 무엇이든 정점에 이르렀을 때 위기의 순간이 시작된다는 건 새겨둘 필요가 있다.

세계적으로 인정받는 한류 콘텐츠의 특성은 그것이 한국의 것이면서 다양한 요소가 뒤섞인 혼종성을 가지고 있다는 점이다. 사실 한국 대중문화의 역사 자체가 끊임없이 새로운 요소들이 수입되고 결합하고 뒤섞이며 진행된 혼종화의 역사라 할 수 있다. 식민 시대에는 일본을 통해, 해방 이후에는 미국을 통해 이질적인 문화가 들어오고 토착문화와 뒤섞였다. 획일적인 문화적 가치가 강요되던 군사독재 시절에도 언더그라운드에서는 지배 문화에 저항하는 다양한 문화들이 생산·수용되었다. 민주화 이후에는 지배와 저항의 문화가 뒤섞이기 시작했고 혼종화의 경향은 더 다양하게 더 자유롭게 이루어졌다. 한국 대중문화의 창조 역량은 그 과정에서 빠르게 성장했다. 하지만 자본의 패권과 시장 논리가 문화적 다양성을 억압하면서 다시 시장을 획일화하는 위험이 가시화되고 있다.

대중문화는 '지금 여기'의 사회를 살고 있는 사람들 개개인의 삶과 의식, 감정과 정서를 반영한다. 대중문화는 현대 사회를 사는 대중의 삶의 환경이다. 사람들은 각자의 삶의 조건 속에서 일정한 욕구를 갖게 되고 대중문화는 그런 욕구를 충족하고 해소하는 수단이 된다. 가장 바람직한 문화 환경은 사람들이 가진 다양한 욕망을 충족시킬 수 있을 만큼 다양한 문화적 자원이 존재하는 것이다. 한류 열풍이 아무리 거세도 다양한 문화적 욕구를 충족시킬 만큼 다양한 문화적 환경을 갖지 못한다면 이 사회의 문화적 역량은 그만큼 취약한 것이다.

앞서 이야기했듯 대중문화를 변화시키는 기술과 시장의 패권은 자본에 있다. 기술과 시장을 추동하는 자본의 권력에 대응하고 제어할 수 있는 힘은 오직 시민사회만이 갖고 있다. 시민 각자, 혹은 대중 스스로가 '좋은 문화'를 추구하는 실천의 주체가 되어야 한다. '좋은 문화'의 기준은 대중의 수만큼 다양하다. 특정한 집단이 가진 기준이 사회를 지배하거나 대중에게 강요되어선 안 된다. 개인에 따라, 집단에 따라 서로 다른 '좋은 문화'들이 자유롭게 공존하는 것이야말로 바람직한 대중문화의 가장 중요한 조건이다.

이를 위해서는 대중 스스로 문화적 주체로서의 자각을 갖는 것이 중요하다. 단지 주어진 문화를 소비하는 주체가 아니라 스스로 자신의 삶의 조건을 객관화하고 취향과 욕망을 선택하는 주체가 되어야 한다. 기술 발전을 통해 쌍방향성이 실현되고 대중 스스로 자신의 콘텐츠를 생산할 수 있는 시대라고 하지만 그런 기술적 조건만으로 민주적이고 다변화된 문화가 만들어지지는 않는다. 최근 많은 사람들, 특히 젊은 층의 주요한 문화 창구가 된 유튜브의 사례를 보면 알 수 있다. 요즘 유튜브 시청은 지극히 일상적인 행위이다. 출퇴근, 통학 길 대중교통에서, 심지어 화장실에서 용변 보는 동안에도 유튜브를 보는 사람들이 적지 않다. 유튜브 문화가 주류 미디어의 관성에서 벗어나 자유롭고 독창적인 콘텐츠가 생산될 수 있는 공간으로 기능하면 좋겠지만 현실은 그렇지 않다. 사람들이 찾아보는 동영상은 대체로 자극적이고 화제성이 강한 것들이다. 검증되지 않은 정보도 많다. 자신만의 취향을 갖기보다는 클릭 수가 높고 자극적 제목이 달린 것들이 선호된다. 요즘은 음악도 유튜브를 통해 듣는 사람들이 늘었다. PC 앞에서 다른 작업을 하면서도 백그라운드로 유튜브 음악 영상을 틀어놓는다. 유튜버가 선곡한 음악들을 컴파일한 영상을 틀어놓는 것이 요즘 음악 감상의 새로운 행태로 자리 잡았다. 20대 이하 세대에게 요즘 어떤 음악을 듣느냐고 물으면 뮤지션 이름이나 장르를 언급하는 대신, '○○채널의 플레이리스트를 듣는다'는 대답이 돌아오는 경우가 많다는 조사 결과도 있다. 몇몇 대형 유튜브 채널에 자신의 취향을 의탁하는 것이다. 그렇다면 과거 TV가 대중의 취향을 결정하는 막강한 권력을 가졌던 시대와 크게 달라진 게 없는 셈이다.

문화의 주체로서 가장 중요하고 필요한 일은 자신의 취향과 선택에 대해 스스로 객관적으로 바라볼 수 있는 능력을 키우는 것이다. 주변의 문화 환경 속에서 자신의 것을 적극적으로 선택하고 그 선택에 대해 스스로 마땅한 이유를 가져야 한다는 것이다. 세상에는 매우 다양한 문화가 존재한다. 주류 미디어를 통해 보고 듣는 대중문화 콘텐츠, 사회적으로 화제가 되고 높은 조회수를 올리는 콘텐츠는 지금 우리 사회에서 창작·유통되는 대중문화 콘텐츠의 극히 일부일 뿐이다. 우리가 미처 듣거나 알지 못하는 대중문화, 콘텐츠가 세상에는 엄청나게 많다. 그것들을 의식적으로 찾아보고 듣고 즐기는 노력을 통해 우리는 좀 더 다양하고 창조적인 문화생활을 즐길 수 있다. 아는 만큼 보고 아는 만큼 느끼는 법이다. 많이 알고 많이 생각하면 그만큼 많이 느낄 수 있고 더 많은 즐거움을 얻을 수 있다. 시민 한 사람 한 사람이 스스로 자신의 문화를 선택하고 수용하는 문화적 주체가 될 때 바람직한 대중문화가 형성될 것이다.

토론거리

1. 수동적인 문화 소비자와 문화적 주체의 차이는 무엇인지 생각해 보자.
2. 대중문화 속에서 사회적 차별과 편견이 자연스럽게 묘사된 사례에는 어떤 게 있는지 찾아보자.
3. 내가 생각하는 좋은 문화는 어떤 것인가.
4. 우리 사회에 존재하는 다양한 비주류 문화에 관해 알아보자.
5. 기술 발전은 우리의 삶과 문화를 어떻게 변화시키는가.

읽을거리

대중문화의 이해(전면2개정판) | 김창남. 2020. 한울.

대중문화 낯설게 읽기 | 기호학연대 편. 2003. 문학과경계사.

대한민국 컬처코드 | 주창윤. 2010. 21세기북스.

한국대중문화사 | 김창남. 2021. 한울.

문화연구의 렌즈로 대중문화를 읽다 | 김낙호 외. 2018. 컬처룩.

디지털 미디어 리터러시 | 김경희 외. 2020. 한울.

정보사회와 디지털문화 | 정준영·백영경·이소연. 2020. 한국방송통신대학교출판문화원.

문화사회학 | 한국문화사회학회. 2012. 살림.

제11장 근대적 도시의 형성과 특징

홍성태(상지대학교 문화콘텐츠학과 교수)

1. 도시의 이해

도시(都市)는 무엇인가? 우리는 도시라는 말을 들으면 크고 작은 많은 건물들이 들어서 있고, 그 사이로 자동차 도로가 여기저기 복잡하게 놓여 있는 모습을 떠올린다. 분명히 도시는 많은 건물들과 시설들의 거대한 물리적 집적체다. 그러나 그 형성과 이용의 면에서 보자면 도시는 물리적 집적체이기에 앞서서 사회적 집적체라고 할 수 있다. 도시는 사회의 물리적 표현이다. 도시는 사회가 만들어서 이용하는 것으로 사회의 상태를 잘 보여준다. 전근대 사회가 농업의 촌락 사회라면, 근대 사회는 공업의 도시 사회다. 여기서 나아가 생태적 차원에서 도시는 그 자체로 존립할 수 없으며 주변의 촌락과 자연에 의지해서 존재한다. 이처럼 우리는 도시를 사회적 차원, 물리적 차원, 생태적 차원의 세 차원으로 이해할 수 있다.

도시는 많은 사람들이 모여 사는 곳이며, 이를 위해 많은 건물들과 시설들이 갖춰진 곳이다. 그래서 도시는 거기에 살고 있는 많은 사람들보다도 겉으로 쉽게 확인되는 많은 건물들과 시설들로 인식된다. 도시는 눈으로 즉각 지각되는 많은 건물들과 시설들의 물리적 실체로 인식되는 것이다. 도시와 대비되는 것은 촌락(村落)이다. 촌락은 적은 수의 사람들이 모여 사는 곳으로 적은 건물들과 시설들이 있어서 지역이 거의 자연의 상태를 유지하고 있다. 그런데 도시와 촌락을 구분하는 기준은 사실 명확하지 않다. 행정적으로 보아서, 한국의 경우 면은 대체로 2000명 이상이고, 읍은 2만 명 이상으로 규정되어 있다. 면이 촌락의 최대한이라면, 읍은 도시의 최소한이라고 할 수 있다.

촌락이 도시로 성장하면 단지 모여 사는 사람들이 늘어나는 것만이 아니라 사용하는 건물들과 시설들이 늘어나게 된다. 그리고 많은 사람들이 늘 서로 직접 접촉하게 되기에 서로 배려해야 하고, 또한 건물들과 시설들도 안전하고 조화롭게 설치되어야 한다. 중세 시대 유럽의 도시들은 자유민들이 살아가는 곳이었다. 이 때문에 "도시의 공기는 자유를 만든다(Stadtluft macht frei)"는 말이 만들어졌지만 그 자유는 엄격한 질서를 통해 유지되는 것이었다. 도시에서는 건물을 짓고 길을 내는 것이 모두 중요한 사회적 행위이기 때문에 사회적 규율에 의해 엄격히 통제된다. 이렇게 해서 도시는 사회의 특징을 물리적으로 구현해서 보여주게 된다.

한편 도시라는 말은 도시의 물리적 특징을 잘 보여준다. 한자 都市에서 都는 사람들이 언덕 위에 모여 있는 것을 뜻하고, 市는 거리의 양 옆에 가게들이 늘어서 있는 것을 뜻한다. 요컨대 도시는 많은 사람들이 모여서 상거래를 하며 사는 곳이다. 중국에서는 도시보다 성시(城市)라는 말을 더 많이 쓴다. 이 말은 어떤 지역을 둘러싼 성벽을 강조한 것이다. 세계 어디서나 도시는 보통 외부의 공격에 대비하고 내부의 질서를 유지하기 위해 그 경계를 높은 성벽으로 둘러쌓은 형태로 형성됐다. 유럽의 도시명에는 ~burg로 된 곳이 많은데, burg는 바로 성을 뜻한다. 참고로 비슷한 말이지만 ~berg는 산을 뜻한다. city, civil의 cit, civ도 도시를 뜻하는 말인데, 여기서 도시도 역시 성벽으로 둘러싸인 곳이다.

토목공학을 영어로는 civil engineering이라고 한다. 보통 시민사회로 번역되는 civil society에 익숙한 사람은 civil engineering을 보고 시민공학이라고 생각할 수도 있다. 그러나 civil engineering은 도시를 형성하고 유지하는 공학으로 civil의 원래 뜻을 그대로 담고 있다. 사실 이런 점에서 civil engineering은 도시공학이라고 하는 게 더 옳을 텐데, 도시공학은 urban engineering이다. 토목공학은 도시에서 많이 시행되기는 하지만 비도시 지역에서도 널리 시행되는 자연 개조의 공학을 가리키며, 이 말에는 땅을 파헤치고 나무를 베어 내어 자연을 인위적으로 개조한다는 뜻이 적나라하게 담겨 있다. 토목공학이라는 말도 다른 많은 말들처럼 일본에서 19세기 말~20세기 초에 영어 civil engineering을 번역한 말이다.

또한 도시는 생존에 필수적인 생명 물자를 직접 조달하지 못하고 주변의 촌락과 자연에 의지한다. 도시는 사실상 자연이 거의 모두 배제된 곳으로,

필요한 식량을 직접 생산하지 못하기 때문이다. 이런 점에서 기생성은 도시의 본질에 해당된다. 도시에서 사람들이 잘 살기 위해서는 주변에서 식량과 함께 물이 잘 공급돼야 한다. 특히 물은 근접한 곳에서 조달되고 처리되지 않으면 안 된다. 교통의 발달로 식량은 먼 곳에서 조달될 수 있어도 물은 그렇게 하기 어렵다. 이 때문에 도시는 주변 지역에 생태적으로 큰 영향을 미치게 된다. 어떤 주변 지역은 도시의 혜택을 입지만, 어떤 주변 지역은 도시를 위한 보존 지역으로 지정되며, 이에 따른 지역 갈등도 강력히 일어난다.

생태적 차원에서 도시의 기생성은 극히 심각한 문제다. 이 때문에 도시는 그 자체는 물론이고 주변 지역까지 파멸시킬 수 있다. 일찍이 메소포타미아가 잘 보여주었듯이 도시의 무분별한 성장으로 주변의 자연이 파괴되면 도시는 멸망하게 된다. 변혁기 프랑스의 대표 작가이자 정치인이었던 프랑수아 샤토브리앙(François-René de Chateaubriand, 1768~1848)은 "문명 앞에는 숲이 있고, 문명 뒤에는 사막이 남는다"라고 갈파했다. 현재의 생태위기도 도시에 의한 것이라고 할 수 있다. 현대 도시는 공업과 결합되어 지역의 한계를 벗어나서 번성할 수 있게 되었다. 그러나 바로 그 때문에 현대 도시는 지구 차원으로 반생태성의 문제를 확대해서 생태위기를 주도하게 되었다.

2. 근대적 도시의 형성

근대(近代, modern age)는 인류 문명에서 대변혁이 이루어진 시기이다. 말 자체로는 근대는 지금으로부터 가까운 시대라는 뜻이고, 영어 modern age는 현재의 시대라는 뜻이다. 그런데 이 시대에 인류 문명에서 너무나 큰 변화가 이루어졌기에 이 말은 특별한 의미를 갖게 되었다. 사실 modern age의 뜻은 근대보다 현대가 더 맞다. 그런데 현대는 바로 지금의 시대를 가리키는 것이어서 modern age의 기원을 가리키게 된다. 영어 modern은 '지금의, 현재의'라는 뜻이지만 이 말은 역사적으로 상당히 긴 시간을 뜻한다. 이 점에서 current, present등의 말과 구별된다. modern age는 르네상스로까지 거슬러 올라갈 수 있고, 바로 지금 현재도 포함할 수 있다. 그러나 근대의 기본은 대체로 19세기 서구(wetern europe)에서 확립되었다.

영어에서 modern이 이런 뜻으로 사용되기 시작한 것은 1500년 정도로, ancient(고대의), medieval(중세의)에 대비되어 현재를 뜻하는 말로 쓰였다. 이처럼 고대와 중세에 대비되어 시대의 변화를 확연히 느끼게 된 것은 14~16세기에 걸쳐 유럽의 전역에서 진행된 르네상스(renaissance, 재생, 부흥)의 결과였다. 르네상스는 고대 그리스-로마 문화의 재발견을 넘어서 로마 제국의 몰락 이후 1000년에 걸친 중세의 신의 지배를 뒤흔들었다. 이런 변화는 인쇄 혁명(1440년경), 아메리카 대륙 침략(1498년), 종교개혁(1517년), 베스트팔렌 조약(1648년), 영국 명예혁명(1688년), 공업혁명(1760년), 미국 독립혁명(1776년), 프랑스 대혁명(1789년) 등으로 이어지면서 유럽에서 근대를 형성했고, 이어서 유럽 국가들은 지구 전역을 대상으로 제국주의 침략을 거세게 실행해서 근대의 지구화를 이루었다.

근대는 300~500년에 걸친 긴 시기이고, 근대 사회는 서구에서 가장 먼저 나타났다. 이 역사적 대변혁의 과정을 근대화(modernization)라고 부르고, 이와 함께 나타난 인식과 사회의 특성을 근대성(modernity)이라고 부르며, 이런 변화를 적극 추구한 예술 사조를 modernism(모더니즘, 근대주의)이라고 부른다. 제2차 세계대전을 계기로 근대 사회와 현대 사회로 나누기도 하는데, 이때 현대 사회는 영어로 contemporary society로 쓴다. 제2차 세계대전은 제국-식민의 체계가 붕괴하고 근대화의 지구적 확산이 이루어진 역사적 계기였다. 사실 근대화라는 말은 제2차 세계대전 뒤에 미국이 제3세계 국가들을 서구화/미국화하는 정책을 강력히 펼치면서 써서 널리 퍼진 말이다. 근대화의 핵심은 공업화, 도시화, 민주화, 개인화다.

공업화는 근대화의 물질적 핵심으로 근대화라는 역사적 대변혁은 공업화를 기반으로 한다. 1760년 영국의 제임스 와트가 증기기관을 개량함으로써 인류는 공업화(industrialization)라는 인류 문명의 대변혁을 시작하게 되었다. 인류의 문명은 대략 1만 년 전쯤에 인류가 농경을 하게 되면서 형성된 것으로 여겨졌다. 그러나 1990년대 중반에 터키의 '괴베클리 테페(Göbekli Tepe, 배불뚝이 언덕)'에서 발견된 석조 유적들이 1만 2000년 전의 것으로 밝혀지면서 농경 시대에 앞선 수렵-채취 시대에 이미 문명이 시작된 것으로 여겨지게 되었다. 이렇듯 인류의 문명은 수렵-채취 시대로 거슬러 올라가지만 농경에 의해 크게 발전할 수 있게 되었다. 그리고 1760년에 본격적으로 시작된 공업에 의해 인류의 문명은 새로운 단계에 들어서게 되었다.

생물학적인 인류의 조상은 500만 년 전의 오스트랄로피테쿠스까지 거슬러 올라가지만, 현생 인류인 호모 사피엔스(homo sapiens)는 20만 년 전에 아프리카의 칼라하리 지역에서 나타났고, 크로마뇽인으로 잘 알려진 직계 인류는 5만 년 전쯤에 아프리카에서 나타나서 1만 5000년 전쯤에 아메리카 대륙에 이르렀다. '호모 사피엔스'는 '슬기로운 사람'이라는 뜻의 라틴어로, 칼 린네(Carl Linné, 1707~1778)가 『자연의 체계』에서 사람에 붙인 학명이다. 풀어서 말하면 호모(사람) 속, 사피엔스(슬기) 종이라는 뜻이다. 사람은 오직 하나의 종밖에 없는 동물이며, '인종'은 상당히 임의적인 외형 분류일 뿐이다. 생물은 계-문-강-목-과-속-종으로 분류된다. 직계 인류는 1만 년 전쯤에 농사를 짓게 되었다. 이로써 인류의 생활 방식이 크게 변하게 되었다. 채집과 수렵의 이동 생활에서 농경과 목축의 정주 생활로 바뀌었고, 생산량이 크게 늘어나는 것과 함께 사회가 커지고 신분이 생겼으며, 도시와 문명이 곳곳에서 나타나게 되었다. 문명을 뜻하는 영어 civilization은 사실 도시화를 뜻한다. 도시의 역사는 이렇게 오래되었지만 근대적 도시는 이전의 도시와는 확연히 다른 모습을 갖게 되었다.

참고로 이른바 '세계 4대 문명'은 중국의 량치차오(梁啓超, 1873~1929)가 「이십세기 태평양가(二十世紀 太平洋歌)」(1900)라는 시에서 제시한 것으로, 이것은 유럽의 '문명의 요람'설을 간추린 것이다. 다음의 구절이 그것이다. "地球上古文明祖国有四: 中国及印度, 埃及, 小亚西亚是也(지구 상에 고대 문명의 조국은 네 곳이 있다. 중국과 인도, 이집트, 소아시아가 그곳이다)." 고대 문명은 네 문명 외에 그리스의 크레타 문명, 중미의 마야와 아즈텍 문명, 남미의 안데스 문명 등이 있으며, 사실 세계 곳곳에서 규모의 차이는 있어도 고대 문명들이 나타났다. 그러나 오직 4대 문명만이 그 자리에서 계속 문화적 발전의 기초가 됐다(Britannica, 'ancient civilization').

근대화의 한 핵심인 도시화는 단지 도시가 늘어나고 도시 거주자들이 늘어나는 것만이 아니라 새로운 근대적 도시가 나타난 것을 뜻한다. 근대화는 농업 중심에서 공업 중심으로, 농촌 중심에서 도시 중심으로, 집단 중심에서 개인 중심으로, 그리고 왕 중심에서 만민 중심으로 사회의 중심이 바뀌는 변화였다. 전근대 도시는 높은 성벽으로 둘러싸인 곳으로 농촌의 바다 위에 떠 있는 섬과 같은 장소였다. 근대 도시는 높은 성벽을 허물고 농촌을 종횡으로 가로질러 사방팔방으로 네트워크를 이루었다. 근대 도시는 사회적·물리적·생태적 차원의 모든 면에서 전근대 도시와 크게 다른 존재였다. 근대 사회는 전근대 사회와 크게 달랐고, 그 사회적 차이가 물리적으로 구현된 것이 근대 도시인 것이다.

'영원의 도시' 로마가 고대 문명을 대표하는 도시라면, 근대를 대표하는 도시로는 런던, 파리, 그리고 뉴욕을 들 수 있다.

영국은 18~19세기를 주도한 세계 제국이었고, 런던은 이런 영국의 면모가 가장 집약된 도시였다. 영국에서는 17세기부터 근대를 향한 변화가 강화되어 갔고, 이에 따라 '하이드파크'의 개방(1637년)과 같은 런던의 변화도 이루어졌다. 1665~1666년의 런던 페스트와 1666년의 런던 대화재를 딛고 크리스토퍼 렌(Sir Cristopher Wren, 1632~1723)의 주도로 근대 도시를 향한 런던의 변화가 본격 추진되었다. 파리는 런던에서 망명 생활을 하고 런던을 동경하게 되어 이를 모델로 파리의 개조를 꿈꾸게 된 나폴레옹의 조카 나폴레옹 3

세(Napoleon III, Charles-Louis Napoléon Bonaparte, 1808~1873)의 지시로 조르주-외젠 오스만(Baron Georges-Eugène Haussmann, 1809~1891)에 의해 대대적인 파리 개조사업(1853~1870)이 실행되어 현재의 파리 도심이 형성되었다. 뉴욕은 프레드릭 옴스테드(Frederick Law Olmsted, 1822~1903)에 의해 센트럴 파크가 조성되었고(1857~1876), 로버트 모지스(Robert Moses, 1888~1981)에 의해 1920~1940년대에 세계 최대 초고층 도시로 변모하게 되었다.

도심의 넓은 녹지 공원, 사통팔달의 넓은 도로, 그리고 높이 치솟은 건물들의 근대적 도시는 이렇게 형성되었다. 그런데 19세기 말에 전기가 조명에 사용되기 시작했고, 20세기는 '전기의 시대'가 되었다. 그 결과 근대의 도시는 낮에는 하늘을 찌르는 고층 건물들로, 밤에는 화려하게 빛나는 전기 불빛으로 자신을 드러내고 과시하게 되었다.

한편 20세기에 들어와서 19세기의 성과와 문제를 바탕으로 도시 패러다임의 변화가 계속 추구되었는데, 이 변화는 크게 기능 도시(functional city), 생활 도시(life city), 문화 도시(cultural city)로 이어져 온 것으로 살펴볼 수 있다.

기능 도시는 도시의 기능을 최대화하는 것이다. 이것은 프랑스의 건축가로 근대주의 건축을 주도한 르 코르뷔지에(Le Corbusier, 1887~1965)가 대표했다. 그는 정치적으로 파시스트였고, 나치를 지지했다. 이것은 그의 건축이 철저한 기계주의였던 것과 상통한다. 기계는 틀린 것, 헛된 것이 없어야 한다. 파시즘, 나치즘은 자기들이 싫어하는 것을 틀린 것, 헛된 것으로 규정해서 완전히 없애고자 했다. 유대인 학살, 집시 학살 등의 참담한 인간 대학살은 이런 '철학'에 의해 자행된 것이다. 그는 건물을 기계로 파악하고 철저히 수학에 입각한 건축을 하고자 했다. 그는 '롱샹 성당' 같은 미려한 곡선의 건물도 설계했지만 본령은 냉혹한 기계 같은 직선의 건물들이다. 여기서 나아가 그는 60층의 초고층 주상복합 건물들이 들어선 도시를 추구했는데, 파리를 이런 곳으로 만들자고 적극 제안하고 나섰다. 그의 제안은 20세기를 지나며 사실상 세계적 표준이 되었다. 그야말로 세계의 모든 도시들에서 높다란 시멘트 덩어리들이 주거의 기본으로 확립된 것이다. 르 코르뷔지에의 주장은 파리가 아니라 뉴욕에서 강력히 실행되었다. 그 주역은 로버트 모지스였다. 이 자는 뉴욕 시장이 아니었고 건축가도 아니었지만 1920~1960년대까지 뉴욕의 건축을 주도했다. 프레드릭 옴스테드가 센트럴파크를 만들어 놓지 않았다면 모지스는 그 땅도 마천루 건물들로 채웠을 것이다.

생활 도시는 실제 거주하는 주민들의 생활을 중심으로 도시를 파악하는 것이다. 1960년대 초에 뉴욕에서 모지스의 전횡에 맞서서 동네를 지키려는 강력한 주민운동이 펼쳐지기 시작했다. 그 동네는 오랜 역사를 갖고 있고 주민들의 교류가 활발한 저층 동네였는데, 모지스가 강행한 도로 건설로 크게 파괴될 위기를 맞았던 것이다. 그 주민들 중에는 지역 신문의 기자였던 제인 제이콥스(Jane Jacobs, 1916~2006)가 있었다. 그녀는 열심히 운동에 참여하고 문제를 지적하는 글을 썼다. 그리고 1964년에 그 결과를 『미국 대도시의 죽음과 삶』이라는 책으로 발표했다. 이 책은 정치인, 행정가, 공무원, 전문가 등이 주도하는 도시 계획과 건설의 문제를 철저히 밝히고 실제 거주하는 주민들을 중심으로 한 도시 계획과 건설을 주창했다. 이로써 제인 제이콥스는 '생활 도시'의 지평을 활짝 열었다. 이것은 무엇보다 주민들의 생활을 중시하고, 주민들이 만든 지역의 장소성을 중시하는 것이다. 그러나 현실에서 주민은 건물주와 세입자로 나뉘어 있고, 어디서나 둘은 크게 대립하는 경우가 많다.

문화 도시는 1983년에 당시 그리스의 문화부 장관이었던 멜리나 메르쿠리가 유럽 의회에 '유럽 문화 도시(European city of culture)'를 제안한 것으로 비롯되었다. 이 정책은 1985년에 아테네를 '유럽 문화 도시'로 지정한 것으로 시작됐고, 1999년에 '유럽 문화수도(European capital of culture)'로 명칭이 바뀌어 현재에 이르고 있다. 문화 도시는 쉽게 말해서 아름다운 도시를 만들어서 아름답게 살게 하는 것으로, 한국에서도 사실 이미 1960년대부터 제기되었던 것인데, 2017년부터 법적 사업으로 '문화 도시' 사업이 시행되고 있다. 1990년대에 들어와서 영국을 중심으로 적극 추구되기 시작한 '창조산업'의 맥락에서 '창조 도시(creative city)'가 널리 추진되어 갔다. 문화 도시는 문화생활에 초점을 맞춘다면, 창조 도시는 문화산업에 초점을 맞춘다. 이 점에서 문화 도시는 창조 도시의 기반이다. 따라서 창조 도시를 위해서도 문화 도시에 우선 주의해야 한다. 문화가 인간 내면의 표현과 만족을 추구하는 것이라는 점에서 보자면, 문화 도시는 인간을 위한 도시의 발전에서 정점에 해당되는 것이라고 할 수 있다.

근대가 개발과 노동을 핵심으로 한다면, 탈근대는 탈개발과 탈노동을 핵심으로 해야 할 것이다. 이런 점에서 1960년대는 생활 도시를 통해 탈근대가 시작된 시기로 볼 수 있다. 이 변화는 이후 1980년대에 문화 도시로 더욱 강화되어 갔다. 이어서 2000년대에 들어와서 빠르게 악화되는 생태위기에 대응해서 생태도시(ecological city)가 적극 제기되었고, 생태적 전환의 기반 위에서 문화 도시를 추구하는 생태문화 도시(eco-cultural city)가 제기되었다. 그리고 2010년대에 들어와서 정보기술에 의한 '스마트 도시(smart city)'와 경제위기에 대응한 '공동주의(commonism)'가 적극 추진되기 시작했는데, 현대의 공동체 운동이 정보기술로 새로운 발전을 이루고 있는 것에서 잘 알 수 있듯이, 스마트화와 공동주의의 변화도 탈근대적 성격을 강하게 갖고 있다. 또한 인구 감소에 따른 지역 쇠퇴와 도시 수축이 진행되면서 주거와 기능을 기존 도심 내로 모으는 '압축 도시(compactcity)'가 중요한 대응책으로 제시되고 있기도 하다.

참고로 공동주의는 구체적으로 2008년에 하버드대학교의 법학자 로렌스 레식 교수가 제안한 공유경제(sharing economy)와 미국 인디애나대학교의 정치학 교수로서 2009년 노벨 경제학상을 수상한 엘리너 오스트롬 교수가 평생 연구한 공동자원(common resources)을 중심으로 한다. 종래의 공산주의는 1880년대 중반에 일본에서 communism이 번역된 것인데 사실 이 말은 commune(코뮨, 마을)을 중심으로 하는 사조로 '마을주의'라고 하는 게 옳다.

commonism은 마을(commune)을 벗어나서 모든 자원과 활동에서 협동과 공생을 추구하는 것이다.

3. 근대적 도시의 특징

이제 전근대 도시와 다른 근대 도시의 특징에 대해 사회적·물리적·생태적 차원으로 나누어 살펴보도록 하자.

사회적 차원에서 근대적 도시의 특징은 대체로 자유화와 다양화로 파악될 수 있다. 자유화(liberalization)는 사람들이 사회적 속박에서 풀려나서 자유롭게 살 수 있게 되는 것을 뜻한다. 인권의 기본인 신체의 자유와 사상의 자유가 그 핵심이다. 인류는 문명의 시작과 함께, 아니 문명의 이전에도, 신체와 사상의 자유를 누릴 수 없었다. 사상의 자유는 단지 생각할 자유를 뜻하지 않는다. 20세기 초에 케임브리지 대학교의 사학 교수였던 존 베리(John Bury, 1861~1927)가 『사상의 자유의 역사』에서 설파했듯이, 표현되지 못하는 사상은 아무런 의미가 없는 것으로 사상의 자유는 반드시 표현의 자유를 수반한다. 또한 같은 맥락에서 기자의 '언론의 자유'는 시민의 '표현의 자유'를 위한 것으로 그 자체로 의미를 가질 수 없다. 서구의 근대화는 자유화를 핵심으로 했다. 혈통으로 사회적 지위가 결정되는 신분제의 타파가 그 요체였다. 이렇게 모두가 자유롭게 되자 모두가 통치의 주체가 되는 민주화(democratization)가 이루어지게 되었다. 자유화는 민주화의 기본이다. 근대의 도시는 자유화-민주화를 사회적 기반으로 한다. 사람들은 누구나 자유롭게 도시로 가서 살 수 있게 되었고, 그 결과 도시는 어디서나 급속히 성장하고 팽창하게 되었다. 사람들은 도시에 자유롭게 모여 살 수 있게 되었고, 도시에서 자유롭게 자기식으로 살 수 있게 되었다. 그 결과 도시는 다양한 행태가 당연한 곳이 되었고, 나아가 모든 도시가 문화적 다양성을 적극 추구하게 되었다. 자유화는 다양화(diversification)의 원천이다. 이렇듯 자유화는 중요하다.

그런데 자유화-민주화-다양화는 인류의 역사적 성취였을 뿐만 아니라 크고 작은 여러 문제들을 낳은 중대한 원인이 되었다. 사람들은 저마다 능력과 취향의 차이가 있고, 기회와 '운'의 차이가 있다. 이 때문에 자유화는 자원 낭비, 약육강생, 불평등 등의 문제를 크게 악화시켜 사회를 기반에서 뒤흔들 수 있다. 자유는 우리 모두의 본성이자 최고의 목표이지만 사회를 유지하기 위해서는 제도를 만들어서 자유를 억제하지 않을 수 없다. 중요한 것은 자유의 억제가 언제나 투명한 토론과 합의에 의해 이루어져야 한다는 것이다. 도시는 이런 사실을 명확하게 보여준다. 도시의 공간은 제한되어 있다. 이 공간을 너도나도 최대한 자유롭게 사용하고자 하면 도시는 결코 유지될 수 없다. 도시는, 생존을 위한 것이건 투기를 위한 것이건, 난개발을 막아야 존립할 수 있다. 이를 위해 구역화(zoning), 그린벨트(green belt) 등의 규제제도들이 만들어졌다. 이처럼 근대적 도시는 자유와 규제를 통해, 자유를 기본으로 규제를 보완해서 유지된다. 사실 유럽의 도시는 적극적 규제를 통해 아름다운 도시가 될 수 있었다. 유럽에서는 이익을 노린 투기적 난개발을 적극 차단할 뿐만 아니라 전깃줄을 모두 지중화해서 지상을 깨끗하고 안전하게 지키는 것이다.

한편 불평등 문제는 자유화-민주화에 의해서도 해소되지 않은 인류의 숙원 과제다. 완전한 평등은 불가능하지만 불평등을 방치하는 것은 잘못이다. 이에 대해서는 정의의 관점에서 약자의 보호를 적극 추구하는 존 롤스(John Rawls)의 자유주의 평등론과 마이클 샌델의 공동주의 평등론이 중요하다. 도시에서 불평등은 빈민 주거지와 부자 주거지의 공간적 구획으로 나타나고, 이런 공간적 구획은 이미 고대의 도시에서부터 나타난 것이다. 그런데 1960년대에 들어와서 서구의 도시들에서는 가난한 노동계급의 낡은 거주지가 중산층의 거주지로 바뀌는 현상이 나타났다. 영국 사회학의 선구자인 여성 사회학자 루스 글래스(Ruth Glass, 1912~1990)는 런던에서 확인한 이 현상을 '젠트리피케이션(gentrification)'이라고 불렀다. gentrification은 'gentri화'라는 뜻인데, gentry는 영국의 중산층으로 보통 '신사'로 번역된다. 따라서 이 말은 '신사화'로 번역될 수 있다. 말 자체는 좋은 변화인 듯하지만 사실은 중산층이 빈곤층을 내쫓고 그 주거지를 차지하는 현상이다. 오늘날 이 문제는 세계의 모든 도시에서 나타나고 있다.

물리적 차원에서 근대적 도시의 대표적인 특징은 개방화와 고층화로 살펴볼 수 있다. 물리적인 개방화는 무엇보다 도시를 둘러싸고 있던 높은 성벽을 철거하는 것으로 나타났다. 유럽에서 성벽을 뜻하는 burg가 많은 도시들의 이름에 붙었고, 중국에서 도시를 보통 城市라고 부르는 것에서 잘 알 수 있듯이, 본래 높은 성벽은 도시의 물리적 기초였다. 성벽은 도시를 외부의 공격에서 지켜줬고 도시의 기본 형태를 규정했다. 그러나 근대에 들어와서 성벽은 쓸모없게 되었다. 사실 이 변화는 이미 1000년쯤부터 본격화되었다. 중국에서 발명된 화약과 총포가 유럽으로 퍼지면서 성벽의 효용이 빠르게 줄어들었다. 1000년 무렵에 중국에서 화약이 본격 사용되기 시작했고, 1200년대 후반에 원나라는 총포를 만들어 유럽 정벌에 나섰다. 근대화의 기초인 공업화와 자유화는 성벽의 필요를 더욱 줄였다. 도시는 성벽을 허물고 철로와 도로로 연결되었다. 개방화는 이렇게 연결화로 이어져서 도시들의 연결망이 형성되었다. 전근대의 도시들은 드넓은 농촌의 바다에 떠 있는 고립된 섬과 같은 존재였으나 근대의 도시들은 도로망들로 연결되어 농촌을 비롯한 모든 공간을 지배하게 되었다. 그리고 19세기 말부터 도로망의 주역은 마차에서 자동차로 바뀌기 시작했다. 이와 함께 도시의 바닥은 전면적 포장화가 실행되었다.

근대적 도시는 복잡한 교통망을 통해 거대한 연결적 존재로 변모했을 뿐만 아니라 인구와 자원을 대대적으로 빨아들여 거대한 비만적 존재가 되었다. 도시는 넓어지고 높아졌다. 도시는 교통망을 따라 주변으로 빠르게 넓어졌고, 강철의 개발에 의해 놀랄 정도로 높아지게 되었다. 도시의 곳곳에서 공업화가 진행되어 도시가 살기 어려운 곳이 되자 부유층은 적극 도시의 외곽으로 빠져나갔다. 이렇게 해서 '교외화'라고 불리는 도시의 확장이 이루어졌다. 인구의 집중에 따라 도시의 중심 지역은 경제적 가치가 급속히 커져서 상업용 건물들의 고층화가 빠르게 진행되었고, 곧 이어 일반 주택들도 제한된 땅에 많은 사람들을 수용할 수 있는 고층 주택들로 바뀌어갔다. 이처럼 고층화는 인구와 자원의 집중을 원인으로, 강철의 개발을 동력으로 해서 이루어진 변화였다. 이것은 19세기 말 당시 미국의 최대 공업도시였던 시카고에서 시작되었으나 20세기 초 미국의 최대 상업도시인 뉴욕에서 가장 전면적으로 실현되었다. 20세기 중반 이후 고층화는 세계 모든 도시에서 추진되었다. 여기서 전기화도 대단히 중요하다. 19세기 말에 전기로 조명을 하고 엘리베이터를 가동하게 되면서 고층화는 더욱 적극 실행되었다.

한편 개별 도시들의 성장과 함께 도시들의 연결도 계속 진행되었다. 이것은 초집중화와 대도시화를 더욱 가속시켰다. 그 결과 20세기 중반 이후 인구 100만 명을 넘는 메트로폴리스(metropolis, 대도시)를 넘어서 인구 1000만 명을 넘는 메갈로폴리스(megalopolis, 거대도시)가 세계 곳곳에서 나타났다. 메트로와 메갈로는 그리스어로 '어머니'와 '거대한'을 뜻하며, 폴리스도 그리스어로 '도시'를 뜻한다. 1915년에 영국의 패트릭 게데스(Patrick Geddes, 1854~1932)는 인접한 도시들이 연결되는 '연접도시화(conurbation)'와 거대도시화의 문제를 제기했는데, 이에 이어 1938년에 미국의 루이스 멈포드(Louis Mumford, 1895~1990)는 메갈로폴리스가 네크로폴리스(necropolis)로 악화되어 파멸될 위험을 제기했다. 네크로폴리스에서 네크로는 죽음을 뜻한다. 본래 네크로폴리스는 죽은 자들의 도시, 즉 대규모 묘지를 뜻한다. 멈포드는 그의 주저인 『역사 속의 도시』(1938)에서 이 단어로 도시가 과잉개발/과잉성장해서 제대로 운영되지 못하고 파멸하게 되는 상태를 가리켰다. 참고로 conurbation은 보통 '연담화(連擔化, 連担化)'라고 하는데, 이 말은 일본에서 번역된 말이다. 그런데 여기서 擔은 '짊어지다'는 뜻으로 도무지 맞지 않는다. 이에 대해 '처마'

를 뜻하는 檐을 써야 했는데 잘못 쓴 게 그냥 정착된 것이라고 한다. 그러니 '연담화'는 쓰지 않아야 하는 잘못된 말이다. 1961년에 장 고트만(Jean Gottmann, 1915~1994)은 미국의 북서부 도시권을 대상으로 메갈로폴리스의 실태를 실증연구했다. 오늘날 세계 최대의 메갈로폴리스는 도쿄-수도권이고, 우리의 서울-수도권도 이에 버금가는 거대한 도시화 지역이다.

생태적 차원에서 근대적 도시의 특징은 무엇보다 도로의 가로수와 도심의 녹지 공원으로 대표되는 녹지화로 나타났다. 근대의 도시는 공장과 철도의 석탄 사용으로 극심한 대기오염에 시달리게 되었다. 런던은 이 문제에 대응해 앞서서 왕의 사냥터를 녹지 공원(하이드파크)으로 전환했지만 산업혁명으로 대기오염이 심해지면서 녹지의 중요성은 더욱 더 커졌다. 사실 구미의 도시에서 녹지 공원의 중요성을 잘 인식하고 본격적으로 조성한 선구자로는 미국의 조경가 프레드릭 옴스테드를 들어야 할 것이다. 그의 주도로 뉴욕의 센트럴 파크(1853~1876)가 조성되었다. 그 뒤 1898년에 영국의 도시계획 학자 에베니저 하워드(Ebenezer Howard, 1850~1928)는 심하게 오염된 대도시를 떠나서 전원 지역에서 자연과 조화를 이룬 '전원도시(garden city)'를 만들자고 제안해서 큰 호응을 얻었다. 그러나 사실 이보다 더 중요한 것은 역시 대도시의 환경을 개선하는 것이었고, 옴스테드의 센트럴 파크는 그 역사적 모범으로 확립되었다. 파리의 복판에는 큰 녹지 공원이 없지만 양 옆에 방센느 숲(Bois de Vincennes, 동쪽)과 불로뉴 숲(Bois de Boulogne, 서쪽)이 있고, 베를린의 복판에는 드넓은 '티어가르텐(Tiergarten)'이 있다.

거대한 녹지 공원들과 함께 울창한 가로수들은 도시에 싱싱한 활력을 불어 넣는다. 그런데 사실 근대적 도시에서 이루어진 가장 중요한 생태적 성취는 이렇게 눈에 잘 보이는 것이 아니라 생존에 필수적인 물의 관리다. 이를 통해 근대 도시는 위생과 보건을 크게 개선하게 되었다. 원래 도시는 식량을 자급할 수 없지만 물은 자급해야 했다. 도시가 처리해야 하는 물은 크게 둘로 나뉘는데 먹을 수 있는 상수와 쓰고 버리는 하수가 그것이다. 고대 로마는 거대한 수도교를 설치해서 아주 멀리 떨어진 산에서 맑은 계곡 물을 끌어와서 상수로 사용했다. 근대의 도시들은 대체로 근처의 강물을 상수로 썼는데 이로부터 중대한 문제들이 발생했다. 각종 오염 문제가 그것이다. 1858년 런던의 템즈강에서 지독한 냄새가 퍼졌다. 이것을 '대악취(the Great Stink)' 사건이라고 부른다. 당시 영국의 정치인들과 전문가들은 사실은 그렇지 않았지만 이 냄새가 런던을 크게 괴롭힌 콜레라의 원인이라고 생각했고, 이에 따라 런던에서는 1858~1875년에 조지프 윌리엄 바잘제티(Joseph William Bazalgette, 1818~1891)의 지휘로 템즈강을 지키기 위한 대규모 상하수도와 하수 처리장이 건설됐다. 이에 앞서서 파리에서는 1853~1870년의 '파리 개조 사업'의 일환으로 1855~1859년의 기간에 유진 벨그랑(Eugène Belgrand, 1810~1878)의 지휘로 대대적인 상하수도 건설이 이루어졌다. 런던과 파리의 새로운 상하수도는 곧 유럽 전역으로 퍼져서 유럽 전체의 표준이 되었다.

4. 한국의 경우

전근대 시대에 한국의 도시는 크게 도와 읍으로 나뉘었다. 도(都)는 왕이 사는 도시, 즉 수도(首都)를 뜻했고, 읍(邑)은 수령이 있는 지방의 큰 고을을 뜻했다. 조선은 전국을 크게 8개 도로 나누었고, 각 도에는 관찰사가 수장인 감영(監營)을 설치했다. 또한 조선은 전국에 330여 곳의 크고 작은 읍을 설치했고, 그중 160여 곳은 읍성을 건설해서 보호했다. 조선의 도시는 기능에서 행정 도시였고, 또한 형태에서 성곽 도시였다. 조선은 농촌 사회로, 도시 인구는 18세기 말에 전체 인구의 8% 정도였다. 그리고 다른 국가들에서와 마찬가지로 이런 상태는 근대화에 따라 크게 변하게 되었다. 그 과정은 크게 일본 강점기=독립전쟁기, 한국전쟁기, 개발독재기 등 세 시기로 나누어 살펴볼 수 있다.

일본 강점기의 변화. 일본의 조선 침략은 1876년의 '운요호 사건'으로 시작되어 1905년의 '을사늑약'으로 일단락되었고 1910년의 조선 패망으로 종료되었다. 조선도 자주적인 근대화를 추진했으나 일본의 강점으로 결국 좌절되었고 조선 지역의 근대화는 일본에 의해 강행되었다. 이것을 흔히 '식민지 근대화'라고 부르는데, 이것은 제국주의 지배국이 주도하는 종속적인 근대화로서 그 기본은 식민지에 대한 체계적인 억압과 약탈이다. 이 과정에서 식민지는 혹독한 파괴와 참혹한 학살도 겪게 된다. 당연히 도시의 변화도 제국주의 지배국이 일방적으로 주도해서 그 역사성이 심하게 훼손되고 만다. 1907년 한양도성의 훼철과 1910년 읍성의 철거는 그 단적인 예다. 이로써 한성을 비롯한 조선의 모든 도시들은 500년 동안 지켜온 모습을 잃고 일본이 원하는 도시로 바뀌게 되었다. 또한 일본이 일방적으로 건설한 철로를 따라서 신도시들이 건설되고 기존 도시들이 쇠퇴하게 되었다.

일본 강점기에 한국도 외형적으로는 구미(유럽-미국)와 같은 근대적 도시가 형성된 것으로 보인다. 그러나 한국의 도시는 큰 차이를 갖고 있는데, 이것은 세계적 차원의 역사적 결과다. 이매뉴얼 월러스틴(Immanuel Wallerstein, 1930~2019)이 체계 이론(systems theory)을 세계에 적용해서 고안한 '세계체계론'이 잘 보여주듯이, 근대화는 중심국들이 무력으로 중심국들과 주변국들을 강제로 결합해서 세계적 차원의 체계를 형성/변형하는 과정이었다. 중심국들은 자국의 이익을 위해 무력으로 주변국들을 점령하고 통치했다. 이로써 중심국들은 주변국들의 자원을 대대적으로 약탈하고, 사람들을 대대적으로 살상했으며, 문화를 대대적으로 파괴/변형했다. 인간이 만든 가장 거대한 문화적 산물인 도시도 마찬가지다. 불행히도 한국은 일본에 의해 주변국으로 전락했고, 그 결과 한국의 도시들도 일본에 의해 강력한 파괴/변형을 겪게 되었다. 이 사실을 서울에서도 잘 살펴볼 수 있다.

한국전쟁은 우리의 역사에서 가장 고통스런 사건이다. 남북에서 100만 명이 넘는 사람들이 죽었고, 1000만 명이 넘는 사람들이 이산가족이 되었다.

많은 도시들이 대대적으로 파괴되었고, 부산에는 피난민들이 넘쳐서 큰 변화를 겪게 되었다. 전쟁이 끝나고 많은 도시들이 급속히 복구되었는데, 기존의 도시 형태와 토지 조직은 대체로 무시되었다. 전쟁 뒤 한국 경제는 빠르게 재건되었지만 모든 물자가 부족하고 빈곤이 만연한 상태였다. 수많은 피난민들이 피난한 도시에 정착해서 살 길을 찾았고, 수많은 사람들이 농촌에서 살 길을 찾아 도시로 떠났다. 도시는 이렇게 살 길을 찾아 도시로 온 수많은 사람들이 목숨을 잇기 위해 만든 움막과 판잣집들로 넘쳐나게 되었다. 이렇게 전쟁을 계기로 급속히 늘어난 도시의 빈민촌은 개발독재기에도 계속 늘어났다.

1961년 5월 16일에 일본의 관동군 장교 출신 박정희는 당시 44살의 나이로 군사반란을 일으켜 권력을 찬탈해서 1979년 10월 26일에 사살되기까지 18년 5개월여 동안 절대 권력자로 군림하며 한국 사회를 크게 바꾸어놓았다. 한국은 이미 1950년대 중반부터 경제 부흥을 이루고 있었고, 4·19 혁명으로 잘 드러났듯이 평화와 민주를 향한 열망도 강했다. 비리 세력은 바로 이 사실을 용납할 수 없었고, 그래서 5·16 군사반란을 일으켜서 권력을 찬탈했던 것이다. 박정희 독재는 강력한 억압과 개발을 동시에 강행했다. 경제 성장과 함께 도시화는 더욱 더 가속화되었고, 특히 서울은 급속한 인구 증가로 심각한 문제 상태가 되었다. 이에 대해 박정희 독재는 급속한 수직화 정책을 강행하는 것과 동시에 강남 개발을 통한 급속한 확장 정책을 강행했다. 이 과정에서 박정희 독재는 많은 잘못을 저질렀다.

현재의 서울은 크게 원도심, 근대의 확장(성저십리 중심), 현대의 확장(강남 중심) 등 세 층으로 나뉘는데, 세계적인 인구의 밀집으로 말미암아 어디서나 강력한 고층화가 이루어진 세계적인 수직 도시다. 이런 서울의 상태는 박정희 군사-개발독재의 역사적 산물이다. 박정희 독재는 청계고가도로(1967~1976)와 삼일아파트(1969)가 잘 보여주었듯이 서울을 고가도로와 아파트의 도시로 만들어서 박정희 독재의 능력을 과시하려 했다. 그리고 전국의 모든 도시들이 서울을 열심히 모방했다. 박정희 독재는 강력한 서울 집중 정책을 펼쳤고, 서울의 자연과 역사를 대거 파괴했으며, 많은 시민들을 강제로 이주시켰고, 극심한 개발·투기 비리를 저질렀다.

오늘날 한국의 가장 큰 공간적·사회적 문제로 서울-수도권 집중을 꼽을 수 있다. 국토의 0.6%인 서울에 전체 인구의 20%가 살고 있고, 국토의 11%인 수도권에 전체 인구의 50% 이상이 살고 있다. 세계 최고의 수도/수도권 집중이다. 청와대, 국회, 대법원, 기업, 대학 등도 온통 서울에 모여 있다. 참여정부와 문재인 정부가 강력히 추진한 행정도시, 혁신도시, 기업도시 등의 국토 균형발전 정책은 대단히 중요하다. 그러나 더욱 적극적인 분산 정책이 필요하며, 대법원, 서울대학교, 대기업 등이 세종, 대전, 부산, 광주 등으로 대거 이전해야 한다.

1970년대 초와 말에 서울에서 발생한 세 사건이 박정희 독재가 시행한 도시 정책의 문제를 극명히 보여주었다.

먼저 1970년 4월 8일 '와우아파트'가 붕괴해서 34명이 사망했다. 이 아파트는 1969년 12월 26일에 준공되어 박정희가 육영수와 함께 기념 방문했던 곳이었다. 그런데 불과 석 달여 만에 무너져 버렸던 것이다. 이 아파트는 1969년 6월 26일에 착공되어 6개월 만에 완공됐다. 건설 속도가 대단히 빨랐는데, 철근과 시멘트를 빼돌려서 설계와 달리 극히 부실하게 건설됐던 것이다. '와우아파트'의 겉은 그럴 듯해 보였으나 속은 엉망진창이었다. '와우아파트'는 박정희 독재의 실상을 적나라하게 드러내 보였다. 독재는 단지 1인의 폭치에 그치는 것이 아니라 비리와 부실의 폭치로서 수많은 사람들을 항상적인 억압 상태로 몰아넣고, 비리와 부실에 의해 멀쩡해 보이는 건물의 붕괴와 같은 황당한 사건이 빈발하는 비리-사고 사회를 만든다.

이어서 1971년 8월 10일~12일에 '광주대단지 사건'이 발생했다. 박정희 독재는 12만 명이 넘는 서울의 빈민들을 지금의 성남시로 강제 이주시켰는데, 아무것도 없는 벌판으로 사람들을 내쫓고는 기승을 부리는 투기를 방치

그림 11-1 **서울의 확장**

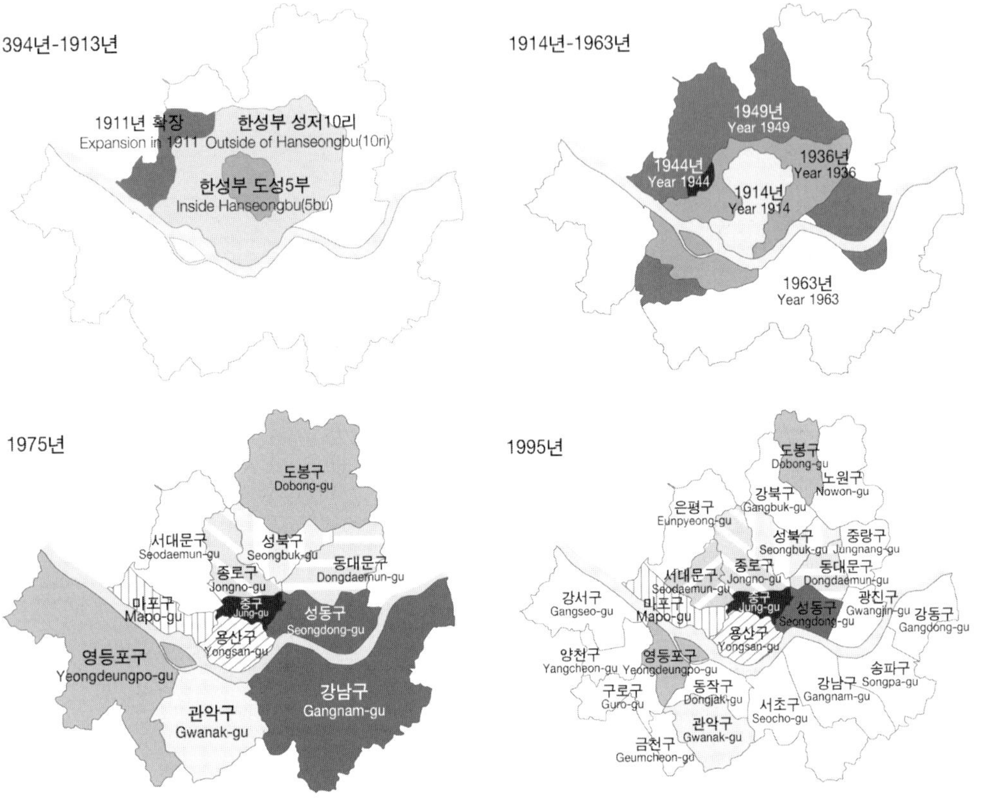

자료: 서울 도시계획 포털. "도시형성과 변화".

하는 것은 물론 토지 불하가격 인상으로 폭리를 취하려 했다. 이에 대해 더 이상 견딜 수 없게 된 사람들이 생존을 위해 대거 실력 행사를 하고 나섰던 것이다. 9개월 전인 1970년 11월 13일에 서울의 청계천 6가에서 발생한 전태일 열사의 분신 투쟁이 노동 정책의 분야에서 박정희 독재의 반민주성을 입증했다면, 광주 대단지 사건은 도시 빈민의 대규모 생존 투쟁으로 도시 정책의 분야에서 박정희 독재의 반민주성을 강력히 입증한 역사적 사건이다.

다음에 압구정동 현대아파트 사건은 1978년 6월 30일에 밝혀진 특혜 분양 사건이다. 압구정동은 본래 조선시대 때 최고의 한강변 경승지로서 세조의 반란을 대표한 희대의 간신 한명회가 '압구정(狎鷗亭)'이라는 정자를 지었던 곳이다. 현대 건설이 압구정 주변의 한강변 습지를 대거 매립하고 현대아파트를 건설했다. 그리고 고위 공무원, 국회의원, 언론인, 기업인 등에게 대거 특혜 분양을 했다. 이런 식으로 압구정동은 새로운 부촌의 대명사가 됐고, 강남은 엄청난 부와 권력의 땅으로 변했다. 이 과정에서 박정희 독재 자체가 가장 강력한 투기꾼이 되어 막대한 투기 이익을 만들어서 그 주역들이 정치 자금으로 사용하고 착복했다. 이를 위해 박정희 독재는 개발과 투기를 적극 장려했다. 이렇게 해서 개발과 투기가 당연시되는 박정희 독재형 사회가 서울의 강남을 중심으로 만들어져서 전국으로 퍼졌다.

이명박의 청계 고가도로 철거와 청계천 복원(2003~2005)은 박정희 군사-개발독재의 파괴와 폐해를 바로잡는 것처럼 보였다. 그러나 사실은 시대의 변화에 따라 그것을 변형한 것뿐이었다. 이 때문에 이명박의 정책을 '신개발주의(neo-developmentalism)'라고 부른다. 구개발주의가 자연과 역사를 대거 파괴하고 자동차와 고층 건물의 도시를 추구했다면, 신개발주의는 자연과 역사의 복원을 내세우고 새로운 방식으로 자동차와 고층 건물의 도시를 추구한다. 이명박이 대통령이 되어 성남의 공군 비행장의 활주로를 변경해서 허가해 준 롯데의 잠실 123층 건물 건설은 그 대표적인 예다. 박정희가 추구한 자동차와 고층 건물의 도시는 이로써 정점에 이르게 되었다.

한편 도시는 본래 군사적 요충지였고, 근대의 도시도 마찬가지였다. 도시에는 많은 사람과 물자가 모여 있기 때문이다. 세계의 모든 주요 도시는 군의 엄중한 경계와 방어의 대상이다. 평소에는 군은 보이지 않고 경찰이 활동하지만 유사시에는 군이 전면에 나타나서 강력한 도시 방어 작전을 펼치게 된다. 한국의 경우는 3년에 걸친 참혹한 한국전쟁이 법적으로 아직도 끝나지 않고 지속되고 있으며 실제로 비무장지대(de-militarized zone: DMZ)의 양쪽은 세계에서 가장 중무장지대(strongest militarized zone: SMZ)인 상태이다. 여기서 나아가 전국의 모든 도시에는 크고 작은 군부대가 있으며, 한국전쟁의 직접적인 영향으로 미군도 대거 주둔해 있다. 한국의 도시는 한국만의 극심한 역사적 비극인 분단과 전쟁의 문제를 떠나서 온전히 이해될 수 없다. 구미나 일본의 도시 이론으로는 한국의 도시를 올바로 이해할 수 없다. 신제도주의(neo-institutionalism)가 잘 보여주듯이 역사적으로 형성된 사회적 특성을 올바로 인식하는 '역사-사회적 관점'이 사회학의 기본이다.

한국전쟁이라는 초미의 비상 상태에서 급속히 늘어난 도시의 군부대는 애초에는 도시 외곽에 주둔한 것이었으나 시간이 지나면서 도시의 확장이 계속 이루어져서 대부분 도심의 군부대로 바뀌게 되었다. 이에 따라 군부대에 의한 도시의 왜곡이 대단히 심각한 문제가 되어 군부대의 이전이 중요한 과제가 되었다. 아니, 도로를 가로막는 등의 도시의 왜곡을 넘어서 도시에 심각한 위협을 가하고 있다. 예컨대 양평읍의 경우는 시내가 내려다보이는 산자락에 거대한 포 사격장(양평 종합훈련장)이 있는데, 여기서 포 사격 훈련을 하는 걸 보는 것도 무섭지만 포탄이나 탄피가 주변의 민가나 시내로 날아들 수도 있다. 태백시의 경우는 인근 산자락에 전술 폭격기 훈련장(필승훈련장)이 있는데, 여기서 주한 미 공군도 전술 폭격 훈련을 하며 백두대간의 대표인 태백산을 크게 망치고 있다. 2020년 현재 정부는 '국방 개혁 2.0'을 추진하고 있는데, 이 정책은 인구 감소로 대표되는 시대의 변화에 따라 군 병력과 군부대의 수를 축소하고 지역의 발전을 저해하는 군부대를 이전하는 것을 중요한 목표로 설정했다.

미군의 주둔은 한국만의 일은 아니다. 미국은 세계 전체를 대상으로 5개의 군 사령부를 운영하고 있으며, 2010년대 초 현재 세계 70여 개국에 800여 개의 기지를 두고 있는데, 독일에 174개, 일본에 113개, 한국에 83개의 미군 기지가 있다. 주한 미군 기지는 미국의 세계 전략 변화에 따라 2000년대 초부터 큰 변화를 겪게 되었다. 미국은 1999년에 한국 정부에 '연합토지관리계획(Land Partnership Plan: LPP)'을 제안했고, 2003년에 '해외 주둔 미군 재배치 계획(global defense posture review: GPR)'을 발표했다. LPP와 GPR은 미군이 유연하고 강력하게 세계 전략을 구사하기 위한 방향으로 기존의 외국 주둔 미군 기지들을 크게 재편하는 계획이다. 이에 따라 한강 이북의 주한 미군 기지들은 모두 폐쇄되고, 일부 미군 기지들은 반환되는 대신에 경기도 평택에 세계 최대의 외국 주둔 미군 기지가 만들어졌다. 캠프 험프리스(Camp Humphreys)라는 이름의 이 기지는 경기도 판교보다도 넓은 면적의 세계 유일 미군 신도시다. 주한 미군은 경기도 오산의 미 공군 비행장과 연결된 평택 기지를 전방에, 주일 미군 기지의 병력이 집결할 대구의 미군 기지를 후방에 배치하는 식으로 대거 재편되었다.

주한 미군의 재편에는 폐쇄와 반환도 있다. 서울의 용산 기지(Yongsan Garrison), 부산의 캠프 하야리아(Camp Hialeah), 부평의 캠프 마켓(Camp Market), 화성 매향리의 쿠니 사격장(Kooni Range), 춘천의 캠프 페이지(Camp Page), 원주의 캠프 롱(Camp Long) 등 70년이나 유지되던 많은 주한 미군 기지들이 폐쇄·반환되어 공원이나 공공시설로 바뀌고 있다. 그런데 모든 군부대는 심각한 화약 오염과 기름 오염의 문제를 안고 있어서 이 문제를 해결하는 것이 중대한 선결 과제이다. 춘천 시내 한복판에 자리 잡고 있는 드넓은 캠프 페이지 부지는 시민공원을 만들기로 했으나 심한 기름 오염이 새롭게 발견되어 2020년 현재 전면 중단된 상태다. 이 문제의 해결에는 많은 비용이 드는데, 주한 미군은 흔히 '소파'로 불리는 '주한미군지위협정(Status of Forces Agreement: SOFA)'에 따라 방대한 주둔지를 무상으로 사용하는 것은 물론 막대한 주둔비를 제공받고 있고 오염 문제의 해결도 방기하고 있다. 이 때문에 한미 동맹은 극심한 불평등 관계라는 비판이 강력히 제기된다.

5. 맺음말

현대 도시(contemporary city)는 기본적으로 근대 도시(modern city)다. 이 말은 그 기본이 대체로 16~20세기에 걸쳐서 형성되었다는 것이다. 이것은 자유화라는 거대한 사회적 변화를 바탕에 둔 것이었지만 공업혁명이라는 물리적 변화에 의해 실현될 수 있었다. 이런 관점에서 이 글에서는 근대적 도시의 형성과 특징에 대해 살펴보았다. 그 내용을 간추려서 제시하는 것으로 이 글을 맺고자 한다. 또한 참고자료로 한국의 국토 이용과 도시 계획의 체계를 제시한다.

첫째, 도시의 이해. 우리는 우선 도시를 많은 건물들과 시설들의 거대한 물리적 집적체로 떠올리게 된다. 그러나 그 형성과 이용의 면에서 보자면 도시는 물리적 집적체이기에 앞서 사회적 집적체다. 요컨대 도시는 사회의 물리적 표현이다. 전근대 사회가 농업의 촌락 사회라면, 근대 사회는 공업의 도시 사회다. 또한 도시는 그 자체로 존립할 수 없으며 주변의 촌락과 자연에 의지해서 존재한다. 이처럼 우리는 도시를 사회적 차원, 물리적 차원, 생태적 차원의 세 차원으로 이해할 수 있다.

둘째, 근대적 도시의 형성. 근대화의 한 핵심인 도시화는 단지 도시가 늘어나고 도시 거주자들이 늘어나는 것만이 아니라 새로운 근대적 도시가 나타난 것을 뜻한다. 근대화는 농업 중심에서 공업 중심으로, 농촌 중심에서 도시 중심으로, 집단 중심에서 개인 중심으로, 그리고 왕 중심에서 만민 중심으로 사회의 중심이 바뀌는 변화였다. 근대 사회는 전근대 사회와 크게 달랐고, 그 사회적 차이가 물리적으로 구현된 것이 근대 도시이다. 넓은 녹지 공원, 넓은 도로, 그리고 높이 치솟은 건물들의 근대적 도시는 이렇게 형성되었다. 19세기 말에 전기 조명이 등장했고, 20세기는 '전기의 시대'가 되었다. 그 결과 근대의 도시는 낮에는 고층 건물들로, 밤에는 전기 불빛으로 표상되었다. 20세기에 들어와서 도시 패러다임의 변화가 계속 추구되었는데, 이것은 크게 기능 도시, 생활 도시, 문화 도시로 이어져 왔다.

셋째, 근대적 도시의 특징. 사회적 차원에서 근대적 도시의 특징은 자유화와 다양화로 파악될 수 있다. 자유화-민주화-다양화는 인류의 역사적 성취였을 뿐만 아니라 크고 작은 여러 문제들을 낳은 중대한 원인이 되었다. 물리적 차원에서 근대적 도시의 대표적인 특징은 개방화와 고층화로 살펴볼 수 있다. 근대적 도시는 복잡한 교통망을 통해 거대한 연결적 존재로 변모했고, 인구와 자원을 빨아들여 거대한 비만적 존재가 되었다. 생태적 차원에서 근대적 도시의 특징은 무엇보다 가로수와 녹지 공원으로 대표되는 녹지화로 나타났다. 녹지 공원들과 울창한 가로수들은 도시에 싱싱한 활력을 불어 넣는다. 그런데 사실 근대적 도시에서 이루어진 가장 중요한 생태적 성취는 생존에 필수적인 물의 관리다. 이를 통해 근대 도시는 위생과 보건을 크게 개선하게 되었다.

넷째, 한국의 경우. 한국에서 근대적 도시의 형성과 변화는 크게 일본 강점기=독립전쟁기, 한국전쟁기, 개발독재기 등 세 시기로 나누어 살펴볼 수 있다. 한국의 도시를 대표하는 서울은 크게 원도심, 근대의 확장(성저십리 중심), 현대의 확장(강남 중심) 등 세 층으로 나뉘는데, 세계적인 인구의 밀집으로 말미암아 어디서나 강력한 고층화가 이루어진 세계적인 수직 도시다. 이런 서울의 상태는 박정희 군사-개발독재의 역사적 산물이다. 한국의 도시는 한국만의 역사적 비극인 분단과 전쟁의 문제와 직결되어 있다. 구미나 일본의 도시 이론으로는 한국의 도시를 올바로 이해할 수 없다. 신제도주의가 잘 보여주듯이 역사적으로 형성된 사회적 특성을 올바로 인식하는 '역사-사회적 관점'이 중요하다.

현대 사회는 도시 사회다. 좋은 도시를 만드는 것은 좋은 사회를 만드는 것의 핵심이다. 인류세가 운위되는 생태위기의 극복도 도시의 생태적 전환이 관건이다. 그런데 좋은 도시는 어떤 것인가? 끝없이 고층화가 추진되고 불평등이 커지는 도시는 결코 좋은 도시가 아니다. 도시의 개발과 이용이 더욱 더 민주적으로 이루어져야 한다. 집중화와 고층화를 피하고 자연이 살아 있는 도시를 만들어야 한다. 독일이 선도하고 있듯이 핵발전소를 없애고 도시의 건물과 시설과 도로를 햇빛 발전소로 만들어야 한다. 현대 도시는 '생태문화 도시'를 최고의 발전 과제로 추구할 필요가 있다. 독일이 선도하고 있는 이 변화를 우리도 적극 수용하고 추구해야 할 것이다.

부록 1 한국의 도시 계획과 건설 관련 법 체계

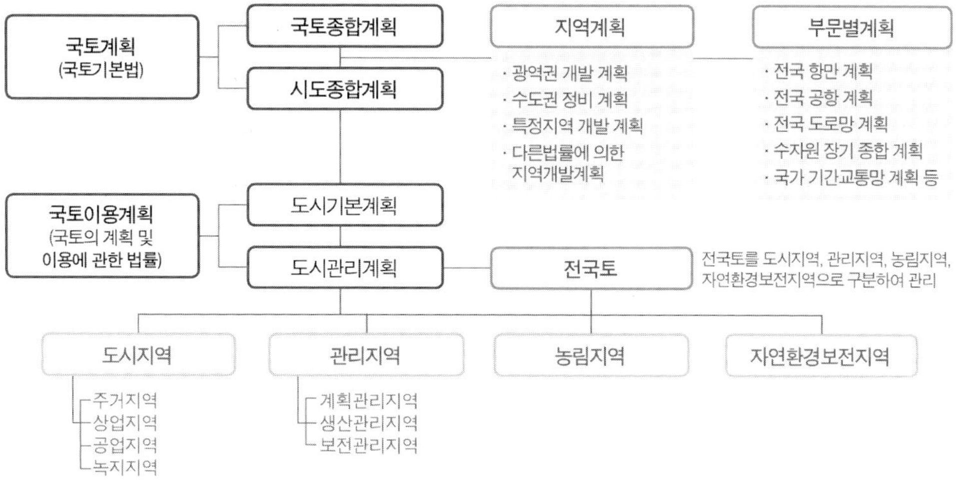

자료: 국토환경정보센터, "국토환경정보 소개".

부록 2 국토의 용도관리: 4개 용도지역의 구성

구분	계		육지		해면	
	면적	비율	면적	비율	면적	비율
합계	106,136.4	100	100,469.9	100	5,666.5	100
도시 지역	17,317.3	16.3	16,368.9	16.3	948.4	16.7
관리 지역	25,603.3	24.1	25,602.7	25.5	0.554	0
농림 지역	50,688.7	47.8	50,688.7	50.5	–	–
자연환경보전지역	12,527.2	11.8	7,809.7	7.8	4,717.5	83.3

자료: 국토환경정보센터, "국토환경정보 소개".

부록 3 한국의 국토 이용계획 체계

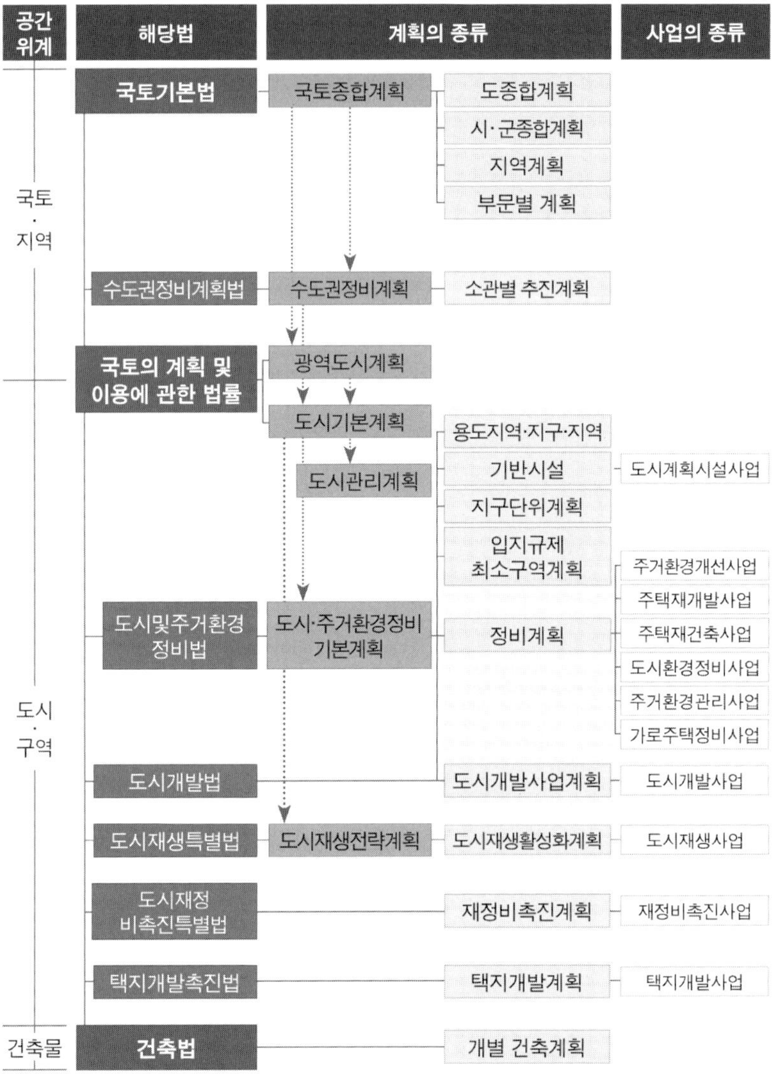

자료: 서울 도시계획 포털, "국토공간계획의 체계".

토론거리

1. 근대 도시의 성과는 무엇인가?

2. 근대 도시의 문제는 무엇인가?

3. 문화 도시의 어떤 도시인가?

4. 한국의 도시화는 어떻게 전개되었나?

5. 서울의 문제는 무엇인가?

읽을거리

내일의 도시(개정판) | 피터 홀(Peter Hall). 2005. 임창호·안건혁 옮김. 한울.

사람·건축·도시 | 정기용. 2008. 현실문화.

서울 산책 | 홍성태. 2017. 진인진.

미국 대도시의 죽음과 삶 | 제인 제이콥스(Jane Jacobs). 2010. 유강은 옮김. 그린비.

사회로 읽는 건축 | 홍성태. 2012. 진인진.

한국 도시 60년의 이야기 | 손정목. 2005. 한울.

북한의 도시를 미리 가 봅니다: 평양에서 혜산까지, 책으로 떠나는 북한여행 | 박원호. 2019. 가람기획.

도시의 과학자들: 과학자의 눈으로 본 도시 이야기 | 제임스 트레필(James Trefil). 1999. 정영목 옮김. 지호.

제12장
기후와 감염증, 보건과 의료

손미아(강원대학교 의학전문대학원 예방의학교실 교수)

1. 기온 1°C 상승하는 게 그렇게 문제야?

2015년 파리 협정에서 각 국가들은 지구 온난화를 막기 위해 '2°C 이하'로 제한하기로 약속했지만, 5년 후인 2020년에도 세계 이산화탄소(CO_2) 배출량은 꾸준히 증가하면서 지구 평균 기온이 1.2°C 상승했다(Foster, 2017). 기온 1°C가 올라가는 것은 결코 사소한 문제가 아니다. 이는 지구와 인간 또는 지구와 생명체 사이의 '치명적 불균형' 문제이며 인류의 위기가 시작되는 시점이기도 하다. 지구 온도가 2°C 상승하면 온난화 추세가 가속화될 것이며, 만약 4°C 이상이 된다면 문명의 종말이 올 것이라고 과학자들은 예측하고 있다(Foster, 2017). 그래서 향후 수년 동안 지구 온도를 '2°C 이하' 낮추는 것이 가장 중요한 과제가 되었다.

왜 이렇게 지구의 기후가 변하는 것일까? 왜 기온이 올라가는 것일까? 기후변화, 즉 지구 기온의 증가는 오존층 파괴의 결과다. 오존층 파괴는 '성층권의 오존이 10년에 4% 정도로 꾸준히 감소하는 현상과 극지방 상공의 성층권 오존이 더 심하게 감소하는 현상' 때문에 발생하는 것으로, 극지방의 오존 감소는 오존 구멍으로도 알려져 있다.

대기 중의 오존은 수산화기(OH-), 질산기(NO-), 염소 원자(Cl-), 브롬 원자(Br-)에 의해서 파괴된다. 특히 인위적인 염소와 브롬 배출에 따라 오존 파괴가 발생보다 많아지면서 오존층의 파괴가 일어난다. 한 예로 염소 원자가 오존을 파괴하는 기전을 보면, 하나의 염소 원자가 오존과 반응해 산화 염소와 산소를 만들고, 산화염소가 다시 오존과 반응해 2개의 산소 분자를 만든다. 이런 식으로 하나의 염소가 오존을 파괴할 수 있는 것이다.

$$Cl + O_3 = ClO + O_2$$

$$ClO + O_3 = Cl + 2O_2$$

대표적으로 대기 중 염소 발생의 주요 원인은 클로로플루오로카본(Chloro-flurocarbons: CFC)으로, 흔히 프레온이라고 알려져 있다. CFC는 1920년대에 개발되어 냉방기나 냉장고 등의 냉매, 스프레이 등의 충전재로 사용되어 왔는데, 자연적으로는 거의 발생하지 않으므로 전적으로 인위적인 것이다. 그러므로 오존층 파괴의 주요 원인은 오존 파괴 물질들을 배출하는 현 자본주의 사회 대기업들의 자연 파괴적인 개발과 밀접하게 연관되어 있다.

그렇다면 우리는 이제 지구 기후변화, 온난화의 문제에 대해 우리에게 질문을 해봐야 한다. 이러한 기후변화의 근본적인 원인은 무엇인가? 위 지구 온난화의 과학적인 기전을 살펴볼 때, 바로 답이 나온다. 인간의, 아니, 현재 자본주의 대기업들의 자연 파괴적인 개발 증대가 기후 온난화의 주범이다.

이러한 기후변화는 이미 전 지구적 수준의 건강의 근본적인 사회적·환경적 결정 요인에 상당한 변화를 가져오고 있다. 전 지구적인 화재, 홍수 등 자연 재난이 이어지고 있으며, 지구 온난화로 인한 오존층의 파괴로 증가한 자외선에 의해 피부 노화, 백내장, 악성흑색종 등의 발생이 증가하고 있다.

또한 지구는 자연 재난에 이어 이제 동물로부터 인간으로 전염되는 인수감염병으로 몸살을 앓고 있다. 자연이 수난을 당함에 따라 자연의 일부인 인간을 포함한 생물이 수난을 당하는 것이다. 생물들도 지구 온난화를 견디지 못해 뛰쳐나온다고 상상해 보라!

문제는 이러한 기후변화의 주범이 전 세계의 초국적 대자본들이라는 데 있다. 언론에서도 1990년에서 2015년 사이에 전 세계 1% 인구가 배출한 이산화탄소의 양은 전 세계 가장 가난한 50%의 인구가 배출한 양의 두 배를 넘는다고 보도하고 있다. 또한 G20 국가들이 전 세계 온실가스의 80%를 배출하는 반면, 기후 피해의 75%는 빈곤국에서 당하고 있는 상황이다. 가장 큰 피해를 본 국가는 적도 부근의 열대 지역 국가들이다. 열대 지방의 국가들은 지구 온난화의 원인인 온실가스 배출에 3% 정도의 책임밖에 없는데도 가뭄과 해수면 상승 등으로 수많은 사람이 목숨을 잃었고, 수몰될 위험을 겪고 있다. 기후변화는 모든 지구인에게 영향을 미친다. 하지만 그 피해는 가난한 나라와 취약 계층에 집중된다는 점이 더욱 큰 문제이다.

2. 기후변화, 자연의 자본주의적 이용의 결과

지구 기온의 상승으로 지구는 감염병 전염에 적합한 기후가 되어가고 있다. 기후의 변화로 병원균들이 원시적 원천인 원래의 서식지에만 국한되어 존재하지 않게 되었고, 이 병원균들이 시간과 공간을 넘나들면서 인간에게로 전파되고 있다.

최근의 역사만 보더라도 인수공통병의 원체인 코로나바이러스는 이미 2002년 사스-코로나바이러스(SARS-CoV)와 2012년 메르스-코로나바이러스(MERS-CoV)라는 중증 호흡기 감염 발병의 원인으로 알려졌다. 이어 2018년 흰줄숲모기(aedes albopictus)로 인한 뎅기류(dengue)가 15% 증가했고, 말라리아와 비브리오균(vibrio)의 지역적 증가가 있었다(Watts et al, 2020). 또 2019~2020년에 발생한 사스-코로나바이러스-2(SARS-CoV-2)는 코로나바이러스감염증2019(코로나19, COVID-19)의 원인으로, 2019년 말 중국 우한 지역에서 처음 확인된 신종 코로나바이러스이며, 이후 전 세계로 전파되었다. 이처럼 자본주의 사회의 자연 파괴적이고 이윤 추구적인 개발 방식에 따라 급속히 진행된 지구 온난화는 지구의 병원균들에 참을 수 없는 대이동이나 대확산을 발생시키고 있다. 자본주의 기업들의 생명보다 이윤 추구를 중심으로 하는 개발이 바이러스를 전 세계적으로 확산시키고 있는 것이다.

한 예로 코로나19 확산의 진원지가 된 중국 우한은 이미 전 세계 기업들이 들어와 있는 곳이자 전 세계 식품 공급처였는데, 전 세계 대기업들의 인간의 건강을 고려하지 않는 이윤 추구 중심의 무분별한 개발 중심지가 되어, 결국 코로나19의 대유행을 초래한 전 세계 공급망으로서 역할을 했다. 코로나19

바이러스의 확산은 사회의 자본주의적 개발로 인한 지구 온난화와 우한 지역 내 기업들의 이윤 추구적인 무분별한 개발로 인해 발생한 인재(人災)다. 이렇듯 지구 온난화는 자연의 무분별한 개발과 파괴로 자연인 오존층의 파괴를 초래하는데, 자연의 무분별한 개발은 또한 지구의 살아있는 모든 생물의 건강을 위협하고 있다.

그러나 기후변화로 인한 자연재해, 전염병 유행의 확산은 모든 나라에 동등하게 이루어지지 않고 있다. 기후변화는 기존의 사회적·경제적 불평등과 상호작용을 하는데, 이로써 국가 내부와 국가 간 건강 위험을 증대시키며, 건강지표를 악화시킨다. 특히 지구 기온이 1℃, 2℃ 상승하면서 기후변화에 가장 취약한 국가들이 직격탄을 맞고 있다. 지구 온난화로 인한 극심해진 가뭄, 폭염, 홍수, 태풍 등 이상기후와 해수면 상승이 인명과 재산, 자연과 경제 기반시설 등에 영향을 미쳐 건강불평등을 악화시키고 있다.

그리고 기후변화는 국가 간 불평등을 증대시키고 있다. 부유한 국가들과 빈곤한 국가 간의 경제 격차를 더욱 심화시키는 것이다. 가장 큰 피해를 본 국가는 적도 부근의 열대 지역 국가들이다. 또한 기후변화는 각 국가 내에서 지역 간, 계층 간 불평등도 악화시키고 있다. 실제로 우리 사회만 보더라도 이상기후에 취약한 곳은 주로 저소득층 거주 지역인 경우가 많다. 각 국가에서 대형 화재나 홍수로 사망하는 집단은 낮은 사회계급 집단이다. 우리는 기후변화가 낮은 사회계급 집단에 직접적인 피해를 주는 경우를 여러 번 경험했다.

전 세계적으로 2019년에 발생한 4억 7500만 건의 폭염 사건이 취약계층에서 발생했고, 이는 결국 과잉 질병과 사망률의 증가를 초래했다. 지난 20년간 65세 이상 고령자들의 고온으로 인한 사망률이 53.7% 증가해, 2018년에는 총 29만 6000명에 달했다. 이러한 질병과 사망으로 인한 비용은 사회적·경제적으로도 너무나 커서, 2019년에는 잠재적 노동력 3020억 시간이 손실되는 등의 경제생산량 저하를 발생시켰다(Watts et al, 2020). 2017년 유엔이 발간한 '기후변화와 사회 불평등'에 관한 보고서도 도시 빈민을 비롯한 저소득층에서 기후변화로 인해 가장 큰 피해를 본다고 보고했다.

구체적인 예로, 2005년 8월 미 역사상 최악의 자연 재해로 평가받는 허리케인 '카트리나(Katrina)'가 남부 루이지애나주 뉴올리언스를 덮쳤을 때도 저소득층이 가장 큰 피해를 입었다. 당시 전체 사망자 1833명 중 54.5%인 1000명이 뉴올리언스 서부의 흑인 밀집 지역인 로어나인스워드(Lower Ninth Ward)에서 사망했다. 또 한 예로 폭우가 잦은 인도 뭄바이 지역의 경우, 2000만 명의 뭄바이 인구 중 약 50%에 가까운 슬럼가 거주민이 빈약한 건축물로 인해 매년 생명의 위협에 놓인다.

≪뉴욕타임스≫에 의하면 지구 온난화는 1961년부터 2010년까지 50년간 전 세계 양극화 및 경제적 불평등을 대폭 증가시켰다. 이러한 기후변화는 인간의 자본주의적 자연 이용의 결과이다. 자본주의 사회에서 전 세계 초국적 기업들은 "생명의 자연 법칙에 따른 사회적인 신진대사의 상호 의존적인 과정에 회복할 수 없는 균열이 생기도록 하며 지력을 탕진하는데, 이것은 무역에 의해 한 나라의 국경을 넘어서서 타국에서도 발생하고 있다"(마르크스, 2015: 1029~1030). 이렇듯 자본주의 사회에서 초국적 대기업과 대농업은 인간의 노동력과 인간의 자연발생적인 힘을 낭비하고 파멸시키는 것에 더해, 자연의 자연발생적인 힘을 낭비하고 파멸시키고 있다.

3. 코로나19와 사회불평등, 건강불평등의 심화

코로나바이러스19의 대유행 때문에 기후변화에 대한 우려도 함께 커졌다. 코로나19 감염증이 거시적으로는 기후변화의 결과로 초래되었고, 계속 기온이 올라가면 이러한 재해가 또 다시 이어질 것이라는 예측이 이어졌다.

코로나바이러스는 메르스나 사스와 유사하게 동물에서 기생하는 바이러스인데, 인간에게 전파되면서 치명적인 손상과 사망을 유발한다. 코로나바이러스19는 메르스나 사스 코로나바이러스보다 인체의 호흡기계 상피세포에 더 잘 증식해서, 치사율은 평균적으로 약 2.38%로 메르스(34.4%)나 사스(9.6%) 때보다 더 낮으나, 사람과 사람의 전이가 매우 빠르고 쉽게 이루어지기 때문에 전 세계로 빠르게 확산되었다. 1차 발원지인 중국 우한 지역 이외의 다른 지역에서는 점차 치사율이 줄어들었으나, 증상이 없다가도 갑자기 악화되는 점, 젊은 층에는 무증상 감염자가 많다는 점, 50대 이상과 같이 면역력이 저하된 집단에 치명적이라는 점, 뚜렷한 치료약과 예방 백신이 없었다는 점에서 예측불허의 전염병으로 인류에게 충격을 주었다.

자본주의 사회에서 건강은 개인적인 일이 아니듯이, 코로나19의 대유행은 개인적인 것이 아니라 사회적인 것이다. 코로나19의 유행은 건강의 사회적 결정 요인에 의해 낮은 사회계급의 집단에 크게 유행했다. 코로나19의 대유행은 이미 우리 사회에 건강불평등을 가져왔다. 코로나19로 건강불평등이 심화된 것이다.

코로나19의 유행은 사회구조 또는 사회적 관계와 같은 사회적 맥락(social context)을 통해 유행했으며, 이러한 사회적 맥락이 사회계층화(social stratification)를 통해 개인들에게 차별적으로 전파되었고, 코로나바이러스19에 대한 차별적인 노출(differential exposure), 그리고 건강 조건과 물질적 자원의 가용성 측면에서 차별적인 취약성(differential vulnerability)을 낳았다. 그 결과 불건강에 대한 차별적인 여파(differential consequences)를 만들어냈다. 여기서 보건의료 체계는 그 자체로 중요한 사회적 결정 요인이면서 이 과정에서 중요한 역할을 한다.

한국을 예를 들어보면, 이번 코로나19 전파에 가장 극심하게 감염된 집단은 일선에서 대인관계 서비스에 종사하는 노동자들이었다. 전화 교환원, 용역직원, 인력 운반 직원, 간호조무사, 요양보호사, 간병인, 댄스 강사 등, 그들은 일선에서 열심히 일하다 코로나19에 감염되었다. 특히 코로나19의 대유행 속에서도 업무를 수행해야 하는 병원이나 노인 장기 요양시설 등에서 근무하는 간호사, 간호조무사, 간병인, 요양보호사, 보건의료 인력, 대인 서비스 인력 등과 같은 서비스 종사 노동자들은 코로나19의 감염 위험에 노출된 상태로 일을 해야 했다. 다시 말해 이들 노동자는 죽음의 공포 속에 일해야 했다. 노동자들의 안전과 건강이 보장되지 못하고 있는 것이다. 코로나19 대유행에 우리가 기억할 것은, 자본주의 사회에서 자본주의의 모순에 가장 직접적인 영향을 받는 집단은 코로나19의 위험 속에서도 일터에서 일하고 있는 노동자계급과 민중이라는 사실이다. 이처럼 사회불평등 심화와 자본주의 사회의 모순 심화는 노동자계급과 민중에 전가되고 있다.

한국에서는 2020년 1월 말경 1차 유행 때 특수한 조건으로 신천지예수교증거장막성전(이하 신천지)을 통해서 코로나19가 집단으로 전파되기는 했으나, 이 신천지에서 지배 집단을 제외한 대부분 사람들은 생업에 종사하는 일반 시민들로, 이들이 코로나19 대유행 1차 유행 때 가장 큰 고통을 당했다. 이들 신천지인들에게 죄가 있다면 현실의 삶의 고통을 종교를 통해 해결해 보려고 한 죄가 있을 뿐이다. 근본적인 죄를 저지른 집단은 이들 신천지 종교인들을 이용한 종교 집단 내 지배 집단과, 종교와 정치의 결탁을 통해 권력을 획득하려는 자본주의 사회의 정치 지배계급인 것이다.

한편, 코로나19 대유행 이전에도 다가오는 공황으로 인해 노동자계급과 민중들이 대량 해고와 실업의 위협에 처해 있었는데, 코로나19의 대유행으로 이러한 대량 해고와 실업이 더욱 앞당겨졌다. 코로나19는 다가오는 경제공황의 촉진제로 작용하면서 사회 불평등을 심화시켰고, 자본주의 사회 모순을 심화시켰다. 코로나19 대유행 때 각 국가에서 실시한 장기간의 '봉쇄'와 '사회적 거리두기'는 '제1차 글로벌 공급망 위기'로 진행되었고, 이로 인해 경제적 가치의 손실, 막대한 실업과 불완전 고용, 기업 붕괴, 착취 증가, 광범위한 기아와 박탈감이 초래되었다. 예를 들어, 당장 코로나19로 인한 사회적 거리두기로 판매업이나 서비스업으로 이윤을 얻지 못하는 사업주들에 의해서, 판매업이나 서비스업에 종사하는 노동자들은 직장으로부터 해고당했다. 제조업 분야에서도 대량 해고의 위험이 증대했다. 사회적 거리두기는 노동자계급과 민중들에게는 집단 해고와 실업 상태를 의미하는 것이다. 코로나19는 모든 것을 파괴하면서 다가오는 경제공황과 함께 사회 불평등을 심화시켰다.

4. 의료민영화가 각국의 보건의료에 미친 영향

1) 코로나19를 통해서 본 각국의 의료민영화의 문제점

2020년 코로나19 사례를 보면, 대유행이 사라지지 않고 계속 확산되고 있었다. 왜 이렇게 많은 나라들이, 게다가 가장 발달한 자본주의 국가들인 미국, 프랑스, 영국, 독일 등의 국가들이 코로나19 대유행에 제대로 대처하지 못하고 있는가? 자본주의 국가의 이윤 추구 경향과 사적 소유 체계가 전체 사회를 계획하고 통제하는 데 항상 실패하기 때문이다. 코로나19 예방에 가장 중요한 일은 초기에 빠르게 전염병 전파를 차단하는 것이었다. 그런데, 이 간단해 보이는 전파 차단 정책은 세계에서 가장 부유한 국가들인 유럽이나 미국에서는 성공하지 못했다. 그 원인을 단지 그 국가의 사람들이 마스크를 쓰기를 꺼려하기 때문이라고 돌릴 수 있을 것인가? 보다 근본적인 원인이 있다. 바로 개개인이 제어할 수 없는 사회구조의 문제 때문이다.

코로나19가 대유행으로까지 확산된 근본적인 원인으로 전 세계 각국의 보건의료 체계를 살펴볼 필요가 있다. 1978년 WHO는 "2000년까지 모두를 위한 건강을(Health for All by the Year 2000)"을 주창하고 예방 전략으로 1차 의료를 제안했다. 그러나 1980년 세계은행을 위시한 신자유주의 긴축 정책이 각 국가들에서 우세하게 되면서 의료민영화(의료 서비스 및 의료 및 의약품

공급의 민영화)가 급격히 진행되었다. 이러한 의료민영화는 2019년 말 코로나19의 대유행 시 전 세계 인구집단의 생명을 더 급격하게 잃게 만든 근거가 되었다.

이번 코로나19 대유행 시기에 가장 놀라왔던 사실은 미국, 프랑스, 이탈리아, 스페인, 영국 등 가장 부유한 국가들이 코로나19에 신속하게 대응할 수 없었고, 공공의료 부분에 대한 인적 자원과 물적 자원 부족으로 전염병이 급속히 확산되었다는 것이다. 이러한 전염병의 급속한 확대는 지난 40년 동안 각국 정부 보건 정책이 의료민영화(사유화)를 추구하고, 의료 상품이나 투기 및 투자 대상으로 취급해 보건 서비스를 축소시키며, 공중보건을 쇠퇴시킨 점이 기여했다고 볼 수 있다.

1990년대 이후 세계 보건 산업은 극적인 변화를 겪어왔다. 세계은행이 요구하는 신자유주의적 경제 정책과 구조조정 프로그램의 도입으로, 의료는 정부가 운영하고 자금을 지원하는 공공의료 서비스에서 민간 병원, 민간 약국 및 민간의료 관행으로 전환되었다. 의료민영화로 의료 상품화가 급격히 진행되었고, 각국은 질병 예방과 공공의료 프로그램을 발전시킬 수 있는 능력을 잃었다. 모든 사람들에게 무료로 제공되어야 할 의료가 돈을 지불해야 하는 상품이 되었고, 이에 따라 돈이 없는 사람들은 의료를 구입하지 못했으며, 의료 장비와 서비스들을 민간의료산업들에 의해 엄청나게 부풀려진 비싼 값으로 상업 시장에서 구입해야 했다. 이러한 의료민영화에 의한 의료 상품화는 보건의료의 불평등, 건강불평등을 야기했다.

그러다가 코로나19의 대유행으로 그동안 잠재해 있었던 세계 각국의 민간보건의료 체계의 문제점이 적나라하게 드러났다. 사유화된 민간의료 체계로 인해 전염병 초기에 효과적으로 대응하지 못하면서 코로나19의 전 세계적인 확산이 더욱 급격하게 진행되었던 것이다. 그렇게 각 국가는 코로나19의 대유행으로 사유화된 보건의료 체계의 한계를 경험했음에도 공공의료로 나가려는 의지를 보이지 않고 있으며, 사유화된 보건의료 체계를 그대로 유지하려 하고 있다.

2) 코로나19 대유행의 시기에 의료민영화가 각국에 미친 영향

2020년까지 미국은 전 세계적으로 코로나19 확진자와 사망자가 가장 많이 발생한 국가이다. 2021년 2월 5일 현재 확진자 수는 2660만 명이고, 사망자 수는 45.1만 명이다(JHU CSSE, 2021),

미국에서 코로나19 확진자들이 급격히 증가한 이유는 미국의 보건의료 체계가 민간의료보험에 의해 운영되는 민간의료 체계여서, 즉 코로나19를 예방하기 위한 마스크나 소독제, 교육시설, 진단을 위한 장비나 선별진료소, 급증하는 환자들을 치료하기 위한 환풍기, 수술 마스크, 장갑, 전문 병원, 병실, 침대 등과 같은 의료 시설과 장비들이 공공의 목적으로 즉각적으로 가동되지 못했기 때문으로 보인다. 미국의 민간의료보험 회사들이 의료를 장악하고 의료를 상품화해 이윤을 추구하던 체계가, 코로나19 대유행의 시기에 거대한 미국을 무너뜨렸다.

지금까지 세계 최강의 제국이라는 입지를 굳히고 제국주의적 이익을 얻기 위해서 미국은 그동안 자국민의 건강을 포함한 모든 필수 요건을 희생시키면서 '방위'와 '안보'라는 개념으로 군사 정책을 강화하며 군사 예산을 증대시켜 온 반면, 대다수 국민의 건강은 외면해 왔다. 또한 1980년 이래 미국 경제의 대부분은 민간의료보험회사, 제약회사, 군사산업단지 등을 포함한 1% 미만의 초국적 기업들에 의해 점령되어 왔으며, 이에 따른 공공 기간산업 및 공공 서비스에 대한 투자 감소, 임금 감소 및 정체, 교육 및 의료의 민영화 등으로 국민의 대다수인 99%의 삶이 피폐해져 왔다.

이렇게 미국은 이미 제국주의적 이익과 자본주의적 이윤 추구를 위한 세력에 의해 모순이 심화된 상태에 있었는데, 이 모순의 심화에 불을 붙이듯이, 미국의 트럼프 정부는 집권 이래 지속적으로 군사 비용을 증가시키고,

인종과 종파 간의 갈등을 악용해 사회를 분열시켰으며, 대중의 건강을 지켜줄 '민간보건의료 체계의 개선'을 회피하다시피 해왔다. 전 세계 국가들이 코로나19의 위험에 직면했을 때, 트럼프 정부는 전 세계적인 공동 행동의 기치를 내거는 것이 아니라, 오히려 최악의 타격을 입은 국가 중 하나인 이란에 대해 생명을 구하는 의약품과 다른 자원들을 박탈하면서 지속적으로 중동에 제재를 가했다. 또한 트럼프 정부는 집권하자마자 중앙아메리카 이민자들의 미국 입국을 막기 위해 그 유명한 미국-멕시코 장벽(Mexico-United States barrier)을 세우는 등 미국 사회의 분열을 이용하고 악화시켰다. 트럼프는 미국이라는 국가를 양극화시켰으며, 미국 노동자들의 힘을 쇠퇴시켰다.

이러한 미국의 내재적 모순은 코로나19 대유행이라는 위기의 상황을 극복하지 못하게 된 요인으로 작용했다. 내재적 모순이 깊어진 미국 사회에 더해, 중국에서 발생한 코로나19가 2020년 1월 20일 미국에 도착했는데도 트럼프 정부가 초기에 이를 무시하고 안이하게 대응한 것이 미국 전역에서의 코로나19의 폭발적인 증가에 결정적인 기여를 했다.

영국, 이탈리아, 스페인, 스웨덴, 독일 등 유럽 국가들은 어떠한가? 이들 서구 유럽 국가들은 제2차 세계대전 이후 세워진 공공 사회복지 체계를 점차 민영화 체계로 전환해 왔다. 특히 보수 우파 정부가 들어선 국가들은 보건의료 개혁이라는 미명하에 이루어진 공공의료 예산 삭감, 의료민영화 시도 등으로 공공의료 기반이 약화된 상태였다. 한 예로 영국의 국가 보건의료 체계는 1980년 후반부터 의료기관, 시설, 장비, 인력 등이 점차 민영화되어 마치 종이호랑이처럼 국가 보건의료 체계라는 상징성만 가지고 있는 듯했다.

코로나19 대유행에서 밝혀진 놀라운 사실 하나는 사회복지국가로 이름을 떨치던 서구 유럽의 국가들의 민낯이 드러났다는 것이다. 이 사회복지국가들에서는 형식적인 공공의료 체계로 인한 의료시설의 노후화, 의료 인력 부족, 부족한 병상 등 의료 시설의 부족과 같은 공공의료 부실화 현상을 드러냈다. 전염병 대유행은 '이러한 형식뿐인 국가 보건의료 체계는 전염병과 같은 위급한 상황에서는 작동되지 않는다'는 것을 보여주었다.

아시아의 국가들은 어떠한가? 인도는 전 세계적으로 미국에 이어 두 번째로 코로나19 확진자와 사망자가 높은 국가로, 의료민영화가 코로나19로 인한 사망을 가속화시키고 있다. 인도의 경우 민간 병·의원의 높은 의료비 급증으로 매년 5500만 명 이상의 사람들이 빈곤 상태에 내몰리고 있다. 또, 코로나19 발생 시 인도에서는 공공병원의 부적절한 자금 관리와 부족한 모니터링으로 인해 많은 사람들이 개인병원에 가야 했다. 그로 인해 인도에서는 매우 높은 의료비로 인한 비용 부담을 위해서 개인의 모든 재산을 소진시켜야 하는 상황이 되었다. 게다가 민간의료 제공자들은 환자들에게 고액의 의료비를 부과함으로써 막대한 이익을 남기고 있는데도, 국가와 주 정부는 이들을 막지 않았다. 이처럼 인도의 취약한 공공의료 시스템은 코로나19 대유행 속에서 엄청난 확진자 수와 사망자 수를 발생시켰다.

3) 한국의 사례

한국의 사례를 보면 다음과 같다. 한국 정부도 2020년 1월 초에 코로나19가 발생하기 시작했을 때 초기 대응을 놓쳐서 2월에 신천지 교회를 통한 대유행을 겪을 수밖에 없었으나, 그 후에 빠르게 이루어진 사회적 격리, 사회적 거리두기 덕분에 더 큰 유행으로 인한 손실은 막을 수 있었다. 사실 사회적 격리, 사회적 거리두기 등의 대책은 시민들에 의해 실현된 것이라고 봐야 한다. 시민들의 공동체 의식이 오랜 사회적 격리를 견뎌낼 수 있게 한 것이다. 그러나 이마저도 코로나19 환자가 폭증해 한국의 의료시설이나 인력 수용능력을 뛰어넘었다면 다른 상황이 전개되었을 것이다.

코로나19 대유행으로부터 회피해 천만다행이었던 한국 사회에서도 대유행이 장기화됨에 따라 보건의료 체계의 문제점이 드러났다. 한국에서 코로나19에 전염되는 사람들과 경로를 파악해 보면, 한국 보건의료 체계의 문제점을 파악할 수 있을 것이라고 본다. 코로나19 대유행의 경로를 따라 나타난 한국 보건의료 체계의 문제점을 파악해 보면 다음과 같다.

첫째, 한국에서 코로나19 1차 대유행 시기에 나타난 가장 핵심적인 문제는, 한국에서도 이미 보건의료 시설과 인력이 부족한 상태였다는 것이다. 대구에서 일어난 신천지 교회를 통한 코로나19 1차 대유행의 시기에도 이미 공공의료 시설과 공공의료 인력은 부족한 상황이었다. 중환자실과 음압병실이 부족했고, 이 때문에 대구시는 전국에서 보건의료 인력의 자원을 받아야 했다. 이렇게 보았을 때, 대구에서 일어났던 대유행의 규모 그 이상이 되면 이후 한국의 보건의료 체계로는 감당하기 어려운 상황이 벌어진다. 한국에서 각 시도에 공공 응급실, 공공 음압병실, 공공 병실이 전염병과 같은 대유행을 감당하기에 준비가 되지 않았기 때문이다.

한국에서도 1차, 2차에 이어 3차 유행이 시작되면서 한국에서도 병실 부족으로 코로나19 환자들이 병원 치료를 받지 못해 사망하는 사례가 증가하고 있다. 특히 3차 유행 때에는 병상이 없어서 대기 중이던 노인들이 사망하는 사례가 속출하는 등 한국의 공공의료 시설의 부족을 그대로 보여주고 있다.

인력 부족 현상도 나타나고 있다. 서울시에서도 코로나19 대유행으로 3차 유행이 시작되자 은퇴한 보건 의료인력(의사, 간호사 등)을 다시 불러들이겠다고 했다. 얼마나 다급한 상황인지 보여주는 것이 아닌가? 문제는 의료 인력이 부족한 것이 아니라, 공공보건의료 체계에 소속되어서 공중보건을 위해 헌신할 의료 인력이 부족한 것이다.

둘째, 2020년 말까지 한국에서는 코로나19 대유행이 1차(2020년 1월), 2차(2020년 8월)에 이어 3차(2020년 12월)까지 진행되었는데, 1차 때 신천지 교회에서의 집단감염을 제외하고는 노인요양시설이나 요양병원에 입원해 있던 노인들, 일반 병·의원에 입원해 있던 노인들이 대거 전염되었다는 사실이다. 이 부분은 바로 한국의 노인 보건의료 체계의 허실을 보여준다. 한국에서 노인건강보험 제도는 2008년 이명박 정부 시기에 도입되었는데, 재원 조달 체계는 국민건강보험공단에서 일괄적으로 건강보험에 포함시켜 전 국민에게 사회보험의 형태로 징수하는 방식이므로 사회보험의 성격이 있다. 그러나 의료 서비스 제공을 민간 노인 요양 시설에 맡김으로써 노인 의료 서비스를 위한 자원이 민간 영리 노인 요양 시설에 배분되게 하기 때문에, 궁극적으로 공공사회 의료기금이 민간 영리 의료기관 경영주들의 이윤 추구를 위해 사용되고 있다는 점에서 매우 큰 한계가 있다. 그러므로 대부분의 민간 노인 요양 시설에서는 노인들에게 행위별수가제로 명시되어 있는 항목들에 한해서 의료서비스를 형식적으로 제공하고 있다. 이렇게 볼 때, 한국의 노인 보건의료 체계는 반쪽짜리 사회보험 제도, 또는 의료민영화 제도에 가까운데, 이번 코로나19의 대유행으로 노인 보건의료 체계의 문제점이 더욱 두드러지게 드러났다.

셋째, 한국의 간호사, 간호조무사, 사회복지사, 요양보호사, 간병인 등 보건의료 체계에서 보조적인 역할을 하는 보건의료 인력들이 코로나19에 대거 전염되고 있다는 사실이다. 이들은 병원에서 장시간 노동, 야간 노동, 육체적 하중이 심한 노동을 하고 있으며, 병원균에 직접 감염될 수 있는 위험한 환경에 노출되어 있다. 한국의 민영화된 의료 체계는 이들의 안전과 건강에 대해서는 전혀 고려하고 있지 않다는 것을 보여주고 있다.

한편, 한국에서 의료민영화가 전염병의 확산을 막지 못한 사례는 2015년 5월 한국에서 중동호흡기증후군이 발생한 때를 꼽을 수 있다. 2015년 5월 20일 한국에서 첫 메르스 환자가 발생했고, 전국적인 확산을 막기 위해 촉각을 세웠어야 했던 시기에, 삼성서울병원 경영진은 2015년 5월 27~29일 사이에 메르스 전염병 환자(14번 슈퍼전파자)가 삼성서울병원 응급실에 왔었다는 사실을 확인했다. 그럼에도 불구하고 병원의 운영진은 응급실의 전면 폐쇄와 환자 및 노출자들의 격리를 하지 않아서, 결국 이 14번 슈퍼전파자에 의해 치사율이 높은 메르스가 전국적으로 확산되었다. 삼성서울병원 경영진이 정보를 공개하지 않고 적절히 대응하지 않은 것이 초기 방역의 실패를 불러온 것이다.

최초 환자로부터 격리 차단의 실패, 슈퍼전파자로부터의 감염 차단과 격리 실패 등에서 그 당시 박근혜 정부도 책임을 면할 수는 없었지만, 본질은 민간의료기관이었던 삼성서울병원의 정보 은폐 문제에 있다. 국내 메르스 유행에서도 슈퍼전파의 양상이 나타나고 있었으므로 슈퍼전파자의 발생 양상을 분석해 이들을 적시에 찾아 격리 조치를 하는 것이야말로 메르스 유행 관리의 핵심 사안이었으나, 이러한 격리·차단은 정부와 민간의료기관이었던 삼성서울병원에 의해 방기되었다.

그렇게 민간의료기관인 삼성서울병원은 박근혜 정부의 '특혜'하에 메르스 확산 때 여러 번 진실을 은폐했다. 메르스 확진 환자의 발생 현황을 은폐하고 역학조사 및 예방 조치를 취하지 않았던 사실은, 인간의 생명과 관련된 긴급한 상황에서도 민간의료기관을 운영하는 병원 자본의 이윤 추구가 얼마나 집요하고 본능적인지를 보여주는 것이다.

5. 기후변화에 대한 대응 체계로서 공공보건의료 체계 구축과 전망

금세기에 인류에게 재앙으로 다가온 감염병들, 즉 사스, 메르스, 코로나19 등의 대유행은 기후의 변화, 지구 온난화로 인한 대재앙의 서곡일지도 모른다. 전 세계적으로 미래에 발생 가능한 감염병들은 코로나19 대유행과 마찬가지로 매우 빠르게 전 세계적으로 확대해 나갈 것이다. 그러면 현재와 같은 민영화된 의료 체계 아래에서 전 세계 대부분 국가는 질환 예방 및 치료에 실패할 것이고, 이러한 실패는 반복될 것이다. 지금이라도 전 세계적으로 공공화된 의료 체계가 구축되어야 한다.

전 세계적으로 공공의료 체계는 어떻게 구축되어야 하는가? 우선 가장 중요한 것은, 공공의료 체계는 그 사회의 1%가 아니라 99%에 의해 이루어져야 한다는 점이다. 지금까지 민간의료기관이 공중보건에 비용을 투자하는 사례는 거의 없었다. 한 예로 박근혜 정부와 삼성서울병원은 국민의 건강에는 전혀 관심이 없었을뿐더러 국민의 건강을 책임질 수도 없었다는 것이 밝혀졌다. 국민의 건강 문제가 자본의 이윤 추구에 오히려 반하는 경우가 많기 때문에, 민간의료기관은 오직 자신들의 사적 이윤 추구만을 고려할 뿐 공중보건에 비용을 투자하지 않기 때문이다.

의료의 공공화, 의료기관의 공공화는 사적의료기관의 감소와 공공의료기관의 확대를 통해서 이루어질 수 있는데, 이는 1%가 아닌 99% 시민들에 의해 이루어질 수밖에 없다. 각 국가에서 의료 서비스는 사회의 생산의 주체인 99% 시민들의 것이며, 의료 서비스가 사회의 생산·재생산에 기여하는 측면에서 볼 때 이미 사회적인 것이다. 따라서 병원은 사회화되어야 한다. 그리고 병원은 질병으로 사회 활동을 할 수 없는 사람들을 위한, 생산·재생산을 위한 사회적인 공간이어야 한다.

두 번째로 공공의료 체계 구축은 미시적인 차원에서 구축되면 안 되고, 더욱 큰 틀에서 만들어져야 한다. 예를 들면, 코로나19 대유행은 공공의료 체계에는 국가의 주요 의료 서비스 제공 기관으로서의 정당한 위치를 회복할 수 있는 절호의 기회였으나, 한국 정부는 이러한 기회를 얻지 못했다. 문재인 정부는 코로나19의 확산을 '사회적 거리두기'로 막으려고는 했지만, 그 외의 국가의 근간이 되는 공공의료 체계 강화에 대해서는 미온한 대책만을 내놓았다.

문재인 정부는 지난 2020년 12월 초에 '공공의료 강화 대책'을 내놓았고, 여기에 대해 '공공의료 체계 확립', '필수인력 확충', '지역 완결적 의료 여건 조성'을 제시했다. '공공의료 체계 확립'으로는 공공병원 확대 및 기존 공공의료기관의 기능 강화를 내걸었고, '필수인력 확충'으로는 전공의 수련 환경 개선, 간호사의 인력 확충, 근무 환경 및 처우 개선 등을 내걸었으며, '지역

완결적 의료 여건 조성'으로는 지역책임병원 지정, 지역 필수의료 보상 강화, 거버넌스 확립 등을 두었다. 그러나 이러한 문재인 정부의 대책은 근본적인 대안이 아니어서, 오늘날의 민간 중심의 보건의료 체계를 깨트릴 수 있는 힘으로 작용하지는 못할 것으로 보인다.

근본적인 공공의료 체계 구축 방안에는 다음과 같은 부분이 강조되어야 할 것이다. 첫째, 공공의료 체계 구축을 위한 가장 핵심적인 정책은 의료 재원의 공공화와 의료 배분의 공공화다. 의료 재원의 공공화를 이루기 위해서는 소득과 재산의 불평등에 따라 고소득층과 저소득층에 각각 부담을 지워 사회보험의 역할을 제대로 하도록 해야 한다. 아니면 조세제도와 같이 좀 더 궁극적인 재원의 공공화를 추구해 볼 수 있을 것이다. 또한 의료의 배분에서도 공공화 정책이 이루어져야 한다. 혹은, 적어도 생명에 필수적인 질환들에 대한 기본적인 의료 공공화가 이루어져야 한다.

둘째, 보건의료를 담당하는 중앙정부기관의 혁신이 필요하며, 현재 시행하고 있는 모든 보건 정책의 방향을 공공화 정책으로 전환시켜야 한다. 공공의료 체계 구축을 위해서는 중앙정부기관이 현재 시행하고 있는 모든 보건 정책을 공공화하는 방안들을 모색하는 것이 필요하다. 또한 정부 부처들이 같이 연합해서 공공보건의료 정책을 세울 수 있도록 하고, 중앙과 지방자치단체가 연계되는 조직 체계를 구축해야 한다.

셋째, 공공의료 체계를 구축하며 건강불평등의 문제를 해결해야 한다. 즉, 취약계층, 노인 집단, 모성 및 영유아 어린이 집단 등을 포함한 사회집단을 고려하는 정책을 세워야 한다. 취약계층과 의사소통을 통한 공공의료 체계가 구축되어야 하는 것이다.

넷째, 공공의료 체계는 99% 대중들에 의해서 구축되어야 한다. 99% 대중들은 스스로 공공의료 체계를 구축해 나갈 수 있는 능력이 있다. 향후 공공의료 체계는 대다수 대중의 의견 수렴을 통해서 구축되어야 한다.

다섯째, 향후 있을 감염병으로 인한 전염성 질환의 대유행을 예방하기 위해서 대유행 응급 상황을 미리 대비할 수 있는 대책을 마련해야 한다. 전염병의 대유행과 같은 응급 상황에서 공공의료 체계가 즉각적인 역할을 할 수 있도록 중앙-지역 연계 체계를 강화해야 하고, 평상시에 점검 회의나 사전모의훈련 등을 함으로써 공공의료 체계가 실질적으로 가동될 수 있는 '공공의료 네트워크'를 구성해야 한다.

그뿐만 아니라 향후 수년간 기후변화에 대처하기 위해 가속화되어야 할 노력의 필요성은 코로나19 대유행의 영향과 그에 대한 세계적인 대응의 필요성과도 맞물려 있다. 대유행과 기후변화로 인한 인명 손실, 잠재적 비용, 그리고 앞으로 몇 년 동안 계속될 것으로 예상되는 광범위한 결과를 예측하고, 공공보건 위기를 해결하기 위한 공공 중심의 보건의료 정책이 계획되고 실행되어야 한다.

코로나19의 전 세계적인 대유행은 한편에서는 파괴적인 듯하나, 99%의 전 세계 대중이 낡은 사적 이윤 제도를 없애고, 사회적으로 공공화된 의료 체계를 구축할 수 있는 새로운 기회를 제공하고 있다. 따라서 코로나19 대유행의 시기를 99% 대중의 운동이 활성화되는 시기로 만들어야 할 것이다. 인재가 만들어내는 지구 대재앙에 대한 한 가지 가능한 해답은 '생태사회운동'일 것이다. 이것은 인류의 99%가 인류의 미래를 지키기 위해 다 같이 하는 지구를 위한 운동이다. 현 자본주의 사회의 기업가들, 자본가들은 인간-자연-물질대사의 사적·착취적이면서도 무책임한 방향의 사회적 통제를 통해 이윤을 추구했고, 이것은 지구와 사회에 물질대사적 균열을 초래했다. 이제는 이러한 인간-자연-물질대사의 균열을 초래하는 행위에 대한 전 세계적인 사회화 운동이 필요하다. 향후 자연과 인간을 포함한 살아있는 생명체의 존엄을 향해 자연을 잘 사용한다면 이 지구를 후대에 잘 물려줄 수 있을 것이다. 인류의 1%가 지구 대재앙을 야기했다면, 이 지구대재앙에 직면해 있는 나머지 99%가 그 문제를 해결해야 하고, 또 99%에 의해 해결이 될 것이다

토론거리

1. 기후 변화에 대한 근본적인 대책은 무엇인가?
2. 현대 사회에서 건강불평등이 심화되는 원인에 대해 토론해 보자.
3. 인류의 건강을 위해 공공보건의 필요성에 대해 토론해 보자.
4. 공공의료 체계 구축을 위한 구체적인 방법에 대해 토론해 보자.
5. 인류공동체의 발전 방향에 대해 토론해 보자.

읽을거리

인류의 기원 | 이상희·윤신영. 2015. 사이언스북스.

인간의 역사 | 미하일 일리인(Mikhail Ilyin). 2008. 동완 옮김. 동서문화사.

노동에 대한 새로운 철학 | 토마스 바세크(Thomas Vasek). 2014. 이재영 옮김. 열림원.

철학에세이 | 조성호. 2005. 동녘.

가족, 사회, 국가의 기원 | 프리드리히 엥겔스(Friedrich Engels). 1989. 김대웅 옮김. 아침.

자본론 | 칼 마르크스(Karl Marx). 2015. 김수행 옮김. 비봉출판사.

제13장 과학기술이 우리의 미래를 결정할까?

최윤(고려대학교 교양교육원 초빙교수)

포털사이트 검색창에 '과학기술', '연구 개발', '미래'와 같은 단어를 조합해 검색을 해보자. 검색된 뉴스나 자료의 과학적인 내용을 다 이해할 수는 없겠지만, 전반적으로 장밋빛 미래가 넘실댄다는 것을 알 수 있다.

조만간 우리는 100세가 넘는 수명을 누릴 수 있을지도 모른다. 단순히 오래 살기만 하는 것이 아니라 천형이라고 여겼던 유전 질환도 고칠 수 있다. 우리의 자녀나 손자들은 태어나기 전에 유전자 편집 기술 등을 이용해 아예 유전병을 갖지 않고 태어나게 할 수 있을지도 모른다. 또, DNA 스캔 기술을 통해 진단을 받고 의료 빅데이터를 바탕으로 인공지능이 제안한 맞춤형 치료를 받게 된다.

그리고 자율주행 자동차가 일반화되어 운전대를 잡지 않은 채 자동차 앞유리를 스크린 삼아 영화를 보면서 출근을 할지도 모른다. 사물인터넷과 생체칩으로 손 하나 까딱하지 않고도 모든 보안이 가능해지고, 집 안의 모든 디지털 제품들을 외부에서 원격으로 통제해 어지간한 가사는 사람의 힘을 들이지 않고 할 수 있다.

스마트시티의 각 건물의 지붕은 옥상정원처럼 생긴 스마트 루프이다. 이는 지붕에 떨어지는 빗물을 활용하는 특별 프로젝트다. 옥상 바닥에 저장한 빗물을 이용해 수십 개에 달하는 센서가 자동으로 식물에 물을 주고 기온이 올라가면 빗물을 증발시켜 건물의 온도를 낮춘다. 도로의 가로등에 달려 있는 카메라와 센서가 교통량과 보행자 수를 파악해 자동으로 불빛을 조정한다. 모두 탄소 사용을 줄이고 기후 위기를 늦춰보려는 노력이다.

온도와 습도가 관리된 집에 돌아와 보니 인공지능 냉장고가 알아서 주문한 식료품들이 배송되어 있다. 닭고기는 코로나와 같은 인수 공통 전염병을 피하기 위해 일체의 외부 접촉이 차단된 안전한 축산 시스템에서 사육된 것이다. 함께 배송된 토마토와 양배추는 인공지능과 결합된 스마트 팜에서 작물의 생육 환경과 병충해를 원격으로 관리하고 수확한 양질의 것들이다.

여기서 한 가지 의문이 생긴다. 왜 과학기술을 바탕으로 한 미래 예측은 이렇게 낙관적일까? 기술이 우리에게 좋은 것을 가져다줄 것이라고만 기대할 수 있을까? 이런 질문을 던지는 사람들이 매사에 너무 삐딱하게 세상을 바라보는 것일 수도 있다. "그러면 인류를 위해 열심히 연구에 매진하는 사람들에게 결과가 나오기도 전에 찬물을 끼얹어야 하느냐"라는 비아냥을 듣기도 한다. 그럼에도 불구하고 과학기술에 대해서도 '불편러'가 필요하고 그들의 역할은 매우 중요하다. 현대 사회의 많은 부분에 과학기술은 속속들이 스며들어 있고 이제 우리는 그 구조를 벗어나서 살 수 없다. 그러므로 과학기술의 여러 단면에 대해 고민해 보지 않고는 세상을 새롭게 보는 것도 불가능하다.

1. 과학기술에 대한 통념

1) 과학기술은 우리에게 무엇인가

과학이란 무엇일까, 또 기술이란 무엇일까? 과학이나 기술이 우리 삶에 밀착된 친숙한 것이라지만 막상 이런 질문을 받으면 명확하게 대답하기가 어렵다. 두 단어 모두 오랜 역사를 가진 단어이면서 시대에 따라 조금씩 다른 맥락에서 사용되어 왔기 때문이다. 우리가 현대의 과학기술에 대해서 구체적으로 살펴보기 전에 먼저 과학과 기술에 대한 일반적인 생각을 정리해 보자.

과학과 기술과 철학을 나란히 배치해 보자. 가장 멀리 떨어진 곳에 두어야 할 것은 무엇일까? 아마도 '철학'이라는 답이 제일 먼저 나올 것이다. 과학기술이라는 말이 하나의 단어처럼 쓰이는 요즈음, 이런 답은 당연할지도 모른다. 그러나 우리에게 익숙한 서양 자연'과학'의 시작은 그리스 자연철학에서 그 기원을 찾을 수 있다. 그리스의 철학자들은 인간과 사회의 여러 현상을 근원적으로 탐구하듯 자연 현상을 관찰하고 세상과 만물을 구성하는 근원적인 물질과 그 원리를 탐구했다. 이후 오랫동안 과학은 '자연철학'이라 불리는 철학의 일부였다. 자연철학이 학문 전체를 뜻하는 철학에서 분리되어 독립한 것은 18세기 이후다. 이때부터 '안다'라는 뜻의 라틴어 '스키엔티아(scientia)'에서 파생된 '과학(science)'이라는 용어가 본격적으로 사용되었다. 이후 과학자라는 말도 사용되었으며, 점차 과학 활동만으로도 생계유지가 가능해져 과학은 하나의 전문직업이 되었다.

한편 기술은 그리스어 '테크네(techne)'에서 왔다. 테크네는 인간의 정신 외적인 것을 생산하기 위한 실천을 의미한다. 과학이 인간의 정신 활동의 일부라 생각했던 반면, 기술은 인간의 정신 밖에 속하는 것으로 간주했다. 테크네는 오늘날의 기술 이외에 예술과 의술을 포함한 넓은 의미를 가지고 있었다. 이런 기술의 의미는 산업화 이후에 오늘날과 같이 물질적 재화를 생산하는 것으로 구체화되었다(송성수, 2009).

그렇다면 과학과 기술은 어떻게 연관되어 있을까? 과학과 기술은 매우 밀접하게 연관되어 있다는 주장도 있고 본질적으로 다른 개념이라는 주장도 있다. 혹자는 기술이 과학을 포함하는 큰 개념이라고 주장하기도 한다. 이런 다양한 견해가 엇갈리는 가운데 과학과 기술의 선후를 논의하는 것은 그다지 생산적이지 않다. 그보다는 역사적 시기에 따라 과학과 기술의 관계가 어떻게 변화했으며 그 맥락은 무엇인지를 살펴보는 것이 좋을 것이다. 과학과 기술이 완전히 별개였던 시기도 있지만 오늘날에는 '과학기술'을 한 단어로 사용할 정도로 밀접한 관계를 이루고 있다.

과학과 기술이 완전히 분리된 개념으로 존재하던 시절에 과학은 상류층의 학문 탐구의 일환이었던 반면 기술은 생산 활동에 직접 종사하는 낮은 계층의 사람들이 담당하는 것이었다. 자연철학이 싹튼 고대 그리스 시대에도 기술은 '명예로운 아테네 시민들이 종사하기에는 온당치 못한 것이며 노예에게나 적합한 일'로 여겨졌다. 이런 상황은 시대에 따라 점차 변화하기 시작해 16세기에는 과학자들이 기술을 연구해야 한다는 주장이 생겨났고, 과학이 기술 발전에 기여해야 한다는 믿음이 등장하기도 했다. 18세기에는 기술자들이 과학을 수용하기 시작했고 과학자와 기술자의 교류가 본격화되었다. 19세기 말에 이르러서는 많은 과학 활동이 기술에 의존하게 되면서 기술에 과학이 활용되는 경우가 많아졌다. 20세기 중반 이후에는 대규모 프로젝트에 과학자가 기술자가 동시에 참여하는 경우가 빈번해지면서 과학과 기술이 공유하는 범위가 더욱 확대되었다(이필렬·최경희·송성수, 2004).

이런 과정에서 과학과 기술을 구분하는 것은 가능은 하지만 점점 효용성이 떨어지는 것으로 여겨진다. 오늘날 과학과 기술은 사실상 같은 문제를 비슷한 방법론으로 탐구하는 경우가 많아졌기 때문이다. 특히 우리나라의 경우 서구의 과학이 유입되는 과정에서 이를 활용한 경제 발전이 도모되었고, 유용한 것을 만들어 내는 바탕으로서의 과학이 강조되었다. 우리나라에서 '과학과 기술'이 아닌 '과학기술'이라는 말이 통용되는 데에는 이러한 맥락이 있다(이상욱, 2019).

2) 과학기술에 대한 통념

먼저 과학에 대해 우리가 일반적으로 갖는 생각을 살펴보자. 우리는 과학을 객관적이고 명확한 지식이라고 생각한다. 그 바탕에는 과학은 '자연을 그대로 반영'하는 지식이고 과학 활동은 '자연이 품고 있는 진리를 탐구하는 과정'이라는 생각이 깔려 있다. 과학은 자연의 질서를 그대로 드러내는 것이기 때문에 이해관계에 얽매이지 않으며 그 자체로 확실한 지식이라는 것이다. 과학자의 이미지 역시 마찬가지다. 우리가 과학자라고 하면 떠오르는 전형적인 이미지는 흰 실험 가운을 입고 머리는 조금 부스스하게 헝클어져 있는 모습이다. 매우 똑똑할 것 같지만 한 편으로는 엉뚱할 것 같기도 하다. 어느 편이든 이 사람은 실험실 밖의 세상에 관심이 없거나 얽매이지 않고 오직 자연의 진리를 찾아내기 위한 순수한 탐구에 헌신하는 사람이다. 이른바 '순수'과학이라는 이미지는 이렇게 만들어진다.

그렇다면 기술은 어떻게 정의되는가? 오늘날 기술은 정의하는 접근은 다양하지만 대체로 '인간에게 유용한 것을 만들어내기 위해 과학 지식을 적용해 자연을 개조하는 수단이나 능력'이라 할 수 있다. 기술은 인간이 풍요롭고 편안한 삶을 누릴 수 있는 어떤 것을 만들어준다. 특히 산업혁명 이후 빠른 속도로 발전해 온 기술 문명은 이를 부정하기 어렵게 한다. 오늘날 우리는 불과 200여 년 전의 사람들이 상상할 수 없는 기술의 혜택을 누리고 있다. 인류의 생산력은 비할 데 없이 높아져서 우리는 훨씬 더 편리하고 건강한 삶을 누리고 있다. 이 사실은 '기술은 좋은 것'이라는 생각을 우리 머리에 심어 놓았다.

이런 두 통념의 결합으로 우리는 과학기술은 객관적이고 명확한 지식이며, 과학기술을 연구하고 개발하는 것은 인류에게 밝은 미래를 가져다주기 위한 일이므로 가능한 자원을 동원해 투자하는 것이 마땅하다고 생각하게 되었다. 인류는 이런 생각을 실천에 옮겨 가속적인 물질문명의 발전을 이룩해 왔다. 그 결과 우리는 '인류세'라 불리는 아슬아슬한 시대를 살아가고 있다. 인류세는 인간의 힘과 영향이 지구 환경에 뚜렷한 흔적을 남기고 있는 시기를 이르는 비공식적인 지질학적 시대로, 플라스틱과 콘크리트, 잔류 농약 등 현대 기술의 잔해와 핵실험의 결과인 방사능 낙진 같은 폐기물이 지층에 뒤섞여 나타나는 시대다. 인류세는 또한 매일 10여 종 이상의 생물이 멸종하는 여섯 번째 대멸종이 진행되는 시기이기도 하다. 이런 대멸종의 가장 중요한 원인은 인간 활동으로 인한 환경의 파괴이다.

인류세를 살아가면서 우리는 과학기술의 미래에 대해 의문을 던져볼 필요가 있다. 과학기술은 모두 확실하고 객관적인 지식인가? 모든 과학기술의 개발은 정당하며 우리에게 좋은 것을 가져다주는 것인가? 우리는 과학기술의 개발과 활용을 어디까지 수용할 수 있을까? 이런 질문을 품고 현재의 과학기술의 몇몇 장면을 살펴보자.

2. 과학기술의 현재와 미래의 단면

1) 플랫폼 기술과 노동의 미래

2020년, 전 세계적인 코로나19바이러스의 확산은 우리의 삶을 비대면이라는 방식으로 바꿔 놓았다. 가능한 접촉을 자제하는 것이 지상 과제가 된 상황에서 온라인 쇼핑과 배달은 일상을 지탱해 주는 중요한 시스템이 되었다. 몇 년 전만 해도 음식을 배달해 주는 매장은 치킨이나 피자, 중국 음식점과 같은 몇몇 업종에 불과했다. 그리고 이들의 경우, 가게에서 자체적으로 배달원을 고용하는 경우가 일반적이었다. 그러나 최근에는 이런 상황이 많이 달라졌다. 배달 앱의 사용과 음식 배달 문화가 확산되며 이른바 '배달 라이더'라는 직종이 등장한 것이다. 배달업이 호황을 누리면서 '라이더 연봉 1억 시대가 열렸다'라는 내용의 기사가 실려 눈길을 끌기도 했다. 음식 배달 분야뿐 아니라 온라인 쇼핑 업체들도 배송 기사 확보에 어려움을 겪으면서 인터넷 커뮤니티나 SNS에서는 퇴근 후에 부업으로 몇 시간만 열심히 뛰면 얼마를 벌 수 있다는 말들이 떠돌았다. 이런 방식의 노동을 가능하게 한 것은 항상 우리 손안에 있는 스마트폰과 그 안의 여러 애플리케이션들이다. 덕분에 이들은 특정한 업체에 소속되어 있지 않으며 운송 수단, 근무 시간이나 장소, 근무 형태들을 스스로 결정하게 된다. 이런 노동의 방식을 취하는 사람들을 '긱 워커(gig worker)'라 부르기도 한다.

긱 워커는 필요에 따라 단기로 계약을 맺거나 일회성 일을 맡는 등 초단기 노동을 제공하는 근로자를 뜻한다. 그리고 4차 산업혁명 시대에 필요에 따라 임시 계약을 맺고 업무를 맡기는 경제 현상을 '긱 이코노미(gig economy)'라고 한다. 잘 알려진 에어비앤비나 우버와 같은 서비스가 긱 이코노미의 대표적인 예다.

'온라인상에서 생산, 소비, 유통이 이루어지는 제반 환경'을 뜻하는 플랫폼은 긱 이코노미의 필수 요소다. 플랫폼 기술이 발전하면서 긱 워커들은 다양한 플랫폼을 통해 단기간의 일자리를 구하거나 자신을 홍보할 수 있게 되었다. 당장 스마트폰의 앱스토어에 들어가 보면 청소, 세탁, 육아, 교육 등 다양한 분야의 수요와 노동을 연결해 주는 다양한 애플리케이션을 찾아볼 수 있다.

초창기에 긱 이코노미는 새로운 시대의 경제 방식으로서 우리가 일하는 방식, 나아가 삶의 방식을 바꿔 놓을 수 있을 것이라는 기대를 갖게 했다. 긱 이코노미는 첫 번째로, 온라인이나 모바일 플랫폼을 통해 수요자와 공급자를 빠르게 연결해 주어 일을 찾는 사람들은 필요한 시간에 필요한 만큼 자유롭게 일할 수 있게 해준다. 두 번째, 자신의 전문 지식을 재능 기부 형태로 제공하는 전문가들이나 취미를 본업으로 삼게 되는 유튜버나 블로거와 같이, 본업과 부업을 연결해 자신의 능력을 발휘할 수 있는 새로운 기회를 제공할 수도 있다. 세 번째, 플랫폼 기술은 세대를 연결해 줄 수 있는 도구가 될 수도 있다. 전문가가 은퇴한 후에도 경제 활동이 가능하도록 유사한 업무를 수행하는 기업에 자문하거나 기획 아이디어나 영업 전략을 제공하는 방식으로 노년층의 새로운 일자리를 만들어, 이들이 고령화 시대에 스스로 대비할 수 있는 건강한 사회적 구조를 만드는 기능을 할 것이다. 이제 기업은 조직을 축소해 빠르게 변화하는 상황에 유연하게 대처할 수 있으며 노동자들은 특정한 직장에 얽매이지 않고 원할 때 원하는 방식으로 일을 하면서 자신의 능력을 창의적으로 발휘하게 될 것이라 기대되었다.

그렇다면 플랫폼 기술이 확장된 현실은 어떨까? 기대했던 가능성이 발휘된 사례를 여러 건 찾아볼 수 있다. 취미로 시작했던 유튜브가 기회가 되어 책을 쓰거나 강연을 하는 등 새로운 기회를 얻게 된 경우도 많다. 퇴사하고 스스로 브랜드를 만드는 디자이너나 기획자들도 있다. 이들은 크라우드 펀딩을 이용해 수요자들을 모으고 투자를 받아 자신의 취향과 가치관을 지키며 일을 한다. 이런 노동의 방식은 플랫폼 기술이 열어준 새로운 가능성이라

할 수 있다.

하지만 새로운 노동 방식에는 여러 가지 사회적인 딜레마도 존재한다. 억대 연봉이라는 선망의 눈길을 받기도 했던 배달 라이더들의 현실은 어떨까? 라이더들은 한 명 한 명이 모두 사장님이다. 일하는 데 필요한 오토바이 대여료, 보험료, 유류비, 엔진오일 교환비, 콜비, 통신비 등 모든 비용을 스스로 충당해야 한다. 버는 돈의 3.3%는 세금으로 '원천징수'된다. 고수익인 듯 보이지만 그것이 순수익은 아닌 것이다. 미디어나 온라인 커뮤니티에서 이야기되는 실제 수익은 매우 과장되어 있다고 라이더들은 말한다. 또 하루하루의 콜 수나 프로모션 유무, 업체 수수료 등에 따라 수입은 들쭉날쭉하다. 생계를 유지하기 위해서는 한 시도 프로그램을 끄지 못하고, 제대로 된 식사 시간도 없이 대기해야 한다. 사고라도 나는 날에는 모든 책임을 라이더 본인이 져야 한다. 주문이 줄어서 라이더들의 수입이 없어져도, 사고가 나서 치료를 받느라 몇 달씩 일을 못 하게 되어도 플랫폼에는 아무런 손실이 없다. 모든 종류의 불안정성과 위험은 라이더들에게로 외주화되어 있다.

일하는 방식과 영역을 자유롭게 결정할 수 있는 것처럼 보이는 다른 프리랜서들도 마찬가지다. 중개 앱을 통해 개인 수영 강습을 하는 한 강사는 2020년에 코로나19로 인해 여러 달 동안 전혀 강습하지 못했다. 그렇지만 전통적인 고용 관계를 맺지 않은 프리랜서를 지켜주는 안전망은 어디서도 찾기 힘들다. 결국, 생계를 위해서는 가능한 다른 자투리 노동을 찾아야 한다. 본업을 하지 못하면 배송업체의 새벽 배송이라도 할 수 있으니 다행이라고 해야 할까? 자유롭게 보이는 긱 워커들은 파편화된 노동을 이어가며 프로 엔(n)잡러가 되어 끊임없이 자신의 시간과 노력을 갈아 넣어야 하는 상황을 강요받고 있다.

2) 유전자 편집 기술이 가져올 미래?

2020년 노벨 화학상 수상자는 크리스퍼 유전자 가위 연구를 개척한 두 명의 과학자였다. 에마뉘엘 샤르팡티에(Emmanuelle Charpentier) 독일 막스플랑크 연구소 교수와 제니퍼 다우드나(Jennifer Anne Doudna) 미국 버클리 캘리포니아대학교 교수가 그 주인공들이다. 이들이 2012년 제안한 크리스퍼 유전자 가위는 특정 DNA를 찾아가 결합하는 유전 물질인 가이드 RNA와, 결합된 DNA를 잘라내는 효소 단백질인 캐스(Cas)9로 구성된다. 원래 박테리아가 과거에 만났던 바이러스의 DNA를 잘게 잘라 자기 유전자에 붙여 넣어 기억해 두었다가, 그 정보를 이용해 바이러스가 다시 공격하면 방어를 하는 면역 시스템을 활용한 것이다.

유전자 변형을 위해 기존에 사용했던 유전자 재조합 기술은 제한 효소를 이용해 원하는 유전자를 자르고 운반체에 넣어 세포에 강제로 주입하는 방식이었다. 이 방식은 자르고 붙일 수 있는 DNA 영역이 제한적이면서 무작위적인 특징이 있다. 반면 크리스퍼 유전자 편집 기술은 생명체에서 원하는 DNA 부위 어느 곳이나 자를 수 있고, 외부의 유전자도 상대적으로 쉽게 삽입할 수 있다. 게다가 유전자 재조합 기술보다 사용하기도 쉽고 효율도 높으며 가격도 저렴해 광범위하게 활용되고 있다.

유전자 가위 기술을 동물이나 식물에 적용한 연구 결과는 속속 보고되고 있다. 2016년 4월 미국 펜실베이니아대학교 연구팀은 양송이버섯을 재료로 유전자를 제거하는 방법으로 유전자 편집에 성공했다. 양송이버섯을 칼로 자르게 되면 폴리페놀산화효소(polyphenol oxidase)라는 효소가 작용함으로써 갈변해 상품 가치가 떨어지게 된다. 그들은 양송이가 가지고 있는 폴리페놀산화효소 유전자 6개 중 강력한 1개의 유전자를 유전자 가위로 제거해 갈변을 약 30% 감소시키는 데 성공한 것이다. 2019년 미국 미네소타의 칼릭스트(Calyxt)사는 유전자 편집 기술로 사람에게 해로운 트랜스 지방을 없애고 다른 식용유에 비해서 유통 기간을 길게 만든 콩으로 식용유를 생산해 미국 중서부 레스토랑에서 사용하고 있다고 발표해 주목을 끌었다. 그 외에 건강 인자인 기능성 섬유소가 많은 밀이 개발되거나 생산량이 획기적으로 많은 토마토, 고추처럼 매운 토마토, 혈압을 낮추는 물질인 가바(GABA)가 15배 많은 토마토, 토양에서 오염원을 흡수하지 않는 쌀 등 수많은 유전자 편집 식물들이 속속 개발되고 있다. 우리나라에서도 비타민 D가 포함된 유전자 편집 상추 개발에 성공했다(오태광, 2019).

기초과학연구원(IBS) 김진수 박사와 연변대학 윤희준 교수팀은 협력 연구를 통해 단백질 함량이 높고 지방이 적은 슈퍼 근육 돼지를 만들었다. 돼지는 근육이 어느 정도 생기면 마이오스타틴(myostatin)이란 유전자가 발현해 근육 성장을 억제하는데, 유전자 가위로 마이오스타틴 유전자를 제거해 일반 돼지에 비해서 근육량이 20%가 많은 슈퍼 근육 돼지를 만든 것이다. 일본 긴키대학의 가토 게이타로(家戶敬太郎) 교수는 이와 비슷한 방법을 사용해 일반 참돔에 비해서 몸집이 1.2배 큰 참돔을 만들었다.

유전자 편집 기술의 가장 충격적인 사건은 2018년 11월 중국 남방과기대 허젠쿠이(賀建奎) 교수가 인체 면역 결핍 바이러스(human immunodeficiency virus: HIV)에 저항성이 있는 쌍둥이 여자아이의 출산에 성공했다고 발표한 것이다. HIV가 인체에 들어오면 면역세포인 T 세포에 침입하게 되는데, 이때 CCR5 유전자가 관여한다. 허 연구팀은 유전자 편집 기술을 이용해 CCR5가 없는 맞춤형 아기(designer baby)를 만들어낸 것이다. 그간 학계에서는 연구 목적의 인간 배아 편집에 대한 논의가 진행됐지만, 인간의 배아를 임상 실험해 유전자 편집 아기의 출산을 공개적으로 찬성한 학자는 없었다. 이후 허젠쿠이 교수는 실험 과정에서 부모의 동의를 제대로 구하지 않고 실험 윤리와 관련된 서류를 위조하는 등의 연구 부정행위가 드러나 중국 당국의 제재를 받았다. 이후 인간 배아의 유전자 편집과 체내 착상 금지에 대한 국제적인 논의들이 진행 중이다.

다른 한편에서는 난치병 치료 목적의 인간 배아에 대한 연구들이 계속되고 있다. 2020년 4월 안과 의사인 마크 페네시(Mark Pennesi) 미국 오리건보건과학대학 의대 교수와 연구진은 선천성 희귀 망막 질환인 레베르 선천성 흑내장(LCA10) 환자들을 대상으로 눈에 크리스퍼 유전자 가위를 직접 주입하는 임상시험을 진행했다고 밝혔다. LCA10은 CEP290 유전자 돌연변이 때문에 빛을 감지하는 망막 광수용체가 제 기능을 하지 못해, 태어날 때부터 앞을 볼 수 없거나 시력이 있더라도 10세 이전에 실명하게 되는 질환이다. 연구팀의 목표는 크리스퍼 유전자 가위로 이 돌연변이 유전자를 제거해 LCA10 환자의 시력을 회복시키는 것이다. 이 임상시험에서 크리스퍼 유전자 가위의 안전성과 효능이 검증되면 향후 유전자 가위를 인체에 직접 투입해 각종 질병을 치료하는 다양한 연구의 길이 열릴 것이다(Ledford, 2020).

이와 같은 연구 결과들은 새로운 미래를 그리고 있다. 안전성에 대해 여전히 논쟁이 진행 중이지만, 유전자 편집으로 개발된 기능성 작물들을 식탁에서 만날 수 있고 불치의 유전병도 치유할 수 있을지도 모른다. 국내 연구팀이 개발한 근육 돼지가 상용화된다면 삼겹살을 선호하지 않는 중국의 돼지고기 소비 시장의 판도를 바꿔놓을지도 모른다는 전망도 있다. 학계에서는 부작용과 윤리적 논란, 환경 위해 가능성 등을 고려해 다각도로 검토하고 조심스럽게 접근해야 하지만 새로운 분야의 연구 성과를 선점하기 위한 노력도 해야 한다고 주장한다.

그러나 이와 같은 들뜬 전망을 한 겹 걷어내고 냉정하게 현실을 보자. 전 세계적으로 이미 크리스퍼 유전자 가위를 사용한 수천 건의 논문이 발표되었다. 유전자 변형 마우스와 다른 동식물 모델의 신속한 생성과 채택으로 증명되듯이 크리스퍼 유전자 가위는 의생명과학 자체에는 의미 있는 충격을 주었다. 그러나 크리스퍼 유전자 가위가 가까운 장래에 인간 건강에 커다란 효과를 미칠 수 있느냐의 여부는 이것과는 별개의 문제다. 크리스퍼 유전자 가위를 활용하는 연구로부터 거둘 수 있는 임상적인 이익은 예측이 어려운 방향으로 앞으로 수십 년 동안 전개될 것이다(전방욱, 2018). 페네시 연구팀이 시행한 체내 유전체 교정에 대해서도 아직 갈 길이 멀다는 지적이 있다. 표도르 우르노프(Fyodor Urnov) 미국 버클리 캘리포니아대학교 교수는 "기존 체외 유전체 교정이 일반 비행기를 타는 것이라면 유전자 가위를 직접 체내에 투입하는 것은 우주선을 타고 우주를 비행하는 것과 같다"며, "이는 큰 도약이지만 현 시점에서는 기술적인 난관과 잠재적인 안전성에 대한 우려가 더 크다"라고 지적했다(Ledford, 2020).

유전자 편집 농작물의 경우도 마찬가지이다. 아직까지 우리나라에서 상업적으로 재배가 허가된 GMO 작물은 없다. 국내 농가나 소비자들의 주요한 이슈도 유기농이나 친환경에 집중되어 있다. 그런데 과연 기술을 보유하고 있다고 하더라도 우리가 비타민D를 섭취하기 위해 유전자 편집 상추를 먹게 될까? 20%의 생선살을 더 먹기 위해 유전자 편집 참돔을 수입하기를 원하게 될까? 만약 이도 저도 아니라면, 국내에서 유전자 편집 동식물을 개발하기 위해 막대한 연구비를 사용하는 것은 누구를 위한 과학기술인가?

3. 과학기술은 어떻게 결정되는가

20세기 이후 과학기술의 핵심적인 두 영역인 정보통신 기술과 생명공학 기술이 제시하는 미래와 현재 상황을 교차시켜 보면, 우리가 기대하는 그대로의 낙관적인 미래가 실현되기란 매우 어렵다는 것을 쉽게 알 수 있다. 이런 현실에도 불구하고 우리는 은연중에 과학기술이 현재 제기되고 있는 여러 문제의 답을 제시하리라 기대한다. 때로는 그 문제가 과학기술로 인해 빚어진 것이라도 그 해법을 다시 과학기술에서 찾는다. 이는 우리가 오랫동안 갖고 있는 기술과 사회의 관계에 대한 고정적인 개념이 반영된 것이라 볼 수 있다. 과학과 기술의 인문·사회과학적 맥락을 연구해 온 과학기술학자들은 이를 '기술결정론'이라고 부른다.

기술결정론은 간단히 말하면 기술이 사회에 일방적으로 영향을 미친다는 주장이다. 기술결정론자들에 따르면 기술은 그 자체의 고유한 발전 논리를 가지고 있기 때문에 기술의 발전 경로는 시간이나 공간에 관계없이 동일하다. 이렇게 동일한 경로를 밟아 기술이 발전하는 과정에 사회는 규제나 진흥책으로 그 속도에 영향을 줄 수는 있지만 발전 방향에는 영향을 줄 수가 없다. 즉, 기술은 정해진 경로로 발전을 하며 사회에 영향을 줄 뿐 사회로부터 근본적인 영향을 받지는 않는다는 것이다. 기술결정론의 또 다른 특징은 기술을 가치중립적인 것으로 보는 경향이다. 기술의 가치중립성은 기술은 아무런 정치나 이념이 없는 무색무취한 것이며, 그것을 사용하는 주체에 따라 기술의 성격이 결정된다는 것이다. 즉, 좋은 기술이나 나쁜 기술이 따로 있는 것이 아니라 그것을 사용하는 기업이나 국가가 선용하는가 악용하는가에 따라 좋은 기술, 나쁜 기술이 정해진다는 것이다.

그런데 이런 기술결정론의 관점은 몇 가지 문제를 만든다. 먼저 기술이 가치중립적이라고 보는 관점은 기술을 개발하는 개발자의 위치를 책임에서 멀어지게 한다. 기술이 양날의 검과 같아서 그것을 사용하는 사람에 따라 좋게도 나쁘게도 사용할 수 있다는 생각은 다른 한 편으로는 기술이 어떻게 사용되던 개발자에게는 책임이 없으니 개발자는 계속해서 개발에만 전념하면 된다는 의미로 해석될 수 있다. 이는 기술을 개발하는 사람의 책임을 희석하고 이들을 연구실에 매몰되게 한다. 그런데 과연 기술자에게는 아무런 영향력, 혹은 책임이 없을까? 결론적으로 말하면 그렇지 않다.

기술철학자인 랭던 위너(Langdon Winner)는 로버트 모지스(Robert Moses)가 설계한 로드아일랜드주의 존스 비치 공원 진입로에 설치된 고가도로를 분석하면서 '인공물에도 정치가 있다'고 주장했다. 1930년대에서 1950년대까지 뉴욕시의 지형을 설계한 모지스는 공원으로 진입하는 새로운 진입로 위에 설치된 고가도로의 높이를 9피트 정도로 설계했다. 고가도로의 아래로 흑인들이 주로 이용하는 12피트 높이의 버스가 진입하지 못하게 되면서, 결과적으로 존스 비치 공원은 자가용을 가진 중산층 이상의 백인들이 전유하게 되었다. 위너는 이런 설계에는 모지스의 계급적 편향과 인종차별적인 사회의 분위기가 반영된 것이라고 주장했다(Winner, 1980).

우리가 기술의 설계나 디자인에 그것을 개발하고 만든 사람의 가치관이나 성향이 반영된다는 점에 동의한다면 기술은 가치중립적일 수 없다. 왜냐하면 기술을 설계한 사람은 진공 속에서 태어나서 성장하고 교육을 받는 것이 아니기 때문이다. 설계자가 어떤 사회에서 성장하고 그 사회의 문화를 향유하고 교육을 받았다면 그에게는 사회의 규범과 가치가 내재되게 마련이고 이것은 그대로 기술의 설계에 반영된다. 이는 비단 모지스의 사례에서만 나타나는 것은 아니다.

우리나라의 사례를 보자. 2002년 국가인권위원회가 기획·제작한 인권영화 〈여섯 개의 시선〉은 여섯 편의 단편으로 구성된 옴니버스 영화다. 이 중 한 편인 〈대륙횡단〉은 장애인의 인권과 이동권에 관한 현실을 다큐멘터리 형식을 빌려 적나라하게 보여준다. 영화는 뇌성마비를 가진 문주의 일상에 드러난 여러 차별의 장면들을 좇다가 마지막에는 광화문 네거리를 무단횡단하는 문주의 모습을 담고 있다. 서울의 교통 중심부이지만 횡단보도도 없고, 지하도에 리프트도 설치되어 있지 않은 광화문 네거리. 이곳을 목발을 짚고 무단횡단하는 문주의 모습은 어떤 이에게는 네거리를 건너는 것이 대륙을 횡단하는 만큼의 결심과 용기가 필요한 일이라는 것을 역설한다.

그렇지만 육교와 지하도가 버거운 것은 비단 장애인들만은 아니었을 것이다. 잠깐 다리를 다쳐서 깁스를 했거나 어린 아이를 동반한 사람, 노인들에게도 힘겹기는 마찬가지 아닐까? 이런 상황은 당시의 도시 설계가 보행자의 편의를 고려하지 않았다는 것을 보여준다. 1960년대에 도시화가 이루어진 우리나라의 도시들은 당시의 급속한 성장주의를 반영하고 있다. 압축적인 성장을 겪고 있던 당시의 우리나라는 보행자의 편의보다 자동차가 막힘없이 달리는 것, 물류와 교통의 지체가 없는 것에 더 가치를 두었다. 이런 사례에서 볼 수 있듯 기술에는 설계자를 통해 여러 가지 가치가 반영될 수밖에 없다. 그러므로 어떤 기술도 가치중립적일 수는 없으며 기술의 개발자나 설계자 역시 책임에서 자유로울 수는 없다.

기술결정론적인 관점이 야기할 수 있는 두 번째 문제는 기술에 대한 우리의 시야를 제한해 기술에 대한 다른 상상을 가로막는다는 것이다. 기술이 자신의 내적인 논리를 따라서 정해진 경로를 따라 발전한다는 주장은 지금의 기술의 모양이 필연적이며 앞으로 만들어질 기술의 모양도 정해져 있다는 의미다. 이런 시각으로 보면 어떤 기술을 상상하던 앞으로의 기술의 모습은 정해져 있고 사회는 기술에 어떤 영향도 미칠 수 없다. 기술의 발전 과정을 선형적으로 묘사하고 앞으로도 기술이 그 궤적을 따라 발전할 것이라고 예측한다면, 기술의 발전을 낙관할 수는 있겠지만 동시에 대안적인 기술을 상상할 수 없는 무기력에 빠지게 한다.

그런데 정말 지금의 기술의 형태가 필연적일까? 무엇이 기술의 발전을 추동하는 것일까? 이에 대한 답을 찾기 위해 몇 가지 논의를 해보자. 우리는 왜 150볼트가 아닌 110볼트나 220볼트를 사용하는 전기 체계를 갖게 되었을까? 우리는 왜 '윙' 소리를 내는 전기냉장고를 사용하게 되었을까? 자전거가 처음 만들어진 19세기에는 다양한 형태의 자전거가 있었는데 왜 지금과 같은 형태의 자전거를 주로 타게 되었을까? 기술결정론의 입장에서 본다면 대체로 답은 지금의 체계가 더 안전하고 편안하기 때문이라는 것이다. 즉, 지금의 기술이 가장 효율적이었기 때문에 다른 형태와의 경쟁에서 승리했고 기술은 지금의 모습이 되었다는 것이다. 그렇다면 핵무기와 독가스도 효율적인 기술이라고 할 수 있을까? 인간 복제 기술도 필연적으로 받아들여야 하는가? 지금 우리의 기술이 가장 효율적인 기술이라면 기술로 인한 실패나 사고는 왜 일어날까? 기술의 발전 과정을 선형에 가깝게 묘사하는 것은 사후적 관점에 입각해서 역사적 사실을 왜곡하는 것에 지나지 않는다(홍성욱·

이장규, 2006; Pinch and Bijker, 1984).

과학기술이 사회적으로 구성된다는 사회적 구성주의는 기술결정론을 비판하는 대표적인 이론 중 하나다. 사회적 구성주의는 과학기술이 변화하는 과정에서 나타나는 사회적인 성격을 강조하며 기술적 인공물도 사회집단의 상호 작용이나 협상의 결과물이라고 주장한다. 또, 기술결정론이 갖는 '본질주의'를 비판하면서 과학기술이 가치중립적이거나 객관적이고 보편적인 성격을 갖는 것이 아니라 다른 사회적 지식들과 마찬가지로 시간적 상황, 우연적 요인들에 의해 구성되는 불확실성과 가변성을 지닌 지식이라고 주장한다. 이렇게 과학기술 지식이 주장해 온 진리에 대한 독점적인 주장을 상대화함으로써 과학기술중심주의를 넘어설 자원을 갖추게 된다(이영희, 2000).

또한 현재의 기술의 형태가 필연적이라고 보는 관점은 지금까지 제대로 연구되지 않았던 과학기술을 '별 쓸모가 없기 때문에 당연히 배제된 것'으로 만들어버린다. 여러 가지 과학지식이 만들어지고 다양한 형태의 기술이 경쟁하는 과정에서 다루어지지 않은 것이라면 그 나름의 이유가 있을 것이라는 생각이다. 이런 생각의 바탕에는 기술결정론에 더불어 과학기술이 매우 보편적이고 합리적인 단일한 지식이라는 통념이 있다. 그런데 과학기술은 보편적이고 단일한 것일까? 연구 개발의 성과는 모든 이들에게 동일하게 적용될 수 있는 것일까?

여러 과학기술학자들이 근대 과학이 '백인 중산층 남성'의 과학이었다고 지적한다. 과학이 발전하는 과정에서 이들 주류의 시각이 반영된 지식만이 주로 생산되었다는 것이다. 기존의 의학 연구들은 주로 성인 남성을 대상으로 이루어졌다. 자동차 충돌 사고 실험에 사용되는 인체 모형도 성인 남성을 표준으로 사용했으며 여성의 신체적인 특징은 고려되지 않았다. 농약과 같은 화학 물질이 우리 몸에 들어왔을 때 어떤 변화를 야기할 수 있는가와 같은 연구에서도 여성의 생리 주기에 따른 호르몬 변화 등은 고려되지 않았다. 이 같은 연구 방식은 실제로 많은 문제를 낳는다. 예를 들어, 한여름 냉방 중인 사무실을 떠올려 보자. 사무직으로 일하는 여성들이 종종 여름에도 카디건 같은 겉옷을 걸치고 일하는 모습을 본 적이 있을 것이다. 유독 많은 여성이 추위를 타는 것처럼 보이는 이유는 무엇일까? 대사율과 피부와 조직 두께 등을 고려했을 때 가장 쾌적하게 일할 수 있는 사무실의 온도는 섭씨 21도로 알려져 있다. 그런데 한 연구에서 남성과 여성에게 선호하는 실내 온도를 물었더니 남성은 섭씨 22도, 여성은 섭씨 25도라고 답해서 여성들이 더 따뜻한 온도를 선호하는 것을 알 수 있다. 이런 차이가 나타난 이유는 1960년대에 적정 사무실 온도를 측정할 당시 몸무게 70킬로그램의 40세 남성을 표준으로 삼았기 때문이다. 이런 '표준화된 신체'를 가진 남성의 대사율은 당연히 여성의 대사율과는 다르고 당연히 체내 열 생산량도 다를 것이다. 남성 중심적인 연구의 결과가 이런 차이를 만들어내고 있는 것이다(김승섭, 2018).

이런 차이는 의약품의 복용량과 관련된 실험에서도, 여성의 노동 환경을 평가하는 과정에서도 드러난다. 그리고 과학기술과 관련된 연구 개발 과정에서 보이지 않았던 차이는 성별뿐이 아니다. 인종, 지역, 계층과 같은 다양한 변수들을 고려하지 않은 많은 연구가 있다. 지금까지 생산된 과학기술은 모든 이를 향하는 것은 아니다. 당연히 어떤 지식은 생산되었고 어떤 지식들은 생산되지 않았다. 지식이 생산되지 않은 이유는 여러 가지이다. 여성이나 제3세계 사람들처럼 제대로 보이지 않아서일 수도 있다. 혹은 자본과 관련된 문제, 즉 개발해도 수익이 나지 않기 때문일 수도 있다. 과학기술계의 주류에 반하는 일종의 권력 관계 때문일 수도 있다. 원인이 무엇이든 사회의 다양한 개인과 집단들이 그동안 지식이 생산되지 않았던 영역을 드러내고 다양한 관점의 지식을 생산하도록 추동하는 것은 건강한 과학을 만들기 위한 시작이 될 것이다.

4. 미래의 과학기술 구성하기

앞서 우리는 과학기술에 대한 지나친 낙관론과 과학기술중심주의가 팽배해 있다는 점을 지적했다. 이러한 사고방식은 과학기술에 대한 결정론적인 관점에 기대는 바가 크다. 종종 우리는 과학기술이 나아가는 길은 정해져 있다고 설정한다. 기술은 앞으로 계속 지금과 같은 방향으로 발전할 것이라 믿기 때문에 이런 생각을 한다. '결국에는 인간에 근접하는 인공지능이 만들어질 것이기 때문에', '나중에는 가상현실과 실재를 구분하기 어려울 정도로 기술이 발전할 것이기 때문에' 지금 대두된 기술적인 문제는 결국 해결될 것이라는 식이다. 이러한 사고는 인간이 주체가 되어 기술을 개발하고 발전시키는 것이 아니라 기술이 발전한 사회에 수동적으로 적응하게 될 것이라는 무기력한 예측에 도착하게 된다.

그러나 역사를 살펴보았을 때 기술은 그렇게 단순한 방식으로 변화하지 않았으며, 심지어 늘 발전만 하지도 않았다. 결정론적인 사고의 극복은 앞으로의 과학기술을 어떤 형태로 만들어갈 것인가에 대해 사회적인 논의를 시작할 수 있는 지점이 될 것이다. 그렇다면 과학기술에 대한 논의에 사회가 참여하는 것이 어떻게 가능할까. 그 정당성은 현재 과학기술 연구에 투자되는 연구비의 출처에서 찾을 수 있다. 양차 세계대전을 거치면서 과학은 점점 거대화되었다. 현대의 과학기술 프로젝트는 개인의 지적 호기심으로 연구 주제를 선택하고 한두 명의 유력자의 후원으로 이루어질 수 있는 규모를 넘어섰다. 맨해튼 프로젝트 이후 등장한 거대 과학 프로젝트들은 수백, 수천에 이르는 과학자와 기술자를 동원하고, 입자 가속기나 우주 왕복선, 슈퍼컴퓨터와 같은 거대한 장비에 의존하고 있다. 그리고 그 예산의 많은 부분을 국가에서 지원한다. 20세기 후반 이후 과학기술의 상업화가 진행되면서 기업의 연구 개발 예산이 증가세를 보이고 있기는 하지만, 우리나라의 경우 경제협력개발기구(OECD) 국가 중 국내총생산(GDP) 대비 연구개발비 비중이 1위를 차지할 정도로 여전히 연구 개발에서 국가가 차지하는 비중은 크다. 국가의 지원은 결국 국민의 세금으로 이루어지므로 과학기술에 대한 논의에 시민들이 개입할 정당성은 1차적으로 확보된다고 할 수 있다.

여기서 사회가 과학기술에 개입하자는 것은 시민들이 직접 나서서 과학 활동을 하자고 주장을 하는 것이라기보다는 (물론 이렇게 지식 생산 과정에 직접 참여하는 형태도 가능하다) 과학기술과 관련된 의사 결정 과정에 시민들의 참여를 보장하자는 것이다. 특히 최근의 보건이나 환경과 관련된 사회적인 이슈들에서 시민들은 이미 당사자로 깊이 개입되어 있다. 특히 일반 시민들이 접하는 문제들은 전문적인 과학기술 지식을 필요로 하기보다는 과학기술이 만들어 내는 문제점과 가능성, 그들 사이의 선택 문제, 그리고 선택한 사안에 대한 투자, 견제와 감시 등과 관련된 문제들이 많다. 여기에 일반 시민들이 조금 더 관심을 갖고 다가선다면 과학기술과 관련된 주제라고 하더라도 충분히 의미 있는 의견을 낼 수 있다.

이 과정에서 중요한 것은 과학기술자들과 일반 시민 양쪽 모두의 노력이다. 과학기술자들은 스스로가 가진 전문가주의와 과학주의에 대해 성찰적인 태도를 가질 필요가 있다. 시민들 역시 과학기술에 대한 방관적 태도에서 벗어나 지속적으로 관심을 기울여 지켜보고 필요할 때는 적극적으로 개입하는 태도가 필요하다. 일반 시민까지 포함해 과학기술을 보다 크게 재구성할 때, 지금 제기되고 있는 과학기술과 관련된 문제의 해법이 도출될 수 있다.

다시 처음 던진 문제로 돌아가 보자. 과학기술이 우리의 미래를 결정할까? 우리의 미래가 온통 과학기술로 결정된다고는 할 수 없다. 그렇다고 과학기술이 우리의 미래와 전혀 관련이 없을까? 여전히 과학기술과 우리의 미래는 깊이 연관되어 있다. 과학기술 그 자체가 우리의 미래에 포함되어 있기 때문이다.

다만 우리 모두 염두에 두어야 하는 것은 과학기술의 미래가 자동적으로 결정되고 거기에 우리의 미래가 연동되는 것은 아니라는 점이다. 과학기술의 미래를 결정하는 것은 사회적 합의이다. 모든 문제의 해답을 지금의 과학기술을 기준으로 두고 그 연장선에서 답을 찾는 것은 성급한 예단이다. 미래의 과학기술도 우리의 미래도 결정하는 것은 우리다.

토론거리

1. 과학기술을 연구하고 개발하는 데 가장 우선으로 고려되어야 할 가치는 무엇이라고 생각하는가?

2. 새롭게 연구 개발되는 기술이 모두 우리에게 필요한 기술일까? 최신 기술 중 우리나라에 도입이 필요한 기술과 도입할 필요가 없다고 생각하는 기술에는 무엇이 있는지 사례를 찾아보자.

3. 인공지능 연구 현황에 대해 자료를 찾아보고 인류가 수용할 만한 인공지능은 어디까지인지 고민해 보자. 인류는 그 단계에서 연구 개발을 멈출 수 있을까?

4. 모든 생물의 유전자를 자유자재로 편집할 수 있는 기술이 있다고 가정하자. 자신의 아이에게 이 기술을 적용하겠는가? 만일 적용한다면 어느 선까지가 적절하다고 생각하는가?

읽을거리

20세기 기술의 문화사: 핵, 우주, 인공지능, 생명공학으로 본 야누스의 과학기술 | 김명진. 2018. 궁리.

미래는 오지 않는다 | 전치형·홍석욱. 2019. 문학과지성사.

불확실한 시대의 과학읽기 | 김동광 외. 2017. 궁리.

디지털의 배신: 플랫폼 자본주의와 테크놀로지의 유혹 | 2020. 이광석. 인물과사상사.

DNA 혁명 크리스퍼 유전자가위: 생명 편집의 기술과 윤리, 적용과 규제 이슈 | 전방욱. 2017. 이상북스.

제14장
가족과 삶: 저출산·고령사회의 현재와 미래

최은영(서울대학교 여성연구소 객원연구원, 여성학 강사)

가족이란 무엇일까? 가족에 대해 아주 잘 알고 있다 하더라도 정의를 내려 보라 하면 막연함이 앞선다. 가족에 대해 일반적인 수준에서 거론되는 내용을 정리해 보면 다음과 같다. 가족은 사회를 구성하는 가장 기본적인 사회제도이며, 일반적으로 결혼, 출산 또는 입양을 통해 맺어진 사람들의 집단을 일컫는다. 가족에 대한 정의는 사회 변화에 따라 가족을 기준 짓는 범위가 확대되거나 구성되며, 시대의 변화를 반영한다. 한국 사회의 가족은 1960년대 산업화와 도시화 과정에서 급격한 변화를 겪어왔다. 직장, 교육 여건 등 다양한 원인에 의한 사회 이동이 증대하면서, 가족 형태도 대가족, 확대 가족에서 이동이 쉬운 소가족, 핵가족으로 변화해 왔다. 가족 형태의 다양화 배경으로는 주로 사회 변동, 의식의 변화(개인주의, 양성평등), 세계화 등이 거론되는데, 노인 단독 가구, 한부모 가족, 다문화 가족 등의 증가를 그 현상으로 꼽는다. 또, 가족은 기본적으로 사회 구성원의 재생산 기능을 담당하는 것으로 여겨지는데, 자녀의 출산으로 새로운 사회 구성원을 충원해 사회 영속성을 보장한다. 그뿐만 아니라 어린이와 노인 등 양육과 보호가 필요한 가족 구성원을 돌보는 기능을 하고, 가장 오랜 시간을 함께하며 생활하는 공동체이기에 사회생활에 필요한 기본적 행동 양식 및 사회적 규범을 습득하는 1차적 사회화 기능을 담당하며, 정서적 안정과 심리적 만족감을 제공하고 가치관 형성에 영향을 미치는 것으로 이해되고 있다. 가족의 기능 역시도 변화하는데, 과거 전통 사회에서는 생존 및 사회 유지에 필요한 (재)생산, 교육, 부양, 양육 기능이 가족 내(內) 구성원 등 가족 자원을 중심으로 이뤄졌다. 그러나 현대에 와서는 기존의 (재)생산, 교육, 부양, 양육 기능의 많은 부분이 사회 변동 및 사회 제도의 분업과 전문화, 산업화로 인해 가족 밖에서 이뤄진다. 의료 체계 안에서 출산이 이뤄지고, 자녀 교육 역시도 교육 서비스를 활용하여 이뤄진다. 이렇듯 부모가 자녀 양육을 전담하거나, 부양이 필요한 경우 가족 구성원이 그 역할을 수행하는 것이 당연지사였던 기존의 가족 기능은 축소되었으며, 재생산 기능을 제외한 많은 부분이 가족 내보다는 외부 자원의 활용 및 소비로 대체되고 있는 것이 현대 사회 가족의 특징이다.

그런데 가족에 대한 이러한 정의와 설명 방식은 실제 우리가 경험하는 가족과는 조금의 괴리가 느껴진다. 현재 내가 살고 있는 가족이 그러한지 대입해 보았을 때는 간극이 생기기 마련인데, 이 가족 안에서 살고 있는 실제 삶의 차원이 부족하게 이야기되었기 때문일 것이다. 자, 그렇다면 실제 나의 가족과 삶의 이야기를 염두에 두면서 한국 사회의 저출산·고령사회화의 흐름을 독해해 보자.

한국 사회는 유례없이 빠른 속도로 진행되고 있는 저출산·고령사회화라는 인구 구조의 변동을 경험하고 있으며, 성장발전주의를 표방해 온 한국 사회의 성장 논리는 신자유주의의 경제 논리를 빠르게 일상으로 흡수하고 있다. 한 사회의 사회적·경제적 변화는 그 사회의 가족과 삶의 모양을 변화시키는데, 오늘날의 저출산·고령사회가 갑자기 생긴 현상이 아니라 사회적·경제적 변화로 인해 사회 구성원들의 가족과 삶의 의미망이 달라진 '결과로서의 변화'라는 것이다. 그래서 딩크(DINK)족이나 욜로(YOLO)족, N포 세대나 오팔(OPAL) 세대 등의 등장은 사회적·경제적 변화와 밀접한 관련을 갖는다. 즉, 저출산·고령사회에서는 다양한 가족이 출현하며, 이에 따라 노동시장 참여 구조와 방식이 변화하고, 결혼과 출산의 태도가 달라지며, 라이프스타일이 변화하고, 여성과 남성의 생애 경험과 정체성이 다양해지면서 결혼과 출산에 대한 관념뿐 아니라 삶의 태도, 지향이 달라지고 구체적으로는 생애 단계별 역할 행동과 의미망이 달라지는 것은 당연한 것이다. 아들/딸-남편/아내-아버지/어머니에 이르기까지의 소위 정상적인 생애 궤도는 과거에는 연속성이 강해 보였던 것이 현재에 와서는 상대적으로 분절되어 나타나기도 하며, 그 삶이 과거에 비해 문제적이거나 일탈적 삶은 아닌 것으로, 사회의 현상으로 이해되고 있는 추세이기도 하다. 물론 일부에서는 여전히 혼인이나 출산의 적정 시기를 놓치거나 미루거나, 혹은 혼인 또는 출산을 하지 않는 경우를 '사회문제'로 인식하기도 한다. 한때는 "애인은 있니?", "연봉은

딩크족

딩크는 맞벌이 무자녀(double income, no kids)의 약칭으로, 사회문제에 대한 관심과 국제 동향에 민감한 감각을 지니고 있고, 상대방의 자유와 자립을 존중하며, 남녀 모두 일하는 삶에서 보람을 찾으려 하고 경제적인 활동과 인생의 성공을 다른 것에 우선해 고려하는 특성을 갖는다. '집을 마련하고 경제적으로 안정된 후에도 아이를 갖지 않고 살겠다'가 이에 해당한다.

욜로족

욜로족은 인생은 한 번뿐(you only live once)이므로 현재 자신의 행복을 우선에 두면서 일하고 소비하고 행동하고 삶을 살아가는 태도를 갖는다. 미래 또는 남을 위해 희생하지 않고 현재의 행복을 위해 시간, 돈, 에너지를 소비하는 라이프스타일이다.

N포 세대

2015년 취업시장 신조어로 어려운 사회적·경제적 상황으로 인해 취업이나 결혼 등 여러 가지를 포기해야 하는 세대를 뜻하는 말로, 3포 세대(연애, 결혼, 출산 포기), 5

포 세대(3포 세대+내 집 마련, 인간관계), 7포 세대(5포 세대+꿈, 희망)에서 더 나아가 포기해야 할 것들이 셀 수 없이 많아지는 세대라는 뜻에서 나온 말이다.

오팔(OPAL) 세대

오팔(old people with active lives) 세대는 활기찬 인생을 살아가는 신노년층으로, '만 65~75세인 욜드(young old, 젊은 노인)', '58년생 개띠'를 의미하기도 한다. 한국전쟁 이후 베이비붐 시기에 태어나 전쟁을 겪지 않았고, 고도 경제 성장기에 젊은 시기를 보내면서 보다 현대적인 교육을 받았으며, 젊은 시절 바삐 살다 이제는 돈과 시간의 여유가 생겨 자신이 좋아하는 일에 도전하거나 자신을 위해 경제력을 활용하는 사람들을 일컫는다. 이들의 선택이 앞으로 소비재, 서비스, 금융시장을 뒤흔들 것으로 영국 시사주간지 ≪이코노미스트≫는 2020년 "세계 경제 대전망(The World in 2020)"에서 전망하기도 했다.

그림 14-1 가족과 삶의 의미 변화를 반영한 '하지 않아야 할 질문목록'

명절 잔소리 메뉴판	육아 잔소리 메뉴판
• 어느 대학에 다니니: 50,000원 • 그 전공이면 취업은 어디로 하니: 100,000원 • 살 좀 빼야 인물이 살겠다: 100,000원 • 애인은 있니? 연애 좀 해야지: 100,000원 • 군대는 언제 갈 계획이니: 150,000원 • 졸업은 언제 할 생각이니: 150,000원 • 취업 준비는 아직도 하고 있니: 150,000원 • 연봉은 얼마나 받니: 200,000원 • 그 회사 계속 다닐 거니: 200,000원 • 요즘 결혼들 너무 늦게 하더라. 넌 언제 할 거니: 300,000원 • 너희 아이 가질 때 되지 않았니: 500,000원 구입 후에 이용해주시면 감사하겠습니다.	• 천 기저귀가 더 좋다더라: 50,000원 • 물티슈 많이 쓰지 마라: 50,000원 • 애 울리지 마라: 100,000원 • 이유식은 직접 해 먹이지?: 100,000원 • 큰 옷 입히지 마라, 애 기 죽는다: 100,000원 • 남자애가 너무 순둥이다: 150,000원 • 여자애가 너무 왈가닥이다: 150,000원 • 딸이 있어야 안 외롭지: 200,000원 • 아들이 있어야 든든하지: 200,000원 • 남의 손에 맡기지 말고 너희가 봐라: 300,000원 • 모유 수유해야 하니 잘 먹어라: 500,000원 • 엄마가 끼고 키운 애들은 다르더라: 500,000원 • 손주 낳아줘서 고맙다: 500,000원 구입 후에 이용해주시면 감사하겠습니다.

주: 온라인에서 회자 되는 잔소리 메뉴판을 필자가 재구성.

얼마니?", "결혼을 언제 할 거니?", "아이는 언제 낳을 거니?", "둘째는 왜 안 낳니?"와 같은 질문들이 공공연하게 물을 수 있는 것들이었지만 최근에는 이러한 질문들을 아무 생각 없이 했다가는 낭패 보기 십상이다.

이제 저출산과 고령화는 세계적인 인구 변화의 추세가 되었다. 우리 사회에서는 낯선 접근이지만, 이미 우리보다 더 먼저 저출산·고령사회화에 진입한 세계 여러 나라의 학자들은 인구 변동의 핵심적 원인을 여성의 생애 경험과 정체성 변화의 기저에 있는 여성성과 여성성 개념의 핵심인 모성 개념(출산·양육에 대한 관념과 태도를 내포한 모성 정체성, 모성 역할, 모성 규범, 모성 이데올로기 등)이 변화하는 것에서 근본적 이유를 찾기도 하며, 이에 부응하는 사회복지 정책을 마련하려 다양한 시도들을 하고 있기도 하다. 이러한 시도들에는 여성과 함께 이 세상을 살아가는 남성의 생애 경험과 정체성 변화도 복지 정책에 반영하려는 노력이 있다. 이는 한 사회 및 문화의 여성성/남성성, 그리고 모성/부성의 의미가 변화한 것의 결과로 저출산·고령사회화를 보는 시각이다. 저출산·고령사회화를 통과하고 있는 각국의 여러 정책적 대처 방안은 변화된 삶의 태도가 반영된 삶의 질, 복지의 수준, 성평등한 노동시장을 모색하는 것으로 방향이 설정되어 있다. 그렇다고 저출산·고령사회가 여성과 남성이 여성성/남성성, 모성/부성, 더 나아가 부모됨의 의미를 달리해 저출산을 극복하고 출산을 늘리는 상황으로 가면 해결될 것이라는 허무맹랑한 이야기를 하려는 것은 결코 아니다. 출산을 비롯한 성, 사랑, 가족, 삶 등은 개인 주체의 선택의 영역인 것이지 국가권력의 통제나 관리의 영역은 결단코 아니기 때문이다. 오히려 반대의 이야기라 할 수 있는데, 출산율을 높이는 것으로 저출산·고령사회화를 막아보려는 시도는 2005년으로부터 15년이 지난 2020년 기준, 실패의 요인이 다분했다 할 수 있다. 한국 정부는 4차 저출산·고령사회 기본계획(2021~2025)에 접어들어서야 비로소 출산 장려 대신 개인의 삶의 질 제고에 초점을 맞추고 성평등 노동권, 아동 기본권, 성·재생산 건강권 보장을 목표로 정하게 되었다.

이 때문에 오늘날의 저출산·고령사회의 현재를 진단하고 미래를 현명하게 살아내기 위해서는 한국 사회 여성/남성의 가족과 삶의 모든 측면을 살필 필요가 있다. 신자유주의 질서의 강화나 경제 위기 등의 사회 변화는 가족 담론과 가족주의 담론의 변화를 수반하기 때문이다. 한편, 가족의 변화와 다양화를 곧장 가족 해체로 보거나 '위기'담론 속에서 가족 위기와 경제 위기를 엮어 설명하기도 하는 시각이 오랫동안 유지되었는데, 이러한 관점은 정상가족 관념을 재생산하는 문제가 있음이 지적되기도 했다. 또한 가족의 형태 변화에만 치중하는 '가족해체론'이나 '가족위기설'의 한계를 지적하며 가족 가치관, 가족주의 담론 등 질적 측면을 포함해 가족 변화를 분석할 필

정상가족 이데올로기

법적으로 인정되는 혼인과 이를 통해 구성된 가족, 그리고 그 안에서의 출산이 이루어질 것을 기대하며, 남성 생계 부양자와 여성 전업주부로 분리하고, 여성 전업주부가 아이의 출산과 양육을 책임지는 상황을 일반화해, 그것을 소위 정상적이며 규범적으로 올바른 것으로 보이게 하는 것을 말한다.

요성이 제기되기도 했다. 이는 사회경제적 변화와 출산·양육에 대한 개념, 그리고 사회 변화 양상과 출산·양육 역할 수행자의 행위성 간의 역동적 관계를 살필 필요성을 말해준다. 한국 사회의 사회적·경제적 변화는 여성에게는 성별 분업의 변화, 출산·양육의 변화 그리고 새로운 출산·양육 주체의 구성을 의미하며, 남성에게는 변화된 성별 분업에 적응하는 훈련과 이에 걸맞은 기질의 훈련, 돌봄과 양육의 주체화를 포함해 가족과 삶의 영역에서 전형적 남성성을 탈피해야 할 것을 의미한다. 그렇다면, 저출산·고령사회화가 진행되고 있는 이 시대를 현명하게 살아가기 위한 우리의 자세는 어떠해야 할까?

1. 저출산·고령화 사회의 현재적 진단이 있기까지

현재의 저출산·고령화 사회를 진단하기 위해 과거 산아 제한을 인구 정책으로 펼쳤던 시기와, 한국 사회가 초저출산 사회가 될 것으로 예측하고 저출산 위기에 직면하면서 출산 장려 정책으로 급선회했던 2005년 두 시기를 보는 것은 참으로 흥미롭다. 이는 오늘날 저출산·고령화 사회를 직면하고 있는 한국 사회의 해법이 후자의 시기에 마련된 기조에서 출발하기 때문이며, 이 시기가 '위기' 담론의 형성기이기 때문이다. 또, 다양한 진단과 다양한 목소리들이 지금보다 훨씬 역동적으로 나타났던 때이기도 하다. 더욱이 흥미로운 것은 15년 전의 상황임에도 2020년의 오늘날과 공교롭게도 판박이처럼 보인다는 사실이다.

당시 한국 사회는 2004년을 기준으로 65세 이상 노인이 전체 인구의 8.7%를 차지해 이미 고령화 사회로 접어들었으며, 2017년에는 65세 이상 노인이 인구의 14%를 넘어서고, 2026년에는 20%를 넘어서는 등 세계적으로도 유례없는 속도로 고령화 사회에 진입할 것이라고 전망된 바 있다. 2020년 현재

고령 인구가 전체 인구의 15.7%에 달하는 것을 보면 당시의 전망이 어느 정도는 타당했던 것으로 파악할 수 있겠다. 당시 이러한 인구 구성의 변화는 향후 우리 사회의 '위기'로 논의되었다. 또 한편으로 고령사회로 진입하고 있다는 사실 자체보다는 고령사회 진입이라는 사회의 변화가 이에 대한 충분한 준비 없이 유례없는 속도로 진행되고 있다는 점에서 더욱 문제가 되었다.

인구 고령화는 대체로 '사회의 위기'로 인식되었고, 이에 따라 당시 상황에 대한 여러 진단들이 제출되었으며, 그에 따른 정책들이 다급히 만들어지고 실행되었다. 중요한 것은 한국 사회가 당시의 상황을 어떻게 진단했기에 '위기'라고 판단을 내렸는가다. 위기의식의 핵심을 경제 성장과 관련된 것으로 보는 시각이 있는데, 인구 고령화라는 사회 변화는 인구 감소로 인한 노동 공급의 위축, 노인 부양비의 증대와 고령자 장기요양 서비스의 비용 증대로 인한 저축률과 자본 축적률의 저하, 사회복지 비용 증대로 인한 청년 세대에 대한 인적자본 투자 위축, 이자율의 저하로 인한 외채의 증대 등의 문제를 야기하게 된다는 것이었고, 결국 이러한 문제들로 인해 경제 성장이 둔화될 수밖에 없고 이는 곧 국가 경쟁력 약화와 국가 존폐의 위기로까지 연결되므로 '위기'로 인식되는 것은 자명했으리라는 것이다. 대한민국 사회는 압축적 고도성장의 경험을 가져서인지 국가의 경제 성장에 저해가 되는 변화를 상당히 두려워하는 편이기는 하다. 그래서인지 이러한 시각은 현재까지도 상당한 영향력이 있으며 유효한 관점으로 작용하고 있다.

사실 많은 선진국의 경험이나 세계적인 추세로 봤을 때 고령사회로의 진입은 어느 정도 예고된 것이었다. 다만 우리 사회의 경우 고령화 속도는 빠른 속도로 진행되는 반면, 관련 사회 시스템이 전혀 마련되어 있지 않았기 때문에 상대적으로 이에 대비할 만한 여유가 없었던 것이 큰 문제가 되었다. 그러나 이처럼 경제 성장의 장애로서 고령화 현상을 논의하는 것은 경제 성장 우선의 논리로만 고령화 현상을 바라보게 된다는 문제가 있다. 경제 성장 우선 논리로 고령화 사회에 대비책을 강구하고자 함은 시간이 많이 소요되는 장기적 안목의 사회복지 시스템 마련보다는 경제 성장에 장애가 되지 않도록 빠르고 비용이 적게 드는 방안을 강구하게 하며, 인구 구성의 고령화를 막기 위한 방안들은 이를 중심으로 이루어졌다. 이렇듯 한국 사회는 고령화 사회에 대한 대비책으로 저출산의 문제를 시급히 해결하고자 하는 의지를 적극적으로 보였는데, 저출산 극복을 통해 고령사회에 대비할 수 있다는 담론이 형성되었고, 전 사회가 저출산 극복에 총력을 기울여야 극복이 가능한 것으로 사회 분위기가 조성되었다. 실제로 우리나라의 연령별 출산율 및 합계출산율을 보면 1970년 4.53명이던 합계출산율(가임여성 한 명 당 평균자녀수)이 2002년 세계 최저 수준인 1.17명으로 떨어지면서 '유례를 찾을 수 없는 단기간에 이루어진 출산율 저하'라는 우려의 목소리가 국가적 '위기'로 인식될 만했다. 떨어진 출산율을 올리기 위해 다양한 출산 장려 기구와 출산 장려 정책, 복지 정책, 인구 정책 등이 2003년 대통령정책실 산하 '인구고령사회 태스크포스 팀'(현 대통령 직속 저출산·고령사회위원회)을 시작으로 본격적인 정부 대책, 기본 계획을 마련했는데, 그 기능과 역할을 강화해 2004년 2월에는 '고령화 및 미래사회위원회'로 확대 개편해 현재에 이르고 있다. 또한 '저출산·고령사회 기본법'이 2005년 9월에 시행됨에 따라 주무부처인 보건복지부는 저출산고령사회정책본부를 마련해 본격적인 정부 대책과 기본 계획을 마련하고, '저출산·고령사회 기본법' 시행, 지자체별 출산 장려 방안 및 효과성 분석 등 출산 장려에 박차를 가해오고 있다. 그러나 합계출산율은 점점 하락해 2003년 1.18명, 2004년 1.15명, 2005년 1.08명, 2006년 1.12명, 2007년 1.25명, 2008년 1.19명, 2009년 1.15명이었고, 2019년 자료에 의하면 합계출산율은 0.918명이 되었다(통계청, 2019).

한국 사회는 출산 억제 정책의 성공 경험을 가지고 있다. 가임 여성의 평균 출생아 수가 약 6명이던 1960년대 초반부터 경제개발계획의 일환으로 가족계획사업을 시작한 이래 여성의 평균 출생아 수가 약 1.6~1.7명을 기록한 1990년대 중반까지 광범위한 출산 억제 정책을 펼쳤고, 1990년대 중반 이후

합계출산율

합계출산율은 여성이 가임기간(15~49세)에 낳을 것으로 기대되는 평균 출생아 수를 말한다. 합계출산율은 한 국가가 현재의 인구 규모를 장기적으로 유지하는 데 필요한 출산율(대체출산율)인 2.1명보다 얼마나 낮은 수준으로 떨어지는가를 통해 저출산·고령화의 수준을 가늠한다.

그림 14-2 **2010년~2019년 합계출산율**

자료: 통계청 인구동향조사(2019).

에나 들어서 그 수를 통제하기보다는 삶의 질적인 측면을 강화하는 면에 초점을 맞추기 시작했다. 당시만 하더라도 2000년대에 원치 않는 수준으로까지 출산율이 떨어질 것이라 그 누구도 예측하지 못했다. 그러나 2000년대 초반부터 지속되는 급격한 출산율 감소로 2002년 1.17명, 2003년 1.18명, 2004년 1.15명으로 세계에서 가장 낮은 출산율 수준이 되면서, 2004년 이후에서야 출산 정책의 방향이 출산 장려로 급전환되었던 맥락이 있었다. 출산을 억제하거나 장려하는 것이 인구 문제를 해결 또는 성공 가능한 것으로 이해하게 하는 데 이 경험은 결정적 영향을 미쳤을 수 있다.

이렇듯 2000년대 초반부터 인구 구조의 변화에 사회의 관심이 집중되며 여러 대책을 생산하고 있다. 그러나 문제는 2004년을 시작으로 2020년에 이르기까지 이러한 인구 구조의 변화에 대해서는 각각이 현상 자체로 그 원인이나 대비책이 모색된다기보다는, 인구의 고령화 문제와 저출산 문제가 긴밀하게 연동되면서 인구 고령화를 막기 위한 우선적인 방안으로 저출산이 논의되는 등 저출산 문제를 해결함을 통해 고령화 문제를 해결하고자 하는 태도를 여전히 가지고 있다는 것이다. 즉, 앞서 언급했듯이 인구 고령화의 문제가 경제 성장에 부정적 영향을 미치는데, 이러한 인구 고령화는 저출산 현상으로 가속화되었고, 따라서 저출산의 문제는 인구 고령화라는 맥락에서 바라봐야 하며, 결국 저출산 현상은 인구 고령화를 늦추기 위한, 인구 고령화를 막기 위해 시급히 해결되어야 할 문제로 인식되고 있는 것이다. 인구 고령화가 위기로 인식되는 만큼 저출산 역시 위기로 인식되고, 출산을 늘려 저출산을 극복해야만 고령화 위기를 막을 수 있는 것으로 되풀이되어 사고되고 있는 현실에는 변함이 없다.

따라서 인구 고령화에 대비하기 위한 가장 중요한 정책으로 저출산 문제 해결이 부각되었고, 이는 주로 출산율을 제고하기 위한 각종 정책으로 나타나고 있다. 이런 배경하에서 저출산 문제는 무엇보다 인구학적 현상이며 숫자로 나타난 출산율의 저하, 미래에 경제 성장을 담당할 노동력의 부족, 부양 인구의 증가로 인한 복지 재정의 적자 등 저출산의 '양적' 결과만을 주목하게 하는 결과를 낳았다. 이러한 현상은 한국 사회의 인식이 발전주의와 성장주의라는 국가주의 담론에 의해 장악되어 있기 때문인 것으로 지적되기도 했다. 그러나 고령화 사회에 대한 대비는 인구 구성에서 생산 가능 인구 충원이나 출산을 통한 새로운 세대의 충원만으로는 해결될 수 없다. 노인 부양에 대한 부담을 나눌 수는 있어도 고령 인구의 삶의 질을 담보할 수는 없기 때문이다. 따라서 고령화 사회에 대한 대비는 의료, 연금 등에 대한 체계적인 시스템의 정비가 우선적으로 이루어져야지, 단지 인구 구성의 측면에서 출산을 통한 문제 해결은 궁극적인 해법이 될 수 없다. 그럼에도 불구하고 지금까지의 저출산·고령화 관련 문제 진단과 해결 방안에 대한 논의는 저출산 문제를 고령화의 주요 원인으로 보고 이를 치유하기 위한 방안이 주를 이뤘던 것이 현실이다. 여러 정책들이 출산율 제고에 방점이 찍히는 것에 많은 사람들이 그 실효성을 거두기 어렵다고 진언했었다. 즉, 출산율 제고에만 방점을 두는 것은 저출산 현상이라는 사회 변화를 적절히 이해하지 못하고, 단지 출산율을 높이기 위해서 이전에 출산율을 억제하기 위해 시행되었던 모든 정책들을 그 역으로 시행하고 있는 것에 다름 아니라는 비판이 상당했었다(물론 그럼에도 정부의 정책의 우선순위는 바뀌지 않았다). 또한 저출산 현상이라는 사회의 변화에 대해 여성들의 변화를 반영하지 못하고 여성들을 오히려 정책의 대상으로만, 출산을 위한 도구로서만 인식하면서 우리 사회의 성평등을 저해하고 있음도 지적되었다. 그리고 현재 저출산이라는 사회 현상을 '위기'가 아닌 '변화'로 인식하면서 여성들의 출산에 대한 직접적인 지원보다는 여성들이 출산할 수 있도록 사회적 환경을 조성하는 간접적인 지원이 이루어져야 한다는 점을 강조하기도 했다. 그러기 위해서는 젠더 관점, 여성의 관점에서 이러한 사회 변화를 읽어내는 방식으로 분석과 정책이 마련되어야 하며, 현재 부분적으로 이루어지고 있는 가정과 직장의 양립 지원 부분이나 노동시장의 고용 평등 확대 등에 더 치중해야 함이 지적되었다. 저출산·고령화 논의 및 정책에 대한 성인지적 분석의 필요성도 제기되었는데, 과거 저출산·고령화 사회에 대한 '위기' 진단에 대한 문제의식과 이를 개선하기 위한 노력들은 저출산 현상이라는 사회적 변화를 제대로 읽어내지 못하고 출산율 제고에만 집중되고 있었음을 지적했다. 또, 정부 정책들을 성인지적 관점에서 분석해 보았을 때, 가부장적 사회의 성별 분업 구조를 계속 유지시키고 있고, 저출산·고령화 현상에 대한 이해가 성인지적이지 못하며, 성평등을 저해하고, 여성의 변화를 중요하게 고려치 못하고 있음을 지적하기도 했다.

앞서 언급한 저출산·고령사회 시대에 대한 정책의 역사적 변천 과정과 내용은 한국 사회의 출산장려주의가 기반하고 있는 사회적·문화적 환경을 잘 보여준다. 한국 사회의 출산 정책은 강력한 출산 억제 정책에서 포괄적인 출산 지원 정책으로 급선회했다. 이러한 특성으로 인해 현재 한국 사회에는 과거에 실행해 성공한 바가 있는 출산 억제 정책에 반감을 갖지 않은 집단과 당시의 출산 장려 정책에 대해 문제의식을 가지고 있는 집단이 상이함에도 이에 대한 고려는 없었던 것으로 보인다. 즉, 정부의 정책이 산아 제한 시기와 출산 장려 시기라는 상반된 상황임에도 '세제 혜택과 보조금을 지급할 테

출산장려주의의 사회

한국 사회는 사회의 인구 구조 변동에 대한 국가적 진단과 그 해결책으로서의 출산 장려 정책, 출산 장려 문화 조성, 출산율 제고를 위한 담론을 형성하고자 하는 출산장려주의의 사회이다.

그림 14-3 **새로마지플랜 2010**

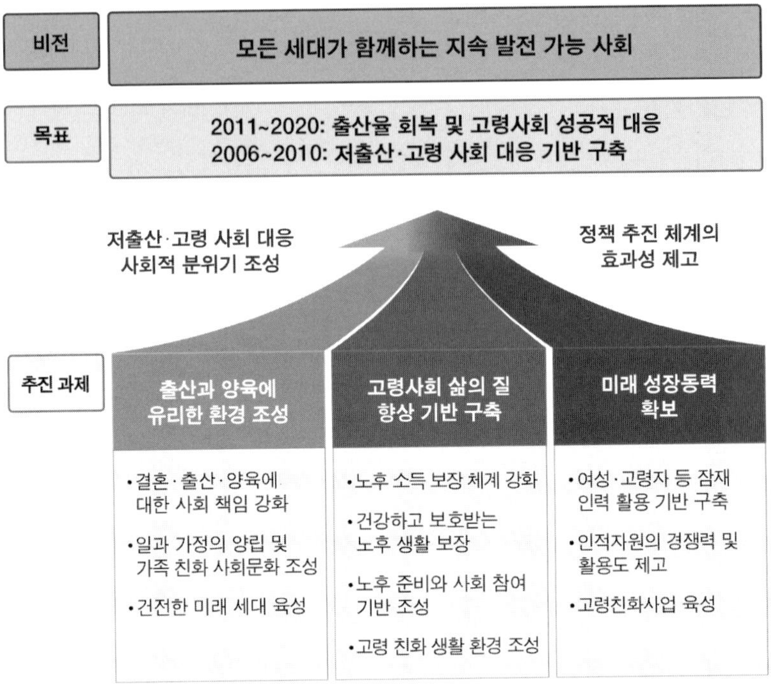

자료: 보건복지부(2014), 필자 수정.

니 적게 낳아 애국'하고 '세제 혜택과 보조금을 지급할 테니 많이 낳아 애국'하라는 같은 해법을 갖는 것은 다분히 문제적일 수밖에 없었다.

2000년대 이래로 한국 사회의 인구 구조 변동에 대한 진단과 대응은 출산장려를 통해 극복하려는 출산장려주의를 채택해 왔다. 한국 사회의 저출산·고령화 현상을 이와 같이 진단하게 하는 데 주요하게 영향을 미친 세 가지는 ① 저출산을 '위기'로 받아들이게 하는 저출산 위기 담론과, ② 자녀 출산을 하지 않아 자녀가 없는 가족이 증가함에 따라 가족이 해체될 위기에 처해 있다는 가족 위기 담론, 그리고 ③ 출산율이 떨어지면 국가의 성장 동력이 감소되어 성장을 저해한다는 성장발전주의 담론이다.

저출산 '위기' 담론

저출산으로 인해 생산 가능 인구 및 부양 인구 감소로 인구 고령화가 초래되어 국가 경제가 위기에 처하게 될 것이라는 인식이다.

가족 '위기' 담론

기존 가족 구성의 해체와 재구성으로 인해 경제 공동체로서의 가족, 1인(나홀로) 가족 등 자녀를 출산하지 않는 가족 등 다양한 가족들이 출현했는데, 이러한 가족은 해체되기 쉬우므로 사회적 위기에 해당한다고 보는 시각이다.

성장발전주의 담론

저출산과 인구의 고령화는 생산인구의 감소를 일으켜 노동 공급이 저하되고, 노동력의 고령화로 인해 생산은 둔화되며, 이것이 소비 위축 및 재정수지 악화 등 경제적 성장을 둔화시킨다는 입장이다. 또한 인구 구조의 변화로 인해 연금제도 및 사회보장 등에 필요한 사회복지 재정이 증가함으로써 정부의 재정 지출이 높아지고 경제의 전망을 어둡게 해, 사회적 문제를 야기한다는 입장을 취한다.

저출산 위기 담론은 저출산이 고령화를 초래할 것이라는 위기의 맥락에서 저출산이 이해되는 것으로, 출산율 하락의 문제를 단지 인구와 숫자 그리고 현상학적 분석에 그치게 하며, 정작 저출산을 결과하는 젠더 관계 및 가족 관계의 변화는 간과하게 한다. 가족 위기, 저출산 위기, 고령화 위기 속에서 문제의 본질에 접근하지 못한 저출산에 대한 해법은 수량적·단기적·현상적 대처에 머물 수밖에 없음에도, 출산율을 제고하는 출산장려주의 정책의 주요한 근간이 되고 있다 할 수 있다. 당시의 대책으로 제시되었던 새로마지플랜 2010에 나타나는 "출산·양육의 사회적 책임을 강화"한다거나 "미래 성장 동력의 확보"가 주요 추진 과제였음에서도 확인되는 바이다.

우리 사회는 가족에 대해 수많은 논의를 하고 있으며, 여기서 한국적 특수성을 보인다. 가족이 무엇인지, 가족이 어떠해야 하는지를 두고 서로 다른 집단들 사이의 불일치가 일어나며 그만큼 정치적인 특징을 명백히 가지고 있는 한편, 저출산 위기 담론에서는 저출산의 원인, 즉 출산율 하락의 원인을 둘러싼 담론들이 가족 안정성과 출산율이 어떤 형식으로든 관계가 있을 것이라는 가정들, 다시 말해 출산과 혼인율, 출산과 이혼율, 출산과 낙태 규제 강도, 출산과 경제 활동 참가율 등이 인과관계에 있을 것이라는 가정을 가지고 있다. 그러나 여성 고용율과 출산 안정이 양립할 수 있는 방향으로 변화해 가고 있는 OECD 국가들이 다수 있고, 이들 국가들은 노동시장의 성차별적 조건을 개선하고 있으며, 여성에게만 가사 노동과 양육 부담이 전담되지 않도록 다양한 고용 정책을 병행하고 있다. 또, 한국 사회처럼 정상가족 규범이 강하고 결혼 관계 내에서의 출산만을 정상으로 인식하는 혼인을 중심으로 하는 정상가족 규범이 강한 경우, 가족의 정상성(형태)에 규범적 가치를 두고 있지 않은 국가(예: 스웨덴)보다 출산 안정을 이루기 어렵다. 결국 저출산의 원인은 혼인 기피나 이혼의 증가가 아니라 한국 사회에 뿌리 박혀 있는 정상가족 이데올로기라고 할 수 있다. 그뿐만 아니라, 여러 자료들을 살펴보면 출산율 조절의 일환으로 낙태 정책을 폈던 국가들의 경우, 낙태 정책의 변화가 출산율의 변화를 가져오지는 않는 것으로 나타났다. 예를 들어 폴란드의 경우, 낙태 규제(1990년)→규제 해제(1995년)→낙태 규제(1997년)의 방식을 채택했어도 이 시기 출산율은 지속적으로 감소했다. 또한 낙태율과 출산율 사이에 상관성이 있을 것으로 짐작하고 낙태 및 출산을 규제하고자 하는 정책은 여성의 건강권 및 재생산권을 제한한다는 점에서 문제적이다.

결국 성별 분업과 혼인 중심의 근대 가족의 안정성에 기대어 국가가 진단하고 있는 저출산의 원인은 규명에 실패했고, 실패한 원인 분석에 근거한 대책들 역시 저출산·고령사회의 적합한 해법도 되지 못하고 있다. 이렇듯 가족 위기 담론은 인구와 노동력 그리고 재생산을 담당하는 가족 기능의 회복이 저출산·고령화의 '위기'를 극복하는 자본과 국가권력의 가장 효율적인 방식이라는 점에서 저출산 '위기' 담론과 무관하지 않다. 결국 가족 위기 담론은 현재 여성의 가족 내 지위를 공고히 하고 재생산 노동과 그 비용을 개별 가족의 책임으로 전가하는 정책에 정당성을 부여하고 있기 때문이다. 이때 여성은 돌봄 노동 수행자로서의 자리를 굳혀가며, 국가 위기의 시기에 전형적 성역할로의 회귀는 재빨리 이뤄진다. 2020년대의 코로나19 팬데믹 시대에도 예외는 아닐 것이다. 그러나 결혼과 출산이 더 이상 국민의 의무가 아니라 개인의 삶의 맥락에서 선택·조정될 수 있는 변수가 되어가는 현상은 당분간 지속될 것이다. 오늘날의 변화된 개인의 의지를 실현할 수 없는 정책이나 담론, 문화는 역효과 또는 정책의 성과를 거두기 어려울 것임을 짐작할 수 있겠다.

저출산 현상에 대한 정부의 잘못된 대응은 저출산의 한 원인으로 부상하고 있는 비혼, 만혼 현상에 대처하기 위해 '미혼 남녀'들의 만남을 주선해 결혼을 장려하는 여러 프로그램들에서도 찾아볼 수 있다. 이는 저출산의 한 원인인 비혼, 만혼 현상이 왜 일어나고 있는지에 대한 고찰 없이 결혼을 하지 않는 것이 문제이니 결혼을 할 수 있도록 장려하고자 하는 단순한 발상이라고 할 수 있다. 출산은 '가족' 안에서 이루어지는 것이라는 전제하에, 출산을 장려하기 위해서는 우선 결혼을 장려해야 한다는 논리를 갖고 있기 때문이다. 또한 매체에서 이 사안을 다루는 방식에서도, 가족 내에서 출산할 것을 암묵적으로 '정상화'시키고 있으며, '일할 수 있는 청장년층 점차 줄어', '20대 여성 결혼비율과 출산율 감소세 지속'과 같이 결혼 비율과 출산율을 연결시키는 방식이 주로 나타나는데, 이는 결혼과 출산은 동일한 것으로 이해되고 있는 대표적인 예라 할 수 있다.

한국 사회를 출산장려주의 사회의 특성을 갖게 하는 데 성장발전주의 담론의 영향력은 상당히 크다. 성장발전주의 담론은 생산 가능 인구를 가늠하는 것으로서의 출산율과 경제 성장을 연결하며, 낮은 저출산으로 인한 고령화를 가속화시킨다고 이야기하기 때문이다. 한국의 고령화 담론에서 고령화가 가져오는 효과(영향)는 대부분 경제사회적 파급 효과에 집중되어 있다. 간혹 고령화가 가져올 문화적 변화에 대한 논의나 고령사회 대비 주거 환경 개선 방안에 관한 논의가 등장하기도 하고, 위기보다는 변화의 관점에서 고령화를 이해하는 관점이 제시되기도 한다. 하지만 신문 등 언론 매체를 통해서 접할 수 있는 고령화 논의의 대부분은 고령화가 가져올 경제적 '위기'에 대한 것들이다. 인구 고령화로 인해 경제 성장이 둔화된다는 위기 이론은 생산 가능 인구의 감소 및 고령화로 인한 노동생산성 저하(노동력 공급의 문제), 민간 저축률 하락으로 인한 가용자금 감소 및 투자 위축(자본 공급의 문제), 주 수요자 층이 고령자 중심으로 이동할 경우 소비 감소로 인한 경제 성장이 둔화됨이라고 정리될 수 있다. '늙어가는 대한민국'과 같이, 나이 듦은 곧바로 생산성 저하로 연결되고, 고령자는 생산 가능 인구에서 이미 제외됨으로써 국가 차원의 저축률이 하락할 것이라 예견되며, 결국 이로 인한 소비 감소는 경제 성장 둔화로 연결된다고 보는 것이 고령화 위기를 예견하는 한국 사회의 견해라고 할 수 있다. 이러한 입장은 국가 경제 발전을 위해서 아이를 낳아주기를, 국가 경제 발전을 위해서 생산성을 높여주기를 바라면서 이제껏 제외되었던 성장발전주의 외각의 사람들을 여전히 배제한다. 저출산·고령화 사회의 '위기'를 대표하는 통계로는 주로 '노인 부양비'나 '생산 가능 인구'가 거론된다.

출산장려주의 사회에서는 저출산과 성장 담론을 연결하는 논의들이 주로 이뤄진다. 정부가 1960년대 이래 근 30년간 출산 억제 정책을 펼쳐온 것의 이론적 근거 역시 인구 규모가 경제 성장에 주는 부정적인 영향이었다. 이 시기는 인구 규모가 비대해 경제 성장이 둔화되는 것에 관한 문제의식이었다면 현재 출산 장려 정책을 펼치고 있는 상황에서의 인구 규모는 너무 작아서 경제 성장에 저해가 되고 있다는 문제의식이다.

출산장려주의 담론

출산율 제고를 일차적 목적으로 하는 모든 논의와 사회적·문화적 지형을 포함한 담론이다. 출산장려주의 담론에서 출산율 제고 논의는 주로 인구학적 측면에서 접근된다. 현재의 인구 구조의 위기를 저출산 극복을 통해, 즉 출산 장려를 통해 극복하고자 통계적 분석과 예측 및 전망을 내놓으며, 출산 장려 정책의 필요성에 근간을 제시한다. 이는 출산 장려에 박차를 가하는 것의 명분을 제공하고, 정책적 근거와 기반을 마련한다. 또, 저출산 사회의 위험성을 통계로, 그리고 수치로 분명하게 보여주어 저출산 위기론을 확산시키며, 출산장려주의를 결과적으로 강화한다.

2. 국가와 여성: 피임과 낙태의 규제

한국 사회의 저출산·고령사회화는 출산 장려를 통해 전 사회가 대응 체제를 갖출 것을 요하는 방식의 정책과 사회 분위기를 유지해 왔다. 과거 여성운동 태동기의 출산 억제 정책의 성공 신화를 가지고 있다는 점에서 현재의 대응 방식을 볼 필요가 있는데, '출산' 자체에만 의미 부여를 한다는 것은 의도치 않은 결과로서 생물학적 모성 이데올로기를 강화하는 경향이 있다는 것이다. 저출산·고령사회의 위기 극복을 출산을 늘리는 것에서 해법을 찾는 사회의 주요한 특징은 낙태와 피임을 규제의 대상으로 삼는다는 점이다.

한국 사회에서 낙태는 과거 출산 억제기에는 임신중절로 독려되었고, 출산 장려기에는 금지되었다. 2010년에는 프로라이프의사회를 필두로 낙태 시술을 한 병원을 고발 조치하면서 낙태 금지 이슈는 담론적 경합의 장이 되기도 했다. 이렇듯 한국 사회에서 출산은 국가 발전이라는 대의에 따라 제한되거나 장려될 수 있는 것으로 여겨졌으며, 시국에 따라 아이를 낳을 수 있지만 더 낳지 않아야 했고, 아이를 최소 2명은 낳아야 '애국(愛國)'이라는 거대 담론으로부터 자유롭지 못했다. 피임을 독려하고 낙태를 불법화하는 것은

모성 이데올로기

어머니가 최적의 양육자라는 관념으로 여성들에게 양육의 일차적 책임을 지도록 하며 모든 여성은 어머니가 되는 것을 통해서만 여성 정체성을 획득할 수 있다는 이데올로기다. 이는 생물학적인 출산과 사회문화적으로 부여된 양육을 일원화하고 이를 분리하는 것은 아동에게 정서적·심리적 해(害)

국가의 여성 몸에 대한 규제이고 관리에 다름 아니다. 출산 억제 시기 소파수술(搔爬手術)과 난관피임술 등의 외과적 시술과 더불어 피임의 다양한 방법이 동원되었고, 여성들이 이를 적극적으로 실천했다. 여기서 중요한 것은 임신으로부터 자유로운 성생활을 위해 피임의 기술이 보급된 것은 적어도 아니라는 것이며, 더욱이 도덕적으로 죄책감을 수반하는 '낙태'라는 용어 대신 임신중절이나 '소파수술'이라는 용어를 사용했다는 사실이다. 그러나 오늘날의 낙태 문제 논의의 지형에서는 의도적으로 낙태라는 용어를 사용하며, 이를 통해 낙태를 생명 경시 풍조의 만연함으로 바라보면서 도덕적 비난을 정당화하고 있다. 즉, 낙태를 금지하는 입장을 갖는 이들은 낙태로 죽어가는 소중한 '생명'을 살려 저출산 현상을 극복하고자 한다는 것이다. 반면에 낙태 금지를 반대하는 입장에서는 여성의 재생산권의 문제로 접근했다.

저출산의 문제가 사회의 위기라는 거대 담론으로 구성되면서 낙태 불법화 운동의 금지 담론은 '생명' 대 '재생산권'의 싸움에서 일면 '생명' 논리에 주도권을 내주기도 했다. 2019년 4월 11일은 헌법재판소의 낙태죄 조항 헌법불합치 판결이 있었던 역사적인 날이었다. 헌법불합치 판결 이후 이 조항은 2020년 12월 31일을 법 개정 시한으로 하고 있다. 여전히 일각에서는 임신 주수에 따른 선별적인 낙태 허용을 거론하며 관점의 차이를 보이고 있으나 여성의 건강권과 자기결정권을 보장하기 위해서는 근본적으로는 '죄'로서의 낙태죄는 폐지되지 않을 이유가 없으며, '죄' 대신 여성의 건강'권'과 재생산 '권'으로 전환될 필요가 있다 할 것이다.

2019년 4월 11일 헌법재판소의 낙태죄 헌법불합치 선고는 '안전하고 합법적인 임신 중지'를 권리로 이야기할 수 있게 만들었고, 이 권리를 보장하기 위한 제도적·정책적 접근을 할 단초를 마련했다. 이는 '낳지 않을 권리'를 넘어 안전한 성적 권리, 그리고 장애, 경제적 상황, 혼인 여부, 국적 등과 상관없이 누구나 아이를 낳거나 낳지 않을 권리, 그 권리를 행사할 수 있는 정보와 수단에 접근할 수 있는 권리 등 성·재생산 건강과 권리를 보장할 수 있는

가 될 것으로 규정하여 생물학적 어머니의 모성 역할을 강화한다. 또, 여성의 삶의 기회를 어머니 되기를 중심으로 제한하여 여성으로 하여금 모성 역할을 거부할 수 없게 하며, 어머니는 무한한 사랑, 희생과 헌신을 덕목으로 하기에 이를 수행하지 못했을 때는 죄책감을 느끼며, 결코 '좋은' 어머니가 될 수 없다고 느끼게 한다.

사회로 나아가야 하며, 아이를 낳지 않거나 낳고 기르는 문제 전반에 관한 정책과 제도를 재정비함으로써 전반적 재생산권을 보장해야 함을 촉구하고 있다. 낙태가 죄가 아님을 말하기 위해 먼 길을 왔으나, 아직 다 온 것도 아니라는 것이다.

또, 저출산·고령화 사회로의 진입이 시사하는 가장 중요한 지점은 '돌봄(care)의 공백'에 대한 심오한 문제 제기라 할 수 있다. 근대는 성별 분업을 바탕으로 하는 가족 모델에서 출발해 많은 돌봄이 가족 내에서 이루어지는 것을 전제로 했다. 그러나 점차적으로 공적 영역에서 여성도 남성과 함께 동등한 기회를 가질 수 있게 되면서 여성의 교육 수준도 향상되었고, 직업 선택의 기회도 상대적으로 증대되었다. 나아가 여성의 경제 활동 참가율이 증가했고, 그동안 확고해 보였던 '남성=생계 부양자, 여성=가사 책임자'라는 성별 분업의 틀이 불안정해지고 있는데, 이러한 과정에서 저출산 현상은 그동안 가족 내에서 이루어지던 돌봄의 공백 상태를 가속화시키고 있는 것이다. 저출산·고령화 현상은 인구 구성에서의 변화뿐만 아니라 '남성=생계 부양자, 여성=가사 책임자'라는 근대의 핵가족 형태가 더 이상 가능하지 않다는 것을 의미한다. 또한 여성들의 공적 영역 참여와 지위 향상으로 성별 분업의 전제가 갖는 한계를 지적하는 것이며, 기존의 돌봄 노동을 전담해 왔고 전담할 것으로 상정되었던 여성의 위치가 바뀌고 있음을 보여주는 것이라 하겠다. 따라서 저출산·고령화 현상은 무조건적인 출산장려주의가 아니라, 이러한 여성들의 변화를 어떻게 인식하고 받아들일 것이며, 돌봄의 공백을 사회가 어떻게 분담을 해야 할 것인지 등에 대한 패러다임의 전환을 요하는 것이다. 그러나 사회 제도와 오늘날의 지배적인 가치관들은 이러한 변화된 젠더 관계, 출산에 대한 담론과 충돌하고 있다. 이러한 변화된 조건에서 '출산은 국력이다' 혹은 '출산이 애국이다'와 같이 여성은 출산의 의무가 있는 것으로 상정하는 담론은 더 이상 받아들여지지 않는다. 그뿐만 아니라 이러한 전제를 기반으로 마련된 정책 역시 그 실효성을 담보할 수 없다. 따라서 출산과 여성의 관계를 둘러싼 변화된 지형을 인식하고, 단순히 여성에게 출산을 강요하는 방식이 아니라 여성들이 출산과 일 중 하나만을 선택해야 하는 조건을 변화시키는 노력이 요구된다.

요컨대 앞서 여러 부분에서 부분적으로 언급했듯이 우리 사회의 저출산·고령화 문제는 사회적·문화적 젠더 관계의 변화를 반영하고, 또 이러한 변화를 이끌어내지 않는 한 해결의 실마리를 찾기 힘들다. 이는 출산이 더 이상 여성의 운명이 아니라는 인식의 변화는 출산을 고려하는 행위자뿐만 아니라 출산에 대한 사회의 가치관이 출산을 삶의 조건과 관련해 선택의 차원으로 상정하고 있음을 의미하는 것이다. 또한 섹슈얼리티 지형의 변화로 우리 사회는 더 이상 법률적 혼인에만 특권을 주는 방식에 정당성을 부여하기 힘들며, 법률적 혼인을 통해서만 가족이 구성되는 한계를 시급히 해결해야 할 위기에 처해 있다. 말뿐만이 아닌 진정으로 다양한 가족을 인정하기 위해서는 이러한 섹슈얼리티 지형과 젠더 관계가 변화하고 있음을 '위기'가 아닌 '변화'로 받아들일 필요가 있다는 것이다. 그럼에도 불구하고, 이러한 변화를 받아들이지 못한 방식으로 기존의 성역할 고정관념을 강화하거나 기존의 한계적 가족을 국가의 위기 해결의 기본 단위로 상정하고 있는 기조는 2020년까지도 유지되었다. 저출산·고령화 사회를 잘 준비해 가기 위해서는 출산은 더 이상 운명적인 것이 아니고, 섹슈얼리티의 지형은 변화하고 있으며, 기존의 성역할 고정관념은 사회를 유지시키지 못하고, 보살핌 노동은 국가는 물론 양성이 함께 책임을 가지고 수행해야 하는 일임을 인식해야 한다. 즉, 사회를 구성하는 개인들의 행위성이 변화하고 있고, 이들의 섹슈얼리티 지형과 젠더 관계가 변화하고 있음에 대한 사회의 감수성이 수반되지 않는 한 긍정적 효과를 기대하기 어렵다. 또, 출산에 대한 강조와 정상가족을 강화하게 되는 결과에는 저항이 형성되고 있다는 점에 주목할 필요가 있다. 아래의 글처럼 결혼도 하지 않은 여성이 출산파업을 선언하는 등 사람들이 출산이라는 모성 실천에 대한 자신의 인식을 표명하고 실천하고 있다는 것이다. 사회 구성원들의 변화된 경험 세계, 생애 기획, 가족에 대한 관념, 일하는 삶 등 삶의 여러 영역의 변화에 의미를 두지 않는 정책과 여전히 강력한 정상가족 이데올로기와 정상가족 내 여성의 성별화된 역할을 정상화하는 사회문화는, 변화된 시대 그리고 변화한 인식을 갖는 이들에게는 수용되지 못할 뿐만 아니라 역기능을 초래할 수 있음을 기억해야 할 것이다.

> '출산 파업'을 선언합니다. 결혼도 하지 않았는데 뭔 아이 타령이냐며 저를 아는 사람들은 생뚱맞아해 할지도 모르겠습니다만 …… 꼭 결혼해야만 아이를 낳을 수 있는 것은 아니니까요. 결혼하지 않은 저도 아이 낳기를 포기한다는 선언을 할 수는 있는 겁니다. 여하튼 힘주어 다시 말하자면 이 험한 세상에 아이를 낳는 그런 용감무쌍한 행동은 하지 않겠습니다(http://cafe.naver.com/kwangwoon61/629 '출산 파업'을 선언합니다 2008년 11월 19일에 등록된 글 중 일부).

기존의 가족에 대한 전통적 정의는 현대 사회에서의 가족 변화에 적합하지 못하며 그 정의로 포괄하지 못하는 다양한 가족의 형태와 기능을 배제하고 있다. 다양한 삶의 방식의 등장과 인구사회학적 배경의 변화, 사회의 젠더관계와 섹슈얼리티의 지형 변화 속에서 가족을 이루는 구성원들이 변화하고 있으며, 구성원들의 선택과 기회의 내용이 달라지고 있는 현실을 반영할 수 있어야 한다.

한국 사회의 정상가족 이데올로기는 혼인 밖에서의 출산을 낙태로 이어지게 할 가능성이 크다. 또, 이혼이나 재혼의 경우 역시 기존 자녀가 걸림돌이 되거나, 출산을 도모하지 않게 되기도 한다. 그뿐만 아니라 입양의 제한이나, 혈연 중심으로 인한 불임가족 지원이나, 동성 가족을 인정하지 않음, 동거 커플에 대한 법적 권리를 보장하지 않음 등의 관념을 유지함으로써 정상가족 외의 출산이나 양육을 지원하지 않는다. 이는 사회적·문화적 노력과 변화가 필요한 지점이기도 하다. 가족의 변화는 사회의 변화와 함께 진행된다.

3. 저출산·고령사회의 미래 1: '어머니 되기'에서 '어머니 역할 하기'로의 이행의 시대

저출산·고령사회의 다른 이름은 저성장·돌봄 위기 사회라 해도 과언이 아니다. 출생율은 감소하는데 의료와 과학기술의 발달로 인구 고령화는 가속되고, 생산 가능 인구는 줄어들어 경제적으로는 저성장하며, 복지 차원에서는 돌봄의 공백이 발생한다는 것이다. 그간 꽤 오랫동안 가족 내 양육과 돌봄은 가족 구성원 중 여성의 몫이 되어왔다. 어린아이의 양육에서부터 고령자의 보살핌과 간병에 이르기까지 희생적 돌봄을 주로 도맡아 왔던 성별은 공교롭게도 여성이라는 것이다. 저출산·고령사회는 여성과 지대한 관련이 있기는 하지만 그렇다고 여성이 원인인 것은 아니다. 하지만 한 사회의 모성 이데올로기가 어떠한가는 많은 것을 시사해 줄 수 있을 것이다. 왜냐하면 모성은 한 사회의 가족과 삶, 출산과 양육과 돌봄이라는 인구의 문제와 불가분의 관계에 있기 때문이다.

> 아름다운 소녀를 사랑하게 된 한 소년이 있었다. 소녀는 너무 아름다웠지만 이기적이고 잔인한 성격을 소유하고 있었다. 그런 소녀에게 소년은 무엇이든 그녀를 위해 할 수 있다고 고백했다. 소녀는 소년에게 "네 엄마의 심장을 가져오라"라고 말했다. 결국 소년은 소녀의 말대로 엄마의 가슴을 열고 심장을 꺼내 들고 뛰어가다가 그만 돌부리에 걸려 넘어지고 말았다. 그 때 엄마의 심장이 소년에게 말했다. "애야, 다치지 않았니?"

위의 글이 언제부터 전해오는가를 정확히 알기는 어렵다. 한국에서는 "어느 날 심장이 말했다"라는 제목으로 '엄마의 심장'이 '부모님의 심장'으로, '얘야 다치지 않았니?'가 '아들아 다치지 않았니?' 등으로 변용되어 회자되기도 했다. 위의 이야기는 일반적으로 '모성'하면 떠오르는 이미지가 자신의 삶을 희생하면서까지 자식을 위해 헌신하고 무한한 사랑을 베푸는 어머니임을 환기시킨다. 그러나 변화된 현실 속에서도 이 이야기가 감동적으로 읽히는 서사일지는 의문이다. 여전히 헌신과 희생을 하는 어머니가 좋은 어머니로 평가받는지, 혹은 자신의 삶을 희생하지 않으면서 좋은 어머니가 될 수는 없는지 역시 마찬가지다. 최근 몇 년 사이 TV 드라마는 다양한 방식으로 모성을 소재로 활용하고 있다. 대리모, 낳은 엄마와 기른 엄마의 불일치, 낳지 않은 아이를 낳은 아이와 함께 키워야 하는 엄마, 가족의 품안에서 길러진 아이가 새로운 가족 구성으로서 만나게 되는 새로운 엄마, 엄마의 위치에서 내 딸 또는 내 아들이라 칭하는 이들이 실은 직접 낳은 아이가 아닌 경우 등, 다양한 위치의 모성이 화두가 되고 있다. 이들은 대부분은 막장드라마로 불리기도 했으나 매체에서 다루는 모성의 다양한 모습들은 모성이라는 것이 여성이자 엄마라면 누구나 자연스럽게 가질 수 있는 보편타당한 감정이 아니라 개인 주체의 경험이나 정서 상태, 생활 환경, 주변인에 따라 충분히 변할 수 있는 사회적·문화적으로 구성되는 구성물임을 반영하고 있다. 이는 또한 우리 사회가 모성을 인식하고 어머니 됨의 정체성을 형성하는 데 변화된 사회적·경제적 조건을 제공하고 있음을 의미하기도 한다. 그렇기에 어머니 되기(becoming mother)에서 어머니 역할을 하기(do mothering)로의 이행의 시대를 살아가기 위해서는 새로운 모성 개념을 만들어낼 필요가 있다.

한국 사회의 저출산·고령사회화를 극복하고자 출산 장려 정책을 적극 실행하고 있는 사회 분위기는 출산을 전제로 한 모성 개념의 형성을 사회적·문화적·제도적 환경 차원에서 지지하고 있다. 이는 모든 여성이 출산자 어머니가 되어야 할 것을 예정한 잠재적 어머니 담론을 강화하며, 생물학적 모성 이데올로기와 정상가족 이데올로기, 성역할 이데올로기를 유지하는 기능을 한다. 그러나 보다시피 출산을 통해 어머니(being mother)가 되는 것이 아니라 누구나 '어머니 역할을 하는' '어머니 되기'가 가능하다.

4. 저출산·고령사회의 미래 2: '함께 일하고 함께 돌보는 사회'

우리 사회가 저출산으로 인해 고령화로 진행되어 가는 저출산·고령사회를 통과하고 있다고 진단하더라도, 그보다 우선적으로 해결되어야 할 것은 성 차별적 노동시장의 문제이다. 우리는 사회를 살아가면서 '유리천장 여전하다'나 '능력 많은 여성, 그러나 결혼과 임신, 출산으로 인한 경력 단절'과 같은 뉴스 보도를 종종 접하게 된다. 저출산·고령화 시대는 '함께 일하고 함께 돌보는 사회'가 되어야 하는데, 여전히 한쪽 성인 여성에게는 불리하고 부당한 차별적인 노동 조건이 가로막고 있다. 왜 유리천장 깨기와 경력 단절의 문제는 여성에게만 해당되어야 하는 것인지 생각해 볼 필요가 있다. 결혼-임신-출산-양육으로 인한 경력 단절은 성 불평등한 노동 관행이 문제이며 명백한 차별이다.

결혼-임신-출산-양육의 연속성(continuum)에 대해, 이 각각은 사실 분절되어 있으나 여성의 생애 궤도에서 연속성을 갖는 것이 바람직할뿐더러 응당 그러할 것으로 기대되는 것이 이 사회의 소위 '정상적인' 시선이다. 한국 사회에는 생애 궤도에도 성별성이 나타난다. 남성보다는 여성의 경우가 그러한데, 생애 궤도를 이탈한 경우에는 일탈한 여성, 문제가 있는 여성, 이기적인 여성이 된다. 성별에 따라 다른 이중 기준, 이중 규범이 작동하는 것이다. 우리는 문제 있는 여성이 되지 않기 위해서는 정상 궤도에 순응해야 하는 규범 속에 위치해 있다. 이에 따라 일을 그만두거나 경력이 단절되더라도 더 바람직한 일로 여겨지기도 한다. 남성도 과거에 비하면 이러한 시선으로부터 덜 자유로워지긴 했지만, 여전히 남성이 연애나 결혼을 하지 않는 데는 다 이유가 있고, 때가 있다. 적어도 일탈로, 비정상적인 것으로 보지는 않는다. "결혼은 언제 할 거냐, 결혼하면, 애는 언제 낳을 거냐, 애 키우랴 직장 생활하랴 감당할 수 있겠어?"라는 질문은 좀처럼 남성에게 하는 질문 목록이 아니다. 비난이든 걱정과 위로든, 사실은 답할 필요가 없는 불필요한 질문이다.

결혼-임신-출산-양육으로 인한 경력 단절 현상을 잘 보여주는 여성 경제 활동 동향에 M자형 그래프가 있다. 임신과 출산, 특히 0~3세 아이의 양육 시기 경제 활동을 그만두게 되고(출산휴가 후 복직을 100% 보장하는 곳은 국내에서는 유한킴벌리가 유일하다), 이로 인해 업무지속성을 갖지 못하고 새로운 일자리를 찾아야 하기 때문에 경력이 단절된다. 앞서 말했던 것처럼, 여성이 혼자 임신·출산을 할 수 있는 것도 아니다. 그러나 임신-출산-육아가 전적으로 여성의 일이라 여기는 관념이 지배적이기 때문에, 여성들 스스로도 여성에게만 해당되는 것처럼 체감된다. 특히 집안일과 육아가 '여성의 일'이라는 사회 인식은 경제 위기나 국가 재난 상황에서 더 크게 작용해, 독박육아와 경력 단절 사례가 증가한다. 최근의 예를 들어보자면, 코로나19로 일자리를 잃거나 재택근무를 하게 되면서 여성들의 업무와 일상에는 많은 변화가 생겼다. 계약직이나 비정규직 등 불안전한 고용 관계에 있었거나, 서비스직, 판매직, 개인사업자 등의 직종인 경우, 회사 경영이 어려워져 팀이 해체되거나 기업이 노동자 수를 줄여야 하는 경우, 여기서 가장 먼저 재고의 대상이 되는 것은 여성들이다. 또, 기업이나 회사가 경제적 위기 상황에서의 구조조정은 다소 용인되는 경우가 있으나 이를 빌미로 가장 먼저 여성이 일자리를 잃게 된다. 기업은 사정이 어려워지게 되면 무급휴가자 지원을 여성들에게 독려하기도 하고, 아이가 있는 여성들에게는 '집에 애도 있는데 쉬는 게 낫지 않겠는가'라는 식의 이야기를 하기도 한다. 이처럼 위기 시에 지배적 논리는 강력한 힘을 발휘할 뿐만 아니라 과거의 성역할 이데올로기나 성별 고정관념으로 회귀하는 특성을 보인다.

5. 저출산·고령사회의 미래 3: 아이 낳기 좋은 세상에서 키우기 좋은 세상으로

'아이를 낳아 기르고 싶은 사회'는 둘로 나뉠 필요가 있다. 오늘날까지 '낳기'와 '기르기'는 뗄 수 없는 것이라고 생각되어 온 측면이 강하다. 출산자가 곧 최적의 양육자임을 정상화·기정사실화하며 이를 내면화하게 한다는 것인데, 혈연 중심의 낳아준 어머니, 생모의 모성과 낳아준 부모의 부모 역할 등 생물학적으로 연결된 '낳아 기른' 것을 가장 '좋은' 것으로, '바람직'한 것으로 사고하는 경향으로 나타난다. 이는 의도치 않게 정상가족 이데올로기를 강화하며 생물학적 연결을 갖는 부모가 최적의 양육자라는 믿음을 강고하게 한다. 모자 보건과 관련해 재생산권과 건강권이 지켜지기 위해서는 낳기와 기르기가 두 축으로 분리되어 각각 보장받을 수 있는 방안이 필요하지 않을까. 출산으로 이끄는 과정이 생물학적 부모됨으로부터 자유로울 수 있는, 그리고 생물학적 부모됨의 특권을 오남용하지 않을 수 있어 다양한 삶의 지향과 가족 구성 행위에 대한 사회공동체의 인식과 보살핌의 윤리의 확대에 영향을 미칠 수 있기를 희망한다.

또 여기에서 생각해 볼 것이 있다. 한국 사회의 출산장려주의는 오히려 저출산 현상을 심화하는 전제를 가지고 있다 할 수 있는데, 이는 잠재적 어머니 담론, 즉 생물학적 모성 이데올로기의 영향으로 인한 생물학적 출산만을 강화하는 방식으로 작동하는 것의 영향이다. 한국 여성들의 출산과 양육에 대한 결정은 출산 정책의 외부에 존재하며 여성 개인의 삶에 대한 주체적이고 합리적인 선택에 의해 기획되는 것이다. 오히려 한국 사회의 출산 정책은 저출산 현상을 심화하며 여성들의 모성에 대한 인식을 저해한다. 한국 여성들의 자아정체감은 출산의 도구로 인식되는 국가 정책에 대해 강한 반발감을 갖고 있었고, 자아정체감과 생물학적 출산을 강화하는 모성 이데올로기가 대립하는 양상을 띠었다. 이로 인해 한국 여성들의 자아정체성은 임신-출산·양육이라는 생애의 압도적 경험 기획 이전 단계에서부터 갈등을 경험하는 등 출산과 양육을 둘러싼 제도적 환경의 영향을 크게 받는다. 또, 한국 여성들의 결혼관 및 자녀관의 변화와 더불어 생물학적 모성 이데올로기와 출산 그리고 정상가족을 중심으로 '정상적' 모성이라는 지배 이데올로기에 대한 비판적 해석이 등장하고 있다는 것은 제도로서의 모성에 균열이 우리 사회에 등장하고 있음을 암시하고 있다.

출산율 제고 중심의 출산 장려 정책은 출산적 모성(생물학적 출산과 관련된 모성)만을 강화하는 결과에 도달하며, 이는 양육적 모성(돌봄 등 양육과 관련된 모성) 자원의 긍정성을 살리지 못하는 한계가 있다. 출산적 모성과 양육적 모성의 간극이 커질수록 돌봄의 공백을 해결하는 데 과부하를 경험할 수밖에 없다. 양육 환경의 개선은 아이들이 커가기에 안전한 사회를 구축하는 데 일조할 것이다. 또한 출산적 모성을 지원하는 정책보다는 양육적 모성을 지원할 수 있는 정책으로의 전환을 필요로 하며, 여기에 보육시설과 기타 양육 지원 시설 근로자의 근로 조건의 개선까지 이루어진다면 더 나은 양육 지원책이 될 것으로 기대된다. 그리고 양육 자원의 범위가 생물학적 가족 범위를 넘어 확대될 필요성이 제기되며, 이들의 참여를 독려할 수 있는 사회문화가 조성될 필요가 있다. 이러한 접근은 한국 사회의 모성에 대해 다시금 생각할 여지를 만들어주며, 일반적으로 유지되어 온 사회의 관념에 변화의 지점을 제공한다. 기존 사회 정책에서 통용되어 온 모성은 현재의 변화하고 있는 사회경제적 조건과 개인의 삶의 조건의 변화를 고려하지 않고, 여전히 출산을 통한 모성을 바탕으로 한 통념적 모성을 전제하고 있다고 본다. 이 때문에 모성의 공백으로 인한 저출산 사회화나 돌봄 노동의 공백이라는 사회문제를 다각적으로 해결하는 데 한계로 작용한다. 이러한 사회문제는 기존의 가족을 더욱 건강하게 만들거나 생물학적 어머니 되기를 독려하는 방식의 출산 장려책으로는 해결되기 어렵다. 따라서 저출산 현상의 극복과 돌봄 노동의 공백을 메우는 일은 출산을 규범화하고 출산을 장려하거나 일과 가정을 양립하는 방안을 비단 여성들에게만 해당되는 것으로 다루는 것이 아니라, 사회 전체가 돌봄을 지향하는 사회로 변화해야 할 것을 요구한다. 또한 사회적·경제적 조건과 변화한 지형을 함께 살피고 보살핌의 윤리를 사회의 대안적 윤리로 확장할 필요가 있다.

국가의 정책 기조는 중요하다. 정책 구상 시에는 정책 기조와 현안에 대한 진단에 따라 입장과 목표가 정해지기 때문이다. 출산 장려에서 국민의 삶의 질 제고로 목표 전환을 한 기본계획의 시행이 눈앞에 다가왔다. 2021년부터 시행되는 4차 저출산·고령사회 기본계획(2021~2025)에서는 기존의 출산율을 높여 고령사회화를 극복하고자 했던 방안이 전면에서 사라졌다. 지난 14년 동안 총 185조 원의 예산을 투입하고도 출산율은 빠른 속도로 떨어져 0명대의 수준에 이르게 되니, 목표 설정과 방향 전환이 시급함이 특단의 조치로 이어진 것이다. 우리나라의 합계출산율은 2018년 0.98명, 2019년 0.92명, 2020년 0.82명으로, 합계출산율을 2020년에는 1.5명대로 끌어올리겠다던 2015년(3차 기본계획)의 목표와 0.82명의 간극이 주는 충격은 컸을 것이다. 이러한 상황은 정책의 입장에도 변화를 가져왔다. '아이를 낳으면 삶의 질을 보장해 주겠다'에서 '국민의 삶의 질이 보장되어 아이를 낳을 수 있는 사회를 만들겠다'로 정책 패러다임의 변화를 예고했으며, 이는 결혼과 출산이 남녀에게 생애 경력의 장애가 되거나 한 사람의 부담으로 귀결되지 않도록 함께 일하고 함께 돌보는 사회가 필요하기 때문이라 덧붙였다. 오늘의 큰 진전으로 꼽을 수 있는 것은 과거의 '위기'나 '문제'로 여겨지던 것이 '현상'으로 인식되고 있음이다. 이제는 정부의 함께 일하고 함께 돌보는 사회를 만들기 위해 현재의 성차별적 노동시장의 문제를 해결하겠다는 결연함이 성평등 노동권과 성·재생산 건강 보장으로 구현되는 과정을 행복하게 지켜보는 일만 남았다.

토론거리

part 1　성, 사랑, 연애, 결혼, 가족에 대해 새롭게 사유하기!

1. 우리 안에 존재하는 가족 정상성, 또는 정상가족 이데올로기에 대해 토론해 보자. 개인적인 차원, 사회문화적인 차원, 국가적 차원으로 나누어 이야기 해보는 것도 좋겠다.

2. 현재적 가족에 대해 정의를 내려본다면 기존의 정의에서 어떤 부분이 빠지고 어떤 부분이 포함되어야 하는지 토론해 보자.

3. 낙태죄 헌법불합치 판결 이후, 낙태가 용이해져 저출산이 극복되지 않는다는 우려가 있다. 낙태를 범죄화하는 것과 출산율이 왜 연동되어 이야기되는가 토론해 보자.

4. 동성 파트너십(partnership), 면회권(visitation)과 같이 법적으로 혼인이 인정되지 않는 경우라 하더라도 가족 구성원으로 인정되어 세제 혜택이나 건강과 같은 재산과 보건상의 동등한 법적 지위를 갖게 하는 경우에 대해 토론해 보자. 찬반양론은 지양한다.

part 2　저출산·고령사회 분석하기!

1. 오늘날에는 저출산 상황이 지속되면 생산 가능 인구의 감소로 대한민국이 위기에 직면하게 될 것이라 진단하면서, '출산이 애국'이라는 말이 회자되기도 한다. 출산은 애국인가? 남성과 여성의 생각은 어떻게 같고 어떻게 다른지 토론해 보자. 또, 성장발전주의 담론에 대해서도 이야기해 보자.

2. 저출산·고령화 사회 대책으로 혼인율을 상승시키는 것이 효과적인 것으로 분석되곤 하는데, 이는 혼인을 하면 응당 출산을 할 것으로 여겨지는 것으로, 혼인율 내 출산율이 안정이라는 가정 때문이다. 그러나 최근 다양한 가족 구성 행위 및 삶의 방식이 다변화하고 있는 추세에 비추어볼 때, 혼인율과 출산율은 그 유관성이 떨어지고 있다. 혼인을 했으니 아이를 꼭 낳아야 한다는 관념 역시 상쇄되고 있으며, 동성부부나 입양 등, 혼인을 하지 않았으나 결혼한 삶을 살기도 하고, 결혼을 했으나 아이가 없는 삶을 택하기도 하고, 혈연 중심 가족이 아닌 방식으로의 재조합이 이뤄지기도 하며, 사회경제적 요인으로 혼인과 출산의 여력이 없는 경우도 증가하고 있는 것이 현실이다. 이러한 상황에 대해 어떻게 생각하는지 토론해 보자.

3. '아이 낳기 좋은 세상' 대 '아이 키우기 좋은 세상'에 대해서 토론해 보자.

4. 유럽에서는 난임 부부 지원 정책과 입양 아동 양육수당 지원 정책이 보건 정책이나 가족 정책에 속하는 경우가 많은데, 우리나라에서는 왜 저출산 정책에 포함되어 있는지 그 맥락에 대해 토론해 보자.

5. 현재를 살아가고 있는 여러분들의 생애 단계에 비추어 저출산·고령사회의 위기를 극복할 방안을 모색해 본다면?

읽을거리

현대사회의 성, 사랑, 에로티시즘 | 앤서니 기든스(Anthony Giddens). 2001. 배은경·황정미 옮김. 새물결.

비혼입니다만, 그게 어쨌다구요?! | 우에노 지즈코(上野千鶴子)·미나시타 기류(水無田氣流). 2017. 조승미 옮김. 동녘.

혁명의 영점: 가사노동, 재생산, 여성주의 투쟁 | 실비아 페데리치(Silvia Federici). 2013. 황성원 옮김. 갈무리.

무자녀 혁명 | 메들린 케인(Madleyn Cain). 2003. 이한중 옮김. 북키앙.

신자유주의: 간략한 역사 | 데이비드 하비(David Harvey). 2007. 최병두 옮김. 한울.

누구와 함께 살 것인가: 새로 쓰는 가족 이야기 | 또하나의문화 편집부 엮음. 2003. 또하나의문화.

만들어진 모성: 17~20세기 모성애의 근대사 | 엘리자베트 바댕테르(Elisabeth Badinter). 2009. 심성은 옮김. 동녘.

엄마는 미친 짓이다 | 주디스 워너(Judith Warner). 2005. 임경현 옮김. 프리즘하우스.

일본의 가족은 어디로 가는가: 비혼, 가족붕괴, 저출산 | 스즈키 고지(鈴木光司) 외 지음. 2009. 표세만 옮김. 당대.

가족은 없다 | 다이애너 기틴스(Diana Gittins). 1997. 안호용·김홍주·배선희 옮김. 일신사.

Do Men Mother?: fathering, care, and domestic responsibility | Andrea Doucet. 2006. University of Toronto Press.

제15장
평화의 한반도를 향한 노력

김귀옥(한성대학교 교양학부 교수)

1. 평화가 없는 한반도, 무엇이 문제인가?

1945년 8월 15일, 일제 식민주의로부터 벗어난 한반도는 해방되자마자 분단을 당하게 되었다. 분단의 한반도는 제2차 세계대전이 끝나면서 서서히 시작된 동서 냉전의 한 축에 놓인 채, 미국과 구소련(현 러시아)의 대리전 형태로 3년간 한국전쟁을 치르게 되었다. 전쟁은 종식되지 못한 채 정전 상태로 70년 가까이 남아, 21세기가 되도록 한반도는 냉전의 깊은 그림자에서 벗어나지 못하고 있다. 1953년 7월 27일 정전의 날에 그어진 군사분계선과 비무장지대는 국경선 아닌 분단선이다. 그곳은 세계에서 가장 강력하고 많은 중화학 무기가 배치된 곳으로 남아 있다. 1950년대 미국이 남한에 도입한 핵무기에 이어 1990년대 구소련의 해체와 중국의 개혁·개방 노선의 추진으로 고립될 대로 고립된 북한은 강대국의 틈바구니에서 자력적 생존 방식을 택하면서 핵무장의 길을 걸어왔다. 미국이나 구소련, 중국, 영국, 프랑스[1]와 같은 기존의 핵무장 국가들은 그들 외 국가들이 핵무기를 보유하지 못하도록 금지하려는 조약, 핵확산방지조약(nuclear nonproliferation treaty: NPT)을 체결했다. 이에 따라 북한이 핵을 보유하려는 어떤 시도도 핵 확산 금지 체제를 위협하는 행동으로 간주했다. 미국은 유엔을 통해 강력한 대북결의안을 수차례 결의했고, 새로운 결의안이 생길 때마다 이전보다 더 강력한 대북 경제 제재 내용을 담고 있었다. 물론 대북결의안의 마지막에는 대화로써 평화적으로 북핵 문제를 해결하도록 가이드라인을 제시하고 있다. 75년의 남북분단은 한반도 내의 요인만으로, 또는 남북의 정치적인 요인만으로는 설명하기 어려운 문제를 만들어두고 있다.

1 인도, 파키스탄, 이스라엘은 핵확산방지조약에서는 핵보유국으로 인정받지는 못하지만, 사실상 핵보유국으로 인식되고 있고, 현재 북한도 사실상의 핵보유국의 지위를 얻고자 하고 있으나, 미국을 위시한 국제 사회는 북한이 핵을 포기하도록 하기 위해 비핵 대북결의안을 통해 압력을 가하고 있다.

75년의 한반도 분단은 남과 북으로 사람을 가르고, 정치 체제를 가르고, 문화를 갈라왔다. 그러나 분단에도 불구하고 자연과 강과 바다, 하늘은 여전히 분단을 모르는 채 70여 년의 시간이 흘러가고 있다. 2020년의 코로나19(corona virus disease-19)뿐만 아니라 동물 매체 독감이나 괴질환은 야생 동물, 철새 등을 따라 군사분계선을 가로질러 확산되어 왔다. 또한 남북으로 흐르는 강물에 지뢰가 흘러가고, 씨앗과 물고기도 강물을 따라 흘러가고 있다. 남과 북의 긴장이 고조되는 때에도 백령도를 비롯한 서해5도[2] 일대에는 꽃게, 조기, 새우, 까나리 등이 조류를 따라 모여들어도 남과 북의 어부들이 손 놓고 바라만 보고 있는 틈을 타 중국 어선들이 성황을 이루고 있는 세월이 반복되고 있다.

비무장지대(demilitarized zone: DMZ)나 북방한계선(northern limit line: NLL)에서는 간헐적으로 총격 사건을 포함한 각종의 참사가 발생해, 한반도는 분단과 정전 상태임을 확인하게 된다. 그 사이 일반인들은 남북 분단의 환경에 적응해 있는 듯하다. 분단과 전쟁의 역사와 현황을 학교 교육에서 배우고 있는 청소년들에게는 전쟁 게임만큼 재미있거나 익숙하지 않다. 마우스나 버튼을 클릭하면 되는 전쟁 게임은 재밌거나 때로는 며칠 밤낮을 지새우게 할 만큼 중독성이 강하다. 그런 청소년 중에는 프로게이머(pro-gamer)를 꿈꾸거나 프로그래머(programmer)를 꿈꾸는 사람도 있다. 그러나 그런 청소년이나 청년들에게 현실의 한반도 분단과 정전은 재미있지도 신나지도 않고 어떤 지적 자극이나 영감을 주지 않는 듯하다. 2018년 평창동계올림픽 때처럼 극적으로 찾아온 한반도의 봄처럼 남북 화해·협력 국면이 왔다가 극적으로 사라지는 일이 반복되어 오면서 많은 사람들이 평화 피로감, 또는 통일 피로감에 젖어 있는 듯이 보인다. 더 나쁜 것은, 화해·협력의 분위기가 사라지는 과

2 서해5도란 북한의 황해남도 지역에 인접한 백령도·대청도·소청도·연평도·우도 등 5개의 섬을 가리킨다.

정에 남북 간에 총격 사건이나 위기 상황이 닥치게 되는 일들이 재현되면서 북한에 대한 불신이 커지게 되고 통일에 대한 기대감도 사라지게 되는 것 같다. 사람들에게는 전쟁과 같은 참담한 일만 피할 수만 있다면 무사안일을 바라는 심정이 커질 뿐, 더 이상 '우리의 소원은 통일'을 열망하지 않는 듯하다.

그러나 물리적인 전쟁만 벌어지지 않는다면 한반도는 평화로울 수 있는 것인가? 한반도가 평화를 실현하지 못하고 있는 것은 과연 상대방의 탓뿐인가? 한반도의 운명은 여전히 1945년 8월 15일에 고착된 채, 강대국에 의해 좌지우지되고 있는 것인가? 한반도 구성원들이 자주적으로 한반도 미래에 대해 국제사회의 협력과 지지를 이끌어내며 만들어나갈 수는 없는 것인가를 생각해 보도록 하자.

2. 분단 속에 뿌리를 내렸던 식민주의

1945년 8월 15일, 한반도는 일제의 패망으로 해방되었다. 그러나 일제 식민주의는 한반도에 치명적인 영향력을 남겼다.

우선, 식민의 끝은 독립이 아니라 분단으로 귀결되었다. 물론 그 시점에서 한반도에 그어진 38도선은 곧바로 한반도의 분단을 의미하는 것이 아니라, 일본의 점령지에 대해 연합국 참전국이었던 미국, 구소련, 중국(국민당 정부), 영국 등에 의한 분할선[3]으로 이해될 수 있었다. 다시 말해 그들은 1945년까지 일제가 점령했던 모든 일본 외지에서 일본군을 패퇴시키고, 군사적·정치적으로 정리하기 위한 목표를 가지고 있었다.

3 이 분할선은 1945년 8월 11일, 미국의 본스틸 대령과 러스크 대령에 의해 작성된 것으로 알려져 있다.

그림 15-1　**1942년 대동아공영권지도**

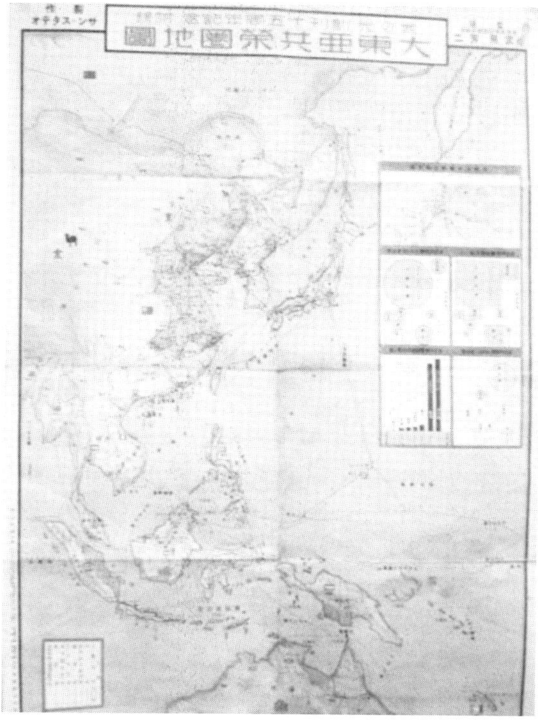

자료: 김귀옥 촬영.

연합국이 독일이나 이탈리아와 같은 패전국의 점령지를 분할하는 방식과 동북아시아를 분할하는 방식에는 엄연히 차이가 있었다. 독일과 이탈리아, 오스트리아 등과 같은 전범국가에 대해서는 미국, 구소련, 영국과 프랑스에 의해 분할통치 방식을 취했다(박태균, 2015: 8). 그러나 동아시아의 경우 전범국가인 일본 자체에 대한 분할 통치 방식을 취하지 않은 채, 일본 점령 지역, 즉 〈그림 15-1〉의 '대동아공영권' 전체를 일본 지역으로 간주하고, 연합국의 이해관계를 고려해 4등분했다. 그런 과정에서 미국 측은 일본의 침략에 대항해 온 구소련에 대해 남하 한계선으로서 한반도의 38도선을 제안했고, 구

그림 15-2 **일반명령1호의 동북아 군사적 분할지도**
1945년 8월 11일, 미국 찰스 본스틸 대령과 딘 러스크 대령이 그린 동아시아 분할선이다.

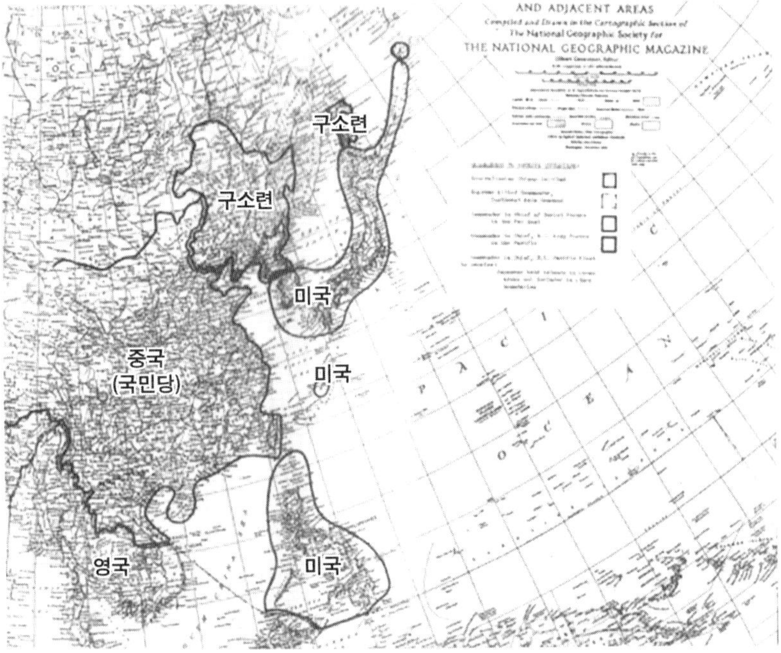

소련이 그 선을 수용함으로써 한반도는 38선을 중심으로 분할되었다.

한반도 구성원들은 일제 청산과 함께 38선 분할선을 자주적으로 해결하고 독립하게 되리라고 기대했다. 결과적으로 보면 미국과 구소련은 자신의 지배력이 미칠 수가 있다면 한반도 분단은 불가피한 것으로 여겼던 것으로 보인다. 더군다나 1945년 8월 15일 당시만 해도 미국과 소련의 관계는 연합국으로서 동반자적 관계였으나 머지않아 미국과 소련의 연합국적 관계는 사라지고, 적대의 기운이 높아져 1946년에 오면서 부쩍 냉전으로 치닫게 되었다. 직접적인 것은 유럽 문제, 특히 독일 문제나 동구 문제 해결 과정에서 미국과 소련이 부딪치면서 가시화되었다. 그러나 전후 문제를 해결하기 위해

그림 15-3 **정전협정문(영문) 발췌**

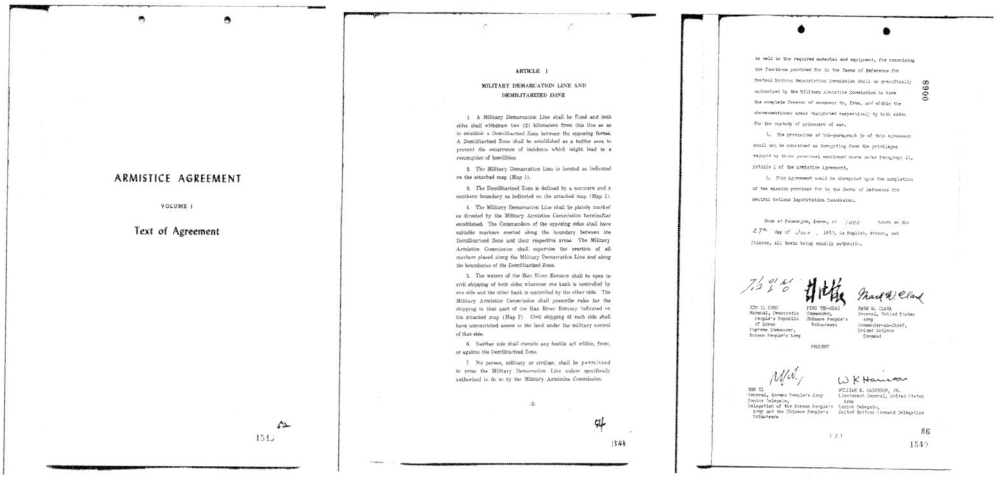

ARMISTICE AGREEMENT

VOLUME I

Text of Agreement

ARTICLE I

MILITARY DEMARCATION LINE AND DEMILITARIZED ZONE

1. A Military Demarcation Line shall be fixed and both sides shall withdraw two (2) kilometers from this line so as to establish a Demilitarized Zone between the opposing forces. A Demilitarized Zone shall be established as a buffer zone to prevent the occurrence of incidents which might lead to a resumption of hostilities.

2. The Military Demarcation Line is located as indicated on the attached map (Map 1).

3. The Demilitarized Zone is defined by a northern and a southern boundary as indicated on the attached map (Map 1).

4. The Military Demarcation Line shall be plainly marked as directed by the Military Armistice Commission hereinafter established. The Commanders of the opposing sides shall have suitable markers erected along the boundary between the Demilitarized Zone and their respective areas. The Military Armistice Commission shall supervise the erection of all markers placed along the Military Demarcation Line and along the boundaries of the Demilitarized Zone.

5. The waters of the Han River Estuary shall be open to civil shipping of both sides wherever one bank is controlled by one side and the other bank is controlled by the other side. The Military Armistice Commission shall prescribe rules for the shipping in that part of the Han River Estuary indicated on the attached map (Map 2). Civil shipping of each side shall have unrestricted access to the land under the military control of that side.

6. Neither side shall execute any hostile act within, from, or against the Demilitarized Zone.

7. No person, military or civilian, shall be permitted to cross the Military Demarcation Line unless specifically authorized to do so by the Military Armistice Commission.

-2-

Done at Panmunjom, Korea, at 1000 hours on the 27th day of July, 1953, in English, Korean, and Chinese, all texts being equally authentic.

KIM IL SUNG
Marshal, Democratic People's Republic of Korea
Supreme Commander, Korean People's Army

PENG TEH-HUAI
Commander, Chinese People's Volunteers

MARK W. CLARK
General, United States Army
Commander-in-Chief, United Nations Command

PRESENT

NAM IL
General, Korean People's Army
Senior Delegate,
Delegation of the Korean People's Army and the Chinese People's Volunteers

WILLIAM K. HARRISON, JR.
Lieutenant General, United States Army
Senior Delegate,
United Nations Command Delegation

자료: 국가기록원(1953).

개최된 1945년 12월의 '모스크바 3국 외상 회의'에서 한반도에 대해 위임통치 문제가 결정이 되면서 한반도에는 좌우 대결이 본격화되었다. 그러한 흐름이 결국 위임통치 계획도 사라지게 했고, 한반도를 포기할 의사가 보이지 않았던 강대국의 의지에 따라 1948년 8월 15일 남한 정부의 수립과 같은 해 9월 9일 북한 정부의 수립으로 38선은 정치적 분단선으로 성격이 바뀌었다. 다시 1950년 6월 25일부터 1953년 7월 27일까지의 한국전쟁을 거치면서 현재와 같은 비무장지대를 갖춘 휴전선으로 바뀌었다. 한반도 구성원의 의사나 의지와는 무관하게 일제의 식민지 지도 위에 그어진 분단선은 현재까지도 남아, 정치적·군사적 갈등뿐만 아니라 경제학적 피해, 지리학적·인구학적·문화적 손실을 가져오고 있다.

둘째, 일제 식민주의는 미국에 의해 친일정권으로 창출되었다. 제2차 세계대전의 영웅, 더글라스 맥아더(Douglas MacArthur) 육군대장이 38선 이남에

그림 15-4 **정전협정문에 나타난 군사분계선**

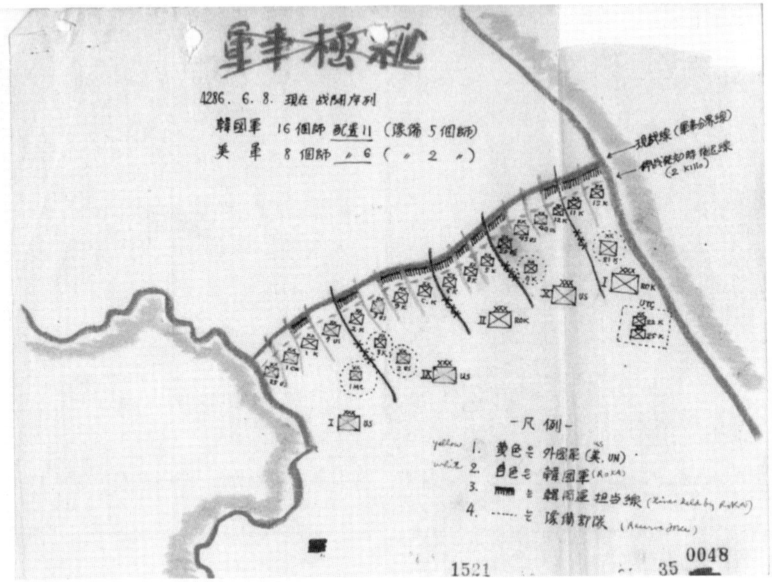

자료: 국가기록원(1953).

뿌린 포고 제1호를 보면 점령의 성격을 분명히 했다. 특히 제2조를 보면, "정부, 공공단체 및 기타의 명예직원과 고용인, 또는 공익사업, 공중위생을 포함한 전 공공사업 기관에 종사하는 유급 또는 무급 직원과 고용인 그리고 기타 제반 중요한 사업에 종사하는 자는 별명(別命)이 있을 때까지는 종래의 정상 기능과 업무를 수행할 것이며 모든 기록 및 재산을 보호·보존하여야 한다"라는 내용에 주목할 필요가 있다. 미군은 일제 강점기에 악랄하고 무도하기로 악명 높았던 경찰, 헌병 조직을 포함한 조선총독부 기관들의 직원들의 자리를 보호했고, 그들을 포함한 재계, 친일파들의 재산이나 권력을 비호했다. 하나의 예로, 조선총독부의 전체 경찰 중 7968명이었던 조선인 경찰을 보자. 그들은 8·15 당시 생명 보전을 위해 피신했다가 1945년 9월 7일 맥아더의 제1호 포고 후 아무런 반성과 사과도 없이 다시 현직으로 복귀했다.

그림 15-5 **철거를 알리는 구 조선총독부 건물 공고와 다시 복원될 경복궁 조감도**

자료: 국가기록원(1995).

그들의 주인은 일제 조선총독부에서 미군정으로 바뀌었을 뿐이었고, 설상가상으로 일본인들이 사라지자 그들의 권력은 더 커지게 되었다.

38선 이남을 점령한 미군정은 1945년 9월 8일부터 1948년 8월 15일 대한민국 정부가 수립되기까지 3년간 군사통치를 실시했다. 1945년 미군정이 영어가 가능한 한국 장교를 양성하기 위한 만든 군사영어학교(조선경비사관학교를 거쳐 현재의 육군사관학교로 변경)는 전체 임관자 110명 중 일본군 출신 87명, 만주국군 출신 21명 등으로 구성되었다. 대표적인 일본군 및 만주국군 출신자로 이응준, 김석원, 신태영, 채병덕, 백선엽, 박정희, 원용덕, 정일권, 김창룡 등이 있다. 그들은 대부분 민족문제연구소에서 간행된『친일파인명사전』에 등재되어 있다. 주로 친일파들은 대한민국의 정부와 국회, 경찰, 군대 등을 장악하고 반공주의로 무장해 오랫동안 한국 정치 세력의 중심이 되었고, 경제계에도 굳건한 인맥을 형성했다.

셋째, 일제 식민주의와 군국주의 문화는 대한민국의 정부를 비롯한 사회·문화 곳곳에 청산되지 않은 채 민주화가 되기까지 계속 남아 있었다. 가장 대표적인 것 중에는 조선총독부 건물이 1995년에야 철거되기 시작해 경복궁이 제 모습을 찾게 된 것을 들 수 있다.

일제 잔재 중 하나인 '국민학교'라는 명칭도 오랜 논의 속에서 1996년 3월에야 '국민'을 떼고, '초등'학교로 바뀌게 되었다. 그뿐만 아니라 일제가 태평양전쟁기에 선택한 징병제는 대한민국 정부가 수립되면서 부활해 지금껏 남아 있다. 또한 일제가 전쟁의 도구로 만든 일본군 '위안부' 제도는 한국전쟁기에 한국군 '위안부' 제도와 미군 '위안부' 제도로 부활했고, 한국군 '위안부' 제도는 1954년 3월경 폐지되었으나, 미군 '위안부' 제도는 아직 남아 있었다. 또한 박근혜 정부가 창조경제로 자랑해마지 않았던 새마을운동 역시 조선총독부의 '관제국민운동'인 농촌진흥운동이었던 '아타라시이 무라 쓰쿠리(新しい村づくり) 운동'에서 차용되었다. 박정희가 1937년부터 만 3년간 교사로 근무했던 문경공립보통학교(국민학교)에서 이 운동을 했고, 박정희도 지도교사로 참여했던 경험을 되살렸던 것으로 보인다.

다시 말해 반공주의로 무장한 친일파들의 인맥이 분단 이후 한국의 지배층으로 부활했고, 사회문화 곳곳에 사실상의 일본 군국주의 문화와 정신이 살아 있었던 것이다.

3. 북한 현대사와 북핵

1991년 9월 17일, 남북이 유엔에 동시 가입을 하게 되면서 남과 북은 국제법상 두 개의 나라로 인정받게 되었다. 1988년 개정된 대한민국 '헌법' 제3조 영토 조항에 따르면 북한은 대한민국의 일부여서 북한을 국가로서 인정하고 있다. '남북관계발전에 관한 법률'(약칭 '남북관계발전법') 3조에 따르면 "① 남한과 북한의 관계는 국가 간의 관계가 아닌 통일을 지향하는 과정에서 잠정적으로 형성되는 특수관계이다. ② 남한과 북한간의 거래는 국가 간의 거래가 아닌 민족 내부의 거래로 본다"라고 규정되어 있다. 다시 말해 '헌법' 제3조가 갖고 있는 문제를 전혀 언급하지 않은 채, 남과 북의 현실을 인정하고 있는 태도를 취하고 있다. 남한과 북한은 국제적으로는 두 개의 국가이면서 동시에 한 개의 민족이라는 지위 속에서 70여 년의 역사를 가지고 있다. 한반도 현대사는 남북의 평화와 통일 과정에서 새롭게 집필되어야 한다. 그 전까지는 북한 현대사는 현 상황을 인정한 바탕 위에서 서술될 수밖에 없다.

북한은 1948년 9월 9일 '조선민주주의인민공화국'(약칭 북한) 정부 수립으로 본격적으로 출발했다. 북한의 현대사에서는 해방 이전 김일성부대 중심의 '항일 무장투쟁'의 과정을 상세히 서술하고 있다. 항일 무장투쟁은 큰 틀에서 보면 국내 민족주의자들과 사회주의자들의 항일 투쟁의 흐름과, 해외, 주로 사회주의 계열의 중국해방군 소속의 조선인 항일 무쟁의 흐름으로 구성되어 있다. 그러한 흐름은 1945년 8월 15일 해방과 함께 찾아온 분단에 의해 남한과는 분리된 북한 정권이 형성되는 과정에 반영되었다. 그해 10월 10일 결성된 '북조선노동당'에는 김일성 세력, 국내 항일 투쟁 세력, 해외 항일 투쟁 세력 – 중국공산당 계열의 조선인들, 소련공산당 계열의 조선인들, 소수의 일본 항일 투쟁 세력들 – 이 집단지도 체제를 구성하게 되었다. 임시정부라고 할 수 있는 1946년 2월 수립된 임시인민위원회 구성에도 비슷하게 구성되었다.

1946년부터 임시인민위원회하에서 '민주개혁'으로 불리는 여러 가지 조치를 단행했다. 첫째, 1946년 3월부터 시작된 토지 개혁이었다. '경자유전(耕者有田)'의 원칙과 '무상몰수·무상분배'의 원칙에 따라, 농사를 짓지 않았던 지주의 토지를 무상으로 몰수해 지역의 농민들에게 무상으로 분배했다. 토지를 분배받은 농민들은 수확한 생산물에 대해 '현물세' 25%로 내도록 했다. 그 과정에 지주들이나 자본가, 지식인, 친일파들의 월남이 이루어졌다.

둘째, 1946년 7월, '남녀평등권법령'을 발표해 남녀 동일노동·동일임금제

그림 15-6 **북한의 포스터: 문맹퇴치운동과 8·15해방 3주년 기념 포스터**

실시, 공창·사창제도 금지, 일부다처제나 축첩제도 금지, 자유결혼·자유이혼 등의 조치를 단행했다.

셋째, 문맹퇴치운동을 추진했다. 평균 문맹률 77.8% 여성 문맹률 90% 이상이 되던 상황에서 북한 임시인민위원회는 각 도에 야학회와 성인학교를 개설했고, 북한 정부는 공식적으로 1949년 초에 문맹퇴치 완수를 선언하게 되었다. 그리고 건국사상총동원운동을 통해 일제식 이름이나 관습 등을 청산하거나 미신 숭배, 남존여비 사상을 척결하는 혁신적 성과가 이루어졌다.

1950년 6월 25일로부터 1953년 7월 27일에 이르는 한국전쟁 기간 북한은 '통일'을 명분으로 내걸어 남침을 했다. 한국전쟁은 남북 분단 과정에서 발생했던 수많은 갈등의 연장이었다. 특히 1948년 이승만 세력과 김일성 세력 간에 빚어진 정통성과 헤게모니적 대결은 필연적으로 전쟁으로 귀결되었다. 통일이 없는 채 외국군을 다시 불러들인 한국전쟁에서는 남과 북의 민중

350만여 명의 피해를 낳았고, 민가, 공장 등을 포함한 건물들과 토지, 임야 등의 파괴가 극심했으며, 남과 북으로 100여만 명의 이산가족을 발생시켰다. 21세기인 지금도 한국전쟁이 이산가족 문제나 학살과 트라우마 문제를 포함한 인적·물적 피해 문제는 해결되지 않은 채 남아 있다.

정전 상태에서 전쟁이 중단되면서 남과 북에는 본격적인 독재 체제가 들어서게 되었다. 전쟁 전, 북한에서는 여러 항일 투쟁 세력의 집단지도 체제 속에서 김일성 세력이 우위를 점했다. 전후 복구 건설을 하는 과정에 중국 연안파와 소련파는 정치 투쟁 속에서 청산되거나, 일부의 사람들은 김일성 중심으로 결집되었다. 전후 본격적으로 사회주의 혁명을 선포하면서 프롤레타리아 독재 정권이 강화되었고, 사회주의적 경제 건설을 추진하게 되었다. 1972년이 되면 국가주석제가 도입되면서 김일성 유일 지도 체제가 수립되었다.

사회주의적 경제 조치는 큰 틀에서 국가 주도의 계획경제로부터 시작되었다. 북한은 사회주의권에 포함되면서도 구소련이나 중국에 대해 일정한 거리를 두면서 북한식 사회주의 노선을 취했다. 북한식 사회주의 노선의 특징은 탈식민 사회주의 국가들이 소련이나 중국에 의존했던 방식과는 차별적으로 나타났다. 북한은 중화학공업 우선, 경공업·농업 동시 발전 노선을 채택했다. 구체적으로 보면 북한의 기계공업 자체는 취약했으나, 경운기나 트럭 등을 제작할 수 있는 중화학공업을 발전시켜, 경공업과 농업을 발전시킬 수 있는 토대를 만들겠다는 방향이었다. 1950년대 후반의 이러한 노선은 1960년대 이후 국방·경제 병진 노선으로 이어졌다. '민주개혁기'에 일제 일본인들이나 친일 자본가들이 소유했던 대기업은 대체로 무상몰수되었다. 전후 복구기에는 중소기업의 개인 소유가 폐지되고 급격하게 국영이나 공영 체제로 바뀌게 되면서 중앙정부에 의한 계획경제 정책에 포섭될 수 있었다.

다음으로 북한은 전시에 황폐해진 농촌을 살리기 위한 방안으로서 사회주의적 협동농업화 정책을 도입하게 되었다. 토지 개혁이 소농 체제를 중심으로 했다면, 협동농업화 정책은 리 단위의 협동농장을 만들어 부족한 노동력을 보완하면서 개인 소유를 폐지하는 사회주의적인 정책이었다. 상대적으로 토지 개혁이 지주나 대농(大農)의 저항을 제외하고는 전반적으로 농민들의 적극적 참여 속에서 진행되었다면, 협동농업화 과정은 농민들의 거부감이 강했기 때문에 계몽 활동과 강제력이 작동할 수밖에 없었다. 1950년대 후반 협동농업화가 완수되면서 소소한 개인 텃밭이나 개인이 자력으로 개간한 농경지를 제외하고는 농업 부문에서도 집단적 소유 형태를 띠게 되었다. 이러한 방식으로 상업이나 어업도 협동화가 이루어져, 장마당이나 농민시장을 제외한 대부분의 상업도 대규모의 국영이나 소규모의 협동 방식으로 소유 및 경영 체계가 사회주의화되었다.

공업 부문이나 농업 부문이 사회주의적 개조 과정을 거치면서 일부 사적 부문을 제외한 공식 부문에서는 개인소유제도가 사라지고 세금제도나 세습제도도 사라지게 되었다. 1950년대부터 북한에 사회주의적 복지제도가 도입되면서 무상교육, 무상보건의료제도가 도입되었고, 공식적으로는 주택이나 식량 등은 국가에 의해 배급되었다. 1972년에는 11년제(유치원 1년, 소학교 4년, 고등중 6년) 무상의무교육제가 실시되었다. 2017년부터는 12년제(유치원 1년, 소학교 5년, 초급중 3년, 고급중 3년) 무상의무교육이 전면 시행되고 있다. 전반적으로 북한식 사회주의 노선은 소련이나 중국과는 일정한 거리를 두면서 진행되었으나 1970년대까지 소련이 사회주의 대국으로서의 위상을 누릴 때까지는 사회주의국가들 사이에서는 성공적이었다는 평가가 있었다.

그러나 1980년대 소련이나 중국의 개혁·개방 정책, 1980년대 말 소련이나 동구 사회주의 국가들의 동요와 해체 및 붕괴로 최소한의 보호막이 사라지자, 1990년대 북한은 극심한 경제난을 겪게 되었다. 에너지의 절대 부족으로 대부분의 공장들이나 기계, 설비의 운영이 중단되었고, 식량 생산부터 의료품이나 일용품도 생산이 중단되다시피 했다. 1970년대, 1980년대 수립된 북한식 복지제도는 제대로 운영될 수 없는 상황에 처했다. 수 만여 명의 북한 주민들이 탈북을 했고, 일부는 중국이나 제3국에서 유민이나 난민이 되었으며, 3만여 명은 한국에 입국해 북한이탈주민이자 한국 시민으로서 생활하고 있다. 그런 상황에서 북한은 자위(自衛)의 명분으로 자국이 풍부하게 보유하고 있는 천연 우라늄을 이용한 핵발전소를 건설하고, 핵무기 보유를 지향하게 되었다. 마침내 2000년대 핵 무장과 핵 실험, 미사일 실험이 강행되었다. 북한이 핵확산금지조약에서 탈퇴하면서 유엔이나 미국이 주도하는 대북결의안과 초강경의 대북 경제 제재를 당하게 되었다.

북한의 경제난, 즉 '고난의 행군' 속에서 경제난을 탈피하고 체제를 유지하기 위해 안간힘을 썼던 김정일 북한 국방위원장에 이어, 김정은 국무위원장(노동당 총비서)은 북한 사회를 전반적으로 정비하기에 힘썼다. 2012년 '사회주의헌법'에는 핵보유국을 명시하면서 계속 개정해 나갔고, 36년 만에 제7차 당대회를 개최했다. 또한 정부 기구들을 정비하면서 국가 발전 전략을 공고화해 나갔다. 또한 계획경제를 유지하면서도 시장의 기능을 적극적으로 활용하는 방식을 취해 기업이나 협동농장의 자율경영권을 전면화하면서 북한 주민들에게 적극적 시장 활동을 독려했다. 농업에서도 개혁을 가져와 기존의 10~25명의 분조 단위를 4~6명으로 줄여 가족 단위 자율경영제를 추진했다. 과학기술에서도 혁신을 가져와 자체 인터넷 경제를 개발하면서 북한식 4차 산업혁명, 즉 '새 세기 산업혁명'을 추진하면서 주민들의 인터넷 환경이나 스마트폰 이용률을 높이고 있다.

그러나 북한이 직면하고 있는 유엔과 미국 주도의 대북 경제 제재 국면은 북한의 경제 회복이나 대외 환경에 근본적인 걸림돌이 되고 있다. 이 문제를 풀기 위해 김정은 국무위원장은 최근 정상국가로의 의지와 비핵을 통한 한반도 평화의 뜻을 밝히기도 했으나 체제 보장과 한반도 평화의 조건이 국제질서 속에서 쉽게 이루어지지 않고 있다.

4. 남북 대화와 교류

1) 정부 당국 간의 대화와 교류

1945년 분단 이래 정부 간의 남북 대화의 장을 활짝 열어젖힌 것은 2000년 최초의 남북정상회담과 '6·15남북공동선언'이다. 그 전에는 1972년 '7·4 남북공동성명'이 있었다. 그러나 남북 당국 수준의 남북회담이 비밀리에 진행된 깜짝쇼였을 뿐만 아니라, 한반도 평화통일을 위한 획기적인 변화는커녕, 곧 이어 남북 정부 모두가 강력한 독재노선을 취했기 때문에 역사적 의의는 있으나 남북 화해와 협력의 길을 열어놓지는 못했다. 또한 1990년 세계적 탈냉전 시대를 맞이해 노태우 정부는 북방 외교와 함께 남북 당국 간 대화를 모색했다. 김일성 북한 주석과의 이해관계가 부합해 장관급 회담을 통해 「남북기본합의서」와 「남북불가침협정」 등과 같은 중요한 문서에 서명을 했으나 국회의 비준을 받지 못했고, 남북 정부 간의 확고한 의지의 부족 등으로 이후 성과를 거두지 못하고 말았다.

한편 노태우, 김영삼 정부에서는 '민족공동체 통일 방안'을 제창해 현재까지 정부의 통일 정책으로 되어 있다. 김대중 정부에서는 상대적으로 통일에 강조점을 두었다기보다는 교류·협력 정책을 통한 한반도 '평화'에 주력했다. 김대중 전 대통령은 1971년 제7대 대통령 후보 당시 이래로 '3단계 평화통일론'을 내놓았다. 즉, 그는 평화공존·평화교류·평화통일의 3원칙하에 3단계 통일 방안을 주창해 왔다. 그러나 2000년 남북정상회담 당시에는 통일을 지향하면서도 화해·협력의 기조로 평화의 공존의 길을 제시하고, 통일은 후대에서 결정하도록 하는 방안을 내놓았다. 그러한 흐름은 문재인 정부에서도 이어져, '민족공동체 통일 방안'의 틀 내에서 평화와 번영의 한반도 구축을 목표로 했다. 특히 70년 가까운 불안정한 정전 체제를 항구적 평화 체제로 전환해 한반도 평화를 실질적·제도적으로 보장할 수 있도록 하고, 한반도

그림 15-7 **김대중 대통령과 김정일 국방위원장의 역사적 만남**

자료: 국정홍보처(2000).

신경제공동체 추진 방안을 제시했다.

2000년 6·15남북공동선언 이래로 노무현 정부까지는 남북 교류 부문은 정치·군사적인 부문이나 인도주의적 지원사업에서부터 금강산 관광과 개성공단 사업을 포함한 경제 부문은 말할 것도 없고, 영화나 드라마의 공동제작이나 남북공동편찬위원회에 의해 『겨레말큰사전』을 편찬하는 사업을 추진했고, 개성 만월대나 북한의 사찰 유적인 영통사와 신계사 남북 공동 발굴사업 등을 추진했다. 또한 새로운 한반도의 평화통일의 방식으로 추진되었던 개성공단 사업이 가장 중요한 사업이자 청년들에게도 새로운 전망을 제시하는 사업이 되었을 뿐만 아니라, 북한 협동농장을 남북 공동으로 경영한다거나 북한 기업의 합영·합작 경영을 하면서 남북경제공동체 준비도 착수해 나갔다.

2008년 출범한 이명박 정부는 '비핵·개방 3000'과 '신한반도 구상'을 제시

표 15-1 **개성공단 소개(2015년 12월 말 기준)**

종류	입주 기업	토지 이용료/년(m^2당)	누적 생산액 (2005~2015/12)	북측 노동자	월 최저임금	누적 방문 인원 (2005~2015/12)
규모	125개사	0.64USD	32억USD	54,988명	73.8USD	115만 명

자료: 개성공업지구지원재단.

했다. 비핵을 전제로 한 남북 관계 설정을 신한반도 구상으로 연결시키게 되면서 남북 사이에 여러 가지 불협화음이 생기기 시작했고, 박근혜 정부에서는 더 악화되었다. 이명박 정부나 박근혜 정부는 김대중, 노무현 정부 당시의 북한에 대한 인도적 지원사업이나 개성공단 사업을 '퍼주기 사업'으로 규정하면서 상호주의적 방식으로 남북관계를 새롭게 만들겠다고 선언했다. 그런 입장에서 이명박 정부 초기, 금강산 관광 수칙을 지키지 않은 관광객에 대한 북한 군인의 피격 사건의 파장으로 금강산 관광사업이 중단되었다. 또한 2016년 초 박근혜 정부는 북한의 4차 핵실험과 미사일 발사에 대한 조치로 개성공단에서 철수를 하게 되었고, 이후 금강산 관광사업이나 개성공단 사업은 미국이 주도하는 대북 경제 제재 문제와 연결되면서 재개의 날이 계속 지연되어 남북의 교류·협력의 길이 지체되었다.

2018년 2월 평창동계올림픽에 북한이 극적으로 참여하게 되면서, 10년간 중단되었던 남북 대화와 교류의 문을 열었다. 또 「4·27판문점선언」, 「9·19 평양공동선언」과 「9·19군사합의서」를 통해 한반도 평화의 길을 조성했다. 그리고 사상 처음으로 북한과 미국 간의 '북미정상회담'을 2018년과 2019년에 걸쳐 두 차례 개최하게 되었다. 북미 간의 북한 핵무기에 대한 입장과 방법론의 큰 차이로 인해 대화 자체는 성과를 거두지 못했지만, 그럼에도 불구하고 북한과 미국의 정상들이 대화를 했다는 것은 한반도 평화를 둘러싼 해결의 가능성을 시사한다는 점에서 의의가 있다.

2) 시민사회의 남북 대화와 교류

남북 사이에 대화를 견인했던 것은 시민과 지식인, 여성, 학생들이었다. 비록 시민사회 수준에서 일어난 남북 대화와 교류가 직접적으로 남북 분단을 해결하지는 못했으나, 정부 당국의 대화의 필요성을 일깨우는 데에는 역할을 했다. 시민사회 수준에서 남북 간의 갈등과 대결을 해소하기 위한 노력을 살펴보자.

우선 개인들의 노력에는 김낙중(1931~2020, 평화운동가, 정치인)의 활동을 들 수 있다. 1955년, 그는 서울대학교 학생으로서 정치학, 법학 등을 다양한 분야의 공부를 해 「통일독립청년 고려공동체 수립안」을 만들었다. 그는 그 문서를 이승만 대통령에게 서신으로 보냈고, 임진강을 헤엄쳐 건너 북한 당국에도 제시하려고 했다. 그는 남북 양쪽에서 간첩죄와 '국가보안법' 위반 혐의로 옥고를 치렀다. 그는 전쟁 없는 평화의 한반도를 만들겠다는 일념으로 살았고, 많은 사람들에게 영향을 미쳤다.

1980년대 말에서 1990년대 초, 세계적 탈냉전 상황에서 분단 해소를 위해 노력한 사람들이 좀 더 늘어났다. 1988년 농민운동가 출신의 평민당 국회의원이었던 서경원, 1989년 평양에서 개최된 '세계청년축제'에 전국대학생대표자협의회(약칭 전대협) 대표로 방북했던 임수경(전 국회의원)과 천주교 정의구현전국사제단이 임수경을 도와주도록 파견한 문규현(신부), 1989년 정부의 허가 없이 방북한 문익환(1918~1994, 목사, 시민활동가), 1989년 방북해 북한 방문기 『사람이 살고 있었네』를 발표했던 작가 황석영 등이 밀입국 혐의로 옥고를 치렀다. 그러나 그들의 희생은 남과 북은 말할 것도 없고 국제 사회에도 영향을 미쳐, 한반도의 분단 문제를 알리게 되는 역할을 했다.

남북 교류가 활발했던 김대중, 노무현 정부 시기에는 방북 후 신고만으로도 합법적인 방북으로 인정받을 수 있어서 밀입북자들이 없었다. 2002년 5월에는 당시 여당 한나라당(현 국민의힘) 대표였던 박근혜가 방북해 김정일

국방위원장을 만나고 왔으나, 합법적인 방문이었다. 그러나 이명박 정부하에서 남북 관계가 경색되기 시작하면서 시민사회 부문의 남북 교류가 차단되었다. 그러다 움직임이 다시 생겼다. 대표적으로 2010년 한반도 냉전을 해체하고자 기독교 목사 한상렬이 방북했고, 귀국 후 옥고를 치렀다.

시민사회단체들의 남북 교류 활동도 적지 않았다. 1960년 4·19혁명을 주도했던 대학생들이 남북 대학생 교류를 제안했으나, 남한 정부의 반대로 성사되지 못했다. 또한 1988년 3월 29일 서울대학교 총학생회장 후보 김중기는 「김일성종합대학 청년 학생에게 드리는 공개서한」에서 '남북한 국토종단 순례 대행진' 및 '민족 단결을 위한 남북한 청년 학생 공동 체육대회'를 제안했으나 성사되지 못했다.

1990년대 북한의 경제난으로 고통을 받을 때 한국의 종교계를 비롯한 시민사회단체들이 인도주의적 지원을 하면서 일정한 신뢰와 협력이 형성되었다. 우리민족서로돕기운동본부, 어린이어깨동무, 겨레하나되기운동, 국제옥수수재단, 여러 인도주의적 지원 시민단체들의 결성체인 대북협력민간단체협의회(약칭 북민협) 등이 꾸준히 대북 지원을 통한 남북 상생·번영 운동을 해왔다.

또한 시민사회 단체의 남북 교류 사업 가운데 중요한 성과는 남북, 해외 여성이 중심이 되어 1991년부터 1993년까지 네 차례의 아세아의 평화와 여성의 역할 토론회를 개최했던 것이다(〈표 15-2〉 참조).

이 행사는 구성 주체 면에서 보면, 분단 이래 최초로 남북 여성이 주도적으로 행사를 진행했다. 또한 남북의 공통 현안을 통해 남북 여성의 공감대를 형성했다는 점에서 의의가 크다. 한편, 분단 이후 최초로 여성들의 차이의 문제를 확인했다는 점에서도 의의가 있었다. 그러나 남측의 기독교 여성단체와 재야 여성단체, 정부 측 추천 여성계 인사들이 중심이 되어 각계각층의 여성을 아우르지는 못했으며, 주제도 일본군 '위안부' 문제가 핵심적으로 다루어졌다는 한계도 있었다. 아세아의 평화와 여성의 역할 토론회는 그 때 이

표 15-2 **아세아의 평화와 여성의 역할 토론회**

회	일시	장소	핵심 주제	쟁점
1	1991.1	도쿄	• 남북: "비참한 역사를 되풀이하지 않기 위해서 해야 할 일" • 일본: "우리들 일본은 조선 여성들에게 무엇을 했는가"	종군위안부, 천황제와 조선지배, 재한피폭자, 재일동포의 권리, 통일문제 등
2	1991.11	서울	• "가부장제 문화와 여성" • "통일과 여성" • "평화와 여성"	남북 통일 방안, 북측은 '민족통일정치협상회의' 구성 제안, 민족 공통성 확인
3	1992.9.	평양	• "민족대단결과 여성의 역할" • "일제의 조선 침략과 지배, 전후 보상 문제" • "평화 창조와 여성의 역할"	• 북측은 '민족통일여성단체협의회' 구성 제안 • 일본군 위안부 문제 합의, 토론회 정례화 합의
4	1993.4	도쿄	• "일본의 식민지 지배·전쟁 책임과 전후보상: 종군위안부 문제를 중심으로" • "아세아의 평화와 한반도의 통일을 실현하기 위해 우리는 무엇을 할 것인가"	1000여 명이 참가한 대규모 행사 방식에 북측은 회의적 태도
5	1993.10	서울	(미성사)	—

자료: 김귀옥(2006: 296).

후 중단되었으나 한국정신대문제대책협의회(현 일본군성노예제 문제 해결을 위한 정의기억연대)와 북한의 종군위안부 및 태평양전쟁 피해자 보상대책위원회(종태위, 현 조선일본군성노예 및 강제연행피해자문제 대책위원회) 간에는 일본군 '위안부' 문제 해결을 위한 지속적인 교류와 협력이 있었다. 그 외에도 종교인(개신교, 천주교, 천도교, 불교, 원불교, 단군교), 노동자, 농민, 교사, 교수·연구자, 언론방송인, 영화인, 작가, 예술인, 체육인들도 남·북·해외 동포들과 함께 다양한 교류 모임을 통해 한반도 분단 구조를 넘어서고자 노력해 왔다.

표 15-3 **이산가족 범주별 분류와 추정 규모**

지역	주체	한국전쟁 이전	한국전쟁 당시	당사자 추정 규모	1953년 7월 27일 정전 이후 현재	당사자 추정 규모
역내	월남·월북인	월남인과 가족	월남인과 가족	95만 명 내외	북한이탈주민	1953년~현재: 3만여 명
		월북인과 가족	월남인과 가족	30만 명 내외	의거입북인	1953~1994년: 440명 내외
	피납치인			8만 4532~1만 7500명	미송환 납북인과 가족	
				1만 4132명	미송환 납남인과 가족	
	군인 포로			1명 9000명		
				8만 7000여 명		
	공작원				미귀환 북파공작원과 가족	7726명
					미귀환 남파공작원과 가족	6446명
역외	해외 이산가족	해외 이산가족	해외 이산 인민군 포로		해외 이산가족	

자료: 김귀옥(2004: 56) 재편집.

3) 이산가족 문제 해결 노력

한반도의 분단의 최대 피해자 중 하나는 이산가족이다. 남북 이산가족이란, '1945년 8월 15일 이후 분단과 한국전쟁을 겪으면서 발생해, 가족과 헤어져서 남북 지역에 분리된 상태로 거주하고 있는 자와 그들의 자녀'를 말한다. 이산가족 가운데에는 일제 강점기에 교육적인 이유나 경제적인 이유로 남북이나 해외로 이주해 있다가 해방 후 분단으로 인해 다시 못 만난 사람들도 포함된다. 또한 한국전쟁기 피난에 의해 남과 북, 해외로 이산된 사람들도 포함된다. 또한 이산가족에는 1953년 7월 27일부터 최근까지 남북 정전 상

표 15-4 **이산가족 교류 현황**

구분	당국 차원									
교류 유형 연도	생사 확인		서신 교환		방남 상봉		방북 상봉		화상 상봉	
	건	명	건	명	건	명	건	명	건	명
합계	8,262	59,563	679	679	331	2,700	4,024	18,061	557	3,748

구분	민간 차원				
교류 유형 연도	생사 확인	서신 교환	기타	상봉	
	건	건	건	건	명
합계	3,895	11,638	2	1,757	3,418

자료: 통일부(2020) 9월 기준 통계 자료 재편집.

황에서 탈북하거나 탈남한 '북한이탈주민'이나 '의거입북자'들도 포함된다.

남북 정부 당국의 이산가족 문제를 둘러싼 최초의 합의는 1971년 8월 남북 적십자사에 의한 '이산가족 찾기 운동'이다. 그러나 이는 남북 관계가 급속도로 냉각되는 바람에 실효성이 없었다. 다음으로 1983년 한국방송공사(KBS)가 생방송으로 제작한 〈이산가족을 찾습니다〉 프로그램은 6월 30일부터 11월 4일까지 생방송으로 진행되어 10만 952건의 상봉 신청이 있었고, 1만 189가족들이 상봉을 했다. 전두환 정부는 1986아시안게임과 1988올림픽 게임을 앞두고 분단 문제를 해소하기 위한 노력을 하는 차원에서 1985년 9월 '남북이산가족 고향방문단 및 예술공연단 교환 방문 행사'를 추진해, 상징적으로 남북 이산가족 157여 가족이 상봉을 했으나 연속되지는 못했다. 1990년부터 1999년까지는 해외 민간단체를 통해 이산가족들이 개인적 비용을 사용하면서 일부 가족들이 생사 확인이나 서신 교환, 극소수의 사람들이 상봉 모임을 가졌다.

2000년 6·15남북공동선언 이후 2000년 8월 15일부터 2007년까지는 남북 당국에 의해 생사 확인이나 대면 및 비대면 상봉 행사가 개최되었다. 그러나 이명박 정부 이래로 냉각된 남북 관계를 반영하듯이 문재인 정부에 이르기까지 13년간은 단 5회 이산가족 행사를 개최했을 뿐이다.

2차 세계대전 이후 국제 질서에 의해 강제로 부여된 남북 분단은 가족과 사람의 분단 문제까지 낳았다. 비슷한 처지였던 독일은 1972년 동독·서독 기본조약을 체결한 후 정권이 교체되는 과정에서도 꾸준히 이산가족 교류를 하면서, 1990년 마침내 평화적으로 통일국가를 만들어 이산가족 문제를 완전히 해결했다. 베트남은 전쟁에 의해 통일국가를 만들어 베트남 내부적으로는 이산가족 문제를 해결했고, 1995년 미국과 수교를 하면서 해외 이산가족 문제도 해결했다. 비록 중국과 대만은 분단 과정에 최근까지 정치적·군사적 갈등이 상존해 있으나, 경제적 교류가 빈번하고 이산가족의 자유로운 상봉과 교류, 결혼 등을 통한 새로운 가족들이 만들어지고 있어 이산가족 문제는 남북과는 전혀 다른 양상으로 해결되어 가고 있다. 국가의 구성원에 대한 의무 중에는 개인과 가족의 행복을 지켜줄 의무가 있다. 남북 정부도 예외가 아니다. 완전히 통일에 이르기 전에 이제 얼마 남지 않은 이산가족 1세대들의 한과 가족 문제를 해결하기 위해 노력해야 한다.

나아가 북한이탈주민 역시 분단의 피해자임에 틀림없다. 2020년 9월 말 통일부 통계에 따르면 남한에는 북한이탈주민이 3만 3648명(남 9396명, 여 2만 4252명)이 거주하고 있는 것으로 알려져 있다. 중국을 포함한 해외에도 많게는 수만 명이 있는 것으로 알려져 있다. 인터넷을 기반으로 한 글로벌 시대, 사람들은 경제적·교육적 이유를 포함한 다양한 이유로 지구촌 곳곳으로 흩어져 살고 있다. 그들이 이산가족이 아닌 것은 비록 물리적 공간에서 분리되어 살고 있으나 다양한 의사소통 수단과 문화적 수단을 통해 일상적으로 교류를 하면서 살아가고 있기 때문므로, 냉전시대와 같은 이산의 고통을 겪는다고 말할 수는 없다. 그러나 북한이탈주민은 한 번 이산되면 가족들과 소통하는 데에도 첩보전과 유사한 방식을 취하고 있다. 또한 월북한 가족 중 남한의 가족과 소통하는 문제 역시 간첩죄가 적용되었음을 상기할 때 21세기의 탈냉전의 세계 속에서 한반도 이산가족은 여전히 냉전의 살얼음판을 걷고 있다고 말할 수 있다.

5. 평화의 한반도를 위한 과제와 전망

평화는 모든 시대, 모든 사람들이 갈망하는 보편적 가치다. 그러나 평화만큼 정의 내리기 어려운 말도 많지 않다. 세계사적으로 보면 2000년 이후에야 평화는 보편적 개념으로 받아들여졌다. 또한 학자에 따라 평화라는 개념은 40여 개의 서로 다른 의미를 가지고 있다. 평화는 초시대적·초국가적인 보편성을 가지고 있으나, 시대나 사회마다, 집단이나 개인마다 평화를 이루는 내용과 방법은 나름대로 다양성과 특수성을 가진다.

평화는 흔히 전쟁 없는 상태를 일컫는다. 요한 갈퉁(Johan Galtung)에 따르면 전쟁 없는 상태로서의 평화는 소극적 평화라 할 수 있다. 그러나 인류의 역사나 한반도 역사를 돌아보면, 전쟁이 인간과 생명, 문명을 얼마나 파괴시키고, 영혼을 잃게 하고 트라우마를 남겼는가를 깨닫게 된다. 또, 실로 전쟁이 없는 상태를 만들고 유지한다는 것이 얼마나 어려운 일인가를 알게 된다.

2018년 기적처럼 찾아온 남북 화해 국면에서 문재인 정부는 평화와 번영의 한반도를 실현시켜 보겠노라며 북한과 미국을 추동하면서 남북정상회담에 이어 북미정상회담까지 성사시키는 데 일익을 담당했다. 그러나 "말을 물가에 데려갈 수는 있지만 물을 먹일 수는 없다"는 속담처럼, 북한 김정은 국무위원장과 미국 도널드 트럼프 전 대통령이 합의에 이르게까지 하는 데에는 역부족이었다. 초강대국이라고 여기는 미국의 입장에서 소위 '불량 국가'로 낙인찍어 온 국가를 다루는 방법은 전쟁(사실은 공격과 파괴)과 전방위적인 경제 제재를 통한 굴복이었지, 외교와 대화를 통한 평화적 방법으로 관계를 개선한 나라는 거의 없었다. 다만 예외가 될 뻔한 사건이 있었다. 1994년 미국 빌 클린턴 전 대통령 당시 핵확산방지조약를 탈퇴해 국제원자력기구(International Atomic Energy Agency: IAEA)사찰을 받지 않게 된 북한의 핵발전소를 폐기시키기 위해, 우여곡절 끝에 1994년 10월 북한과 미국 간에 「제네바기본합의서」를 체결했던 일이다. 즉, 미국은 북한이 핵발전소를 폐기하는 대가로, 한국, 일본, 중국, 러시아와 함께 10년 안에 북한에 경수로를 건설해 주고 그 사이 부족한 에너지를 중유(발전 및 난방용)로 매년 50만 톤씩 제공해 주기로 했다. 그러나 그 약속은 제대로 지켜지지 않았다. 특히 2001년 조지 부시 행정부가 들어서면서 약속한 중유를 거의 중단하고 말았다. 이로 인해 북한 내부 문제로 경제난이 심화되었는데, 미국의 약속 불이행은 불난 집에 기름을 끼얹는 격이 되면서 북한은 대외 고립 상태에서 절대 빈곤의 에너지난을 겪게 되었다.

21세기 미국은 2020년 11월 대통령 선거 과정에서 보여준 절차적 민주주의의 한계를 여실히 드러냈고, 제2차 세계대전 후에 보여준 세계를 지휘해 온 경제력도 거의 소진했음을 시사했다. 한편 한국은 정치적·군사적 한계는 뚜렷하나, 2019년 일본과의 역사적 문제를 정리해 나가는 과정에서 과거의 종속적 위상을 어느 정도 극복했고, 북한에 대한 경쟁적·적대적 태도 역시 어느 정도 극복했다. 한국은 분단 상황 속에서 민주주의나 평화적 환경에는 제한은 있으나, 과거 식민주의를 겪었던 개발도상국 가운데 경제적 성장과 함께 민주주의의 성숙을 이뤄냈다. 특히 1987년 6월 민주항쟁이나 1997년 선거에 의한 민주적 정권 교체, 2016년 촛불항쟁은 시민의 민주적·평화적 성장을 보여주는 역사적 사건이다. 이러한 환경에서 평화의 한반도를 만들기 위한 과제를 정리해 보도록 한다.

무엇보다도 민주주의, 평화와 공생의 가치를 중시하는 정권을 창출해야 한다. 표면적으로 정치권력은 시민을 통치하고 때로는 억압하지만, 결정적인 상황에서는 시민이 정치권력을 변화시키고 새롭게 만든다. 우리는 한국의 현대사에서 시민들이 피땀을 흘리고 희생을 무릅쓰며 민주주의를 건설해 왔음을 목격할 수 있다. 1972년 동·서독기본조약을 체결하고 난 후 1990년 독일은 통일되기까지 몇 번의 정권의 교체에도 불구하고 기본조약을 지켰다. 한 정부에서 체결된 남북 간의 약속이 다음 정부에서도 제대로 이행되었더라면 북핵 문제로 이렇게 남북 관계가 꼬이지 않았을 것이고, 또한 한반도가 완전한 통일은 되지 못했더라도 평화 협정을 통해 자유롭게 이동할 수 있는 환경을 만들 수 있었을 것이다. 늦었다고 할 때가 가장 빠르다. 성숙된 시민들이 정치사회의 구태인 지역주의, 냉전 문화, 권위주의, 가부장적 문화를 청산해 정치 체질을 혁신하도록 요구하고 생활 속 민주적 문화를 확산시켜 나가야 한다.

다음으로 남북 간의 상생의 가치를 확립해야 한다. 청년들이나 청소년들의 통일에 무관심함에 대해 언론이나 구세대들에 의해 종종 언급이 된다. 분단이나 전쟁의 피해를 직접 입었거나 자식 세대로서 경험한 사람들과 달리, 교육이나 대중매체에 의해 그러한 경험을 간접적으로 한 세대들로서는 분단에 대한 실감에서 차이가 남은 당연한지도 모른다. 더구나 한국의 언론이나 수구보수층은 객관적 근거도 충분히 하지 않은 채, 수백 조, 수천 조에 달하는 '흡수 통일 비용'을 거론하며, 결국 청년 세대나 청소년 세대의 부담이 될 것이라는 이야기를 하게 되면, 듣는 사람들의 입장에서는 '가랑비에 옷 젖는 격'이라고 할까? 같은 얘기를 계속 듣게 되면 각인되는 효과가 있다. 따라서 우선 통일 비용의 규모에 대해 이야기하기 전에 분단 70여 년간 치렀던 분단 비용의 규모와 피해상을 제대로 알아야 한다. 또한 분단 비용과 통일 비용의 차이도 이해할 필요가 있다. 즉, 분단 비용은 북한을 견제하거나 적대시하기 위한 비용으로서 일회적이거나 소모적이고 비생산적인 경우가 많다. 예로서 총알처럼 한 번 써버리면 다시 생산으로 투입되지 않는 비용이다. 그러나 통일 비용은 도로 건설, 전력 건설 비용처럼 큰 규모의 비용이 들지만 건설하는 과정에서 엄청난 고용이 창출되고, 완공되면 통일 비용은 생산, 재생산, 유통과 소통의 원천이자 지속적인 고용창출 효과를 낳게 될 것이므로,

분단 비용과 통일 비용은 그 성격에서 근본적인 차이가 있다. 따라서 전쟁이 없는 평화의 한반도를 구축하게 되면 분단 비용이 통일과 평화의 비용으로 전환되기에 상생의 경제, 상생의 문화, 상생의 가치를 연쇄적으로 낳을 수 있게 된다.

다음으로 통일 교육과 함께 평화 교육도 동전의 양면처럼 이행해야 한다. 엄밀히 말해 더 시급한 것은 평화 교육이라고 할 수 있다. 분단 세대들은 식민주의적 문화와 함께 냉전 문화에 익숙해 평화적 방법으로 문제를 풀기보다 권력적 수단으로 문제를 푸는 데 익숙한 편이다. 세상살이에서 '나만 옳은 법'은 없다. 더군다나 1990년대 이래로 세계는 글로벌화되어 있고, 한국도 다문화사회로 전환되고 있다. 이제는 국가시민으로도 살아야 하지만, 남북의 통일시민 또는 평화시민으로도 살아야 하고, 세계시민으로서도 살아나갈 방법과 규범을 알아야 한다. 그러한 내용을 담은 평화 교육 속에 통일 교육이 포섭되어야 한다. 동시에 평화 문화를 우리 사회에 확산시키고, 북한과도 대화 속에서 문제를 풀어나가는 등 인내와 소통의 체질을 더 길러야 할 것이다.

돌아보면, 인류가 지구상에 등장한 이래로 인간이 국가적 존재로 살아온 역사는 비교적 짧다. 국가의 출현을 둘러싼 많은 논쟁이 있으나, 한반도 역내에서는 대체로 고려시대로부터 통일국가가 등장했다고 보고 있다. 한반도 전체를 배경으로 하는 통일국가가 최적이라고 말하기는 어렵지만, 한반도가 중국과 일본, 미국, 러시아의 인접국으로 적정한 규모를 가질 때 존립과 균형을 가지게 됨을 역사적으로 통찰할 수 있다. 물론 21세기 동아시아에도 유럽연합과 같은 평화공동체가 필요하지만, 쉬운 문제는 아니다. 게다가 동아시아에서 남북의 분단과 정전은 동아시아의 갈등의 요소로 작동하고 있을 뿐만 아니라, 한반도 운명에 대해 주변 국가들의 개입과 통제를 받게 되어 구성원들이 스스로 자기 운명을 결정하기 어려운 조건이 되어 있다. 분단을 당연시하는 분위기가 있음에도 불구하고, 남북의 정치적 국면만이 아니라 일상의 사람들의 평화로운 삶이 지장을 받고 때로는 심각한 위기에 처해 온 것이다. 인간에게는 평화롭고 행복하게 살려고 하는 욕망이 있다. 그러한 개인과 사회의 욕망 또는 희망이 현실적으로 지켜지기 위해서는 갈등과 대립이 내재되어 있는 한반도 분단 상태를 평화적으로 극복하기 위한 부단한 노력이 계속될 수밖에 없다. 21세기를 사는 모든 한반도 구성원들이 피하기 어려운 과제이자 기대되는 전망이다.

토론거리

1. 남북 분단 문제에 일제 식민주의 문제가 개입되면서 나타난 문제점을 밝혀보고, 그 문제를 극복할 방안을 모색해 보자.
2. 북핵 문제와 함께 한반도 주변 국가들의 핵 보유 문제를 연관 지어 이 문제들을 어떻게 해결하는 노력이 필요한가를 생각해 보자.
3. 청소년이나 청년 세대들이 통일 문제에 관심이 없다고 한다. 만일 그들이 무관심한 것이 사실이라면 그 이유를 생각해 보고, 무관심 문제에 대해 어떻게 이해해야 하는가를 생각해 보자.
4. 분단 비용과 통일 비용을 비교해서 설명해 보자. 특히 후세대의 입장에서 분단 비용과 통일 비용은 어떤 영향을 미치는가를 논의해 보자.
5. 한반도에 평화 체제를 구축하지 않은 채 이루어지는 평화적 분단 관리의 가능성에 대해서 어떻게 생각하는가?
6. 한반도 분단과 평화, 통일 과정에서 미국의 위상과 역할에 대해서 생각해 보자.
7. 한반도의 평화가 주변국이나 동아시아 그리고 세계에 미칠 영향에 대해서 자신의 견해를 밝혀보자.

읽을거리

이산가족, '반공전사'도 '빨갱이'도 아닌…: 이산가족 문제를 보는 새로운 시각 | 김귀옥. 2004. 역사비평사.

두 개의 한국 | 돈 오버도퍼(Don Oberdorfer)·로버트 칼린(Robert Carlin). 2018. 이종길·양은미 옮김. 길산.

미국의 관점에서 본 한국의 8·15 | 박태균. 2015. ≪군사≫, 96, 1~29쪽.

해방전후사의 인식 1 | 백기완·송건호·임헌영. 2004. 한길사.

통일을 보는 눈 | 이종석. 2018. 개마고원.

김정은 시대 북한의 변화: '혁신'과 '발전'의 길 | 정영철. 2019. 선인.

제16장
복지국가,
빈곤을 넘어
평등을 향하여

이영환(성공회대학교 사회복지학과 교수)

1. 왜 복지국가인가?

인류는 끊임없이 이상향을 추구해 왔다. 동서고금을 막론하고 마찬가지다. 어렸을 때부터 들어왔던 무릉도원 이야기나 중국의 요순시대, 허균의 율도국 등도 있지만, 대표적으로 중세기 영국의 토머스 모어(Thomas More)가 집필한 『유토피아(Utopia)』(1516)를 꼽을 수 있다. 때는 중세 유럽이 근대 사회로 이행하는 과도기였던 중상주의 시대의 영국이었다. 양모를 수출하기 위해 더 많은 양을 기르려 했던 영주들에 의해 힘없는 농민들이 농토에서 쫓겨나던 상황이었다. 그는 이를 "양이 사람을 잡아먹는 시대"라고 개탄하면서, '존재하지 않는 곳'이라는 의미의 '유토피아'를 설계했다. '유토피아'는 그 자체로 얼마나 이상적이었는지는 불문하고, 이상향적 사상을 대표하는 자리를 차지해 왔다. 오늘날 '유토피아'라는 말은 한편으로 '허황된 생각'을 의미하기도 하지만, 다른 한편 현실을 초월·극복하려는 비판적 사고를 상징하기도 하는데, 이렇게 상이한 해석은 이상향을 추구하는 노력에 대한 양극단의 반응을 상징하는 것이기도 하다.

그러면 인간은 이러한 이상향적 사고를 통해 무엇을 추구하려는 것일까? 아마도 생존의 불안이나 빈곤과 결핍, 그리고 그러한 위험과 관련된 알 수 없는 공포로부터의 해방, 나아가 좀 더 행복하고 평등한 삶을 꿈꾸는 것일 게다. 따라서 안정과 평화, 풍요와 만족, 평등, 아름다움 등이 모든 이상향적 상상력에서 핵심 요소다. 물론 실제 역사에서도 이러한 이상향을 실현하고자 했던 혁명적 시도들은 끊임없이 이어졌다. 수많은 사상가들이 이상 사회를 위한 설계에 매진했고, 셀 수 없이 많은 소규모 공동체 운동들이 있어 왔다. 로버트 오언(Robert Owen)을 중심으로 했던 19세기 영국의 협동조합운동, 나아가 지난 세기 세계 역사를 양분했던 사회주의 혁명 또한 이러한 맥락에 따른 실험으로 볼 수 있다.

이러한 노력들 중 가장 현실적이고 폭넓은 노력 중의 하나가 '복지국가

그림 16-1 **토마스 모어의 유토피아 표지 그림**

(welfare state)'일 것이다. '복지국가'는 19세기에 태동하고 20세기에 본격화되었으며, 국가가 중심이 되어 책임적으로 운영하는 사회복지 및 사회보장제도를 통한 사회 통합의 노력이다. 복지국가는 서구 선진 산업국가에서 선구적으로 발달했으며, 오늘날 제3세계의 대부분 나라들이 적극적이든 소극적이든 뒤를 따르고 있다. 최소한 입으로나마 복지국가 건설을 외친다. 복지국가에 대한 태도의 적극성이나 구체적인 실현 방식은 나라마다 다르겠지만, '절대빈곤의 퇴치, 사회문제의 예방, 경제적 불평등의 완화' 등과 같은 기본 정신은 거의 동일하고, 사회보장이라는 수단도 상당한 정도 공유하고 있

다. 물론 복지국가가 '현실적인 노력'이라는 말 자체가, 역설적으로 '이상적인 사회'와는 상당한 간격이 '현실적으로' 존재함을 시사할 것이다.

다음에서는 복지국가가 추구하는 구체적인 목표와 방법을 소개하고, 복지국가 실현과 관련된 우리나라의 현실과 과제를 살펴본 후, 어떤 유형의 복지국가를 추구해야 할 것인가 하는 문제를 결론 삼아 다루고자 한다.

2. 복지국가의 목표와 프로그램들

복지국가는 많은 사람들이 공통적으로 겪게 되는 다양한 사회적 위험에 대한 집합적 대응을 목표로 한다. 그러한 사회적 위험의 내용은 시대마다 다르다. 자본주의 사회에서는 많은 사람들이 빈곤과 실업, 질병, 재해 등의 위험을 보편적으로 겪는다. 실로 현대 사회는 '위험사회'라고 할 만큼 수많은 잠재적 위험 요소에 둘러싸여 있다(벡, 2014). 21세기에 들어서서도 자연재해로 인한 대규모 재난은 줄어들지 않고, 인위적인 위험도 그 규모가 점점 커지고 있다. 우리 사회는 지난 1990년대 이후 삼풍백화점과 성수대교 붕괴, 서해 페리호 침몰사건, 대구지하철 방화 사건 등을, 그리고 2014년에는 300여 명의 무고한 생명을 앗아간 세월호 침몰 사건을 겪었다. 전염병의 위험도 조류독감, 사스, 메르스 등을 거쳐 2019년에 전 세계적인 규모로 발발한 코로나19 팬데믹에 직면했다. 이러한 재앙의 원인은 기후 위기 등 매우 근본적인 요인에 의한 것이기 때문에 과연 인류 문명은 지속 가능할까라는 의문까지 증폭되는 상황이다.

이러한 사회적 위험에 대해 복지국가가 추구하는 목표와 그를 달성하기 위한 구체적인 프로그램들은 다음과 같이 몇 가지로 나누어볼 수 있다. 아울러 이와 관련된 우리나라의 현실도 함께 살펴보기로 한다.

1) 빈곤과 결핍으로부터의 해방

복지국가의 우선적인 목표는 빈곤과 결핍으로부터 해방을 추구하는 것이다. 현대 사회에서 각 개인이나 가구가 겪는 가장 보편적이고 직접적인 위험은 소득의 문제다. 가장의 사망이나 사고 등으로 소득이 중단되거나 현격히 줄어드는 경우도 있고, 결혼, 출산, 질병, 입학 등으로 갑자기 지출이 증가하는 경우도 있다. 어느 경우에나 충분한 사전 준비가 없으면 절망적인 상태로 떨어질 수밖에 없다. 특히 자본주의 사회에서 일반 대중은 재산보다는 노동소득으로 생활하는 경우가 대부분이어서 소득의 중단이나 현격한 감소는 큰 타격일 수밖에 없고, 가족이나 친척으로부터의 도움을 기대하기 어려운 것이 현실이다.

빈곤을 측정하는 도구로 요즈음에는 절대적 빈곤보다 상대적 빈곤 개념을 많이 사용한다. 대체로 전체 가구 소득의 중위값(중위소득)의 50%(혹은 40%나 60%)에 미치지 못하면 빈곤가구로 간주하는데, 일반적으로 노인이나 장애인, 한부모, 여성 가구주 가구나 1인 가구 등 취약 계층의 빈곤율이 높다. 우리나라는 특히 노인 빈곤율이 높은 편인데, 2017년 기준 65세 이상 한국의 노인 빈곤율은 43.8%로, OECD(경제협력개발기구) 국가들 중에 압도적으로 높은 수치다(스웨덴 10.9%, 독일 10.2%, 미국 23.1%, 일본 19.6%). 전체 가구의 상대적 빈곤율도 한국 17.4%, 일본 15.7%, 미국 17.8%, 독일 10.4%, 스웨덴 9.0%로 높은 편이다. 여기에서 소득 기준은 가처분 소득으로, 시장 소득에 조세와 공적 이전 소득(사회보장 소득) 등을 합한 것이다. 노인 빈곤은 근로 연령대에 충분한 저축을 하지 못한 개인적인 요인에 기인하기도 하지만, 연금과 같은 사회보장제도의 보호를 제대로 받지 못하는 경우가 너무 많고, 근로를 계속하더라도 저임금 일자리만 가능한 상황의 영향이 크다.

이러한 빈곤 문제에 대응하는 복지국가의 대표적인 프로그램은 공공부조(public assistance, social assistance)이고, 우리나라의 대표적인 공공부조는 국민기초생활 보장제도다. 공공부조는 빈곤 상황에 떨어진 개인과 가족이 인간다운 생활을 유지할 수 있도록 공공의 재원으로 삶을 보장하는 제도다. 생활 유지가 어려운 모든 개인과 가족이 아무 차별이나 대가 없이 보장을 받을 수 있는 것이다. 복지국가에서 공공부조는 최후의 사회안전망으로 간주된다. 그렇다고 해서 일하기 싫어하는 사람들이 무위도식할 수 있도록 아무 조건 없이 무한정 지원하는 것은 아니다. 노동 능력이 있는 경우에는 직업 훈련이나 취업 알선을 통해 노동 생활에 복귀하도록 종용하고, 여의치 않을 경우 급여를 제한하기도 한다. 또, 급여 수준에서도 대체로 '최저한의 인간다운 생활'을 보장한다는 단서가 붙기 때문에 실제로 여유 있는 생활과는 거리가 있을 수 있다.

국민기초생활 보장제도는 최저생계비를 기준으로 해 이에 미달하는 가구를 대상으로 가구 소득이 최저생계비에 미달하는 부분을 보충해 주는 제도로 운영되어 왔고, 2015년부터는 최저생계비 대신 국민가구소득의 중위값(중위소득)을 기준으로 한다. 따라서 이론적으로 보면 기초보장제도는 가처분 소득 기준으로 빈곤율을 획기적으로 줄일 수 있어야 하는데, 현실은 그렇지 못한 것이다. 여기에 몇 가지 문제점이 있다. 가장 중요한 점은, 실제 빈곤하지만 급여 대상에서 제외되는 경우가 많다는 점이다.

우선 급여를 지원하는 기준이 낮다는 점이다. 앞서 인용한 빈곤 통계들은 대체로 중위소득의 50%를 기준으로 하고 있는데, 기초생활보장제도의 생계급여는 중위소득의 30%에 미달하는 가구를 대상으로 그에 미달하는 소득을 보충하는 방식으로 운영된다. 따라서 중위소득 30%를 초과하는 빈곤계층들은 가장 중요한 생계급여에서는 제외되고 그 외의 급여들(교육, 자활, 의료, 주거 급여 등)만 일부 받게 된다. 2020년 통계청 자료에 따르면 생계급여 수급자는 약 94만 8000가구에 123만 9000 명으로, 총인구(5,184만 명)의 2.4%에 불과하다(교육급여 등 포함 전체 수급자는 3.6%).

다음으로 중위소득 30% 미만 가구들 중에서도 실제 급여 대상에서 제외되는 경우가 많은데, 가장 중요한 요인은 부양의무자 기준이다. 실제로 부양을 받지 못하더라도, 법적으로 부양의무자가 존재하는 경우에는 급여를 받지 못하기 때문이다. 부양의무자는 2004년까지는 '직계혈족과 그 배우자, 생계를 같이 하는 2촌 이내의 혈족'이었다가, 2004년 이후 '1촌 이내의 직계혈족과 그 배우자'로 완화되었지만, 아직도 많은 빈곤가구들, 특히 노인 가구들이 이러한 원칙 때문에 배제되고 있다. 정부는 2023년까지 생계급여에 대해 부양의무자 기준을 폐지해 26만 명 정도를 신규로 지원할 예정이다. 부양가족 기준 외에도, 실제 소득은 적지만 집과 같은 재산도 소득으로 환산해 수급 자격을 판단하기 때문에 자격을 박탈당하는 경우도 많다.

급여 수준에도 문제가 있다. 급여는 실제 소득을 차감하고 중위소득의 30%까지만 보충해 주는 제도인데, 이는 일반가구 평균 지출의 30~40% 정도에 불과하다. 생계급여 외에 주거, 자활, 교육, 의료 급여 혜택은 현금 급여가 아니고, 해당할 경우에만 주어지는 비정기적 급여이다. 따라서 기초보장을 통해서 최저생활은 가능할 수 있겠지만, 수급자들의 '인간다운' 생활을 보장하기는 어렵다. 그뿐만 아니라, 수급자들은 소득뿐만 아니라 재산과 부양의무자가 없어야 하는 등의 조건을 모두 갖추어야 하므로 완전 빈곤 상태에 빠져야 지원 대상자가 되는 것으로 볼 수 있다. 이 같은 상황에서 최저한의 지원만으로 자립·자활을 꾀하는 것은 거의 불가능하다는 것이 보다 근본적인 문제이다.

그러므로 완전 빈곤 상황에 빠지기 전, 즉 실직 등 빈곤화의 위험이 시작되는 시점에서부터 실업부조와 같은 지원 정책이 시작되어야 한다는 요청이 오래전부터 있었지만 실현되지 못하고 있다. 국민기초생활보장제도를 보완하는 제도로서 65세 이상 노인들을 위한 기초연금제도가 있다. 2007년에 기초노령연금제도로 시작해 2014년에 기초연금으로 발전했다. 65세 이상 전체 노인인구의 70% 정도(소득이 낮은 순으로)를 수혜자로 하며, 그동안 급여수준을 점차 높여오면서 2020년 기준 최대 월 30만 원을 지급한다. 하지만 국민연금 급여를 받는 사람들은 감액하고, 기초생활보장 수급자들에게는 지급한 만큼 기초보장급여를 삭감하므로 효과가 반감되고 있다.

앞서 언급한 대로 공공부조는 최후의 사회안전망으로 간주된다. 즉, 다른 모든 수단으로도 빈곤에서 탈피할 수 없는 가족을 위한 최후의 방법이다. 그럼에도 불구하고 위와 같은 한계들이 존재하고, 또 이를 개선하기도 쉽지 않은 것이 현실이다. 따라서 공공부조제도를 개혁하는 것도 분명한 과제이지만, 빈곤에 대한 사후적인 노력보다 사전적 예방 노력이 그만큼 더 중요하다고 할 것이다.

2) 빈곤과 결핍의 예방

복지국가의 두 번째 목표는 빈곤과 결핍을 예방하는 것인데, 이는 주로 '사회보험제도'의 임무다. 위에서 언급한 대로 공공부조제도가 인간다운 생활을 충분히 보장하는 데 어려움이 있기 때문에 사회보험제도의 예방 기능은 그만큼 더 중요하다. 대표적인 사회보험제도는 연금보험, 건강보험, 고용(실업)보험, 산업재해보상보험으로, 이를 4대 사회보험이라 한다. 우리나라에서는 이에 더해 2008년부터 노인 장기요양 지원을 사회보험으로 운영하고 있다.

사회보험은 노령이나 은퇴, 질병, 실업, 산업재해 등의 사회적 위험에 집합적으로 대비하는 소득보장제도로서 복지국가의 핵심적인 프로그램이다. 사회보험제도는 1880년대 독일에서 처음 시작되었고, 현재 세계 대부분의 나라들에서 부분적으로라도 시행되고 있다. 이러한 사회보험제도들이 얼마나 잘 설계되고 운영되는지가 그 나라 복지제도의 건강성을 좌우한다. 중요한 점은 얼마나 많은 국민들에게 사회보험제도가 적용되는가(적용 범위의 보편성), 또 얼마나 많은 사회적 위험에 대응하고 있는가(사회적 위험의 포괄성), 문제가 발생했을 때 어느 정도의 보상이 주어지는가(급여 수준의 적절성) 하는 문제이다.

이와 같은 보편성과 포괄성 및 적절성을 보장하기 위해 사회보험은 정부의 책임으로 운영하는 것이 원칙이다. 정부만이 그러한 능력이 있기 때문이다. 이 경우 민간 회사들이 운영하는 사적 보험은 공적 보험을 보완하는 역할을 하게 된다. 하지만 공적 보험이 제대로 자리 잡지 못한 많은 제3세계 국가들에서는 민간보험이 주도하기도 하는데, 그 경우 보험료 부담이 버겁거나 이를 기피하는 경제적 약자들이 소외되는 문제가 심각하다. 또한, 급여액이 보험료에 비례하기 때문에 시장에서의 불평등이 그대로 존속됨으로써 빈곤 탈피와 불평등 완화의 효과를 보기 어렵고, 보험회사의 투자 실패에 따른 위험 부담도 약점으로 존재한다.

우리나라의 사회보험제도는 1960년대 산업화가 추진되면서 시작되었다. 산재보험(1964년)이 최초였고, 의료보험은 1977년에 500인 이상을 고용하는 대규모 사업장부터 적용되기 시작했다. 의료보험은 이후 1988년 농어촌 지역을 거쳐, 1989년 도시 지역 주민들에게 확대됨으로써 전 국민 의료보험 시대를 열었고, 2000년부터는 지역과 직장을 통합 운영하는 건강보험제도로 새롭게 출발했다. 가장 중요한 소득보장제도인 연금보험의 경우 공무원연금과 군인연금은 1960년, 그리고 사립학교 교직원연금은 1974년에 시작되었지만, 일반 국민을 위한 국민연금은 1988년에 이르러서야 직장인을 대상으로 뒤늦게 출발했다. 농어촌에는 1995년, 그리고 도시 지역 자영업자들에 대한 국민연금은 1999년에야 시작되었다. 오늘날 우리나라의 노인 빈곤율이 높은 것도 연금제도의 늦은 출발에 상당한 책임이 있다. 고용보험도 1995년에야 시작되었다.

이러한 시간적 지체성 외에도 우리나라 사회보험제도들은 이러저러한 약점을 가지고 있는데, 근본 원인은 사회보험이 시장원리에 입각한 '보험'의 방식을 택하고 있다는 점이다. 즉, 민간보험보다는 덜하지만 사회보험의 경우에도 보험료를 부담할 수 없는 취약계층들은 소외되기 쉽고, 급여 수준도 기본적으로 보험료에 비례하게 되어 충분한 수준의 급여를 받기 어려운 계층이 많다는 것이다.

현실적으로는 적용 대상의 보편성 문제가 먼저 부각된다. 건강보험의 경우는 전 국민이 가입자 혹은 피부양자로 포괄되므로 큰 문제는 없다. 다만, 직장가입자의 경우는 원천징수 등으로 보험료 납입에 문제가 없지만, 지역가입자의 경우 보험료를 납부하지 않으면 급여를 받을 수 없는 의료 사각지대에 빠지게 된다. 국민건강보험공단의 자료에 의하면, 2019년 8월 기준 건강보험료 체납자는 378만 세대로 체납 금액은 3조 1803억 원에 이른다. 그중 190만 세대는 6개월 이상 장기 체납자이고, 월 보험료 5만 원 이하의 생계형 체납자가 141만 세대로 장기 체납자의 74.2%에 달하는 것으로 조사됐다(국민건강보험공단, 2019).

국민연금의 문제는 훨씬 심각하다. 국민연금공단의 자료에 따르면, 2019년 6월 현재 전체 가입자 2213만 명 중 실업이나 병역, 학업, 수용 생활 등으로 인한 보험료 납부 예외자가 341만 명, 그리고 장기 체납자도 108만 명으로, 국민연금 사각지대는 전체의 20.3%인 449만 명에 달한다는 것이다. 국민연금에서 배제된 사람들은 노후에 빈곤 상태에 떨어질 가능성이 매우 높다. 2020년 현재 65세 이상 노인 인구는 812만 5000명으로, 전체 인구의 15.7%로 이미 고령사회(14% 기준, 초고령 사회는 20%)에 진입했으며, 2030년에는 25%, 2050년에는 39.8%로 증가할 것으로 전망된다. 국민연금은 이러한 고령사회를 떠받치는 핵심적인 버팀목인데, 이렇게 광대한 규모의 사각지대가 방치된다면 후속 세대에 엄청난 재앙을 안기는 결과가 될 것이다.

고용보험이나 산재보험은 근로자만을 대상으로 하는 보험인데, 적용 범위를 꾸준히 넓혀오고 있긴 하지만, 임시직이나 일용노동자, 특수고용직 노동자(보험설계사, 학습지 교사, 택배 노동자, 배달 등 플랫폼 노동자, 프리랜서 예술인 등)와 같은 비정규직의 상당 부분이 소외되는 문제를 안고 있다. 2020년 현재 고용보험 가입자는 전체 노동자의 약 50% 정도인 것으로 추산되어, 전 국민에게 고용보험 적용을 확대하는 방안이 모색되고 있는 중이다. 산업재해보상보험의 경우도 고용보험과 매우 유사한 상황이다.

사회보험의 급여 수준도 중요한 이슈다. 국민연금의 경우 2007년에 급여 수준의 개혁이 이루어졌다. 이전의 급여 수준은 40년 연금 가입자의 소득대체율(퇴직 전 소득에 대비한 연금급여의 비율)이 평균 60%였는데, 이를 40%로 낮추는 것이 핵심이었다. 이에 연금 기금의 재정 안정을 위해 가입자들의 소득보장을 희생했다고 시민단체들은 비판하고 있다. 즉, 가입자들의 평균 가입기간이 21년 정도에 불과하기 때문에 평균적인 소득대체율은 20%로 떨어져 노후 소득 보장 기능이 심각하게 저하되었다는 것이다(김연명, 2007). 이를 보완하기 위해 기초노령연금을 도입했지만, 위에서 언급한 대로 그 보장 수준은 충분하지 않다.

건강보험은 전 국민을 포괄할 정도로 그 적용률에서는 문제가 없고, 보장성(의료비 중 건강보험에서 부담하는 비중)도 지속적으로 개선되어 왔으며, 특히 암이나 희귀병 등 중증 질환에 대한 보험 급여를 높여왔다. 현재는 세계적으로도 손색이 없는 제도라 할 수 있다. 하지만 아직도 국민 개개인이 부담하는 의료비는 큰 편이다. 의료비 중 가계 직접 부담은 2014년 36.8%로, OECD 국가들(평균 19.6%) 중에서 멕시코(40.8%) 다음으로 높았다. 2010~2016년 사이 건강보험 보장률은 62~63% 정도에 머물렀다. 이에 2017년에 출범한 문재인 정부는 비급여 항목의 대폭 축소, 본인 부담 경감, 소득 수준 대비 과도한 재난적 의료비에 대한 지원 등을 통해 건강보험 보장률을 70% 선으로 올리는 대책을 추진 중이다(신영전, 2019).

이상에서 우리나라 사회보험제도의 보편성과 포괄성 및 급여 수준의 적절성 문제를 간략히 살펴보았는데, 이외에도 사회보험을 운영하는 비용(재원)을 어떻게 마련할 것인가 하는 문제도 중요하다. 대부분의 나라에서 사회보험의 재원은 가입자(노동자 및 지역 주민)와 사용자 및 국가가 분담하는데, 그 분담 비율이 중요한 의미를 가지게 된다. 우리나라의 경우는 선진국들에 비해 국가와 사용자의 부담이 다소 적은 편이다.

3) 삶의 질 향상과 개별적 문제의 해결

복지국가의 세 번째 목표는 사회 서비스의 확충을 통한 삶의 질 향상이다. 위에서 서술한 빈곤과 결핍의 공포로부터의 자유 그리고 사회보험제도를 통한 예방적 노력은 대체로 최저 수준의 보장에 그치기 쉽기 때문에 국민의 평균적인 삶의 질을 높이는 별도의 노력이 필요하다. 예를 들어 건강보험제도를 통해 이미 발생한 질병을 치유하는 것도 필요하지만, 질병을 예방하고 건강한 생활환경을 조성할 수 있다면 시민들의 삶의 질은 더욱 높아질 것이다. 더 나아가 각 개인이 당면한 개별적 문제들의 해결을 원조하는 것도 중요한 과제이다.

사회 서비스와 관련해서는 우선 생애주기적 인생 과업이라는 측면에서 접근할 수 있다. 인간은 태어나서 자립적으로 생활할 수 있기까지 매우 오랫동안 돌봄과 교육을 받아야 하는 존재인데, 그러한 피보호 기간이 끊임없이 연장되는 특이한 존재이다. 유아기 때는 전적으로 의존적인 존재로서 따뜻한 돌봄을 받는 것이 필수적이고, 청소년기에는 심리사회적 적응과 함께 교육적 과업을 성취해야 한다. 청년기에는 취업과 결혼 및 가족 형성의 과제를 해결해야 하고, 장년기에는 가족 부양과 인생의 의미 실현, 노년기에는 경제적 생활 유지와 건강 및 사회적 관계 유지 등 수많은 과업을 헤쳐 나가야 하는 것이 인간의 일생이다.

문제는 이러한 과업과 욕구들이 일차적으로는 가정, 이차적으로는 시장에서 충족되어야 하는데, 두 경우 모두 한계가 있다는 점이다. 먼저, 오늘날의 가족은 핵가족이 중심일 뿐 아니라 여성의 사회 진출 확대, 이혼 증가로 인한 가족 해체 경향 등으로 과거의 돌봄과 보호 기능을 상당 정도 상실했다. 다음으로 시장에서는 이윤이 따르지 않는 재화나 서비스가 공급될 수 없어서 특히 저소득층의 사회적 욕구를 시장에서 충족하는 것은 거의 불가능하다. 오늘날 고령화 사회가 심화하면서 노인 빈곤과 더불어 노인 학대 문제도 증가하고 있고, 저출산 사회를 걱정하는 가운데 아동 학대와 방치, 청소년 가출과 비행, 탈학교 청소년 문제들이 날로 증가하고 있는 안타까운 상황을 볼 수 있다. 가정과 시장에만 맡겨둘 때 충족되지 않는 사회적 욕구들, 다시 말해 적절한 돌봄과 보호 없이 방치되는 인간 집단이 대량으로 존재하게 된 것이다. 따라서 이러한 기본적인 사회적 욕구를 충족시키는 사회적 서비스는 국가와 사회가 주도해 공급하는 것이 불가피하다. 우리나라의 사회 서비스는 2000년 이전까지는 매우 미약했지만, 이후 세계에서 가장 빠른 속도로 진행되는 고령화와 저출산 경향에 대응해 보육과 간병, 가사도우미 같은 돌봄 서비스가 본격화되기 시작했다. 2008년 시행된 노인장기요양보험제도 출범은 사회 서비스 발전에서 중요한 계기가 되었다.

다음으로 사회 서비스의 필요성은 노인, 장애인, 한부모가족 등 특정한 사회적 위험을 공유하는 집단별로 볼 수도 있다. 이들 중에는 사회경제적으로 취약한 사람들도 있지만, 그렇지 않은 경우도 있고, 또 이들이 가지고 있는 욕구도 경제적 차원을 넘어 문화심리적 측면에 이르기까지 매우 다양하다. 예를 들어, 보육은 대부분 가정들이 직면하는 중요한 인생 과업이며 특히 여성들의 직업 활동과 직결된 문제이다. 여성운동의 노력에 힘입어 제정된 1991년의 '영유아보육법' 이후 정부 차원의 관심이 주어졌고, 2000년대 들어 저출산 현상에 대한 반성으로 보육시설 확충이 빠른 속도로 전개되었다. 하지만 그 대부분이 민간 시장에서 이루어졌고, 국공립 시설은 수요를 따라가지 못했다. 국공립 시설은 2006년에 전체 보육시설의 5.6%에 불과했는데(김종해, 2007), 이후 점차 확대되어 2018년 현재 전체 어린이집 3만 9171개소 중 9.2%(3602개)로 확대되었고, 이용 아동 비율도 17%로 확대되었다. 하지만, 이러한 비율은 OECD 국가들 수준에 많이 못 미치고, 2017년에 출범한 문재인 정부의 공약 40%에도 미달한다. 국공립 보육시설이 확대되지 않고,

민간 시장에 과도하게 의존할 경우 생기는 중요한 문제는, 비용 부담과 지역적 편재 그리고 이용 시간 제한 등으로 수요에 맞춘 서비스 공급이 제대로 이루어지지 않아 방치되는 아동들이 많아질 수밖에 없다는 점이다.

장애인들의 문제는 좀 더 복잡하고 심각하다. 장애의 종류가 매우 많고, 당면한 문제들도 경제적 문제부터 돌봄, 이동과 활동, 교육, 직업 등 매우 광범위하다. 장애인을 위한 사회 서비스는 장애인의 학습권, 노동권, 이동권 등을 보장하는 데 필수적이며, 그만큼 다양하게 공급되어야 한다. 장애인을 위한 편의시설의 부족, 이동 수단의 제한 등은 이들의 기본적인 사회생활 참여를 가로막기 때문이다. 우리나라에서 '장애인복지법'은 1981년 제정되었지만, 장애인 복지 서비스는 1988년 올림픽을 계기로 시작되었다고 볼 수 있다. 이후 1990년대에는 '장애인고용촉진법'(1990)과 '정신보건법'(1995), '편의증진법'(1997)이 제정되었고, 2000년대에는 '교통약자의 이동편의증진법'(2005)과 '장애인차별금지법'(2007) 그리고 2010년대에는 '장애인연금법'(2010), '장애인활동지원법'(2011), '장애아동복지지원법'(2012), '노인장애인 등 주거약자지원법'(2012), '발달장애인권리보장지원법'(2014), '노인장애인등 보조기기지원활용촉진법'(2015) 등이 제정되어 다양한 서비스들이 시행되고 있다. 하지만 이 같은 다양한 법률의 제정은 서비스의 충분성을 보여준다기보다는 기본적인 생활 보장을 넘어 장애인들의 정상적인 사회생활을 지원하는 사회적 서비스가 이제 막 시작된 것에 불과함을 보여주는 것으로 해석할 수 있다.

정부는 3년마다 장애인 실태 조사를 시행하고 있는데, 2017년 조사 결과를 보면, 장애 추정 인구는 267만 명, 장애 출현률은 5.4%로 나타났다. 장애 원인은 후천적 장애 발생률이 88.1%로 장애가 모든 사람들의 문제임을 알려준다. 65세 이상이 46.6%이어서 장애 인구도 고령화되고 있음을 알 수 있다. 이들의 요구는 매우 다양하지만, 만성 질환자가 81.1%, 병의원에 가고 싶을 때 가지 못한 경험자 17.2%, 경제적 어려움을 호소하는 경우가 61.5%이며, 15세 이상 취업자가 36.9%에 불과하다는 사실을 볼 때, 이들의 우선적인 욕구를 짐작할 수 있다. 장애 아동 양육의 어려움은 물론 여성 장애인, 노인 장애인, 그리고 발달장애(지적장애와 자폐) 등 장애 특성이나 인구학적 특성에 따른 다양한 욕구들이 아직 충족되지 못하고 있는 상황이다.

장애인, 노인 등 취약계층뿐만 아니라 국민 일반의 삶의 질 문제와 관련해서 간과할 수 없는 것이 주거, 교육, 의료와 같은 핵심적 소비 영역의 문제이다. 이러한 문제들은 어느 사회에서나 개인의 힘으로 감당하기 어렵기 때문에 공공 차원의 개입이 반드시 필요하다. 주지하듯이 우리 사회에서 가장 큰 경제적 부담을 주는 것이 주택 문제다. 서울의 주택 가격은 평균 가구 소득의 10배 정도로, 도쿄나 뉴욕 등 세계 대도시들과 유사한 수준이다. 이는 10년간 가구 소득 전부를 모아야 집을 살 수 있다는 의미로서 높은 주거비 부담을 상징적으로 보여주는 지표이다. 교육비의 경우도 무상 의무교육이 고등학교까지 확대되는 추세이지만 사교육비의 부담은 세대 간 불평등을 세습케 하는 주된 요인으로 작용하기도 한다.

의료 문제의 경우도 많은 과제를 안고 있다. 물론 경제 성장에 따라 우리 국민의 건강 수준은 현격하게 높아졌다. 오늘날 우리나라의 평균 수명은 OECD 국가들의 평균 수준을 상회하고 있으며, 영아 사망률 등 각종 지표도 빠르게 개선되어 매우 우수한 상태이다. 하지만 앞에서 언급한 건강보험의 약점 외에도 우리나라의 보건의료 시스템은 많은 문제를 안고 있다. 공공의료기관이 전체 의료기관의 10% 정도에 불과할 정도로 과도하게 시장지향적이며, 의료기관 분포의 지역적 편차가 심하고, 보건소와 보건지소가 부족해 농어촌의 의료 공백 현상이 심각하다. 또한 전반적으로 치료 중심의 의료체계로서 예방의학과 보건이 경시되고 있는 문제도 있다. 아울러 주치의제도가 결여됨으로써 질병과 건강에 대한 국민적 관리 체계 대신 상품으로서의 의료 서비스를 판매하고 구매하는 행태가 지배적인 상황이다(이진석, 2007; 신영전, 2019). 이와 같은 시장중심적인 보건의료 체계는 저소득층에게 불리하게 작용한다. 통상 질병은 빈곤과 악순환 관계를 형성하는데, 우리나라의 보건의료 체계는 그러한 악순환의 고리를 끊을 수 있는 체계로서는 매우 미흡하다는 평가이다.

이상과 같은 사회적 서비스들은 인간자본에 대한 투자라는 경제적 성격도 가지고 있는데, 이와 관련해 적극적 노동시장 정책과 관련된 사회 서비스도 필요하다. 오늘날의 노동시장은 노동자들에게 평생직장을 보장하지 않는 경향이 있기 때문에, 새로운 일자리를 만들어내는 노력이 정부 차원에서 이루어져야 할 뿐만 아니라 노동자들이 이러한 일자리에 적응할 수 있도록 교육과 훈련에 대한 투자를 확대해야 한다는 것이다. 사회 서비스는 또한 유사한 욕구를 가진 집단들을 대상으로 시행되기도 하지만, 각 개인의 고유한 개별적 문제에 대응하는 개별적 서비스의 성격도 가진다. 그만큼 각 개인의 고유한 문제를 식별하고 섬세하게 대응하면서, 개인의 대응 능력을 신장시켜주는(empowerment) 서비스로의 발전이 필요하다.

4) 평등의 추구, 혹은 불평등의 완화

복지국가의 네 번째이자 마지막 목표는 좀 더 평등한 사회를 만드는 일이다. 궁핍의 위험으로부터 해방되고, 상당한 정도의 삶의 질을 누릴 경우에도 사람들 사이에 재산이나 소득의 상대적 격차가 커지면 여러 가지 부작용이 발생하고 불만을 가지는 사람들이 늘어날 것이다. 특히 자본주의 사회는 시장에서 자유롭게 부를 추구하는 능력을 중시하기 때문에 상대적 격차가 커질 수밖에 없는 체제다. 그리고 일단 재산과 소득의 격차가 발생하고, 그에 대한 상속이 이루어지면, 2세들 사이의 경쟁은 대단히 불평등한 출발점을 가지게 되어 더욱 큰 격차라는 결과를 만든다. 그러한 불공정성에 대한 불만이 걷잡을 수 없이 커지게 되면 사회 해체의 위험으로 발전한다. 따라서 대부분 국가들은 이러한 상황을 방치하지 않고, 조세나 사회보장제도를 통한 재분배 정책을 시행함으로써, 불평등을 완화하려고 노력하게 하게 된다. 이를 위해

그림 16-2 **주요 국가 상위 1% 소득비중 장기 추이**

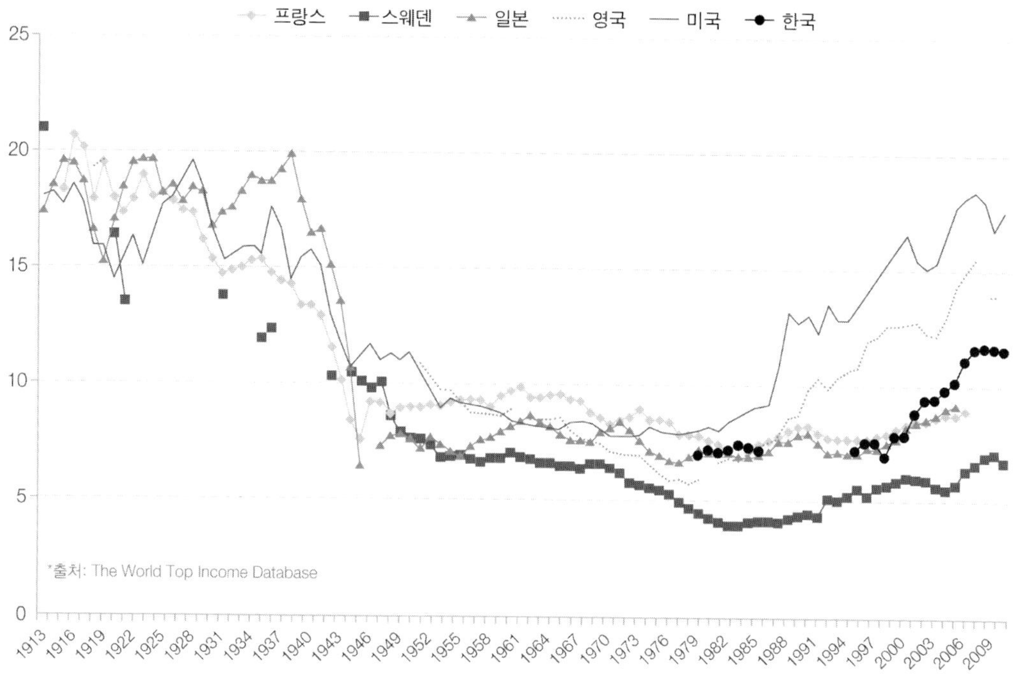

주: 정확한 통계 및 자료가 존재하지 않는 연도가 있는 경우, 점 사이에 연결선을 사용하지 않았다.
자료: The World Top Income Database.

빈곤 문제에 대해서도 절대적 빈곤 개념보다는 상대적 빈곤 개념을 쓰는 경우가 많고, 빈곤 정책의 목표도 통상 그 격차를 축소하는 방향으로 설정된다.

오늘날 소득 불평등과 양극화는 우리나라뿐 아니라 세계적으로도 가장 중요한 사회문제로 꼽히고 있다. 인류 사회의 불평등은 그 근원을 추적하기 어려울 정도로 뿌리 깊은 것이다. 자본주의는 인간의 자유와 평등이라는 인권 개념의 태동과 더불어 출발했지만 이러한 불평등 추세를 막지는 못했고, 이를 시정하기 위한 노동자들의 투쟁이나 협동조합운동 등 많은 노력들이 전개되었다. 복지국가는 이러한 불평등을 상당 정도 극복하는 성과를 보여주었다. 〈그림 16-1〉은 주요 국가들에서 상위 1%의 사람들이 차지하는 소득의 비중을 보여주는데, 복지국가가 본격 성장하기 시작한 1930년대의 세계대공황기로부터 1990년대에 이르는 기간 동안 그 비중이 상당히 낮아진 것을 보여주고 있다. 하지만, 1990년대 소련과 동구권이 와해되고 신자유주의가 득세하면서, 다시 말해 복지국가가 약화하면서 불평등이 다시 심화되는 양상으로 악화되었다. 전체적으로 복지국가 이전의 불평등으로 되돌아가고 있다는 평가이다. 우리나라의 경우도 1990년대 세계화 시대가 시작되면서 세계적 차원의 경쟁을 위해 해고를 보다 자유롭게 하는 노동 유연화 정책이 강화되었고, 이에 따라 비정규직이 늘어나고 정규직과 비정규직 간의 격차가 심화되면서 양극화 현상 또한 심화되었다.

문제는 우리나라의 불평등도가 대다수 선진국보다 높다는 점이다. 2016년 기준, '세계불평등 데이터베이스(WID.world)'에 따르면, 한국의 소득 상위 10% 계층의 소득이 전체 소득에서 차지하는 비중은 43.3%로 미국을 제외한 대다수 선진국에 비해 불평등도가 높은 것으로 나타났다. 유럽 국가들은 대부분 30%대였다. 개발도상국들은 50%가 넘어서는 나라들이 많다. 자산은 소득보다 불평등도가 더 심해 한국의 자산 하위 50% 계층이 소유한 자산 비중은 1%대에 그쳤다. 이는 프랑스의 4분의 1에 불과한 수준이다. 2013년 기준 자산 상위 1%와 10% 계층이 전체 자산의 25%와 65.7%를 차지했다(≪한겨레신문≫, 2018.11.25).

소득의 불평등도를 측정하는 또 다른 지표로 지니(Gini)계수를 들 수 있다. 지니계수는 소득 분포가 가장 평등한 상태로부터 어느 정도 격차가 있는가를 계산함으로써 0에서 1 사이의 값을 가진다. 0일 경우가 가장 평등한 상태로 모든 사람이 균등한 소득을 가진 경우이고, 1일 경우는 가장 불평등한 상태로서 한 사람이 전체 소득을 독점한 경우이다. 통상 0.4를 넘으면 불평등도가 심한 것으로 간주한다. OECD 국가들과 비교하면, 2018년의 경우 우리나라의 지니계수는 0.355로 나타나고 있다. 스웨덴(0.275)과 독일(0.289)은 비교적 평등도가 높게 나타나고 있으며, 미국의 경우는 우리보다 불평등도가 약간 높은 0.390으로 나타나고 있다. 그러나 소득보다 불평등이 심한 자산에 대한 평가가 제외되어 있어 실제 경제적 불평등은 이보다 훨씬 심하다고 보아야 한다.

불평등 완화 정책을 어느 정도 적극적으로 추진하느냐 하는 것은 나라마다 다르다. 최소한으로 기회의 평등을 추구하는 나라, 즉 가난한 2세들에게도 교육의 기회를 보장해 경쟁의 출발선을 비슷하게 만들거나, 불리한 계층에 입학이나 취업 등에서 일정한 비중의 기회를 보장하는 할당제(affirmative action program) 같은 노력들도 있고, 최대한 평등에 접근하려고 노력하는 나라들까지 다양하다. 기존의 불평등을 '견딜 수 있을 정도의 불평등'으로 완화하는 것이 공통의 목표일 것이다. 이와 같은 불평등을 완화하는 것이 조세와 사회보장 지출의 재분배 역할이다. 오늘날 선진 복지국가들에서 조세와 사회보장 지출을 합한 국가 예산은 GDP의 30%를 상회하는 규모인데, 이를 통해 상당한 정도로 빈곤과 불평등의 문제를 완화하고 있다. 하지만 우리나라의 경우는 이러한 효과가 크게 나타나지 않고 있다. 왜냐하면 우리나라의 조세와 사회보장제도는 양적·질적 측면에서 선진 국가들에 비해 소극적이기 때문이다. 조세의 규모, 즉 국가예산의 규모가 선진국들보다 작고, 그중에서 사회보장에 지출하는 몫도 작다는 의미이다. 따라서 소득재분배 효과를 높이기 위해 사회보장제도를 확충하고 이를 위해 조세 수입을 늘리는 노력이 무엇보다도 필요하다. 물론 이에 앞서 시장에서의 불평등을 줄이는 노력이 우선 과제일 것이다. 따라서 대기업보다는 중소기업을 육성하고, 정규직과 비정규직의 임금 격차를 줄이는 경제와 산업 및 노동 정책의 중요성을 간과할 수 없다.

3. 우리나라 사회복지의 발전 과제: 대한민국은 복지국가인가?

앞에서 복지국가의 목표를 네 가지 — 빈곤으로부터의 해방, 빈곤과 결핍의 예방, 삶의 질 향상, 평등의 추구 — 로 나누어 보았는데, 그러한 목표들을 추구하는 정도는 복지국가들의 경우에도 나라마다 정도의 차이가 있을 수밖에 없다. 어떤 나라들은 최저한의 생활 보장에 멈추기도 하고, 또 다른 나라들은 높은 삶의 질이나 나아가 최대한의 평등을 추구하기도 한다. 이는 각 나라의 경제적 사정이나, 문화적·이념적 지향 및 경제제도의 특성에 따라서 다를 것이다. 이와 관련해서는 뒤에서 우리나라가 지향할 복지 모델과 관련해 조금 더 언급할 것인데, 우선은 우리나라 사회복지 발전과 관련된 특성을 살펴보기로 하자.

우리나라는 식민 시대를 경험한 제3세계 중에서 독특하게 상당한 정도의 경제 성장에 성공한 경우이다. 아직 선진 산업국가들의 수준에 미치지는 못하지만, 1인당 국민소득이 2007년경 2만 달러를 돌파했고, 2019년에는 드디어 소득 3만 달러 시대에 진입했다. 그럼에도 우리나라가 복지국가인가 하는 질문에는 긍정적인 답변을 하기는 쉽지 않다. 앞서 언급한 대로 우리나라도 중요한 복지제도들을 두루 갖추고 있다는 측면에서는 다른 복지국가들에 비해 크게 뒤처지지 않는다. 다만 우리나라의 복지제도의 출발이 매우 늦은 것은 사실이다. 1960년대 산업화가 본격적으로 시작되었지만, 그에 병행해 복지제도가 발전하지는 못했다. 이후 1980년대 말 정치적 민주화가 이루어지면서 비교적 빠른 수준으로 제도적 발전이 이루어졌지만, 앞서 지적한 대로 많은 제도적 허점들이 존재하고, 그에 따라 빈곤과 실업, 그리고 낮은 삶의 질과 방치된 욕구들이 존재하는 상황이다.

일례로, 앞서 언급한 바와 같이 우리나라의 상대적 빈곤율은 비교적 높은 편이고, 특히 노인빈곤율이 OECD 국가들 중 가장 높다는 불명예를 안고 있는데, 〈그림 16-3〉와 〈그림 16-4〉에서 보듯이 빈곤이 완화되는 추세가 대단

그림 16-3 **빈곤율(전체, 노인)의 추이**

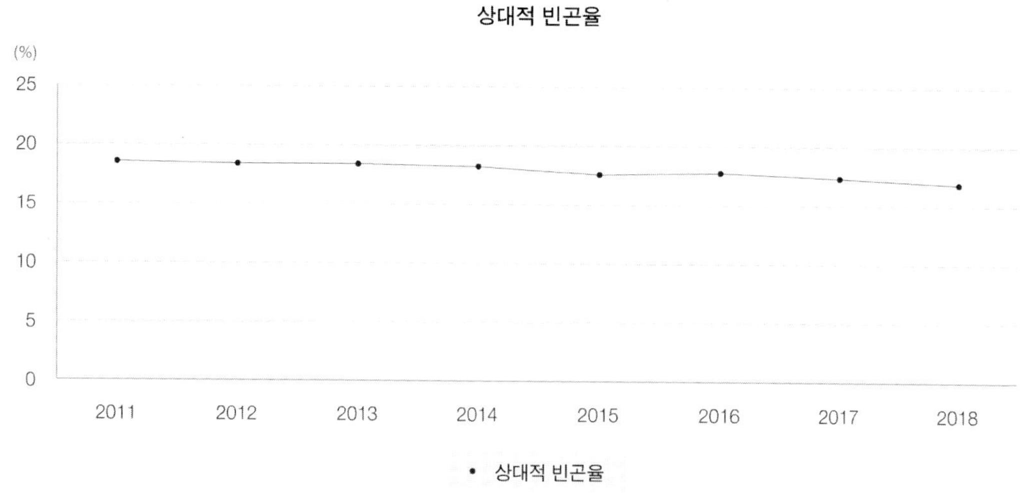

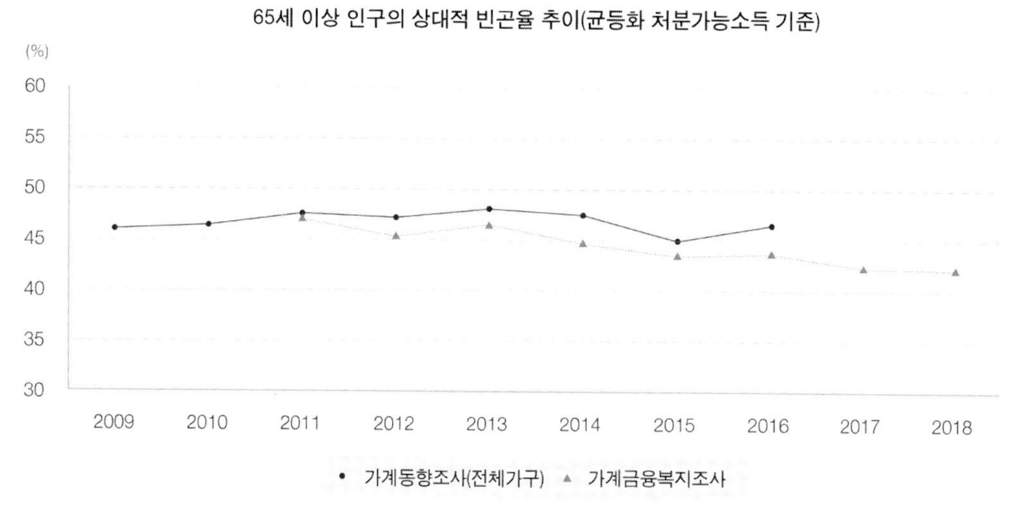

자료: (위)국가지표체계 "상대적 빈곤율", (아래)e나라지표 "노인 빈곤율".

그림 16-4 **실업률(전체, 청년)의 추이**

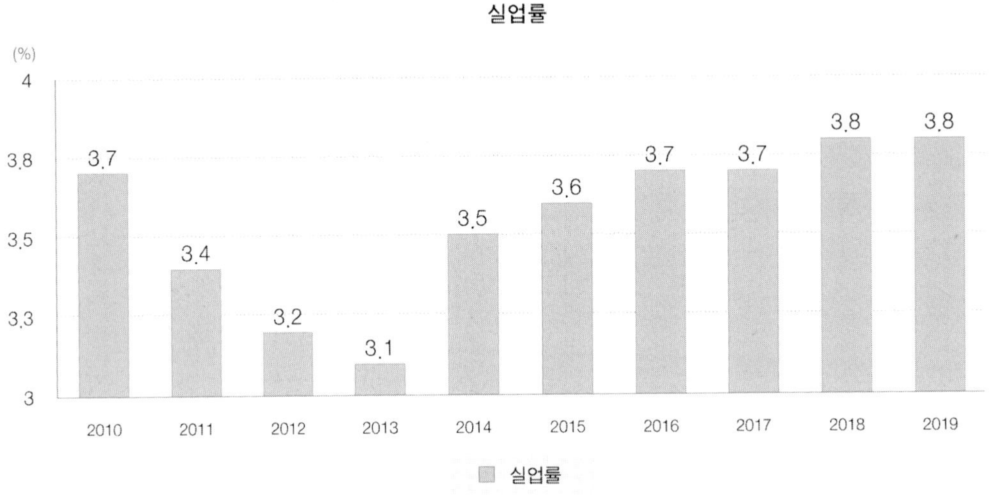

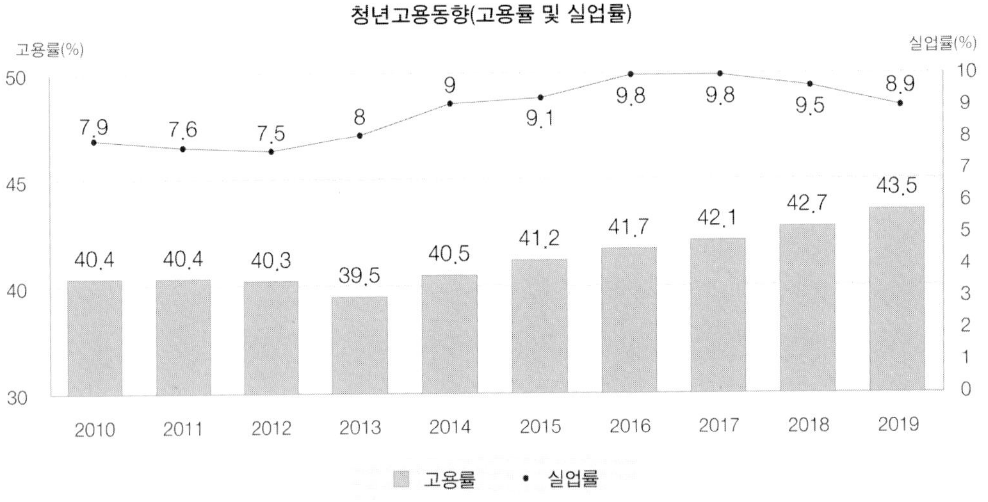

자료: (위)e나라지표, "일반고용동향". (아래)e나라지표. "청년 고용동향 ".

표 16-1 **OECD 주요국 사회복지지출 규모 비교(단위: GDP 대비 %)**

한국	스웨덴	덴마크	프랑스	영국	네덜란드	일본	미국	OECD평균
11.2	26.8	31.6	32.2	22.6	24.1	22.4	24.6	22.0

주: OECD.Stat(2019.1월 기준), 통계청 홈페이지에서 재인용.
자료: e나라지표. "사회복지 지출규모".

히 완만하다는 것을 알 수 있다. 실업률 또한 전체적으로는 그리 높게 나타나지 않지만, 청년실업률이 매우 높게 유지되는 추세도 문제다. 이와 같이 취약계층에 곤경이 집중되면서 그 완화 속도가 매우 완만하거나 정체되어 있는 것이 현재 상황이다. 특히 청년들의 좌절이 커가는 문제는 대단히 우려스럽다. 고학력과 고스펙이 요구되는 데 반해 안정된 직장 찾기가 점점 어려워지고, 비정규직 일자리만 많아지며, 높은 집값 등으로 인해 미래를 꿈꾸기 어려운 상황이기 때문이다. '헬조선' 등의 자조적인 표현들이 범람하고 있는 것은, 국가 경제력의 발전이 국민들의 행복으로 전환되지 못하는 구조임을 반증한다. 무엇보다, 우리 국민은 행복한가? UN 산하기구인 지속가능개발네트워크의 2017년 세계 행복도 조사에 의하면 한국은 56위에 불과하다. 반면 1위 노르웨이, 2위 덴마크 등 북유럽 국가들의 행복도는 높다. 이 조사는 해마다 다르지만 그리 큰 차이는 보이지 않는다.

이러한 상황은 우리나라 경제 구조나 사회, 문화 등 제반 상황에 그 근원이 있겠지만, 사회보장제도 측면에서 우선 지적할 것은, 실질적으로 사회보장의 수준을 결정하는 정부의 사회복지비 지출 수준이 낮다는 점이다. 〈표 16-1〉에서 보는 바와 같이 우리나라 정부의 GDP 대비 사회복지비 지출은 그동안 꾸준히 증가해 왔지만 OECD 평균에 비해 절반 정도에 불과하다.

이러한 사정으로 국민들의 사회복지 욕구에 충실히 대응하는 것이 어렵고, 그 결과 사회보장제도가 불평등을 완화하는 효과도 제한적일 수밖에 없다. 즉, 우리나라의 사회복지 정책의 특징은 시간적 지체성과 소극성으로 요약할 수 있고, 서구 복지국가들의 고부담-고복지와 비교해 저부담-저복지의 양상을 보이고 있다. 이와 같은 지체성과 소극성을 결과한 요인들은 다음과 같이 볼 수 있다.

첫째, 1980년대 말 민주화 이전의 역대 정권들이 경제 성장 일변도 정책을 펴면서 분배와 재분배 문제를 경시했고, 민주화 이후 분배와 재분배 문제가 부각되기는 했지만 곧바로 지구화 경제의 물결과 신자유주의 이데올로기에 휩싸여 다시 밀려나면서, 정치민주화에 이은 사회민주화의 길로 나아가지 못했다는 사실을 들 수 있다. 일례로 우리나라의 경우는 현재의 복지비 지출 수준도 낮지만, 서국의 복지국가들과 경제 수준이 비슷한 때를 비교해도 같은 양상이어서 사회복지에 매우 소극적이었음을 알 수 있다. OECD 국가들이 1인당 GDP 1만 달러를 달성했을 때(미국 1978년, 일본 1981년, 스웨덴 1977년, 영국 1987년 등) 평균 사회복지비 지출은 GDP 대비 18.7%였다(이태수, 2007). 하지만 우리나라가 일인당 소득 1만 달러를 달성했던 시점인 2003년의 경우(외환위기 이전인 1995년에 달성했다가 다시 회복한 시점), 복지비 지출은 5.7%, 퇴직금을 포함해 대략 7.9% 정도에 머물렀다. 그리고 이러한 선성장 후분배 정책 기조는 현재에 이르기까지 본질적으로 변화했다고 보기 어려운 상황이다.

둘째, 복지 정책을 중시하는 노동운동이나 이에 기반한 진보적 정당들이 거의 없었거나, 있어도 세력이 미약했던 점을 들 수 있다. 대부분의 유럽 복지국가들은 노동당이나 사회민주당 등 노동운동의 후원을 받는 진보적인 정당들의 노력을 바탕으로 복지국가를 건설해 왔다. 하지만 우리나라의 노동운동과 진보적 정당들은 반공주의 이데올로기와 독재정권하에서 많은 탄압을 받아 성장하기 어려웠다. 1980년대 말 민주화 이후에 노동운동이 활성화되고 일부 진보정당이 출범했지만, 복지국가를 이끌어갈 정도의 세력화에는 이르지 못했던 것이 현실이다. 대신 민주화 이후 활성화된 다양한 사회운동(노동운동을 포함해 여성운동, 빈민운동, 시민운동, 장애인과 같은 복지 당사자 운동 등)

이 분야별 사회복지 발전을 추동하는 양상을 보여주었다(윤홍식·남찬섭·김교성·주은선, 2019; 이영환 편, 2005).

셋째, 복지국가의 발전에는 진보정당의 존재뿐만 아니라 선거 국면의 정책 경쟁도 중요한 발전의 동인이었다. 하지만 우리나라의 경우는 복지 정책이 선거의 중요 이슈로 제기된 것이 매우 늦었다. 대체로 우리나라의 선거 이슈는 정치적 민주주의와 관련된 논쟁이 주도했고, 경제적 민주주의나 사회적 민주주의 이슈들은 핵심에서 비켜서 있었다. 이는 복지 정책에 헌신적인 정당이 존재하지 않거나 힘이 약했기 때문이기도 하고, 다른 한편 사회복지에 대한 국민들의 경험 수준과 감수성이 높지 않아서, 복지 지지 세력이 강하게 형성되지 못했기 때문으로도 볼 수 있다. 이러한 상황이 반전된 것은 아마도 2010년 지방선거에서 부각된 무상급식 논쟁이 계기였을 것이다. 경기도 교육감 선거에서 시작된 무상급식 논쟁은 이듬해 서울시의 무상급식 찬반 투표와 이로 인한 서울시장의 사퇴, 그리고 재보궐 선거 이슈로 이어지면서 우리 사회에 보편주의 복지 논쟁을 불러일으켰다. 2012년 대통령 선거에서의 보편적 기초연금 공약을 실천하는 과정에서의 논쟁도 그 연장선상에 있었다. 당시 65세 이상 노인 모두에게 기초연금을 지급하겠다는 것이 선거 공약이었는데, 결국 소득 상위 30%는 배제하는 정책으로 귀결되었다. 이를 계기로 보건의료, 보육, 등록금 지원, 아동수당 등에서도 보편주의 정책에 대한 논란이 확산되었다. 2020년의 코로나19 팬데믹(대유행) 상황에서도 보편주의 논쟁이 이어졌다. 코로나19 팬데믹은 전 세계적인 범위와 감염자의 수, 사회경제적인 충격 등에서 역사적 유례를 찾기 어려운 재앙으로 기록될 것인데, 자영업자들의 곤경이나 취약 산업의 몰락, 대규모 실직 등을 통해 취약 계층에 엄청난 충격을 주었다. 그리고 이에 대응하는 재난지원금이 전 국민에게 보편적으로 주어져야 할 것인지, 피해가 큰 국민에게만 선별적으로 지급되어야 할 것인지에 대한 논쟁이 전개되었고, 나아가 전 국민에게 일정 정도의 소득을 무조건 보장하자는 극단적 보편주의 정책인 '기본소득' 운동이 쟁점으로 부각되는 계기가 되었다.

이처럼 우리나라 사회복지는 선성장 후분배 정책과 노동운동 및 진보정당의 부진과 같은 조건에서 시간적으로 지체되었고, 적극적 복지국가를 지향하는 뚜렷한 동력을 확인하기도 어려운 상황이었다. 경제관료들을 중심으로 한 소극적 복지 이데올로기도 지속되었다. 반면, 비교적 성공적인 경제발전, 그리고 그로 인한 사회적 위험의 증대, 다양한 시민사회운동의 역할, 그리고 사회복지 문제의 정치 이슈화 진전 등에 힘입어 점진적인 복지 발전이 이루어진 양상으로 볼 수 있다. 또, 세계에서 가장 빠른 속도로 진행되는 고령화와 저출산 문제, 빈부격차와 고학력 사회화로 인한 스트레스, 빠른 속도로 확장되는 다문화 사회 등은 사회복지적 대응을 적극적으로 요구하는 사회적 변화로 볼 수 있다. 이제 복지 문제는 선거 국면이나 재난과 같은 사회적 위기 상황에서만 아니라 일상적인 정치적 쟁점으로 자리매김했다고 볼 수 있다.

종합해 보면 우리나라의 사회복지는 이와 같은 힘의 균형 속에서 점진적 발전의 양상을 보여왔다. 그 결과 복지 선진국을 따라잡기 위한 비약적인 성장을 기대하기는 쉽지 않은 상황이므로 당면한 제반 복지 문제에 대해 신속하고 적절한 대응을 하기 어려워 방치되는 욕구들이 많다는 점이 문제가 되었다. 따라서 우리나라가 진정한 복지국가의 길로 들어서기 위해서는 복지와 재분배를 중시하는 이념적·정책적 지향이 확립되어야 하는데, 현실적으로는 복지 지지 세력의 조직화와 더불어 복지국가적 지향을 정당정치에 제대로 반영하는 노력이 중요한 과제일 것이다. 아울러 복지국가, 복지사회에 대한 시민적 공감대를 형성하는 노력도 필수적이다.

4. 어떤 복지국가를 지향할 것인가?

앞서 언급한 대로 우리나라는 1인당 GDP 3만 달러를 달성하고, 경제 규모도 세계 10위권으로 도약했다. 경제적으로는 선진 산업국가들을 바짝 추격하고 있는 셈이다. 하지만 복지 수준은 크게 미치지 못하고 있다. 이러한 고성장-저복지 사회에서 시민들의 삶은 참으로 고단하다. 경제적으로 빠르게 성장하는 사회에서는 치열한 경쟁이 불가피하기 때문에 시민들은 다양한 사회적 위험에 노출될 수밖에 없는데, 이러한 위험 사회에서 빈약한 사회안전망에 의지해 살아가야 하는 시민들의 모습은 낡고 엉성한 그물을 믿고 줄타기하는 형국과 다를 바 없기 때문이다. 서민들이나 근로자들뿐만 아니다. 기업들도 마찬가지다. 사회보장의 뒷받침이 빈약한 상황에서 임금에만 의존해 살아가는 노동자들은 임금 인상을 위해 투쟁적 노사 관계에 의존하게 되고, 이에 따른 노사 갈등은 기업의 생존과 발전에도 큰 위협이 된다. 복지국가는 자본과 노동 어느 한쪽의 생존만을 지향하지 않는다. 따라서 상호 존중과 양보가 필요한데, 이러한 타협이 가능하도록 뒷받침하는 것이 사회보장제도인 것이다. 코로나19 팬데믹과 같은 재난 상황도 이러한 정신을 일깨운다. 즉 재난 상황에서 우선적으로는 취약 계층이 타격을 많이 받지만 결국 "모든 사회 성원들의 기본 생활과 건강을 보호하지 않으면 아무도 건강할 수 없다"(김종철, 2020)는 깨달음을 얻을 수 있는 것이다. 시장 경쟁에 방치된 사회를 만들 것인가, 아니면 촘촘한 사회안전망에 바탕한 복지지향적 사회를 만들 것인가, 이것이 우리가 선택해야 할 과제일 것이다.

그런데 어찌 보면 우리 사회는 이미 이러한 선택을 넘어 복지국가의 길에 들어서 있다고 볼 수 있다. 이미 다양한 복지제도를 구비하고 있고, 그에 대한 의존도도 갈수록 커가는 상황이다. 4대 사회보험을 포함한 복지제도를 필요 없다고 주장하는 정치가도 없다. 따라서 문제는 복지국가에 대한 찬반론이 아니라, 어떤 복지국가를 지향할 것인가, 즉 적극적인 복지사회를 지향할 것인가, 아니면 최소한의 복지제도에 의존하는 시장 중심적 사회를 지향할 것인가가 우리가 선택해야 할 진정한 과제일 것이다.

이와 관련해 복지국가 유형론을 참고할 필요가 있다. 복지국가 유형론은 복지국가들이 서로 다르다는 것을 의미한다. 많은 학자들이 복지국가들을 다양한 유형으로 분류했지만, 그중에서 1990년에 에스핑안데르센의 유형론이 가장 많이 사용되고 있다(Esping-Andersen, 1990). 그는 서구 복지국가들을 자유주의, 보수주의, 사회민주주의 모델로 분류했다. 미국과 영국 등 자유주의 유형은 국가의 사회복지적 역할에 대해서는 비교적 소극적인 반면 시장의 역할을 중시한다. 따라서 정부 예산 중 복지 부문에 쓰는 지출이 비교적 적다. 사회복지에 가장 적극적이고 많은 지출을 하는 것은 스웨덴이나 노르웨이 등 북유럽 국가들을 중심으로 한 사회민주주의 유형이고, 다음으로 독일이나 프랑스 등 보수주의 유형을 들 수 있다. 사회민주주의 유형이 남녀평등을 옹호하고 여성의 사회적 진출을 지원하기 위해 돌봄 서비스 등 사회 서비스 확장을 추진한 반면, 보수주의 국가들은 남성 가장의 역할을 중시해 상대적으로 사회 서비스 발전을 부차적으로 보는 등의 차이점이 있다. 물론 이런 차이들은 각 유형들 내의 국가들에서도 일관된 모습을 보이지 않는 경우도 많다.

〈표 16-2〉는 OECD의 자료를 발췌해 각 유형을 대표하는 스웨덴과 독일 및 미국의 사회지표를 비교한 것이다. 스웨덴과 독일은 GDP의 30% 안팎의 복지비를 지출하는 가장 발전된 복지국가이고 미국은 비교적 소극적인 복지국가라고 할 수 있다. 물론 인구수 차이도 크고 액면 그대로 비교하는 것 자체가 무리일 수 있지만, 우리가 지향할 복지 모델을 구상하는 데에는 흥미 있는 시사를 주기에 충분할 것이다.

스웨덴과 독일은 여러 가지 지표들에서 큰 차이가 보이지 않지만, 실업률과 자살률을 제외하면 스웨덴의 삶의 질이 약간 높은 편으로 보인다. 반면 미국은 1인당 실업률은 양호한 편이지만, 그 외 대부분의 사회지표에서 열

표 16-2 **스웨덴, 독일, 미국과 한국의 주요 사회지표 비교**

항목	스웨덴	독일	미국	한국
인구(명)	1008만	8300만	3억 3000만	5180만
상대적 빈곤률	9.3 %	10.4 %	17.8 %	17.4 %
소득불평등(지니계수)	0.275	0.289	0.390	0.355
실업율	6.8 %	3.1 %	3.7 %	3.8 %
미충족 의료 욕구(비용 원인)	8 %	7 %	33 %	-
전체 의료비(GDP 대비, 2019)	10.9%	11.7%	17%	8%
평균 수명(세) (2019)	80.9	78.6	76.2	79.7
영아 사망(1,000명당)	2.0 명	3.2 명	5.8 명	2.8 명
자살 건수(인구 10만 명당)	16명	10.2명	13.9명	23명
살인 건수(인구 10만 명당)	1.1명	0.9명	5명	0.6명
교도소 수용 인원(인구10만 명당)	53명	76명	666명	112명

자료: OECD, 통계청(대부분 2016~2017년 자료).

세이다. 중위소득의 절반에 못 미치는 상대적 빈곤층이 17.8%에 달한다(우리나라도 유사하다). 이는 미국의 하위계층이 선택할 수 있는 직업의 질이 높지 못하다는 증거이다. 또한 소득 불평등도 심하고, 인구 10만 명당 살인 건수, 교도소 수용 인원과 같은 사회병리지표에서 압도적으로 열악하다. 반면 스웨덴은 실업률과 자살률이 높다는 약점을 갖고 있다.

대표적인 사회 정책인 보건의료 영역도 주목된다. 미국은 전 국민적인 의료보험 없이 민간의료기관과 사보험 회사에 바탕을 둔 시장의존적 체계를 가지고 있는 반면, 스웨덴은 조세를 재원으로 하는 국영 의료 서비스 체계를 가지고 있다. 독일은 우리나라와 같이 공적인 사회보험 중심의 체계이다. 그 결과 미국은 다른 국가들에 비해 국민들의 총 의료비 지출이 압도적으로 많다(GDP의 17.8%, OECD 평균은 8.8%). 그러면서도 영아 사망률이나 평균 수명 등에서 열세이고, 비용 때문에 의료 서비스를 제대로 받지 못하는 인구가

33%에 달하며, 어떤 보험에도 가입되어 있지 않은 사람이 8.5% 정도에 달한다. 이 같은 사실은 미국의 시장의존적 보건의료 체계가 얼마나 고비용-저효율 구조인지를 분명하게 보여주는 것이다.

이와 같이 미국 사회는 높은 경제적 성취에도 불구하고 시장 경쟁에 지나치게 의존하면서 빈곤과 불평등을 제대로 극복하지 못하는 복지 후진국적인 모습을 보이고 있다. 이러한 실상은 많은 사람들이 부러워하는 아메리칸 드림의 초강대국 미국의 외형적인 모습과는 다른 이면이다. 반면 스웨덴이나 독일의 경우는 사회복지를 통해 추구할 수 있는 가능성이 어디까지인지를 보여주는 대표적인 사례라 할 것이다. 물론 어느 나라든지 나름대로의 약점은 있다는 것도 보여준다.

우리나라의 경우는 평균 수명이나 영아 사망률의 경우는 아주 우수한 편이다. 그만큼 경제 성장에 따라 삶의 질도 높아졌다는 의미이다. 하지만, 상대적 빈곤율이나 소득 불평등은 미국과 비슷하게 열악한 편이며, 최근 노인빈곤율의 경우는 OECD 국가들 중 가장 높다는 불명예를 안고 있다. 자살율도 매우 높은 편이다. 교도소 수용 인구가 보여주는 범죄율도 유럽 국가들보다 2배 정도에 달한다. 실업률은 높지 않아 보이지만, 실제 불완전 취업층이나 실망실업자 등이 포함되지 않아 과소평가된 것으로 보아야 할 것이다. 의료비는 아직 GDP의 8% 정도로서 OECD 평균 수준이지만, 급격한 고령화 추세 등을 감안할 때, 앞으로 의료의 질을 높이면서도 급격한 의료비 상승을 통제하는 것이 중요한 과제이다.

이상에서 보는 바와 같이 서구 복지국가들은 상당한 유사성에도 불구하고 유형별 차이가 있고, 각 유형 내에서도 국가별 특성에 따른 편차가 많이 존재한다. 국가별 장점과 단점들이 공존하는 상황이므로 우리가 참고할 만한 모범 답안이 존재한다고 보기는 어려울 것이다. 더욱이 오늘날의 자본주의는 세계적 차원의 연관성이 매우 높아서 수시로 경제위기가 발생하는 등 극히 불안정한 상황을 보이고 있다. 4차 산업혁명으로 인한 기술의 진보 이면에 일자리 상실과 불완전 고용의 증가와 같은 도전도 심각하다. 모든 국가들이 거센 경제 사회적 도전 속에서 복지국가라는 유산을 유지·발전시키기 위해 각고의 노력을 전개하는 중이라고 볼 수 있다. 그리고 코로나19 팬데믹과 같은 세계적 차원의 재난이 주는 충격도 매우 크다. 선진 복지국가들도 방역에 실패하고 혼란에 빠진 상황을 볼 수 있는데, 코로나 사태가 주는 가장 큰 교훈 중의 하나는 '세계적 차원의 표준'이 상실된 것이라 볼 수 있다. 우리는 서구 복지국가의 뒤를 쫓아서 여기까지 왔지만, 이제 우리 나름의 길을 모색해야 하는 중요한 순간에 도달해 있는 것이다. 물론 복지국가는 그 수명을 다한 것도 아니고, 이상 사회를 향한 모색의 여정에서 인류가 고안해 낸 귀중한 유산의 하나인 만큼 그 교훈을 심사숙고하는 것이 출발점이 되어야 할 것이다.

핵심정리

1. 복지국가는 국가가 책임지고 운영하는 사회복지, 사회보장제도를 통한 사회통합의 노력으로, 이상 사회를 향한 인류의 노력 가운데 가장 현실적이고 폭넓은 대안으로 볼 수 있다. 복지국가는 선진 산업국가에서 사회민주주의 이념을 바탕으로 선구적으로 발달했으며, 제3세계들도 이를 따르고자 애쓰고 있다.

2. 복지국가의 구체적 목표와 프로그램들, 그리고 그와 관련된 한국적 상황들

1) 빈곤으로부터의 해방: 복지국가의 우선적인 목표는 빈곤과 결핍으로부터의 해방을 추구하는 것인데, 빈곤과 결핍은 실업, 질병, 사고, 노령 등 각종 사회적 위험에 기인한다. 이런 문제에 대응하는 복지국가의 프로그램은 공공부조제도이다. 우리나라에서 대표적인 공공부조제도인 국민기초생활보장제도는 모든 국민의 인간다운 최저생활을 보장하는 제도로 운용되고 있지만, 실제로는 부양의무자 기준 등에 의해 수많은 빈곤층이 배제되고 있으며, 급여 수준도 인간다운 생활의 보장이나 자활 조장에 미흡한 것으로 비판받고 있다.

2) 빈곤과 결핍의 예방: 복지국가의 두 번째 목표인 빈곤과 결핍을 예방하는 것은 주로 사회보험제도의 임무다. 연금보험, 건강보험, 실업(고용)보험, 산재보험은 4대 사회보험으로 불린다. 우리나라도 뒤늦게나마 이러한 보험제도를 구비하게 되었지만, 내용상으로 여러 가지 허점이 있다. 이를테면 국민연금은 납부예외자 등 사각지대가 20%에 달하며, 급여 수준도 낮아져 노후생활 보장이 위협받고 있다. 건강보험은 지속적으로 발전되어 왔지만 보장성이 아직 충분치 않고, 고용보험과 산재보험에는 비정규직의 상당수가 배제되어 있다.

3) 삶의 질 향상: 복지국가의 세 번째 목표는 삶의 질 향상을 위한 사회 서비스를 확충하는 것이다. 인간은 일생을 살아가면서 성장과 발달 및 적응을 위해 해결해야 할 수많은 과제와 욕구에 직면하게 되는데, 가정과 시장은 점점 더 이러한 문제를 해결하는 데 어려움을 겪고 있다. 따라서 국가가 중심이 되는 사회 서비스는 불가피한 요청이다. 사회 서비스는 보육이나 간병과 같은 돌봄서비스, 심리사회적 적응과 발달을 지원하는 서비스, 직업 선택과 경제 활동을 지원하는 서비스 등 수요자의 욕구에 따라 매우 다양하다. 사회 서비스의 필요성은 특히 노인이나 장애인, 한부모 가정, 빈곤층 등 취약 집단들의 경우에 더욱 절실하지만, 일반 국민들에게도 중요하다. 나아가 주거, 교육, 의료 문제와 같이 국민들의 삶의 질을 심각하게 위협하는 핵심적 소비 영역에 대한 국가적 차원의 개입 또한 중요한 사회 서비스이다. 전반적으로 우리나라의 사회 서비스는 2000년 이후에 본격화되었고, 아직은 매우 미흡한 상태이다.

4) 평등의 추구: 복지국가의 마지막 목표는 좀 더 평등한 사회를 만드는 일이다. 현실적으로는 불평등을 상당한 정도 완화하는 일이다. 세계적 차원에서 불평등은 복지국

가 시대에 다소 완화되었다가, 1990년대 지구화 경제 및 신자유주의 이념의 영향으로 다시 악화되어 양극화 현상이 심화되고 있다. 우리나라도 1990년대 이후 불평등이 심화되는 양상이다. 복지국가들은 조세와 사회보장제도를 통해 시장에서의 불평등을 완화하는 정책을 사용한다. 스웨덴 같은 적극적인 복지국가들은 이러한 재분배 효과가 매우 크게 나타나지만, 우리의 경우는 아직 미약하다.

3. 우리나라 복지 발전의 특징은 시간적 지체성과 소극성이며, 대표적으로 복지 부문에 지출하는 정부 예산이 OECD 평균의 절반 정도에 불과하다는 약점을 안고 있다. 경제 발전 수준에 전혀 어울리지 않는 저발전된 복지라고 할 수 있다. 이러한 상황을 결과한 역사적 요인으로는 민주화 이전 역대 정권의 성장 일변도 정책의 유산, 지구화 경제와 신자유주의 이념, 복지지향적 노동운동이나 진보정당의 취약성, 적극적 복지 지지 세력의 미형성 그리고 선거 국면에서 이슈화 실패 등을 들 수 있다.

4. 복지국가는 우리나라의 경우에도 불가피한 선택이다. 따라서 어떠한 복지국가를 만들 것인가가 중요하다. 이와 관련해 복지국가 유형별로 적극적 복지국가인 스웨덴과 소극적 복지국가인 미국, 그리고 보수주의적 유형의 독일을 비교해 보았다. 각국의 실업과 빈곤 그리고 이에 대응하는 사회 정책과 그에 따른 사회병리 현상 등 뚜렷하게 대조되는 모습과 함께 국가별 약점들도 다양하게 존재함을 볼 수 있다. 현대 자본주의의 불안정성과 코로나19와 같은 심각한 재해에 직면하고 있는 오늘날의 상황에서 우리가 따라야 할 모범적인 사례를 찾기가 점점 어려워지는 것이 사실이다. 하지만, 새로운 길을 모색하는 과정에서 복지국가는 심사숙고해야 할 인류의 유산인 것 또한 분명하다.

토론거리

1. 우리나라의 사회문제 및 사회적 욕구를 감안할 때 시급히 확충되어야 할 사회복지 정책은 무엇이라고 생각하는가? 혹은, 사회변화를 반영해 우리나라 사회보장제도에서 변화와 개혁이 필요한 부분은 무엇이라고 생각하는가?
2. 우리나라 정부가 사회복지에 지출하는 정부예산은 GDP 대비 비중으로 볼 때, OECD 평균의 절반 정도에 불과하다. 우리나라는 앞으로 보다 적극적으로 복지예산 비중을 늘려나가는 것이 바람직할까, 신중하게 억제하는 것이 바람직할까?
3. 국민기초생활보장제도의 경우 실제 부양을 받지는 못하지만 부양의무자의 존재로 인해 급여 대상에서 제외되는 경우가 많아서 부양의무자 제도를 완전히 폐지하자는 주장이 있는 반면, 부모 자식 간의 부양 의무까지 폐지할 경우 이를 악용하는 문제가 발생할 것을 우려하는 목소리도 있다. 어떤 방향이 바람직할까?
4. 2020년 코로나19 팬데믹 상황에서 경제적 어려움에 처한 국민들에게 재난지원금을 지원하는 방안에 대해 보편적 지급과 선별적 지급을 둘러싼 논쟁이 전개되었다. 어떤 방안이 더 바람직하며, 그러한 판단을 이끄는 기준은 무엇이 되어야 할까?
5. 4차 산업혁명 시대에는 일자리 부족의 문제가 심각해지고 이에 대응하는 방안의 하나로 모든 국민에게 일정한 소득을 무조건 보장하는 기본소득제도를 시행하자는 주장이 제기되고 있다. 기본소득을 새로운 사회보장제도로서 도입하는 것에 대해 어떻게 생각하는가?
6. 사회복지에 대한 국민들의 감수성을 높이고, 이를 통해 복지국가 지지층을 확산하는 방법은 무엇일까?

읽을거리

복지국가론(개정 2판) | 김태성·성경륭. 2014. 나남출판.

기본소득이 온다 | 김교성·백승호·서정희. 2018. 사회평론아카데미.

장애인 복지 | 김용득. 2019. EM실천.

사회복지의 사상과 역사 | 박광준. 2013. 양서원.

빈곤을 보는 눈 | 신명호. 2013. 개마고원.

사회복지 정책론 | 윤홍식·남찬섭·김교성·주은선. 2019. 사회평론아카데미.

참고문헌

제2장 21세기의 지식인과 대중

김영철, 2015. 「행복은 성적순이 아니잖아요?: '학력(학벌)'의 비경제적 효과 추정」, ≪경제학연구≫, 64(1), 107~150쪽.

김용래, 2020.11.17. 「미국인들 코로나19로 임종하면서도 가짜라 우긴다」. 연합뉴스.

≪매일경제≫. 2016.8.30. "취업시장 지각변동?… 대학 진학률 60%대 하락·고졸 취업률 상승".

박경호 외. 『교육격차 실태 종합분석』, 한국교육개발원 연구보고 RR 2017-07.

사르트르, 장폴(Jean-Paul Sartre). 2007. 『지식인을 위한 변명』. 박정태 옮김. 이학사,

윤태진. 2017.6.4. "부실한 엘리트주의와 무모한 반지성주의", ≪경향신문≫, A31면.

이진영, 2017. 「자녀의 학력이 부자 간 소득계층 대물림에 미치는 영향」, ≪노동경제논집≫, 40(3). 1~28쪽.

전성욱. 2017. 「반지성주의의 이면: 인지 역량과 한국의 민주주의」. ≪말과활≫, 14.

조귀동. 2020. 『세습중산층 사회』. 생각의 힘.

천정환. 2008. 『대중지성의 시대』. 푸른역사,

______. 2020. 『촛불 이후, K-민주주의와 문화정치』. 역사비평사

≪한겨레≫. 2019.2.6. "진짜 대치동에서 말하는 '의대 로드맵'… 캐슬로 가는 길 맞을까요?".

______. 2019.2.9. "초등학생 어휘력, 집값과 비례?".

한국교육개발원 교육통계분석자료집·통계청. 2017.6. "나라지표와 통계 포털". https://www.index.go.kr/potal/main/EachDtlPageDetail.do?idx_cd=1520(검색일: 2021.1.26)

≪한국일보≫. 2014.12.9. "서울 지역 대학생 10명 중 7명 "편입·재수해서라도 명문대 가야"".

호프스태터, 리처드(Richard Hofstadter). 2017. 『미국의 반지성주의』. 유강은 옮김. 교유서가

川合康三, 2004. 「人生識字憂患始」. ≪중국어문학지≫, 15, 131~144쪽,

Gross, John. 1969. *The Rise and Fall of the Man of Letters*. New York: Macmillan.

Wikipedia. https://en.wikipedia.org/wiki/Intellectual(검색일: 2021.1.26).

제3장 정치와 국가, 그리고 민주주의

Internet Encyclopedia of Philosophy. Aristotle: Politics". www.iep.utm.edu(검색일: 2020.12.25)

Mitja Sadek. 2009. "Cicero and the Mixed Constitution(res publica mixta)". *Keria: Studia Latina et Graeca*. Vol.11, No.2, www.revije.ff.uni-lj.si(2020. 12. 25 검색).

UNESCO. 2014. "Teaching Respect for All: Implementation Guide".

제4장 '아시아 패러독스': 무엇을, 누구를 위한 통합인가?

김남국. 2015.5.18. "'아시안 패러독스'와 동아시아 지역통합". ≪한겨레≫.
김준석. 2011. 「프랑스-독일 관계의 변화와 유럽통합: 회고와 전망」. ≪한국정치연구≫, 20(3), 287~310쪽.
주장환·윤성욱. 2013. 「동아시아 지역협력에 대한 비판적 고찰」. ≪민주사회와 정책연구≫, 23, 228~252쪽.
Balassa, Bela. 1961. *The Theory of Economic Integration*. New York: George Allen & Unwin.
Blair, Dennis C. and John T. Hanley, Jr. 2001. "From Wheels to Webs: Reconstructing Asia-Pacific Security Arrangements." *The Washington Quarterly*, 24(1), pp.7~17.
Stubbs, Richard. 2002. "ASEAN Plus Three: Emerging East Asian Regionalism?" *Asian Survey*, 42(3), pp.450~453.
Pempel, T. J. 2010. "Soft Balancing, Hedging, and Institutional Darwinism: The Economic-Security Nexus and East Asian Regionalism." *Journal of East Asian Studies*, 10(2) pp.209~238.
Goodman, S. F. 1996. *The European Union*(3rd ed). New York: Macmillan.
Pollard, Vincent K. 1970. "ASA and ASEAN, 1961-1967: Southeast Asian Regionalism." *Asian Survey*, 10(3), pp.244-255.
Higgott, Richard and Richard Stubbs. 1995. "Competing Conceptions of Economic Regionalism: APEC versus EAEC in the Asia Pacific." *Review of International Political Economy*, 2(3). pp.516~535.

제6장 20세기 이후 세계대공황, 모순과 전환의 이야기

강성원. 2000. 「뉴딜 구호정책의 성과」. 『1930년대 세계 대공황 연구』. 양동휴 편저. 서울대학교출판부.
김수행. 2006. 『자본주의 경제의 위기와 공황』. 서울대학교출판문화원.
______. 2011a. 『세계대공황: 자본주의의 종말과 새로운 사회의 사이』. 돌베개.
______. 2011b. 『알기 쉬운 정치경제학』. 서울대학교출판문화원.
라인하트·로고프(Carmen Reinhart and Kenneth Rogoff). 2010. 『이번엔 다르다』. 최재형·박영란 옮김. 다른세상.
로터문트, 디트마르(Dietmar Rothermund). 2003. 『대공황의 세계적 충격』. 양동휴·박복영·김영완 옮김. 예지.
루쉰. 2010. 「고향」. 루쉰전집번역위원회 옮김. 『루쉰전집 제2권, 외침·방황』. 그린비.
마르크스, 카를(Karl Marx). 2015. 『자본론』 제3권. 김수행 옮김. 비봉출판사.
마르크스·엥겔스(Karl Marx and Friedrich Engels). 2016. 『공산주의 선언』. 김태호 옮김. 박종철출판사.
박경로. 1993. 「1930년대 말 미국의 은행공황에 관한 연구」. ≪경제사학≫. 17.

베르길리우스(Vergilius). 2019. 『아이네이스』. 천병희 옮김. 도서출판숲.
스타인벡, 존(John Steinbeck). 2008. 『분노의 포도』. 민음사.
암스트롱·글린·헤리슨(Philip Armstrong, Andrew Glyn, and John Harrison). 1993. 『1945년 이후 자본주의』. 김수행 옮김. 동아출판사.
양동휴. 1998. 「세계대공황의 원인, 경과, 회복과정」. ≪경제논집≫, 37, 837~866쪽.
임진모. 2014. 『팝, 경제를 노래하다』. 아트북스.
장시복. 2009. 「미국발 세계경제 위기에 대한 비교사적 연구」. ≪민주사회와 정책연구≫, 44. 15~44쪽.
코젤렉·리흐터(Reinhart Koselleck and Melvin Richter). 2019. 『코젤렉의 개념사 사전11: 위기』. 원석영 옮김. 푸른역사.
킨들버거, 찰스(Chales Kindleberger). 1998. 『대공황의 세계』. 박명섭 옮김. 부키.
헨우드, 더그(Doug Henwood). 2004. 『신경제 이후』. 이강국 옮김. 필맥.
휴버만, 리오(Leo Huberman). 2011. 『휴버먼의 자본론』. 김영배 옮김. 어바웃어북.
Einstein, A. 1949. "Why Socialism?" *Monthly Review*. 1(1).
Felkerson, J. 2011. "$29,000,000,000,000: A Detailed Look at the Fed's Bailout by Funding Facility and Recipient." Working Paper No. 698. Levy Economics Institute.
Mandel, E. 1978. *The Second Slump*. Verso.

제9장 섹슈얼리티로 한국사회의 성평등과 성문화 들여다보기

쿤데라, 밀란(Milan Kundera). 2011. 『웃음과 망각의 책』. 백선희 옮김. 민음사.
페이트먼, 캐럴(Carole Pateman). 2001. 『남과 여, 은폐된 성적계약』. 이충훈·유영근 옮김. 이후.
Hesse, Hermann. 2013. *Demian: the story of Emil Sinclair's youth*. translated by Damion Searls, foreword by James Franco introduction by Ralph Freedman. Penguin Classics
Nelson, Julie A. 2018. *Gender and Risk-Taking: Economics, Evidence, and Why the Answer Matters*. Routledge

제11장 근대적 도시의 형성과 특징

국토환경정보센터. "국토환경정보 소개". https://www.neins.go.kr/mid=11020100(검색일: 2021.1.29).
서울 도시계획 포털. "국토공간계획의 체계". https://urban.seoul.go.kr/view/html/PMNU1010000000(검색일: 2021.1.29).
자료: 서울 도시계획 포털. "도시형성과 변화". https://urban.seoul.go.kr/view/html/PMNU1050100000(검색일: 2021.1.29)

제12장. 기후와 감염증, 보건과 의료

카를 마르크스. 2015. 「자본주의적 지대의 발생」. 『자본론』 3권 하. 김수행 옮김. 비봉출판사.

Foster, John Bellamy. 2017. "Trump and Climate Catastrophe." *Monthly Review*, 68(9), p.1.
Watts. N, M. Amann, N. Arnell, S. Ayeb-Karlsson, J. Beagley et al. 2020. "The 2020 report of The Lancet Countdown on health and climate change: responding to converging crisis." *Lancet*. https://doi.org/10.1016/S0140-6736(20)32290-X(검색일: 2021.2.19).
JHU CSSE. 2021. "COVID-19 Dashboard by the center for systems science and engineering(CSSE) at johns hopkins university(JHU)". https://www.arcgis.com/apps/opsdashboard/index.html#/bda7594740fd40299423467b48e9ecf6(검색일: 2021.2.19).

제13장 과학기술이 우리의 미래를 결정할까?

김승섭. 2018.『우리 몸이 세계라면』. 동아시아.
송성수. 2009.『기술의 역사』. 살림.
오태광. 2019.5.13. "유전자 편집 기술 윤리와 유전자 편집 식품의 GMO 여부". ≪IFS POST≫, https://www.ifs.or.kr/bbs/board.php?bo_table=News&wr_id=2389(검색일: 2021.2.19)
이상욱. 2019.『과학은 이것을 상상력이라고 한다』. 휴머니스트.
이영희. 2000.『과학기술의 사회학』한울.
이필렬·최경희·송성수. 2004.『과학, 우리 시대의 교양』. 세종서적.
전방욱. 2018.「크리스퍼 유전자가위에 의한 인간 배아 편집의 과장: 국내외 신문기사 내용의 과장 등급에 근거하여」. ≪생명윤리≫, 19(2), 77~84쪽.
홍성욱·이장규. 2006.『공학기술과 사회』. 지호.
Ledford, H. 2020. "CRISPR treatment inserted directly into the body for first time." *Nature*, 579(7798), p.185.
Winner, L. "Do Artifacts Have Politics?." *Daedalus*, 109(1980), p.121~136.
Pinch , T. J. and W. E. Bijker. 1984. "The Social Construction of Facts and Artefacts: or How the Sociology of Science and the Sociology of Technology might Benefit Each Other." *Social Studies of Science*, 14(7798), pp.399~441.

제14장. 가족과 삶: 저출산·고령사회의 현재와 미래

보건복지부. 2014. "제1차 저출산고령사회기본계획(보완판)_새로마지플랜2010". 37쪽.

제15장. 평화의 한반도를 위한 노력

김귀옥. 2006.「민족 분단과 여성의 통일 노력」.『젠더연구의 방법과 사회분석』. 다해.
국가기록원. 1953. "휴전협정 원문". http://theme.archives.go.kr/viewer/common/archWebViewer.do?singleData=Y&archiveEventId=0034995558#41(검색일: 2021.1.29)
국정홍보처. 2000.『민족대화합으로 가는 길』. 국정홍보처.

제16장. 복지국가, 빈곤을 넘어 평등을 향하여

국가지표체계. "상대적 빈곤율". http://www.index.go.kr/unify/idx-info.do?idxCd=8005(검색일: 2021.1.29);

국민건강보험공단. 2019. 「지역가입자 건강보험료 체납현황」. 국민건강보험공단

김연명. 2007. 「노후소득보장을 위한 국민연금의 개편방향」. 참여연대 사회복지위원회 엮음. 『한국 사회복지의 현실과 선택』. 나눔의집.

김종철. 2020.9.18. "코로나 시대, 장하준이 던지는 화두 4가지", ≪오마이뉴스≫.

김종해. 2007. 「보육정책의 쟁점과 과제」. 참여연대 사회복지위원회 엮음. 『한국 사회복지의 현실과 선택』. 나눔의집.

보건복지부·한국보건사회연구원. 2017. 「2017 장애인실태조사」. 보건복지부·한국보건사회연구원.

신영전. 2019. 「전국민 의료보험 30년 역사가 주는 교훈」. ≪보건사회연구≫, 39(2).

벡, 울리히(Ulrich Beck). 2014. 『위험사회-새로운 근대성을 향하여』. 홍성태 옮김. 새물결.

윤홍식·남찬섭·김교성·주은선. 2019. 『사회복지정책론』. 사회평론아카데미.

e나라지표. "노인 빈곤율". https://www.index.go.kr/potal/main/EachDtlPageDetail.do?idx_cd=1024(검색일: 2021.1.29).

______. "사회복지 지출규모". https://www.index.go.kr/potal/main/EachDtlPageDetail.do?idx_cd=2759(검색일: 2021.1.29).

______. "일반고용동향". https://www.index.go.kr/potal/main/EachDtlPageDetail.do?idx_cd=1494(검색일: 2021.1.29)

______. "청년고용동향 ". https://www.index.go.kr/potal/main/EachDtlPageDetail.do?idx_cd=1495(검색일: 2021.1.29).

이영환. 2020. "포스트 코로나 시대의 사회복지: 위험사회의 도전과 대응방향", 제51차 미래복지경영 사회복지포럼 발표문.

이영환 엮음. 2005. 『한국의 사회복지운동』. 인간과복지.

이진석. 2007. 「사회적 기본권 보장을 위한 보건의료정책의 개혁방향」. 참여연대 사회복지위원회. 『대안 복지패러다임 연속 세미나 자료집』.

이태수. 2007. 「복지재정의 확대는 한계에 온 것인가?」. 참여연대 사회복지위원회 엮음. 『한국 사회복지의 현실과 선택』. 나눔의집.

≪한겨레신문≫. 2018.11.25. "한국, 상위 10% 소득집중도 대다수 선진국보다 높아".

Esping-Andersen, G. 1990. *The Three Worlds of Welfare Capitalism*. Polity Press.

The World Top Income Database. "The World Top Income Database." https://wid.world/(검색일: 2021.1.29).

지은이(가나다순)

강명숙

서울대학교에서 교육학 박사학위를 받았다. 현재는 배재대학교 교직부 교수이다. 한국 근현대 시기의 교육과 학술 분야 정책과 현실에 관심을 갖고 다수의 연구를 수행했다. 저서로는 『사립학교의 기원』(2015), 『대학과 대학생 시대』(2018) 등이 있다. 박사학위 논문으로 「미군정기 고등교육 연구」를 썼다.

공제욱

서울대학교 사회학과를 졸업하고 동 대학원에서 「1950년대 한국 자본가의 형성과정」(1992)으로 박사학위를 받았다. 상지대학교에서 사회학을 가르쳐왔고, 현재는 교육부총장으로 대학교 혁신에 진력하고 있다. 저서로는 『1950년대 서울의 자본가』(1998), 『1950~1960년대 한국형 발전모델의 원형과 그 변용과정』(2005) 등이 있고, 공저로는 『계급과 한국사회』(1994), 『국가와 일상』(2008) 등이 있다.

김귀옥

서울대학교 사회학과를 졸업하고 동 대학원에서 「월남민의 생활세계와 정체성: 속초 '아바이마을'과 김제 '용지농원'을 중심으로」(1999)로 박사학위를 받았다. 2004년부터 현재까지 한성대학교 교양학부에서 사회학을 가르치고 있고, 학술정보관장으로 재직 중이다. 주로 구술사 방법과 현지조사를 통해 분단과 전쟁, 여성과 민중, 이산가족과 디아스포라 등의 주제로 연구해 오고 있다. 저서로는 『월남민의 생활경험과 정체성』(1999), 『이산가족, '반공전사'도, '빨갱이'도 아닌』(2004)(일본어로도 소개), 『구술사연구: 방법과 실천』(2014), 『우리가 큰 바위 얼굴이다』(2014), 『그곳에 한국군 '위안부'가 있었다』(2019) 등이 있다.

김선일

서울대학교 외교학과를 졸업하고 미국 버클리캘리포니아대학교에서 정치학 박사학위를 취득했다. 현재 경희대학교 국제대학에서 비교정치, 특히 한국과 일본 정치 관련 과목을 강의하고 있다. 동아시아 국가들의 사회 정책, 민주주의, 그리고 국가-사회 관계에 대한 연구를 주로 수행해 오고 있고, 다수의 논문을 관련 학술지에 발표했으며, 한국과 일본의 복지정치, 한국의 정치경제, 그리고 민주주의와 국가 폭력에 대한 저서들을 집필 중이다.

김창남

서울대학교에서 커뮤니케이션과 대중문화를 공부하고 박사학위를 받았다. 1980년대부터 문화비평가로 활동했으며 1996년부터 성공회대학교 신문방송학과 교수로 재직하고 있다. 한국대중음악회 회장을 역임했고 2004년부터 한국대중음악상 선정위원장을 맡고 있다. 대중문화와 대중음악에 관해 많은 논문과 비평을 써왔고 다양한 강연 활동을 벌이고 있다

손미아

영국 런던대학교(London School of Hygiene and Tropical Medicine)에서 사회역학·보건학 전공으로 박사학위를 받았고, 현재 강원대학교 의학전문대학원 예방의학교실 교수로 재직 중이다. 주로 사회역학, 보건학, 직업환경의학, 산업보건 관련 분야에서 사회불평등과 건강불평등에 대한 연구를 하고 있다. 공저로는 『추적, 한국 건강불평등』(2007), 『여성노동자의 노동권과 건강』(2009), 『철학자의 서재 2』(2012), 『민주시민교육 학교와 만나다』(2019) 등이 있다. 최근에는 노동안전 및 고용환경에 따른 산업재해 전반에 대한 연구를 하고 있다.

송주명

서울대학교 정치학과를 졸업하고 서울대학교 대학원에서 정치학 박사 학위를 받았다. 서울대학교 지역종합연구소, 국제지역원의 연구원을 거쳐, 한신대학교 글로벌협력대학 일본학과 교수로 재직 중이다. 도쿄대학교 사회과학연구소 외국인연구원, 플로리다대학교(University of Florida)의 방문연구원으로 연구했으며, 경기도 교육청 혁신학교추진위원회 위원장과 창의지성교육추진단장, 서울시교육청 정책자문관, 민교협 상임공동의장 등을 역임하였다. 일본 정치, 동아시아 국제 정치, 혁신교육, 민주시민교육 등을 연구하고 있다.

신정완

스웨덴의 임노동자기금 논쟁에 관한 연구로 서울대학교에서 경제학박사 학위를 받았고 현재 경북대학교 경제통상학부 교수로 재직 중이다. 스웨덴의 웁살라 대학교와 스톡홀름 대학교에서 방문연구원 자격으로 연구를 수행한 바 있다. 저서로는 『복지자본주의냐 민주적 사회주의냐』(2012)와 『복지국가의 철학』(2014)이 있고 공저로는 『스웨덴의 사회보장제도』(2018) 등 30여 권이 있다. 주로 스웨덴 모델과 스웨덴 사회민주주의에 관해 연구해 왔고 분배적 정의 문제를 둘러싼 정치철학 논의에도 관심을 갖고 공부해 왔다.

이영환

서울대학교 사회복지학과를 졸업하고 동 대학원에서 석사학위, 박사학위를 받았으며, 현재 성공회대학교 사회복지학과 교수로 재직 중이다. 비판과 대안을 위한 사회복지학회장과 참여연대 사회복지위원장, 주거복지협회 이사장 등을 역임했고, 성공회대학교 부총장을 역임했다. 관심 분야는 사회복지 정책과 사회복지운동 그리고 사회적 경제 등이며, 박사학위 논문으로 「영구임대주택의 정책결정과정」(1996)이 있고, 저서로는 『한국사회와 복지정책』(2004), 『필리핀 사회복지와 NGO』(2007), 『한국의 사회복지운동』(2005)등이 있다.

장시복

서울대학교에서 경제학 전공으로 박사학위를 받았고, 현재는 목포대학교 경제학과 교수로 재직 중이다. 주요 저서로는 『세계화 시대 초국적기업의 실체』(2004), 『풍요 속의 빈곤, 모순으로 읽는 세계경제 이야기』(2008)가 있고, 역서로는 『마르크스의 공황이론』(2013)이 있다. 최근에는 마르크스주의 경제학의 관점에서 현대 자본주의의 동학과 모순을 해석하는 데 관심을 가지고 있다.

지주형

서강대학교 영어영문학과 사회학과를 졸업하고 영국 랭커스터대학교에서 사회학 전공으로 박사학위를 받았으며, 연세대 국가관리연구원과 서강대 사회과학연구소를 거쳐 현재 경남대학교 사회학과 교수로 재직 중이다. 저서로는 『한국 신자유주의의 기원과 형성』(2011) 등이 있고, 공저로는 『지구화 시대의 국가와 탈국가』(2009), 『부마항쟁의 진실을 찾아서』(2016) 등이 있다. 주요 연구 분야는 정치경제학, 국가론, 정치사회학, 사회이론이며, 한국의 국가, 위기관리, 불균등발전, 신자유주의 등에 관심을 갖고 연구하고 있다.

천정환

서울대학교 국문학과 박사과정을 마치고, 현재는 성균관대학교 국어국문학과 교수이다. 지성사와 문화사의 관점으로 한국 현대문화사, 문학사를 연구하고 있으며, 최근에는 1970년대~1990년대 문학사, 지성사에 관심을 기울이고 있다. 또, 인문학협동 조합, 지식공유연대, 민교협 등에서 고등교육과 학술제도 개혁을 위한 활동도 하고 있다. 저서로는 『근대의 책 읽기: 독자의 탄생과 한국 근대문학』(2003), 『대중지성의 시대』(2008), 『자살론』(2013), 『시대의 말 욕망의 문장: 123편 잡지 창간사로 읽는 한국 현대 문화사』(2014) 등이 있고, 공저로는 『혁명과 웃음』(2005), 『근대를 다시 읽는다: 한국 근대 인식의 새로운 패러다임을 위하여』(2006), 『1960년을 묻다: 박정희 시대의 문화정치와 지성』(2013) 등이 있다.

최윤

고려대학교 학부와 석사과정에서 지질학을, 박사과정에서는 과학기술학을 전공했다. 전화의 역사와 일상을 주제로 박사학위를 받은 후 한국외국어대학교, 건국대학교 등에서 강의했으며 지금은 고려대학교 교양교육원에 초빙교수로 있다. 매체 기술의 문화사, 과학기술 연구현장의 문제, 문화로서의 과학기술 등의 주제에 관심을 갖고 연구하고 있다.

최은영

이화여자대학교에서 여성학 석사학위를, 서울대학교에서 여성학 박사학위를 받았다. 현재는 서울대학교 여성연구소 객원연구원이다. 국민대학교, 홍익대학교, 서울시립대학교, 서울여자대학교, 한성대학교 등 여러 대학교에서 15년 동안 여성학 강의를 해왔으며, 12년간 한국여성민우회 정책위원으로 있었고, 여러 시민사회단체에서 여성학 강의를 해왔다. 공저로는 여성학 입문서 격인 『소녀, 설치고 말하고 생각하라』(2017)가 있고, 공역으로는 『여자들의 사상』(2015)이 있다. 모성(母性)의 경계 안팎의 여성 삶·정체성·관계·섹슈얼리티에 관심을 갖고 연구 중이며, 대학 안팎을 아우르는 페미니즘 교양 교재 집필을 구상·실행 중에 있다.

홍성태

서울대학교 사회학과에서 학사, 석사, 박사 학위를 받았다. 석사는 환경운동에 대해, 박사는 정보사회에 대해 전공했다. 2006년 3월부터 현재까지 상지대학교 문화콘텐츠학과 교수로 재직하고 있으며, 2001년 3월부터 2006년 2월까지 상지대학교 교양과 교수로 재직했다. 저서로는 『생태문화도시 서울을 찾아서』(2005), 『개발주의를 비판한다』(2007), 『토건국가를 개혁하라』(2011), 『사회로 읽는 건축』(2012), 『서울의 개혁』(2014), 『김진균 평전』(2014), 『서울 산책』(2017), 『사고사회 한국』(2017), 『생태복지국가를 향하여』(2019) 등이 있다.

사회를 보는 새로운 눈(제3판)
과학적 사고와 비판적 인식을 위하여

기획 **김귀옥**
지은이 **강명숙·공제욱·김귀옥·김선일·김창남·손미아·송주명·신정완·이영환·장시복·지주형·천정환·최윤·최은영·홍성태**
펴낸이 **김종수** | 펴낸곳 **한울엠플러스(주)**

편집책임 **조수임** | 편집 **임혜정**

초판 1쇄 인쇄 **2021년 3월 2일** | 초판 1쇄 발행 **2021년 3월 26일**

주소 **10881 경기도 파주시 광인사길 153 한울시소빌딩 3층**
전화 **031-955-0655** | 팩스 **031-955-0656** | 홈페이지 **www.hanulbooks.kr**
등록번호 **제406-2015-000143호**

Printed in Korea.
ISBN **978-89-460-8028-7 03330**

* 책값은 겉표지에 표시되어 있습니다.